脆弱的繁华

南宋的一百五十年

1127—1279

张程 著

新华出版社

图书在版编目（CIP）数据

脆弱的繁华　南宋的一百五十年 / 张程著 .
-- 北京 : 新华出版社 , 2021.2
ISBN 978-7-5166-5640-2

Ⅰ . ①脆… Ⅱ . ①张… Ⅲ . ①中国历史 - 南宋 - 通俗读物 Ⅳ . ① K245.09

中国版本图书馆 CIP 数据核字 (2021) 第 026161 号

脆弱的繁华　南宋的一百五十年
作　　者：张 程

责任编辑：蒋小云　　封面设计：今亮後聲 HOPESOUND 2580590616@qq.com · 王秋萍

出版发行：新华出版社
地　　址：北京石景山区京原路 8 号　　邮　　编：100040
网　　址：http://www.xinhuapub.com
经　　销：新华书店
新华出版社天猫旗舰店、京东旗舰店及各大网店
购书热线：010-63077122　　中国新闻书店购书热线：010-63072012

照　　排：今亮後聲 HOPESOUND 2580590616@qq.com
印　　刷：河北鑫兆源印刷有限公司
成品尺寸：165mm×230mm，1/16
印　　张：22.5　　字　　数：326 千字
版　　次：2021 年 4 月第一版　　印　　次：2025 年 1 月第 4 次印刷
书　　号：ISBN 978-7-5166-5640-2
定　　价：68.00 元

引 言

从乌烟瘴气的南蛮之地到杏花烟雨的江南富贵乡，时光在南中国踱步 1000 多年；中国也从秦汉时期的少年郎，成长为唐宋时期俊朗、成熟的年轻人。

中国在恰当的时间，在合适的地点，扮演了一个叫作“南宋”的角色（1127 年—1279 年）。

史学大师陈寅恪说：“华夏民族之文化，历数千载之演进，而造极于赵宋之世。”

英国史学家汤因比也承认：“如果让我选择，我愿意活在中国的宋朝。”

多年后，当来自西方繁华都市威尼斯的商人马可·波罗，来到已经从繁华巅峰跌落的南宋都城——临安，依然顿觉琳琅满目，看得眼花缭乱，仿佛置身人间天堂。

那是一个市井繁荣、科技发达、艺术鼎盛、人居风雅的时代。南宋财政收入的主体，不是来自农业，而是工商业。工商业的繁荣，不仅是官民生产提升的表征，更是形塑了当时的社会结构，有论者乐观地认为南宋已经从农业社会来到了工商业社会的“门槛”前。南宋的帆船舰队，满载商品货物，张帆往来于中国与东南亚、朝鲜、日本、印度、阿拉伯等地，甚至东非沿岸；南宋的官窑瓷器，平淡素雅，温润细腻，简约中饱含中国特色的文化内涵；英国科技史家李约瑟说，宋代是中国“自然科学的黄金时代”。

那也是一个文人雅士、帝王将相、英雄豪杰的黄金时代。短短的150年间，岳飞、陆游、李清照、辛弃疾、韩侂胄、朱熹、文天祥、李庭芝等，你方唱罢我登场。既有“醉里梦中说汴州，中原事，无人收”的感慨，也有“王师北定中原日，家祭无忘告乃翁”的嘱托；既有“梅子金黄杏子肥，麦花雪白菜花稀”的恬淡生活，也有“人生自古谁无死，留取丹心照汗青”的慷慨自励。一场剧变，几番政坛波动，数十载持续繁荣，布置好了独特的剧场背景，也提供了上佳的脚本素材。

南宋，偏安秦岭淮河以南，却是高擎中国经济、文化的大旗，敞开大门拥抱世界，最后以一幕幕悲喜剧谢幕。

南宋，中国历史上的一朵奇葩，当时世界最繁华的国度，苞笼万象、流光溢彩，在江南一隅散发着穿透千年的魅力。

呈现在大家面前的，是一本简明的南宋历史。书写的内容，兼顾“夜阑卧听风吹雨，铁马冰河入梦来”与“箫鼓追随春社近，衣冠简朴古风存”，试图囊括从北宋靖康之耻前后到南宋抵抗势力最终烟消云散的主要人、事、物。这是一桩不可能的任务，也是一场历史大戏的复盘。所有的事实都有所依据，所有的判断都量力而行，希望呈现给大家的是一本可靠的南宋信史。

南宋的遗产，是历史馈赠给中国人的宝贵财富。回望历史，我们很难轻视那个时代。既然如此，不如一起进入剧场，徜徉在南宋的人物与过往之中。

目录

第一章 复国的梦魇

岳飞是两宋之交最耀眼的英雄，“软弱”的宋高宗赵构也是个英雄。二人是朝野复国热潮中的绝对主角。因为性格和地位的差异，赵构和岳飞的关系经历了“陌生 – 亲密 – 信任 – 决裂”。岳飞最终必须冤死，因为无论在个人道德上还是在工作成绩上，他都无懈可击。
李纲、张邦昌、韩世忠、秦桧等人虽然是配角，也不可小视。

第二章 王朝初定

一纸和约换来数十年的和平和一个权势熏天的宰相。秦桧身上集中了权臣的一切奸诈权势。赵构离不开秦桧的权力支持，又不能完全接受他。好在秦桧先逝，避免了一场权力厮杀。赵构的整个后半生都在寻找继承人。一个叫赵伯琮的孩子，在金军南侵的烽火中成为太子。
王朝初定，迎来了逃难的李清照、失意的陆游和南归的辛弃疾。

第三章 德寿宫的太上皇

在举国欢庆的大捷面前，赵构心力疲惫，禅位做起了太上皇。新皇帝赵昚虽然不是亲生儿子，却以孝顺闻名。父子俩在政治上背道而驰。赵昚也经历了从积极作为到自甘平庸，又归于平淡的过程，最后也做了太上皇。可叹他的太上皇生活遭遇家庭危机，导致葬礼都无人主持，最终以内禅的极端形式实现了皇权交替。
早已湮没在岁月中的德寿宫，见证了三位太上皇的退休生活。

第四章 政治的门外汉

朱熹的出现，意味着中国文化的一次自我总结，并开启了后续发展的序幕。他和他的理学只有在南宋的繁华背景下才能出现。可惜，朱熹理学需要与政治结合才能实现入世的目标，而他本人却是政治的门外汉，推崇理学的赵汝愚也是，反对理学的韩侂胄也是。
于是，庆元党禁、开禧北伐上演了，史弥远在一场政变后登场。

第五章 西湖暖风熏人醉

南宋王朝的中年期是在权臣史弥远的主政下度过的。搭档宋光宗又是一个没有子嗣的南宋皇帝，史弥远成功地废黜了内定的继承人，从乡间找了一位来历不明的孩子继承皇位。这是中国传统经济的黄金时期，阡陌纵横的鱼米之乡仿佛是中国经典的水墨画作。
大金帝国在南宋繁华的映衬下走向了灭亡。宿敌的死亡给南宋带来什么启示呢？

第六章 国破伤心时

两个人加速了南宋的灭亡进程，一个是痞子出身的贾似道，一个是荒淫无耻的宋度宗赵禥。两人狼狈为奸，演出了典型的亡国剧目。蒙古大汗蒙哥阵亡于宋军的钓鱼城大捷，他的弟弟忽必烈建立了元朝，将进攻重心移向襄樊后，南宋王朝在短短几年中轰然倒塌。
乱世是检验一个人忠奸、检验一个读书人品行的最好法宝。

第七章 漂泊海上的最后岁月

宋度宗的三个儿子先后成了南宋最后的三个皇帝。宋恭帝成了元朝的俘虏，日后的吐蕃高僧；端宗和末帝则是延续宋朝皇统、号召坚持抵抗的标志，象征意义远大于实际意义。南宋的最后岁月又是在东南沿海的洋面上漂泊度过的，就像建国皇帝赵构一样；宋朝的最后岁月是在孤儿寡母的哭啼中度过的，就像开国皇帝赵匡胤熟悉的那一幕。
李庭芝、文天祥、陆秀夫、张世杰等人为南宋的灭亡涂抹上了振奋激昂的笔墨。

尾声 还是宋朝的事儿

宋朝灭亡了，但是有些事、有些人却是永远属于南宋的。比如文天祥，比如赵㬎，比如那些迁往大都的临安太学生们。他们用不同的方式为南宋作了注脚：或悲哀，或苍凉，或充满血性。八百年后，我们还能隐约通过他们看到这个王朝渐行渐远的背影。

第一章

复国的梦魇

我们的故事从北宋靖康元年（公元 1126 年）的冬天开始。

那一年的冬天出奇的冷，侵入中原官民的骨髓。金国的铁骑蹂躏了河北各州县，军锋直指京师汴梁城下。惨烈的汴梁保卫战打响了，城内武库开始发放武器装备平民。王朝已然到了生死存亡的边缘。远在相州、19 岁的康王赵构连忙就地招募民兵，组织勤王，开始了实质性的权力博弈。相州辖下的汤阴县，有个贫苦农民叫作岳飞。他应募做了赵构部下的一名小兵，也正式开始了自己的军旅生涯。时年，岳飞 23 岁。

两个地位悬殊、都对南宋历史产生巨大影响的人物在同一个地点、以不同的方式开始书写历史。

撞上大运的赵构

一

赵构刚出生的时候，似乎就是个与皇位无缘的孩子。

大观元年（1107 年）五月乙巳日，赵构生于东京汴梁的皇宫里。父亲是宋徽宗赵佶，母亲是王妃韦氏。后代的史官拍马屁说赵构出生之时，不知道从哪里来了道赤光照耀着产房，多日没有散去，暗示他天生就有大富大贵的命运。“后见之明”的史官写出来的东西是不能全信的。例如，史官说无赖出身的刘邦是她妈在梦中和白龙交配生下的，出生时雷电交加云云。请问有几个读者相信这样的“祥瑞”？在赵构之前，宋徽宗已经有八个儿子了，而且之后还会有更多的儿子。风流的宋徽宗后宫佳丽不可计数，单单姓王的妃子就有上百人。赵构的生母韦氏只是一名不得宠的普通妃子，并且出身卑贱，人们有充分的理由相信，赵构也只是一名普通皇子。

三个月后，赵构就被授予“定武军节度使、检校太尉”的虚职，封为蜀国公。第二年正月又晋封为广平郡王。当然，赵构不需要真正地参政议政。他的童年是在皇宫大内度过的。他的官方传记这么评价他的童年生活：“资性朗悟，博学强记，读书日诵千余言。”这句话也是典型的拍马屁的话。它表明赵构从小就接受了贵族教育，至于学得怎么样就很难说了。即使赵构的学习成绩一塌糊涂，史官也会说他“博学强记，天资聪颖”。相比而言，父亲宋徽宗更喜欢赵构的大哥赵桓。赵桓颇得父亲的文才和风流，书法绘画样样精通，明确立为皇太子。

赵构深知无论能力才学，还是宗法或者年龄，将来都坐不了父皇的宝座，便颇生出一股超脱、随性的味道。他的兴趣爱好不在吟诗作画，而是喜欢书法和骑射。赵构早年苦练骑射，能挽起一石五斗的大弓，达到了入选大内侍卫的要求。赵构还向下人学习相马，善于区别马匹品质的优劣。他曾自负地说自己只要听到马的步骤之声，即使隔着墙壁他也能听出马的好坏。几十年后，赵构在和武将们交谈的时候，还很容易找到共同语言。

宣和三年（1121 年）十二月壬子，将满 15 岁的赵构晋封为康王。一个月后，被视为成年的赵构搬出了皇宫，住进了藩王府。

命运和家人都给赵构安排了安逸的藩王生活。皇宫外面的汴梁城是个花花绿绿的大世界，住着许多藩王。充裕的财富和多彩的都市生活为藩王生活提供了强有力的基础。汴梁是当时世界上最辉煌绚烂的都市。宋徽宗正和宠臣蔡京、王黼、童贯等人搜尽天下财富，营造占地数十里、高百米的恢宏庄园，希望集天下美景于一地。王朝的税赋、人才和宋徽宗看中的花花草草源源不断地通过大运河、驿道汇聚到汴梁来。当时从山东搬来了一户小有名气的文人夫妇，男的叫作赵明诚，女的叫作李清照。他们出身官宦人家，在汴梁寻觅了一座小宅院住下，不时发表一些诗词文章。一次他们看中了一幅画，借回家来把玩了好几天，终因凑不齐买画的钱，只好悻悻将画送回。可见当时汴梁贸易和文化之盛、物质生活之不易。康王赵构也徜徉在汴梁的繁华之中，构成了汴梁的风景之一。

二

如此太平盛世，怎么能少得了重大武功的点缀呢?

宋徽宗也是这么想的。他登基后一直没有像样的政绩。苦恼的宋徽宗决定通过对外战争来“锦上添花”。1115 年，女真族首领完颜阿骨打建立金国，向宋朝的世敌辽朝发起进攻。辽兵屡败。宋徽宗决定借助金国的力量，收复被辽国占据了上百年的故土燕云十六州[①]，建立不世武功。1120 年，宋金商定共同灭辽，金兵攻北，宋兵攻南。辽朝灭后，宋朝将原来贡献给辽朝的“岁币”50 万贯全部献给金朝。条约签订了，宋朝应该开始准备执行了。但是宋徽宗君臣根本就没把条约放在心里。他们只想依赖金朝，乘机取利，根本没有积极作战的认真打算。相反，宋徽宗在第二年下令加强在东南地区搜寻花花草草的工作，加快汴梁景区的建设。王黼和李彦等人括取民田，又借口军用，搜刮境内丁夫，计丁出钱，中饱私囊数千万贯。有人控诉，他们就打击报复、严刑惩罚，成千上万的人因而致死。

① 燕云十六州是以燕京（今北京）、云州（今大同）为核心的十六个州。这是五代时候被石敬瑭割让给辽国的。百年来，中原君臣、军民念念不忘收复燕云十六州，北宋初期就发动过两次北伐，都以失败告终。

没几天，金国的使节赶到汴梁，见状吃惊地说：“我们大金朝已经把辽国打得奄奄一息了，基本完成条约义务了。你们宋朝怎么还不出兵啊？”

宋徽宗一拍脑门，说：“哦，我想起来了。我这就马上出兵！”

得宠的大太监童贯奉命率领 15 万大军北上，进展得很顺利，进军到北京西南的良乡才遇到辽军的抵抗。凌晨，童贯看到辽军营中火起，以为辽兵要来进攻了，竟然吓破胆，自己把营垒给烧掉，领兵疯狂南逃。喜出望外的几千辽兵乘胜追击，直杀到涿水。宋兵一路上死伤不计其数。据说，宋朝自王安石变法以来积存的军需，在这一仗中都被宋徽宗和童贯君臣给折腾光了。

童贯一直逃到雄州，才想到怎么交差的问题。他为了逃避兵败的罪责，秘密联络金军，请求金军协助攻打燕云地区。完颜阿骨打毫不含糊，亲自领兵，三下五除二就把燕云地区的辽军给收拾了。童贯又厚着脸皮对金军答应宋朝每年除向金贡献原来献辽的岁币外，又增加一百万贯，作为“燕京代租钱”，请求金军将燕京交还宋朝。金兵在燕京城内大肆抢掠财物，又把城内男女掳去做奴隶，仅剩下一座被搜刮一空的城池，扬长北去。

1123 年四月，童贯大吹大擂地进入残破不堪的空城。这时的燕京到处都是丘墟和狐狸穴。可宋徽宗不管这些，他自认为建立了不世之功，大肆庆贺。童贯上《复燕奏》，吹嘘凯旋还师。百官纷纷上表祝贺，又立“复燕云碑”记功。王黼、童贯、蔡攸等相关人等都加官晋爵。这边是汴梁陶醉在“辉煌的胜利”之中，那边是金国君臣在燕山以北虎视眈眈地把南边的表演当笑话来看。

金国算是把宋朝金玉其外、败絮其中的特点给看透了。只是辽国的残余势力还没有被完全消灭，金军上下没来得及对宋朝有“进一步的想法”。1125 年，辽朝末代皇帝天祚帝被金兵俘虏，不久遇害。辽朝灭亡了。消息传到汴梁，又引起一阵狂热的庆祝活动。在辽朝的亡国贵族中有个叫作耶律大石的英雄，率领契丹遗民西迁到西域的楚河流域，建立起西辽。契丹民族是幸运的，因为他们毕竟拥有耶律大石这样“真正的贵族”。幼稚懦弱的宋朝君臣本应该更加理性，甚至带上那么点敬意去看辽朝的灭亡。遗憾的是，宋徽宗隆重庆祝宿敌的死亡后又一头钻进诗词书画的风景中去了。

灭辽当年，金军就把铁拳转向南方。金国制定了大规模南侵计划，十一月兵分两路，西路由完颜宗翰率领从云州进攻太原，沿山西南下。东路军由完颜宗望率领，进攻燕州，从河北一路南下。双方计划会师于开封城下。西路军在太原遭宋朝军民的顽强抵抗，停滞不前；完颜宗望的东路军，因为燕州宋军投降，长驱直入，迅速渡过黄河，很快兵临东京城下。

惊慌失措的宋徽宗不得不下罪己诏说："多作无益，侈靡成风。利源酤榷已尽，而牟利者尚肆诛求。诸军衣粮不时，而冗食者坐享富贵……追惟己愆，悔之何及……望四海勤王之师，宣三边御敌之略。岂无四方忠义之人，来徇国家一日之急。"不管真假，宋徽宗追悔莫及，希望天下兵马勤王救驾。罪己诏的效果一时间体现不出来，金军越来越猛烈的进攻却是实实在在的。没辙了的宋徽宗决定弃国南逃。太常少卿李纲、给事中吴敏等大臣恳请坚持固守。李纲并建议："现在情况危急，除非传位给太子，不足以招徕天下豪杰勤王救驾。请皇上宣布退位，激励将士。"宋徽宗惊慌懊恼，拉着蔡攸的手说："想不到会变成这样"！他竟然哽咽着，昏迷跌倒在榻前。群臣赶忙灌药急救。

宋徽宗苏醒过来后，颤巍巍地写了一张小纸条：皇太子可继皇帝位，予以教主道君退处龙德宫。

三

十二月，太子赵桓即位，宣布改明年年号为靖康。赵桓就是宋钦宗。

第二年的正月初三，金兵渡过黄河，合围汴梁。当天深夜，做了太上皇的宋徽宗连儿子的登基庆典都不参加，说了句"儿子，我去南方烧香还愿了”，就带着蔡京、童贯等人摸黑逃跑了。一行人匆匆逃到亳州，再逃到镇江去避祸。

天亮后，朝野官民知道情况后，义愤填膺，纷纷揭露蔡京、童贯集团的罪恶。太学生陈东等上书，指蔡京、王黼、童贯、梁师成、李彦、朱勔为六贼，说“六贼异名同罪”，要求将六人处死，传首四方，向天下谢罪。宋钦宗不得不罢免六人，任用李邦彦、张邦昌为左右宰相。李纲慷慨激昂地对宋钦宗说：“皇上如果让臣治军，臣愿以死抗金。”宋钦宗提拔李纲为尚书右丞，负责首都的防守。[①]

初五，李纲一大早就入朝奏事。在大殿前，李纲吃惊地发现皇帝乘舆都已陈列，禁卫环列，六宫的太监和宫女来来往往，一副皇帝出巡的模样。原来宋钦宗在父亲逃走了之后，也失去了抵抗的信心，早已下决心逃跑。李纲厉声对军士们说：“你们是愿意死守，还是愿意扈从出逃？”禁军的将士大多是北方人，齐声说：“我等愿意死守！”李纲又去见宋钦宗，说：“禁军的父母妻儿都在城中，岂肯离去？皇上出巡，万一禁军中途四散逃离，谁来保卫陛下啊？而且敌军已经逼近，他们知道御驾还没有走远，肯定会快马急追。到时候，皇上无险可守，如何抵御？”宋钦宗听说，觉得李纲的话有道理。皇帝在此出逃的条件已经丧失了。他只能死守汴梁了。李纲趁机传旨说：“皇上有旨，有再说出城逃跑的人，斩！”禁军兵士们都高呼万岁。吴敏、李纲等人再拥着宋钦宗登上宣德门，向城内的百官将士们宣布，皇上决策固守，勉励将士们来了。汴梁的局势平静了下来，人们决心抵抗了。

当天，有一支金兵驾驶着数十艘火船沿河而下，进攻宣泽门。李纲率领敢死队 2000 人，列阵城下，用长钩搭住敌船，再投石攻打。石头不够了，军民们就把蔡京等人家中的假山砸烂了，搬石头来堵塞河道，加固京城各门。宋军英勇作战，打退了金兵的进攻。

对于金军上下来说，能够扫荡河北各州县，迅速推进到汴梁已经大大出

① 李纲是江苏无锡人，进士及第，累官至太常少卿。

乎意料了。他们并没有做好灭亡宋朝的心理准备。兵临城下后，金国派使臣进城要求宋朝派亲王、宰相去军前议和。宋钦宗派出了以李棁为使臣、郑望之为副的使团。临行前，宋钦宗暗地里告诉了李棁、郑望之自己的谈判底线：岁币可以增加到三五百万两，额外付白银三五百万两议和。李棁带着黄金一万两和酒果等就去了。金军元帅完颜宗望笑呵呵地收下黄金，提出了三项条件：索要黄金五百万两、白银五千万两、牛马等各万匹、绢帛百万匹；宋朝割让太原、中山、河间三镇；宋朝以亲王和宰相作人质。李棁、郑望之带着金国的议和条件赶紧回奏。

宋钦宗召集亲王和重臣商议。张邦昌和李邦彦两位宰相主张全部接受。既然全部接受，那么派谁去当人质呢？宋钦宗见张邦昌喊接受喊得最起劲，就说："那个宰相的人质就由张相公去吧！"张邦昌大惊失色，又不敢不去，哭丧着脸不敢言语了。亲王人质由谁担任呢？当时成年的嫡系亲王只有两个人：康王赵构和肃王赵枢。赵构和赵枢也参加了会议。赵枢吓得连头都不敢抬。赵构毅然站了出来，对宋钦宗说："敌人指定要亲王去当人质，臣为了宗庙社稷，怎么能推辞逃避呢！"宋钦宗感动得不得了。赵枢和重臣们都擦擦眼睛，重新打量起平时不起眼的赵构来。

四

康王赵构于是作为军前计议使，宰相张邦昌为副使，出使金营去了。

来到金营后，女真士兵们没看过天朝贵胄，好奇地涌到赵构面前，品头论足。张邦昌一介书生，哪见过这场面，吓得双腿打颤。赵构毕竟练过武，神态自若。完颜宗望见宋朝的亲王肢体健壮，在凶神恶煞的女真士兵面前毫无惧色，心里开始嘀咕了："都说中原宋朝以文立国，君臣上下整日读书作画，手无缚鸡之力。这小子怎么看起来不像是王爷啊？不会是宋朝皇帝派了一个假亲王来糊弄我吧？”宗望于是假意邀请赵构巡视军营，并客气地请赵构展示射箭。赵构不知情，连发数箭，箭箭射中靶心。金军将士一派欢呼声。宗望却更加怀疑赵构是个假亲王了。

这时候发生的又一件事情，改写了赵构的命运。

使团派出后，宗望见宋朝各地勤王军队日益赶到，就将军营北撤。宋金双方开始战场僵持。宋钦宗就召李邦彦、李纲、吴敏、种师道、姚平仲等大臣商议军事。李纲主张以逸待劳，坚壁清野，等金军粮尽力疲北撤时在中途邀击。种师道同意李纲的主张，同时认为太原、中山和河间三镇不能割让给金军。宋钦宗这时候对之前割让河北三镇的决定也后悔了，决定在二月初六各军向金军发动进攻。但到二月初一半夜，姚平仲突然建议夜间突袭金营，生擒宗望，迎回康王。宋钦宗希望侥幸取胜，同意了姚平仲的计划，并命李纲支援。可惜出兵前消息泄露，金营早有准备，姚平仲劫营失败，落荒而逃。

姚平仲劫营让完颜宗望震怒。他想不到宋朝竟然在和谈期间突袭，也确信赵构是个假亲王。因为如果赵构真的是康王，那么宋钦宗怎么可能置弟弟的性命于不顾，冒险劫营呢？宗望怒气冲冲地责问赵构和张邦昌。赵构无以回答，而张邦昌急得眼泪鼻涕都下来了，再三为自己辩白。宗望说：“得，我也不为难你们俩。两国交兵，不斩来使。你们回去告诉皇帝，换两个真的人质过来！”于是做了 20 余天人质的赵构和张邦昌竟被放归汴梁了。

宋钦宗没有办法，亲自下诏书割三镇土地给金朝，并改送肃王赵枢作为人质。倒霉的张邦昌升任太宰，陪同肃王去金军中作人质。二月初十，金军得到三镇，又见宋朝勤王军队越聚越多，就乘势退军。

金军走了，宋钦宗松了口气，觉得自己侥幸得来的皇位算是坐稳当了。他下令把勤王的军队都遣散了，罢免李纲，又从镇江迎回了太上皇宋徽宗，开始享受属于自己的帝王生活了。然而金国灭亡之心不死。他们瞄准时机，完颜宗望、宗翰、宗弼几个族兄弟[1]尽起大军，借口河北三镇军民拒绝入金为民，重新杀向东京汴梁。这一次又是势如破竹。宋钦宗惊慌失措，召集百官商议。门下侍郎耿南仲等人主张尽快割让河北三镇，请金军撤退。谏议大夫范宗尹甚至跪地大哭，请皇上赶快割地免祸。

宋钦宗这一次又派康王赵构作使臣，王云为副使，去金军求和。十一月中旬，赵构和王云走到磁州。磁州知州宗泽是个年近古稀的老臣[2]，坚决抗金，正在修筑城防，加强战备。城中百姓抗敌情绪高涨，骂王云是卖国奸细，群情激昂，竟乱拳乱棍将他打死。赵构吓到了，不敢再去议和。他从宗泽那知道金军已经渡过黄河，冲向汴梁了。宗泽劝他："肃王一去不复返，您复去何益？不要再往前走了，留在磁州吧。"磁州离金军很近，刚好知相州汪伯彦亦以蜡书请帝还相州，赵构于是折向相州。

宋朝的使节没有去到金营，金军渡过黄河后派了使臣到了汴梁。金国压根就不提三镇的事情，而要划黄河为界，要求河东、河北地全部归金。宋钦宗一一听从，立即派耿南仲到宗望军割河东地，聂昌到宗翰军割河北地。宋

① 完颜宗望是金朝军事统帅，金太祖完颜阿骨打的二儿子；完颜宗翰就是著名的"粘罕"。读过《说岳全传》的读者一定对这个狗头军师似的人物不陌生。实际上，宗翰是和宗望齐名的军事统帅，是宰相撒改的长子；完颜宗弼的别名也远远比他的本名厉害，他就是"兀术"。兀术是金太祖完颜阿骨打第四子，因此也被称为"四太子"，是完颜宗望的四弟。这三个人再加上完颜昌，组成了金朝的军政团队。完颜昌，本名"挞懒"，金朝大将，不仅是开国功臣，而且辈分比较高。他是金太祖完颜阿骨打的堂弟。

② 宗泽是浙江义乌人，年过三十考中进士，因为个性刚强、正直不阿而仕途坎坷，在知县、通判官职上停滞不前。之前已经退休，宋徽宗末年重新起用。靖康元年初，宗泽被借以宗正少卿身份，充任和议使。有人认为宗泽刚直不屈，恐怕有害和议，宋钦宗就把宗泽转任磁州知府。当时金军猖狂，出任两河地区的官员都借故不到任。宗泽受命当日就独自骑马上路，到任后修缮城池、招募兵勇，与金军接战。

钦宗下诏书给河北河东军民说：“被割让地区的百姓虽然做了大金的子民，但如果安居乐业，没有三心二意反复之心，还是大宋的好百姓，按照现在黄河的流向，在黄河以北的州府，全都打开城门，归降大金。”

本朝积贫积弱，对外妥协的事情不是头一次做了。但这次却是割地求和，而且割的是黄河以北汉族世代居住的核心地区，激起了黄河南北民众的激烈反对。河北、河东人民再听到这么无耻的诏书，抗金的怒潮更加炽热了。聂昌走到绛州，下令割地，绛州人民根本就不认，把聂昌当成汉奸杀死了。

耿南仲奉旨陪同金国使节北上交接土地，也遇到了很多阻力。许多州县根本就不承认他的身份，更毋庸说开城投降了。耿南仲一行人走到卫州的时候，卫州民兵做得更绝。他们围捕耿南仲和金国使节。金使脱逃保命，耿南仲则狼狈地逃到相州。

相州的民兵恶狠狠地逼问耿南仲：“你是来干什么的？”

耿南仲当然不敢说，我是来让大家向大金国投降，做金国臣民的。他眼珠子一转，突然想起曾听人说过出使金国的康王赵构正在相州避难，忙急中生智说：“我是来找康王殿下的。皇上有旨，命康王起河北兵入卫京师！”

相州民兵高呼万岁，带着耿南仲去见赵构。耿南仲害怕了。见到赵构后，自己拿不出皇帝的诏书来，这可是“假传圣旨”，是要砍头的。谁料，赵构接到所谓的“圣旨”，知道不是真的，可还是装模作样地接受了。耿南仲忙屁颠屁颠地写了张募兵榜，署上自己的名字。民兵们这才放了他。

赵构为什么不揭穿耿南仲呢？他不是为了救可怜的耿南仲，而是隐藏在他内心深处的权力欲望促使他这么做的。赵构虽然与皇位无缘，并不意味着他不想做皇帝。当时天下大乱，而军队是乱世最可靠的政治筹码。赵构不可能不想假借皇帝的名义壮大自己的势力，为将来的发展“加分”。于是他大张旗鼓地募起兵来。“勤王抗金”的名义和“康王”的招牌很管用，相州周边百姓踊跃参军。

五

相州汤阴县（今河南省安阳市汤阴县）永和乡孝悌里的农民岳飞也来应募参军。

这已经是岳飞第三次参军了。宣和四年（1122 年）的冬天，真定宣抚刘韐招募“敢战士”，19 岁的岳飞就从老家跑过去从军。但不久父亲岳和病故，岳飞回乡尽孝。两年后的冬天，岳飞再次加入河东路平定军。后来因为军队溃散还是别的原因，岳飞又离开了部队。岳飞为什么这么执着地要求从军呢？史书记载说这和岳飞的家庭环境和所受的教育有关。岳母在他的背上刺下“精忠报国”四个字，让他铭记抗金为国；岳飞曾经拜大师周侗为师学习武艺，且喜欢看《左氏春秋》《孙子兵法》，有扎实的军事基础。事实上，后来人的记载粉饰的成分过重，严重偏离了岳飞的真实情况。岳飞应该是贫苦农民出身。父亲岳和常常在与邻里的土地和财产纠纷中退缩（岳和在《宋史》中是一个宽宏大量的好农民）。岳飞长大后，身上具有了中国传统农民的所有特点：纯真、质朴、坚强。而且岳飞体格健壮，十几岁就能挽起三百斤的弓，射八石的弩。这样看来，岳飞的确是一个当兵吃粮的好材料。

按照现在心理学的观点进行分析，岳飞却不是一个从政的好材料。传统农民的特征极大地束缚了岳飞的政治发展。岳飞的纯真质朴颇有一点头脑简单，思想单纯的味道在里面，这可是从政者的大忌。岳飞的坚强对处于逆境的政治家来说，是个好品质，但其中也带有些许偏执，一根筋的味道在里面。凡是认准的事情，中国的农民很少妥协，“原则有余，灵活不足”。这也是从政者的大忌。从后来的表现来看，岳飞多次充当了“刺儿头”的角色。23 岁的岳飞参军的目的很简单。因为他目睹了金军的残暴，对农民的苦难深有体会，所以要参军打金国人，保卫家园。只是随着时间推移，岳飞“抗暴保家”的目的才逐渐升华为“抗金卫国”。那时候的岳飞就已经不再是 23 岁时候的岳飞了。

当然了，刚参军的岳飞根本就没有从政的资格。他被分到前军统制刘浩的军中，只做了一名普通士兵。

是金子在哪里都会发光的。赵构的军队刚刚建立，极需军官。岳飞很快就因为招降了一伙起义的农民兄弟，再加上有过军营经历，被提拔为“承信郎”，级别是从九品，相当于现代的排长。

在赵构热火朝天招兵买马的同时，京师汴梁沦陷了！

宋钦宗不做备战，还执意解散各地勤王军队，东西两路金军得以如入无人之地，会师开封城下，在十一月对开封展开总攻。开封城内兵力有限，宋钦宗又寄希望于神明护佑，任由方士带领所谓的“六甲神兵”出战，结果溃败城破。

当年闰十一月三十日，宋钦宗出京城到金营投降。降表写道：“既烦汗马之劳，敢缓牵羊之请。上皇（指宋徽宗）负罪以播迁，微臣（宋钦宗自称）捐躯而听命。”金朝下令废掉徽、钦二帝，在汴梁展开了骇人听闻的掠夺，将一座百万人口的都市糟蹋成仅余一万人的废墟。第二年（靖康二年，1127年）正月，金军满载着金银绢帛，带上宋朝的皇帝宝玺、仪仗、天下州府图、乐器、祭器、书籍和皇宫的珍宝古器凯旋北还。金军还掳走了汴梁的后妃、亲王、贵族和汴梁的百工、技艺、妇女、内侍、僧道、医卜、娼优等，共计三千多人。宋徽宗、宋钦宗和所有的近系宗室都成了北上的俘虏。宋朝的宗室成员为什么会被干干净净地一锅端呢？这还是《玉牒簿》的功劳。《玉牒簿》是详细记载皇室成员出身、经历和家庭情况的资料汇编，由专人负责，现在反而成了金军按图索骥的凭证。没有成为俘虏的近支皇室只有康王赵构和被废为庶民而居于民间、宋哲宗的前皇后、赵构名义上的奶奶孟氏两个人。

当年的严冬，鹅毛大雪纷飞，大地冰冻三尺，被掳掠的人民在侮辱、饥饿、伤冻的接连攻击下，倒毙沿途，不计其数。幸存者蹒跚、茫然地走向无尽的北方……

朝云横度，辘辘车声如水去。白草黄沙，月照孤村三两家。

飞鸿过也，万结愁肠无昼夜。渐近燕山，回首乡关归路难。

这首《减字木兰花》，作者是阳武县令蒋兴祖的女儿。她的父亲、母亲和兄弟都死于金军之手，自身被金人掠去。到了金国，这些女眷的命运更加悲惨。金人举行献俘仪式，命令徽、钦二帝拜谒完颜阿骨打的庙宇。途中未死的妇女，有些被分给女真贵族或者将领，有些被送到洗衣院，供贵族淫乐。宋钦宗朱皇后不堪受辱，自缢未遂又投水自尽而死。《燕人麈》里有这样一段记录：

> 天会时，掠至宋国男、妇不下二十万，能执工艺自食力者颇足自存。富戚子弟，降为奴隶，执炊牧马，皆非所长，无日不撄鞭挞。不及五年，十不存一。妇女分入大家，不顾名节，犹有生理，分给谋克以下，十人九娼，名节既丧，身命亦亡。邻居铁工以八金买娼妇，实为亲王女孙、相国侄妇、进士夫人。甫出乐户，即登鬼录，余都相若。[①]

难以言状的耻辱、羞于落笔的灾难，史称“靖康之变”或“靖康之耻”。北宋就此灭亡。

六

金兵退走前在中原地区扶持了一个不成器的傀儡政权。

宋朝虽然灭亡了，但金朝显然没有做好直接统治中原的准备。中原地域太大，人口太多，与白山黑水、塞北草原的情况截然相反。扶持一个傀儡政权，便于因地制宜，减轻统治成本。

金军明确向汴梁的百官发来文书，命令“推异姓堪为人主者”由金人册命

① 《靖康稗史》六《呻吟语》附录。

为“天子”。孙傅等宋臣请立赵氏子孙。金军大怒，武装挟持孙傅等人，召集部分大臣商议，一定要推出一个傀儡皇帝来。宋臣们都不敢出声，可金军一副不推出人选誓不罢休的样子，大家面面相觑、默默相对了许久，终于达成共识：“今日当勉强应命，举在军前者一人。”员外郎宋齐愈提笔写了三个字，传给同僚看。大家都不反对，默认：“就他了！”

这个人就是在金军当人质的原宰相张邦昌。

对于张邦昌，我们已经不陌生了。他就是一个懦弱胆小的书生。占领军对立张邦昌为帝，毫无异议。已经做了汉奸的东京留守王时雍召集群臣拥立张邦昌为皇帝。太常寺主簿张浚、开封士曹赵鼎、司门员外郎胡寅等多人不肯签名，逃入太学。御史中丞秦桧、御史马伸、吴给等人则公开要求继立赵氏后嗣为帝。秦桧更是义愤填膺地论证张邦昌的短处，认为他不能君临天下。金军本来没有注意秦桧，现在一看竟然还有如此的“大宋忠臣”，立马把秦桧逮捕起来，添加到北上的俘虏名单里带走了。急着回家的金军放出话来，如果到三月初七张邦昌还当不了皇帝，那么就先杀光大臣，再血洗开封。这样一逼，百官们纷纷转变姿态，同意拥戴张邦昌即位。

倒是张邦昌不愿意当这个皇帝。他也是饱读诗书的秀才，知道做傀儡皇帝的无耻和可怕，不敢做皇帝，也压根没想过要当皇帝。李纲悄悄地劝告张邦昌：“张相公，你自杀保存名节吧！”张邦昌觉得有道理，可在自杀的前一刻，又退缩了。书生动嘴皮子还行，有自杀勇气的少之又少。最后有人给张邦昌找了个台阶：“相公前日不死在城外，而今死在这里，会害死全城百姓的啊（相公不前死城外，今欲涂炭一城耶）？”懦弱的张邦昌只好在保存百姓的名义下，北向跪在金军面前，接受金朝的册立，出任“大楚”皇帝了。

一个后世臭名昭著的汉奸就是这么诞生的。

我们来看看张邦昌的表现。他在登基大典上，不敢坐北宋皇帝的龙椅，而是在旁边摆了个位子。王时雍率百官遽拜，张邦昌并非面南而坐，而是东面拱立。张邦昌即位时，阖门宣赞舍人吴革召集数百人起义，试图冲进皇宫制止这场闹剧，结果遭到金军的镇压而失败。

张邦昌即位后，不用皇帝尊称，见百官称“予”，手诏曰“手书”。以前的同僚向他称呼万岁奏事，张邦昌连忙从位子上跳起来，摆手说：“别叫我陛下，叫我张相公就行。”只有王时雍每次言事，都称“臣启陛下”，张邦昌当即予以驳斥。

金兵终于要走了！撤退前，他们计划留下部分军队协助楚国的统治。张邦昌婉言谢绝，他是怕承担为虎作伥的更大的罪名；部分有心官员也谢绝金军留驻，为以后的复国做准备。

七

当赵构的父母兄弟、一妻二妾和亲属被掳走的时候，康王赵构的身边已经聚集了兵士上万人。

宋钦宗在被俘之前，曾派遣阁门祗候秦仔突出重围，寻找外地的赵构来给汴梁解围。秦仔把诏书封在一粒蜡丸中，藏在头发里，混在乱军乱民中成功到达了相州。在相州公布的诏书任命康王赵构为“河北兵马大元帅”，中山知府陈亨伯为元帅，汪伯彦、宗泽为副元帅。兵民情绪激愤。十二月壬戌，赵构正式建立大元帅府，开始对宋朝残余地区发号施令。

赵构的军力还没办法直接与金军作战。他派遣宗泽在从大名到开德一带对凯旋的金军进行了侧击。宗泽取得了多次战斗的胜利，还计划抢渡黄河，截断金兵归路，抢回二帝。宗泽兵力远不足以完成如此巨大的军事行动，就要求邻近各地宋兵共同行动。各地宋兵到期不来，劫回二帝的计划夭折了。岳飞参与了这一系列的战斗。他带领骑兵执行侦察任务的时候，打赢了多场遭遇战，一次是在丛林中，一次是在黄河冻冰之上，劈杀金国军官多名，还掳获了一批军械，连升为正八品军官。

宗泽眼看着迎回皇帝无望，于是上书已转移到济州的赵构，劝他作皇帝。

宗泽说：“二圣二后、诸王、皇族，悉渡河而北，唯大王在济。”意思是说，现在皇室蒙难，只剩下大元帅您一个嫡系宗室，所以请您登基做皇帝。话虽然说得不好听，但却是事实。

大元帅赵构早有此意。事实上，他早就开始了舆论方面的准备。靖康元年闰十一月己酉，当时宋钦宗还在汴梁好好的，赵构就和幕府从客们聊天说：“昨天晚上我做了一个梦。梦里，皇帝脱下龙袍来送给我，我就脱下旧衣服穿上了御袍。”十二月，大元帅开府的时候，赵构就佩戴着排方玉带，这实属僭越的行为。更露骨的是，赵构还对副元帅汪伯彦等人说：“我出使前和皇上告别的时候，我们俩谈了很久。皇上解下御带给我，说：‘我还是太子的时候，太上皇就解下这条带赐给我。现在我把它交给你了，你要好好收取。’我不得已只好收下了。”赵构的听众都是在官场上浸淫多年的老油条，自然能听懂赵构的弦外之音：皇上有意传位给我。

赵构是很想当皇帝的。他比哥哥宋钦宗更加侥幸。所有的近支亲王都被抓走了，现在他离皇位只有咫尺之遥了。但是如果即位，赵构没有任何强有力的证据来支撑自己的合法性。他既不是嫡长子，也没有父亲或者哥哥明确要传位给他的证据。尽管是特殊时刻，但赵构的权力多少有自封的味道——日后金朝就是这么攻击他的合法性的。合法性的缺失深深困扰着赵构躁动的心灵。

但是皇位的诱惑实在是太强烈了！赵构决定接受宗泽的劝进，立即登基称帝。

赵构带领兵马，离开济州前往南京应天府（今河南省商丘市）。五月初一，赵构在应天府称帝，改年号为建炎，延续宋朝的国脉。赵构就是宋高宗。他所建立的王朝就是南宋王朝。这一天，南宋历史揭开了帷幕。

汉州绵竹人张浚是政和八年（1118 年）的进士，在北宋末年当官当到了太常寺主簿。宋高宗即位前，张浚从汴梁逃到南京，参与了登基仪式。王朝初建，正是用人之际。张浚担任了枢密院编修官，参加了赵构的登基大典。岳飞也作为中军护卫参加了登基大典。赵构从济州出发前，重新编组了大元帅府的兵马，建立起了朝廷直辖的正规军。岳飞所部被划入中军，中军统制是张浚。岳飞作为一名偏裨军官，护送赵构前往应天府，并担任朝廷警戒。

岳飞在新皇帝身边，接连几个月无仗可打，憋屈得慌，就直接上书赵构求战。掌权的黄潜善和汪伯彦看到岳飞的上书，以“小臣越职，非所宜言”的罪名革掉岳飞官职，削除军籍，驱逐出去。岳飞不得不北上投靠河北招讨使张所。张所很赏识岳飞，恢复了岳飞的正八品级别，还很快提升他为从七品、充任统制。

新人新气象，南宋王朝又会有什么样的开始呢？

八

汴梁的张邦昌自从登基后，就老觉得哪儿都不对，度日如年。

金兵退走后，失去高压的臣民们将对张邦昌的鄙夷、唾弃和反抗都表现了出来。张邦昌的命令连汴梁都出不去，最后感到难以立足了。吕好问等官员趁机劝张邦昌拥立赵构。张邦昌本来就不想做皇帝，现在干脆把宋王朝还留在汴梁的皇帝车驾、衣物以及其他御用之物都运到应天府去献给赵构；同时派人在民间找到孟氏，恭请她以“元祐皇后”的身份垂帘听政。做完这一切，张邦昌走下圣坛，以太宰的身份（这是宋钦宗封给他的职务）重新做起了大臣。

大楚政权因为皇帝张邦昌撒手不干，至此寿终正寝，前后历时 33 天。

张邦昌虽然退了位，百姓们还是指着他的脊梁骨骂。张邦昌的压力实在太大了，选择了跑去找赵构，一来朝贺皇上登基，二来为自己辩解。《宋史》说：“张邦昌至，伏地恸哭请死，帝慰抚之。”赵构并没有责难这个大汉奸，不仅抚慰了张邦昌，还封张邦昌为太保、奉国军节度使、同安郡王，继续参与朝廷大事。张邦昌卖国投敌和僭越称帝的罪行显而易见，赵构为什么原谅他呢？当赵构看到跪在面前痛哭流涕、再三辩白的张邦昌时，不可能不对张邦昌的无奈和选择有所同情。一方面，赵构和张邦昌共同出使过金营，对张邦昌的性格品性有所了解。如果设身处地地为张邦昌想想，他也是个值得同情的人物。赵构也是政治人物，自然知道政治的无奈；另一方面，张邦昌虽然做了傀儡皇帝，却没有做过什么坏事。相反，张邦昌在敦促金军撤军、保全中原百姓方面起到了积极作用。因此，赵构不久又擢升张邦昌为太傅，位列三公。

可惜啊，当时的政治大环境不允许赵构这么处理张邦昌。高宗即位后，对金强硬派占据了主流，抗金和惩罚汉奸的呼声很高。

著名抵抗派大臣李纲，顺应舆论出任了宰相。之前，李纲被贬夔州（今重庆市奉节县白帝城）安置。宋钦宗在开封城破前夕又想起用李纲，任命他为资政殿大学士、领开封府事，但事已晚矣。当李纲在长沙接受任命时，北宋已经灭亡。赵构即位，起用李纲为相，遭到了不少大臣反对。御史中丞颜岐说："李纲为金人所恶，不宜为相。"右谏议大夫范宗尹说："李纲名浮于实，有震主之威，不可以相。"赵构排除干扰，还是颁布了任命。李纲正在赶赴开封途中，接到任命后折往应天。他担任宰相后，主张罢和议、整军备战。而首要工作之一，就是严惩以张邦昌为代表的投降官员。

赵构在舆论的巨大压力下，最后找了一个"桃色理由"下令严惩张邦昌。所谓的理由是"张邦昌竟敢占居宫禁，奸污宫人[①]，大逆不道。"张邦昌升官一个月后，就被降为昭化军节度副使，发配到潭州（今湖南省长沙市）安置。其他汉奸如王时雍、徐秉哲、吴幵、莫俦、李擢、孙觌等，全都革职惩处。北方的金国听到"大楚国"的君臣都被惩办了，扬言要为张邦昌报仇，出兵攻取两河州郡。这样一来，朝野上下要求痛打落水狗的声音更是此起彼伏。

张邦昌到达潭州后没几天，殿中侍御史马伸就风尘仆仆赶来宣旨了。诏

① 朝廷公布的罪状似乎是说张邦昌和宋徽宗或者宋钦宗的李姓妃子有私情。但也有人说张邦昌做了皇帝，后宫女子为了前途命运，主动勾引张邦昌。张邦昌没有把持住，就留下了这个大逆不道的把柄。丑闻中的李氏被"杖脊配车营务"。

书很简单："张邦昌僭越称帝，罪不可赦，赐死。"张邦昌接到诏书后，徘徊退避，涕泪交加，到处躲着马伸。马伸还是找到了他，严词迫令他自杀。被逼上绝境的张邦昌蹒跚地登上潭州城内天宁寺的"平楚楼"，仰天长叹，解下腰带上吊自杀了。王时雍等汉奸同时被"赐死"。

张邦昌死后，被永远钉在了耻辱柱上，形象越来越不堪。张邦昌是东光县大龙湾人。《东光县志》中有明确记载。这个大龙湾村现在还在，但当地村民和本地的张姓宗族没有一个人承认张邦昌是本地人。由此可见这个乱世书生的历史命运。

赵构即位后，宗泽入朝拜见，涕泪交流，提出"复兴大计"。不用说，宗老人家的大计，就是抗金，抗金，再抗金！宰相李纲比宗泽小 20 多岁，两人相见恨晚，在诸多国事上见解一致，谈到很多问题又一起慷慨流涕，抱头痛哭！李纲认为宗泽是一个奇人，应该重用。赵构起初也觉得宗泽才勘大用，想留在朝廷任用。可黄潜善等主和派，千方阻碍，提醒赵构偏激之人可能不利于王朝初定，赵构就犹豫了。如何使用宗泽，就成了问题！朝廷先是任命宗泽为龙图阁学士、襄阳知府，后来又为青州知府。东京汴梁还是当时名义上的首都，在金军糟蹋后残破不堪，但军事和政治意义依然很重要。张邦昌走后，汴梁几乎是一座空城，迫切需要有一个贤才能臣去接收、镇守。在李纲的支持下，朝廷最终任命宗泽为开封知府兼东京留守，兼顾河南、河北军事。宗泽临危受命，毅然来到残破的汴梁，募兵防守。

此时，金军还留屯黄河边上，敌人的战鼓之声，汴梁城内日夜可闻。而城内房屋、器具废坏，官民、军民杂居，盗贼纵横，人心惶惶。宗泽下车伊始，首先捕杀盗贼，收拾流民，整修城池，又招抚黄河沿岸的义军，不断壮大军队，以图收复失地。

汴梁这边红红火火整军备战，应天那边却在谋划着"南巡"。赵构在主和派的鼓动下，下诏巡幸淮甸，下令两湖、两淮和两浙的州县做好准备。宗泽上书劝谏，尖锐指出这是要放弃中原，预备逃亡江南，他坚决反对。黄潜善等人接到上奏后，不予理睬。

之前，河北招讨使张所遭到贬谪。他的部队四分五裂。岳飞一心抗金，私自脱离正规军，去投靠在太行山区坚持抗金的农民武装——王彦率领的“八字军”。岳飞经常身先士卒、冲锋陷阵，一度身被十余创，所部将士皆死战，以微薄之力抗击金军。一夜屯宿在石门山下，有人传言金军大兵将至，部队惊惶失措，岳飞坚卧不动，像没事人一样。最终部队没散，金军也没有来攻。遗憾的是，王彦和岳飞两个人都是个性很强的农民，话不投机，难以共事。在王彦拒绝提供给养后，岳飞听到老领导宗泽驻防汴梁，率部南下投靠。东京留守司追究岳飞擅离职守的罪责，按律当斩。宗泽本就爱惜抗金勇士，亲自面见岳飞，认定这是一个将才，只是将岳飞级别降为从八品，担任留守司统制，以示惩戒。这是 1127 年冬天的事情。

发生了太多事情的南宋王朝的第一个年头就这么结束了。

泥马渡康王

一

南宋建立后，执行什么样的对金政策关系到王朝的生死存亡。

朝廷内部对金国的政策存在分歧，而且还相当严重。宰相李纲鲜明地反和主战。他严惩张邦昌等汉奸，破格任用抗战将士。李纲除了力挺宗泽担任开封留守外，还任命抗战派将领张所为河北招抚使、傅亮为河东经制使，让他们在黄河以北地区招募民兵抗金。同时，主和派的力量也不弱。他们认为“二圣北狩”，主张“割地厚赂以讲和”。李纲一针见血地指出敌人是贪得无厌的，即使将整个天下都割让了，将天下财用都拱手相送了，也不可能保存宗庙社稷。李纲提出了一系列的改革军制、整顿纪律、调整驻军、积极进取的抗金策略。

原来繁华富庶的首都汴梁现已残破不堪了，不适宜再作为首都；再加上金军部队在黄河南北穿梭游荡，因此向南方迁都、避敌锋芒的主张是抗金和主和两派的共识。李纲认为宋朝残余的精兵健马都在西北宋朝和西夏的边界，主张朝廷暂迁襄樊邓州一带，等黄河流域局势安定了再回到东京。中书侍郎黄潜善、知枢密院事汪伯彦则主张去东南富庶之地，因为“东南财力富盛，足以待敌”。而在汴梁的宗泽抓紧时间整顿城市，稳定秩序，让破旧的首都慢慢有了些样子，就上书请赵构勿听奸言，依旧以汴梁为首都。立国两百年的首都，怎么能说放弃就放弃？放弃了，如何向黄河南北的军民交代？宗泽还一针见血地指出：现在朝廷中弥漫的修缮东南、皇上南巡之类的说法，都是在为逃亡江南、偏安一隅做准备。历史证明，偏安一隅的王朝，都免不了亡国的命运！

那么赵构是怎么想的呢？任何一个权力所有者首先关心的事情不是施展志向抱负，而是巩固和扩展手中的权力。赵构极其侥幸地获得了最高权力，就好像是一个在大街上捡到一笔巨款的路人。他最关心的不是用这笔钱去做慈善事业，也不是用这笔钱去做买卖、经营实业，而是如何把这笔巨款彻底地占为己有，别被失主给拿回去了。“路人心理”在缺乏即位合法性的赵构身上表现得非常明显，贯穿了南宋王朝早先的岁月。

对于与金军讲和迎回父亲和哥哥的建议，赵构不好明确反对，但内心是排斥的。原来的皇帝回来了，赵构怎么办？对于留在黄河流域抗金，赵构没有信心。一旦抗金不成，消耗军力或者干脆自己被金军抓住了，对突然掉到手里的皇位都百害而无一利。所以赵构赞同黄潜善、汪伯彦提出的逃亡东南地区的建议。那里远离金军，还是鱼米之乡，繁华秀丽，对消化权力非常有利。

宰相李纲整顿军备，有助于新王朝支撑局面，宋高宗是能接受的。但是，李纲激烈的主战措施，赵构就不能接受了。于是赵构擢升任黄潜善为右相，与李纲并列相位，同时罢免张所、傅亮，废除招抚、经制两司，蓄意破坏抗金部署。李纲坚决反对，朝廷两派斗争加剧。赵构就以李纲“狂诞刚愎”“专制若此”的名义罢免了李纲的相位。李纲主政仅七十五天，发配鄂州安置。

太学生陈东、进士欧阳澈等上书，说李纲不可罢，黄、汪不可用，敦请赵构还都，亲征，迎回徽钦二帝。这个陈东是著名的“愤青”。当年宋钦宗罢免李纲主和的时候，陈东就联合在汴梁的太学生集体上书，请求任用李纲主持军事。他的号召力很强，城中军民自动赶来声援，填塞驰道、街衢，呼声震天。陈东等人不顾朝廷的命令，殴打主和派官员，击碎登闻鼓，甚至打死宦官 20 多人。宋钦宗用李纲为尚书右丞，守卫汴梁，很大程度上是被舆论所迫。赵构非常反感这些“愤青”。他理解的政治应该是坐而论道，稳重谨慎，水到渠成的；他认为“愤青”们既不体谅在位者的苦衷和难处，而且根本就不明白政治的实际情况，成事不足，败事有余。这一次，赵构下令将陈东、欧阳澈等人押赴闹市斩首示众，同时宣布朝廷暂时迁往扬州。

宋朝建国的时候，老祖宗赵匡胤立下“家法”：赵家要厚待读书人，除非大逆不道不得诛杀读书人。因此我们会看到在北宋，即使大臣再讨人厌，再不受领导待见，但总体上过得还是很滋润的，最坏的也是流放了事。现在赵构诛杀陈东等人，可算是开了一个恶劣的先例。

二

赵构是在建炎元年（1127 年）十月带领朝廷逃到扬州的。金朝得到高宗南逃的消息，在十二月（1128 年 1 月）再次发动南侵，向中原大举进兵。这一回，金朝精心谋划，精兵强将全部出动，誓要彻底灭亡宋朝。

汴梁再次成为抗金的焦点。

宗泽不顾朝廷的逃跑策略，积极联络两河和陕西的其他抗金队伍，依山河筑垒防守。许多武装聚集到汴梁周围，与宗泽协调行动，声势颇为雄壮。多月来，汴梁的官军、义军和金军接战多次，宋军胜多败少。十二月底，有一支金军南侵进犯孟州汜水关。宗泽派岳飞率领五百骑兵迎战。临行前，宗泽告诫说："你身上带有死罪，只要你杀敌立功，我既往不咎。"岳飞在汜水关一带击败金军，崭露头角。岳飞本人手刃了一名女真裨将，一战成名。宗泽提拔岳飞为统领，不久又提升为统制。

黄潜善、汪伯彦控制的南逃朝廷却在建炎二年（1128年）正月下诏，说汴梁周围的民兵"假勤王之名，公为聚寇之患"，勒令解散。宗泽针锋相对，回了一道语调强硬的奏折，要求赵构收回成命，斥责黄、汪二人，同时降罪己诏，迁回汴梁，"以大慰元元激切之意"。对于这样的奏折，赵构置之不理。宗泽又整编汴梁附近的军队，制定了大举渡河全面反攻的计划，奏报朝廷。赵构没有批准。

宗泽年过古稀，还坚持活跃在战斗前线。他先后上了二十多道奏章，奏请赵构"圣驾回京"，还提议筹划北伐。黄潜善等人对宗泽的奏章嗤之以鼻，嘲讽"狂妄"，干脆不上报赵构。宗泽忧愤成疾，背上发疽病重。弥留之际，他对守在病床前的部下说："诸君如果能为我歼灭强敌，我就死而无恨了。"众将士都泪流满面，哽咽无语。建炎二年七月，宗泽长吟"出师未捷身先死，长使英雄泪满襟"，连呼"渡河！渡河！渡河！"怒目而逝。

宗泽死后，副留守杜充接替了留守职务，忠实执行朝廷的命令，裁撤了会集到汴梁周边的民兵。岳飞见状，原想离开杜充北上找金军决战，但一想到先前自己擅离职守招致的死罪和宗泽对自己的庇护，岳飞就说服自己，留了下来。

然而，金军并没有进攻认真备战的汴梁，而是从东边绕开了这座都城，直扑扬州而去。

三

扬州几乎是一座没有防备的后方空城。

枢密院编修张浚早就看到了局势的严重，多次与一心求和的宰相黄潜善意见相左。黄潜善给张浚安了一个兴元知府的职务，要贬他到西北去。赵构看在眼里，没等任命下达，突然提升张浚为礼部侍郎，留在身边。六月，张浚忧心忡忡地对赵构说："朝廷不能寄希望于金军不会到来。我们应该积极修备治军，居安思危，就像在前线一样。"赵构没有接受张浚的意见，但很欣赏他，让张浚兼任了御营使司参赞军事。

张浚入御营使司办公是十月份的事情。这时候，金军已经展开了打通前往扬州道路的战役。建炎三年（1129年）正月，完颜宗翰率军先后攻下徐州、淮阳、泗州，并派出部将拔离速率一支轻骑军长途奔袭至扬州，擒拿南宋君臣。这是一招"斩首行动"！

二月初三，拔离速攻陷天长军，到达扬州。

赵构听到消息后，仿佛五雷轰顶，匆忙带领御营都统制王渊和亲信宦官康履，撇下朝廷逃往杭州去了。

也就在从扬州逃亡杭州的过程中，赵构得了所谓"痿腐"的疾病。这个"痿腐"就是现代人所说的阳痿。赵构得阳痿的具体过程据说是这样的：拔离速迅速攻陷天长，前锋距离扬州城仅有数十里，这完全出乎赵构的意料。金军进城的时候，赵构正在宫中与女子床上缠绵、行云布雨。正当他酣畅淋漓的时候，突然宫外大呼"金兵到了"，赵构大惊失色，竟然跌落床下，导致肾惊脑骇，落下了阳痿的残疾（精神性外加器官性病变）。他赤身裸体，顾不上美女，慌忙从地上爬起来，带着少数几个随从乘马出城，渡江而逃。这次突如其来的惊吓，使得宋高宗患上了严重的阳痿，从此失去了生育能力。

关于赵构是怎么摆脱追兵渡过长江的，有许多传说。流传最广的是"泥马渡康王"的故事。有好事者和说书人加工渲染，说是神祠中的泥马显灵渡赵构过的江，也有说是磁州当地的一个神灵（崔府君）显灵帮助赵构脱险的。《说岳全传》对"泥马渡康王"的故事描写得最为详细，是这么说的：

赵构只身逃出扬州后不久，就被完颜宗弼率领的骑兵给盯住了。赵构回头一看，妈呀，都能看到宗弼的脸了。只听着宗弼在后面大喊："儿子，你慢点跑，别吓坏了。”正在危急关头，只见旁边树林中走出一个老汉，方巾道服，一手牵着一匹马，一手一条马鞭，叫声：“主公快上马！”赵构来不及多想，接鞭就跳上了马飞跑。宗弼在后面见了，大急大怒，拍马就追。这一追，直追到长江边上。赵构跑到夹江，一眼望去，只见茫茫江水，波涛汹涌，对岸遥不可及。后面宗弼追得又急，都快到脚后跟了。赵构急得上天无路，入地无门，大叫一声：“天丧我也！”这一声叫喊惊了那马，只见它两蹄一举，背着赵构向江中就跳。后面的宗弼只听到“轰”的一声响，大叫“不好了！”他带着金军赶到江边，早已不见了赵构，想来是被滚滚江水吞噬了。宗弼快快回营，连说：“可惜，可惜！”

赵构骑着马跳入江中，原是浮在水面上的，宗弼为什么看不见他呢？原来赵构有神圣护住，遮了金军的眼，故此不能看见。赵构伏在马背上，害怕得不敢睁开眼睛，耳边只听到呼呼的水响。不到一个时辰，马就驮着赵构到了长江对岸。又行了一程到达一个林木茂盛的地方，那马将赵构耸下地来，往林中跑进去了。

赵构心中叫苦，只好跌跌撞撞地向前走去。天色已晚，他只好慢慢步入林中，没多远就看到林中隐藏着一座古庙。赵构抬头一看，那庙门上有个旧匾额，虽然剥落，上面的字仍看得出，写着五个金字“崔府君神庙”。赵构走入庙门，吃惊地看到门内站着一匹泥马，颜色和刚才驮自己的马匹一样。奇怪的是，那马湿淋淋的，浑身是水。赵构联想到：“难道渡我过江的，就是此马不成？这马是泥糊得，沾了水，怎么还不坏啊？”赵构冥思苦想间，只听到一声响，那马还真的化了。赵构恍然大悟，走上殿去，向神举手谢道：“我赵构深荷神力保佑！如果能够恢复宋室江山，那时与你重修庙宇、再塑金身。”这一夜，赵构将庙门关上，寻了块石头把庙门顶住，在神庙里度过了在江南的第一夜。[①]

① 民间有关“泥马渡康王”的传说很盛。我记得戏剧中还有这出戏，还有一个象棋残局也叫这个名字。我第一次听说“泥马渡康王”的传说是在《说岳全传》里。

《说岳全传》里“泥马渡康王”的故事综合了各种传说，可谓是“集大成者”。故事中出现的崔府君是真实的历史人物。他是唐太宗时候的人，叫崔珏，曾经担任过县令。据说这个崔珏白天能够在阳间处理政事，晚上下到阴间办公，死后还被玉皇大帝封作了磁州土地神。也就是说，崔府君是磁州地界上的“本地神”——请注意赵构和磁州的关系。磁州老乡说：“前朝闹安史之乱的时候啊，崔府君显灵保佑过玄宗皇帝。玄宗皇帝就封崔府君为灵圣护国侯。本朝元祐年间，仁宗皇帝再加封崔府君为护国显应王。”因此，崔府君救赵构过江的故事得到了当时很多人的认可。我们后人知道所谓的显灵纯属无稽之谈，但这则故事却被宋朝官府正儿八经地广为宣扬了出去，民间不断流传，整个社会对它津津乐道。赵构在这则故事中简直就是受到神灵保佑的“真龙天子下凡”。

赵构前脚刚逃出城外，金军后脚就大摇大摆地进入扬州，大肆掳掠。

四

赵构渡过长江到达镇江后，百官才陆续赶到。

如此狼狈仓促的逃亡令朝廷颜面无存。朝野激愤，主政的黄潜善、汪伯彦二人成了众矢之的。

黄潜善、汪伯彦二人刚到镇江，就接到了罢免诏书。赵构改任朱胜非为宰相，任命王渊暂时负责枢密院事务。这个王渊在扬州败退的时候，主管朝廷船队。他调动朝廷控制的十多艘巨船，非但没有运兵，反而用来搬运私人财物。当浩浩荡荡的船队到达南岸的时候，百姓异常愤怒，指着大船叫骂：“船上的东西，都是王渊平时掠夺的赃款财富！”当时许多部队滞留江北，无法南渡。朝廷的将领也对王渊极为不满。现在王渊非但没有受到惩罚，反而得到提拔，将领们更不满了，怨声载道。

赵构为什么偏袒王渊呢？因为王渊非常能够揣摩圣意。到达镇江后，群臣都认为可以在此暂避。只有王渊反对。他认为太湖以南的杭州有“重江之险”，是更理想的暂驻之地。赵构之前看地图，也选中了杭州作为行在（临时首都）。而且，王渊抢先把满载财富的船队开往杭州。赵构就率领朝廷继续南迁杭州去了。

王渊和康履等赵构宠信的宦官关系很好。这些被赵构宠信的太监，比如康履、蓝珪等人，专恣用事，肆作威福。令人发指的是，在兵荒马乱、民不聊生的时候，康履、蓝珪等人竟然大讲排场，在钱塘江岸边供帐遮道，观赏起江潮来。王渊、康履等人这下是犯了众怒，赵构只好撤销王渊枢密院的职务，但仍让他担任禁军都统制。

赵构还下诏己罪，大赦天下，七月将杭州改名并升级为“临安府”，开始作为根据地经营起来，做长久打算。南迁的朝廷基本上是个“草台班子”，力量很薄弱。扈卫宫廷的禁军只有苗傅等人的部队。苗傅是上党人，出身武将世家，是“靖康之乱”后最先投靠赵构的将领之一。王渊为了加强护卫力量，推荐关系户、老上司的儿子刘正彦出任禁军将领。刘正彦也是将门之子。王渊曾在他父亲刘法手下当过差，就推荐刘正彦随苗傅一起统掌御林军。原来大元帅府的将领韩世忠、刘光世、张俊、杨沂中等人都被外派去把守江北到杭州之间的险要地点。杭州城就交到了苗傅和刘正彦的手里。

王渊等人的所作所为，让苗傅的心里非常不平衡。他是赵构身边老资格的将领，常年扈卫有功。现在王渊青云直上，他心中自然不满。而王渊提拔的刘正彦也在抱怨功高不赏，对王渊怀恨在心。苗刘两人很快就凑在了一起，组成了阴谋集团，秘密到禁军各营传话：“如果杀掉王渊和祸国太监，人人可富。朝廷法不责众，大家肯定没事。”禁军上下的不满情绪被点燃了，纷纷表示响应造反。

一天，王渊退朝，骑马经过城北桥。突然从桥下蹿出许多兵丁来，把王渊踹下马来。王渊被士兵们团团围住，无法脱身。苗傅、刘正彦等人这才走过来。王渊见是自己荐拔的刘正彦来了，精神大振，忙说：“刘将军，这是怎么回事啊？你还不约束你的部下？”刘正彦也不搭话，抽刀大步向前，“唰”

的一下就把王渊的脑袋给砍了下来。

接着，苗、刘二人调动八千禁卫兵，大规模杀入皇宫，四处捕杀宦官。这些士兵都是参军不久的河北农民，也不认识谁是太监，谁不是太监。凡是没有胡须的，都被他们当作太监给杀了。南方有许多男子是没有胡须的，结果也被错杀了。一时间，遇害的人数以百计。士兵们把王渊首级悬于大矛枪之上，雄赳赳气昂昂地向赵构的寝宫杀去。太监康履趁乱逃入内宫，报告了变乱。杭州知州康允之也跑到宫中，请赵构上宫城城楼躲避。殿前禁军一齐大呼："皇上驾到！"这一招还真镇住了苗傅等乱军。人们看到皇上伞盖，山呼万岁，不敢再动。赵构询问为何造反。苗傅厉声说是因为朝廷赏罚不公，信任宦官，要求处置误国的黄潜善、汪伯彦和王渊、康履、蓝珪等；同时抱怨自己官小，要求提拔。赵构马上下令将相关太监流放海岛，正式任命苗傅为御营都统制，刘正彦为副都统制，要求二人立即率人马回营。

政变发展到这一步，已经超出了苗、刘二人的操纵之外。数千兵丁群情激愤，围绕城楼不退。赵构忙问群臣有何对策，大臣要求推出康履就地正法，劝退军士。不等赵构同意，大臣们就把躲在屋檐下瑟瑟发抖的康履推下楼去。可怜的康公公，被愤怒的士兵一刀砍成了两截。杀了康履，苗傅得寸进尺，提出了新要求：立皇太子，赵构退位；恭请隆祐太后垂帘听政并与金人议和归还二帝。

苗傅的要求刺中了赵构隐痛。赵构最担心的就是权力不稳，现在苗傅既要立太子又要迎回二帝，简直是逼赵构自断权柄。他先让宰相朱胜非下楼劝谕，没成功，只好请出太后。谁料，孟太后来了还是无济于事，苗傅等人依然在下面舞刀弄枪，叫嚣不停。赵构恐再生变故，忙命人护送太后还宫，咬牙同意禅位。大臣朱胜非忙拉拉他的衣角，示意不要贸然应允。赵构回头轻声说："做长足打算，如果不把这一关给过了，一切都完了。"朱胜非这才去执行。

赵构退位后，被软禁在显忠寺。苗、刘二人以孟太后的名义称他为"睿圣仁孝皇帝"，只留 15 个内侍供差遣。赵构才 3 岁的儿子赵旉被推上帝位，孟太后垂帘听政。苗、刘二人做了杭州的主人，一个作武当军节度使，一个作武成军节度使。[1]

苗、刘二人原本就是为了私利起兵，根基不稳。张浚很快就联合在外的韩世忠、刘光世、张俊等人起兵讨伐，要拥赵构复位。很快，诸路宋军兵临杭州城下。

苗、刘二人事先也担心杭州外线的将领发兵讨伐，所以扣押了一些将领留在杭州的家属。苗傅尤其提防着大将韩世忠，扣押了韩夫人梁红玉。叛军为什么这么害怕韩世忠呢？因为韩世忠是一个传奇英雄。韩世忠，陕西延安人，家里很穷，有力气，为人豪爽，18 岁的时候就去当兵吃粮了。方腊起义几乎颠覆了北宋的半壁江山，但最后却被一位小军官给抓住了。这个小军官就是当时担任进勇副尉的韩世忠。[2] 赵构还在相州的时候，韩世忠是最早劝他当皇帝，并把部队拉过来听从差遣的军官之一。因此他既是拥立元勋，又是朝廷重将。

梁红玉和丈夫一样是个传奇人物。她出身江淮行伍世家，祖父和父亲都在镇压方腊时阵亡。家道中落，再加上金军多次侵略，梁红玉沦落为官妓。梁红玉和韩世忠在欢场相识，仰慕后者，以身相许。当时韩世忠只是一名小军官，不敢答应，升为将军后才正式迎娶梁红玉为妻。苗傅叛乱前，梁红玉有孕在身，留在杭州生孩子。令人敬佩的是，梁红玉在叛乱发生后，失去了自由，依然有心平叛。她在朱胜非的帮助下，连夜赶往秀州鼓动丈夫讨贼。

---

① 这场政变一般被称为“苗刘之变”。同时因为赵旉即位后改元“明受”，所以也称为“明受兵变”。

② 方腊不像《水浒传》里说的那样，是打虎英雄武松抓住的，而是韩世忠抓住的。方腊最后在山洞中拒不投降。韩世忠手拿长矛，单枪匹马，挺身向前，渡险数里，在山洞中格杀数十人，把方腊给擒拿了出来，但是抓方腊的功绩却被归在一个虚构的人物武松头上了。我往返于故乡与北京之间，需要在杭州中转火车。时候尚早的时候，我常常去西湖边上打发时间，多次经过湖北岸的“宋义士武松之墓”。可见武松影响之深、之广。

苗、刘二人也实在幼稚，以为政变是请客吃饭那样简单，竟然迫于压力重新迎赵构回来当皇帝。可城外大军继续猛攻苗、刘的部队。在前来平叛的众将领中，韩世忠最为坚决。他在枪林弹雨中，奋勇杀敌，最先杀入杭州救驾。苗、刘二人决定逃跑，临行前还天真地强迫宋高宗“赏赐”了免死誓书和铁券。所谓的誓书和铁券就是以正式形式规定拥有者可以免死的文书。但它的颁布者早在苗、刘二人逼宫的时候就已经下了杀心，徒有誓书铁券又有什么用呢?

当夜，二人引兵两千开杭州涌金门逃走，但很快即被韩世忠拿下。宋高宗喜出望外，亲自写了“忠勇”两个字，做成旗帜赏赐给韩世忠，擢升韩世忠为检校少保、武胜昭庆军节度使。我们可别小看了“忠勇”两个字。在王朝政治中，“忠”的评价是天大的奖赏。

刘正彦、苗傅在建康闹市被斩首示众。

五

“苗刘之变”对赵构的命运产生了难以估量的消极影响。

首先，赵构唯一的儿子赵旉在兵变中死了。宋朝直系皇室就此绝后。

赵旉这个小娃娃出生在父亲颠沛流离的年代，基本上没有过过一天安稳日子。苗、刘二人拥他做皇帝的时候，赵旉只是一个道具而已。政变中环境乱哄哄的，3 岁的赵旉缺乏照料，得了重病。赵构复位后，赵旉已经到了弥留之际。一天晚上，有宫女不小心把宫内一个大铜炉碰撞倒地。“咣当”一声响，竟然使赵旉惊悸而死。赵构盛怒之下，下令处死当值宫女、太监和保姆，但一切都无济于事。

赵构本人已经失去了性能力，近支皇室之前被金国连锅端了，现在唯一的皇子又死了，宋王朝的血脉传承面临着巨大的挑战。

当然了，赵构只有 22 岁。他还能寄希望于治好自己的病。贵为天子，赵构之后日常生活的大部分内容就是寻医问药，试图治好不育症。面对断子绝孙的严重问题，赵构比任何人都紧张。他不断访医问药，求神拜佛。古时迷信，求子须礼敬高神。临安知府曾上奏说："高礼去年二月，于筑坛去处尝有红、黄瑞气，光彻上下，每至日出方收，前后非一。又修坛兴工日，有六鹤自东而来，盘旋坛上，移时而去。实应今日亲祠之祥，以兆万世无穷之庆。"原来他报告了一个求子坛的祥瑞。坛倒是修了，但是儿子还是没求来。后来又有洋州上奏："真符县百姓宋仲昌妻一产三男，缘本人姓同国号，其妻产子之日，适值天申节（宋高宗生日），实足昭皇帝绍隆景命，子孙众多之祥。"这回汇报的是一个赵姓女子在宋高宗的生日生下了男子。宋高宗都郑重其事地下诏将这些事情都记载入史书。愿望是美好的，办法也想了不少，赵构的病始终没有好。随着岁月推移，无后的问题日益成为帝国政界的大问题。

其次，赵构开始对手握兵权的武将产生严重的防范心理。

宋朝是一个重文轻武的王朝。老祖宗是在五代十国的混战中夺取天下的，本身就是武将出身，对武将乱国干政有切身体会。北宋初年历经太祖、太宗两代苦心经营，成功削夺地方兵权，随后着手建立起一套完整的文臣控兵体制。宋太宗不分内外地一概剥夺或限制武将兵权，大兴文教，竭力重用文官，形成空前罕见的重文轻武、重文抑武的格局。后来的君臣将这个权力格局作为"祖宗家法"恪守不渝。到赵构的时候，宋金战争的严峻形势冲破了祖先家法的限制。常年领兵作战、拥有固定军队的武将地位迅速上升，取代文臣成为部队的真正指挥者。赵构开始是默许这样的变化的。建炎四年（1130年）朝廷曾下令以"淮南、京东西、湖南北诸路并分为镇，除茶盐之利仍归朝廷置官提举外，他监司并罢"，正式裁撤文官，扩大武将的权力。苗傅、刘正彦等人就是赵构提升才掌握禁军的。他们的叛变让"祖宗家法"的警钟重新在赵构的脑海中敲响。

赵构亲身经历后才认识到，老祖宗的做法是无比正确的，是有先见之明的。一切政策首先要有利于巩固自己的权力，其次才能谈得上放权、为政、治国。

六

“苗刘之变”后，赵构调整了政府，由吕颐浩任宰相，张浚知枢密院事。

五月，赵构摆出抗金的姿态，离开杭州，北上江宁（今江苏省南京市）。在江宁，赵构将它改名为建康府，同时派洪皓为“大金通问使”向宗翰求和。洪皓去后遭扣留。八月，赵构又派杜时亮为“奉使大金军前使”求和。在求和书中，赵构用哀求的语气说：“今以守则无人，以奔则无地，此所以朝夕諰諰。然唯冀阁下之见哀而赦己也……前者连奉书，愿削去旧号，是天地之间，皆大金之国而尊无二上。”意思是说自己已经到了无人可用、无地可逃的境地，愿意承认金朝是上国，一心求和。

金朝才不予理睬，继续谋划南侵。

没几天，赵构在建康听到宗弼南下的消息，急忙从建康退回杭州。

这一回，金朝兵分两路，力图拓地。一路金兵进攻湖北黄州，守将王羲叔带头逃走，金兵安然渡江。在江州的刘光世负责长江防线。他每天只是与部下宴饮。金兵从黄州过了江他还不知道，直到金兵离江州仅几十里地了，他才仓皇逃走。金兵顺利地扫荡江西、湖南。

另一路金兵兵锋直指太湖流域。守御江淮、镇守建康的是杜充。杜充曾接替宗泽为东京留守，他留而不守，放弃汴梁南逃建康。赵构很信任杜充，不仅把江淮托付给他，还提升他为宰相。遗憾的是，杜充听到金兵渡江的消息，竟然藏在城中不敢出战。金兵过江后，他干脆领着三千军马跑到真州向金朝投降了。杜充此举博得了一个“头彩”，成了南宋建朝以来第一个投降的宰相。

赵构得知杜充投降的消息，哀叹：“我待杜充不薄，把他从平民百姓提拔为宰相，不能再厚待了。他为什么还投降了啊？”赵构为此难过得几天吃不下饭去。杜充的投降进一步加深了赵构对武将的不信任感和防范之心。既然杜充这样的重臣、受恩深重的人都会投降，赵构还能相信谁呢？

难过的不止赵构一个人。身为杜充部下的岳飞也很难过。杜充接替宗泽后，岳飞受他统辖，一路撤往建康府。杜充南逃时，岳飞苦苦相劝："中原的每一寸土地都不能放弃。我们的脚一旦走了，土地就不属于我们所有了。他日我们想收复这尺寸的土地，都非要出动数十万大军不可啊！"杜充根本就不听他的意见。1129年，建康失陷，杜充降金。岳飞毅然脱离杜充所部，带领属下人马转移到宜兴县境。

当年十二月，完颜宗弼挑选精兵，决定发起一场"搜山检海"的战役，掘地三尺也要把赵构给逮住。

宗弼非常"重视"赵构，一路南下，一心擒拿赵构。在扬州错过赵构后，宗弼轻装简从直驱江浙，又在和州打败宋军，在广德闯过天险独松岭，强渡长江至建康，听说赵构早逃往杭州了。宗弼紧追不舍，经湖州攻下杭州。赵构事先听到声响，提前东逃了。宗弼马不停蹄，强渡曹娥江，攻克越州（今浙江省绍兴市）、明州（今浙江省宁波市）追拿赵构。

金军已经深入汉族胭脂重赋核心了，赵构冥思苦想，不知道茫茫东海，何处才是前方？宰相吕颐浩哭丧着脸建议赵构："皇上，东海汪洋无边，我们漂泊海上，兴许可以躲过追捕。"赵构不得不带领整个朝廷乘船入海，开始了海上生活。之后四个月时间里，除了短期停靠在章安县（今浙江省台州市临海）外，朝廷的衮衮诸公都在海上办公。那边的宗弼还是穷追不舍，搜集船只，入海又追了300余里。

金军的战斗力虽然强大，却不习水战，又不适应气候。金军船队追袭入海后就遇到了大风雨。金军哪见过这样的天气，各个脸都吓白了，又遇到和州防御使张公裕率领的大船，竟然生生被冲散了。

赵构这才转危为安，勉强渡过了生死难关，继续漂荡在台州到温州沿海的洋面上。

七

宗弼恨恨地退回明州，掠夺浙东城池解恨。

这一段时间是南宋王朝立国后最为艰难的时期。

岳飞带着残部，转战于现在的江、浙、赣边界一带，取得了多次战斗的胜利。最后，岳飞的军队军粮用尽，将士忍饥。岳飞严令禁止扰民。建炎四年（1130 年）初春，宜兴知县钱谌派人来找岳飞，说宜兴城里的存粮够一万人吃十年，希望岳飞的部队能够来保护县境。岳飞高兴地率军来到宜兴张渚镇，休整军队。

当时太湖流域一带，部队番号杂处，散兵游勇很多，既有因为世道乱而不得不为匪的农民武装，也有溃散的宋朝正规军，还有金军强征来随同金军南下的“伪军”。为了壮大抗金力量，岳飞收降农民武装，收编朝廷的溃兵，争取来自北方的“伪军”反正。他自己就是河北人，以民族大义和同乡情谊相号召，部队不断壮大。“伪军”部队中流传说“岳爷爷军怎么样怎么样”，争相降附。岳飞和士卒同餐共饮，一杯酒、一小块肉都要分给部下。有的时候，酒太少了，他就加水，力争每个人都能尝到；每逢出师，如果士卒露宿街头，岳飞有房也不住，和大家一起露宿街头；遇到将士们婚丧嫁娶或者有个人困难、疾病，岳飞就和妻子一起亲自照顾，亲为调药。①

岳飞在宜兴慢慢会聚起来的部队是一支和之前的正规军迥然不同的部队。北宋的正规军数以百万计，但是士兵不训练、不执勤。只要士兵肯花钱，想干什么就可以干什么。朝廷任何一个级别的军衔都明码标价，谁有钱谁就当大官。奸臣高俅主政枢密院、掌管军权的时候，甚至规定招兵的时候要招那些有一技之长的人。为什么呢？因为高俅主政时期，北宋军队根本就不发军

---

① 在宜兴期间，岳飞派人去老家汤阴县寻找家人，最后在逃难的人群中找到了老母亲和两个儿子。岳飞的妻子刘氏因为丈夫参军后没有音信，已经改嫁他人了。岳飞就接回母亲和儿子，与宜兴当地的女子李氏结婚。

饷，你当兵的没有一技之长，怎么生活下去啊？这样的军队当然不能打仗了。金军到达黄河的时候，几万守黄士兵一哄而散。金军一条一条地凑齐渡河船只，从容南下。而岳飞的部下令行禁止，号令严明，日夜训练，以抗金复国相号召，朝气勃勃。

岳飞统率的这支部队被称为“岳家军”，主要由北方沦陷区的农民组成。他们一部分是原来宗泽在汴梁会聚的抗金民兵，一部分是河北流亡到江南的农民。赵构原来河北兵马大元帅府的军队被视为南宋的嫡系部队。岳家军自然就是非嫡系部队了。

小小的宜兴城，见证了一支铁军的诞生。

皇帝的心病

一

建炎四年（1130 年）的除夕和春节，赵构是在东海上度过的。南宋王朝的命运就漂浮在吉凶未卜的海面上。

赵构和他的朝廷在海上东躲西藏了四个多月。从定海入海的时候，没有人想到这一去要躲藏这么长时间，因此没有装载足够的给养物资。没几天，赵构的船队就陷入了困境。风吹雨打，各船只都残破不堪。人们的生活自然也是苦不堪言。最后，整个船队只剩下一双鞋子，只好给赵构穿。从宰相以下到普通士卒，人人都穿草鞋。最严峻的是，粮食也没有了，整个船队只剩下五张饼。赵构一个人就吃了三块半，舔舔嘴巴，意犹未尽。旁边的大臣和将士们眼巴巴地看着皇帝吃饼，却也只能舔舔嘴巴充饥。

患难见真情。颠沛流离之中，赵构的侍妾吴氏不仅不离不弃，还身披铠甲铁盔、腰挎宝刀，贴身保护丈夫[①]。航海途中，有鱼跃入御舟，吴氏宽慰赵构说："此周人白鱼之祥也。"赵构高兴之余，深受感动，不久封吴氏为才人。

正月十五元宵节，船队经历了一场虚惊。这天下午，海上雾气笼罩下隐约可见有两艘大船直向逃难船只冲来。金军占领明州后，大规模组织船队下海追捕赵构。赵构以为遇到了金军船队，顿时吓死了几亿个脑细胞。他们这群赤脚挨饿、面黄肌瘦的人肯定是抵抗不了金军船队的进攻的，只能束手就擒。等船只近了，才欣喜地发现原来只是两艘贩卖橘子的船。朝廷上下顿时欢呼声一片，一来是绝处逢生，二来是上天送来了吃的东西。赵构豪爽地下令，把这两船的橘子都买了，分给大家当元宵夜晚餐。贩卖橘子的商人原来见前面有一支极其破烂的船队，"狗眼看人低"，以为是贫民船队，就蛮横地冲撞过来。现在知道竟然是"圣驾"，大惊失色，哪里敢不卖橘子。

浙东一带留到元宵节再吃的橘子一般是陈橘，其实味道并不好，留着年底吃也就为图个稀奇。饿了好几天的赵构和群臣们却都吃得津津有味。吃完了，赵构想起一个苦中作乐的方法。他下令把油灌进橘子皮里，做成橘灯，放到海上随波漂流。反正大家闲着也没事情做，都聚在船舷，有滋有味地看一盏盏小橘灯散布在东海之上。海水波动，小橘灯也忽上忽下；船只行驶，小橘灯也忽远忽近，让一群逃难的人获得了难得的休闲。

现在浙东一带还有春节期间吃橘子、点小橘灯的习俗。据说就是赵构时开的头。

漂泊海上的四个月，对赵构的一生来说是极其重要的。之前赵构忽登皇

① 《宋史》记载吴氏是开封人，没有留下名字。她的父亲吴近曾经梦见来到一个亭子，亭上有块"侍康"的牌匾，亭旁遍植芍药，独放一花，妍丽可爱。不久就有了吴氏。吴氏十四岁时，家人送她去侍奉当时还是康王的赵构。时人认为印证了"侍康"之征。

位，内忧外患，位置不稳，难得有时间思考人生、思考执政的大问题。他前三年的皇帝生活一点都不愉快。现在有了充裕的时间静下心来思考，赵构慢慢梳理出了自己不愉快的原因。

首先，赵构怕金人。金朝对南宋的军事威胁是对南宋王朝最大、最直接的威胁，也是对赵构皇位最大、最直接的威胁，是赵构最大的心病。除了军事威胁外，金人手中握着的父亲宋徽宗和哥哥宋钦宗以及其他宗室成员也是大威胁。如果金朝什么时候把父亲和哥哥给放了回来，自己的皇位也就摇摇欲坠了。只要愿意，金军一用力，赵构就可能被推翻掉。

朝野上下都涌动着抗金热潮。这股热潮表面上看来有助于治疗赵构最大的心病。但朝野抗金和赵构抗金的出发点不同。赵构的出发点是权力欲，朝野抗金的出发点是报仇雪耻。大臣们接受不了王朝覆灭、先帝被俘的过去，更接受不了泱泱大国、煌煌大宋被北方蛮夷征服的现实；百姓们高呼抗金，更多的是报仇，是打回老家去和家人团聚。赵构可不想和家人团聚。

赵构的第二个心病是朝廷内部对皇权的威胁。"苗刘之变"、杜充叛变和武将崛起，都让赵构觉得大臣尤其是武将的不可靠。乱世重兵，军队是最大的政治筹码。赵构既要借助武将抗金，治疗最大的心病，但又不能坐视武将数量膨胀而限制、削减或者威胁皇权。如何在其中寻找一个合适的"度"，这让初登皇位的赵构很难办。这也是所有权力所有者的通病。

赵构的第三个心病是自己的统治范围只限于东海上的几条船只。除了岭南、川黔和八闽大地，宋朝的领土都遭到了金军的蹂躏。金朝已经在黄河流域开始着手健全自己的地方政权组织了。其他地区不是有金军部队游弋，就有农民武装造反。赵构的政令范围非常有限。获取固定、稳固的统治疆域，哪怕是远小于父兄时期的疆域，也要比居留在几条船上好得多。

归根结底，赵构的心病还是"权力病"。还是那句话，任何一个权力所有者首先考虑的问题都是如何巩固和扩大手中的权力。如何运用权力是排在第二位的事情。

想清楚这三点后，赵构舒心多了。既然知道了病因，就可以对症下药了。

我们把握住这三点，也就抓住了观察赵构这个人物的主线。

二

建炎四年（1130 年）初，金军在浙东、浙北大肆掳掠后北还。赵构这才大大松了一口气。

浙西制置使韩世忠料定金军不能久踞江南，终究要撤退江北。他制定了阻击金军北返的计划，调动力量大量制造战舰，训练水军，在现在上海一带以逸待劳。金军选择的撤退路线是经杭州、吴江、平江，撤往镇江。韩世忠挑选水军精锐近万人，事先抢占镇江，在焦山和金山之间截击金军。

三月十五日，韩世忠部与凯旋北归的宗弼部遭遇。

完颜宗弼之前一路绿灯，从没有打过像样的仗，对宋朝军队的战斗力非常鄙视。现在听说有宋军截击，也以为一战可以摆平。当夜，宗弼吃饱喝足后，去镇江金山龙王庙侦察宋军情况。韩世忠伏兵在金山，伏击宗弼等人。我们的四太子差点成为宋军俘虏，再也不敢轻视宋军了。

第二天，宋金两军在金山附近的江面展开激战。据说韩世忠的夫人梁红玉亲自站在船桅顶部吊斗中击鼓助威，韩世忠部的海舰猛烈冲击金兵的小木船，战斗异常激烈。韩世忠之前造了许多形体高大、稳定性好的大海舰，攻击力强。为了更有效地对付金军的小船（基本是临时拉来的民船），韩世忠命令工匠制作了许多用铁链连接的大铁钩，并训练士兵练习抛钩，用以对付金军的小战船。战斗的时候南宋的战船乘风扬帆，穿梭自如；水兵们居高临下用大钩钩住敌船一舷，喊着口号使劲那么一拽，就能把金军的小船给掀翻了。战斗的结果是金兵溃不成军，只好沿着长江南岸往西溯江而上，韩世忠率军沿江追击。

后世演绎出“梁红玉擂鼓战金山”的故事，流传至今。其中多有夸张的细节。传说梁红玉登高是为了便于观察敌情，擂鼓是为了发号作战。金军气势汹汹而来，宋军先静待不发。等金军进了包围圈了，梁红玉适时擂响三通鼓，埋伏的宋军万箭齐发，金兵纷纷落水，弃船逃命，死伤无数。梁红玉再举起红灯引导宋军追击，把金兵打得是落花流水，哭爹喊娘。

宗弼的船队对镇江的地形根本就不熟悉，逃跑途中歪打误撞进入了当地的小汊河，最后西行到了句容地区的水网区域。当年这一带河网密布，水天一色，被老百姓称为“黄天荡”。江南地区的春水泛滥的地区，土地松软，水网复杂，湿滑难行，简直是北方不习水战之人的“死地”。而且当时是初春，一般是江南少雨、河道湮塞的时节。金兵进入黄天荡后果然陷入绝境。韩世忠率领的大船一排列就把出口给封死了。宋军就在江口以逸待劳，把数万金兵围困在口袋形的水荡中，还不时派部分战舰打打游击。金兵向西出不了黄天荡，就掉头向东，企图进入长江，但是遭到宋军的顽强阻击。宗弼在百般无奈情况下，表示愿意归还所有掠夺的财物，假道北归。韩世忠严词拒绝说：“还我两宫，复我疆土，才能饶了你们的狗命！”

被困在黄天荡的金军前进无路，后退受阻，长达40天，处境艰危。北边的金军知道消息后，让监军完颜昌派兵援救。完颜昌同样不擅长打水战，也被韩世忠阻击住了。

关键就看完颜宗弼自己怎么逃生了。

还真让宗弼想出一个不算是办法的办法来。他自己想不出办法了，干脆就出榜招贤，花钱买主意。有一姓王的福建人卖了个好点子：在战船内装土，增大船的稳性，不易倾覆；上铺木板，使宋军无处下钩；两舷凿洞安置桨棹，这样就可以不用借助江风，可以随时出击，而且还可以从洞中发射火箭攻击宋船篷帆。这位王先生还建议金军发挥小船机动灵活的优势，在风平浪静的时候出击。为什么呢？因为韩世忠的大船体积大，必须借助风力才能出战，无风的时候只能是火攻的靶子。宗弼大喜，改装了船队。一天，天气晴朗，江上无风。金军小船倾巢出击，韩世忠迎战江心。金军船小，金兵四处射火箭，优势显现得很充分。宋船无风不能动，不多时就烟焰蔽天，漫江大火。韩世忠部被烧死溺死者不计其数，转胜为败。韩世忠只身逃回镇江。宗弼指挥金军安然前往上游的建康。

关于宗弼是怎么逃出黄天荡的，民间有不同的传说。据说王先生指出黄天荡旁边有老鹳河故道三十里，可以作为逃跑之路。逃命心切的金军竟然一夜间开凿出这三十里故道，趁韩世忠部没注意，连夜乘船逃出黄天荡。金兵开挖老鹳河故道时，没有工具，就用兵器挖掘。现在镇江仪征一带还有一条“刀枪河”，据说就是金军当年挖掘的。

至于那个王先生，宗弼得了点子后耍赖账，挥挥手，让部下送他上西天了。

黄天荡之战虽然最终以韩世忠大败告终。但他以不足万人的队伍将拥兵十万的金军困得狼狈而逃，粉碎了“金军不可战胜”的神话，扭转了南宋一味逃窜的颓势，意义重大。

三

宗弼部金军退回建康后，照例是掳掠了大批居民和大批财物，之后在城内放起大火，退出建康城。他们准备从距建康城西北 15 里的静安镇渡江北返。

到静安后，金军意外遭到了岳飞部队的沉重打击。

27 岁的青年将领岳飞，带领着新组建的“岳家军”一直活跃在太湖流域一带。金军北撤后，岳飞始终在寻找截击的良机。在黄天荡，岳飞没有找到表现的机会，料定金军要从建康回去，就抢先回到建康寻找战机。宗弼刚会军建康的时候，岳飞就已埋伏在牛头山等待他了。当天夜里，岳飞部下百余人穿着黑衣混入金军营中捣乱。金军慌乱中不辨真假，自相攻击。

现在，岳飞得知金兵到达静安镇后，集合部下骑兵 300 人、步兵 2000 人，出其不意，向宗弼主力发起了进攻。代理建康通判钱需在建康失陷后也没有投降，更没有逃跑，而是在建康本地招募抗金民兵，坚持抵抗。岳家军猛攻开始后，钱需也指挥民兵从敌后、从大街小巷攻击金军，配合正规军行动。静安镇对于金军来说，是回家的最后一站。那么多次战斗都过来了，在即将踏上江北土地的时候，却最容易提前放松自己。而多数金军又拎着大包小包的金银细软，根本招架不住岳家军的猛攻。套用一句现代的话来说，金军很快就陷入“人民战争的汪洋大海”里面了。岳家军怀着国恨家仇，只杀得十数里内金兵尸横遍野。战后统计，金军仅战死的军官就近 200 人，宋军俘虏金军 300 多人，缴获马甲近 200 副，弓箭刀旗金鼓等 3500 多件。宗弼威风而来，狼狈而逃。岳飞、钱需乘胜进驻建康城，胜利收复了建康。

长江以南所有的金军都被荡清了。

这是宋金战争以来，宋军取得的最为辉煌的胜利。

捷报传来，赵构提升岳飞为通泰镇抚使兼泰州知州。历史终于开始对坚持抗敌多年的岳飞刮目相看了。

四

完颜宗弼回到金国后，变成了和祥林嫂一样的人，遇到熟人就拉住人家的手不放，一把鼻涕一把泪地哭诉自己进军江南的困难和艰辛，说韩世忠和岳飞是如何厉害。

这一年，金朝的皇太弟、宗弼的叔叔完颜杲死了。作为历次对宋战争名义上的主帅，完颜杲在遗嘱里对金宋实力的对比表示忧虑：“南宋近年来军势雄锐，有心争战，我即使死了也很担心。”

在征讨江南失败后，金朝将进攻的矛头转移向川陕地区，实施战略转移。自古争江南者，必先争四川，争四川就是争江南的天顶。金军梦想经陕西入川，从上游对东南膏腴之地形成君临虎视之势。

知枢密院事张浚有先见之明，老早就说，“金人如果占领陕西攻取四川，东南就保不住了”。他放弃杭州的优越环境，慷慨赴任川陕宣抚处置使，在建炎三年（1129年）十月下旬到达兴元府，设计指挥部，开始着手调整西北各路军事长官，迎接金军的到来。

张浚首先提拔了和他观点相同，认为“天下兵势，当以秦陇为本”的池州知州刘子羽参议军事，命他到秦州总制五路兵马。这个刘子羽是福建武夷山人，与金军有杀父之仇。他的父亲、前资政殿学士刘韐就是在“靖康之变”中遇难的。刘子羽是坚定的抗金派，先前坚守过真定，调来陕西后率部积极收复失地，最远打到过延安以北地区，很对张浚的胃口。张浚早就想收拾拥兵自重的大将范琼了。刘子羽和他密谋，设下鸿门宴叫范琼来议事。范琼来了，问有什么事情。刘子羽说：“也没什么事情，就是皇上让将军去天牢住几天。”范琼轻易被解决了，刘子羽的名声也宣扬出去了。

张浚视察前线时，经刘子羽介绍，认识了吴玠、吴璘兄弟，并提升吴玠为统制。吴玠兄弟从军多年，战功显赫。但张浚和朝廷之前都不知道。原来兄弟俩的上司曲端打仗的时候叫吴玠等冲锋陷阵，自己在远处观望，打赢了就把战功占为己有，打败了就推罪给部属。张浚很为吴玠感到惋惜，毅然贬黜了曲端。[①]

陕西前线经过张浚这么一整顿，全线面貌一新，正等着金军前来进攻呢！

1130年秋天，完颜宗辅[②]会同完颜宗弼从江浙一带北撤的军队，一同杀向陕西。

宗辅、宗弼和另一个宗室完颜娄室齐头并进，很快到达富平（今陕西省富平县北）。保卫富平就是为了保卫陕南，而保卫陕南就是为了保卫四川。当时南宋在川陕地区的大将和军队云集富平，决心与金军展开主力决战。张浚

① 也有观点认为曲端虽然有压制他人的缺点，但却是一位务实稳重的军事家。他指挥的部队扎实，战斗力强。曲端从宋金双方的实力和气势比较来看，认为宋军应该采取守势。他的观点不为采取积极抗金政策的张浚所接受，被贬往四川。曲端最后在四川被处斩。有人认为这是张浚等人操作的冤案。

② 完颜宗辅是完颜阿骨打的第五个儿子，是完颜宗弼的弟弟。

担任战役指挥，集结了刘锜、赵哲、吴玠等将领统率的18万大军，号称40万，数倍于金军。战役开始的时候，宋军刘锡部主动发起冲锋。各部宋军将在江南威风一时的完颜宗弼部金军作为重点进攻对象——估计是大家跟宗弼苦大仇深，攻势凶猛。宗弼在遭到重重包围的逆境中，临危不惧，从中午力战至黄昏，没有退却。他的部队几乎全军覆没，大将韩常被射瞎了一只眼睛。但宗弼成功地牵制了宋军的主力，为扭转战局赢得了宝贵的时间。一旁的完颜娄室冷静分析战局，判断出赵哲统率的部队是宋军的薄弱环节，集中金军所有的精锐骑兵冲击赵军。赵哲所部溃不成军。娄室成功救出宗弼，再合兵掩杀，将南宋大军打得大败。富平之战，金军以少胜多，获得全胜。南宋在陕西的土地几乎全部沦陷。

富平战败后，张浚退守兴州，吴玠收拾败军扼守秦岭北麓大散关附近的和尚原（今陕西省宝鸡市西南）。他们背后，就是四川的茫茫群山和掩隐在群山之中的富庶盆地。

这时也有人主张退守夔州（今重庆市三峡地区）。这个建议等于是将重庆以西和以北的四川地区都放弃了。刘子羽坚决驳斥这种观点："说这话的人应该推出去斩首！敌人想侵略四川已经很久了，只是因为北边群山中有铁山、栈道天险，敌人这才不敢小看。我们如果不坚守住，敌人就会深入四川，而我们僻处夔州峡谷一带，还怎么和关中地区相呼应。到那时，我们进退失计，后悔就来不及了！"宋军坚定了坚守川陕前线的决心。这一政策贯穿南宋整个朝代。

张浚和吴玠等人自知责任重大，不能再失败了。当年冬天，宗弼率部攻入四川。吴玠、吴璘兄弟在和尚原展开了壮烈的狙击战。吴玠兄弟挑选劲兵强弩，凭借有利地形轮番射箭，连战三日，最终大破金兵，俘虏金兵以千计。完颜宗弼的部队彻底拼光了，宗弼还身中流矢，只身逃回后方。途中为了防止被宋军发现捉拿，宗弼还剃去了须髯，伪装自己。第二年（绍兴元年，1131年）年初，金兵侵犯大散关。吴玠、刘子羽等用游击战术对付金兵，金兵疲于奔命，只得撤军。金军占领川陕的计划被粉碎了。

1130 年春天，赵构结束海上漂泊的日子，由海路回到越州。他情绪很好，将越州改名为“绍兴”，并升格为府，称绍兴府。第二年，南宋改元“绍兴”。1131 年就是绍兴元年。现在金兵退走了，东起淮水、西至秦岭的战线逐渐稳定下来，应该预示着一个兴旺的开始。

赵构决心回临安重建赵宋王朝的统治，管理好半壁江山。

他的第三个心病稍许缓解了一些。

秦桧：逃脱虎口？

一

建炎四年（1130 年）十一月，朝廷的前御史中丞秦桧从金朝来到临安。

秦桧被金军抓走北上后，并没有随宋徽宗和宋钦宗一起被押到冰天雪地的黑龙江去。这时的秦桧非但没有同行，反而被任命，成为金太祖的堂弟、监军完颜昌的执事。不管他是自愿的还是被迫的，秦桧出面做了金朝的官员。这是秦桧履历上的一个污点。

这个污点到底有多大呢？秦桧有没有当了汉奸呢？

一个原先在郓王赵楷府上当差的士卒，拼死从金军的看守中逃脱。当时金军通缉逃亡人的风声很紧，这名士卒不敢直下江南，而是向西逃入了四川。根据他提供给吴玠的情报说秦桧一家人在金朝的日子过得很不错。完颜宗弼曾经招呼秦桧一同饮宴会，还招待了秦家一家人。当时金朝的贵族都使用北宋贵戚王公的姬妾作为侍酒的佣人，宗弼家也不例外。这些先前同阶层乃至相互走动的故人，见秦桧夫妇得到了这样的待遇，都嗟叹不已，甚至有人掩面抽泣。宗弼训斥这些佣人说："你们这些人怎么能和秦中丞家比！"

而根据宋朝文人徐梦莘和李心传的记载，秦桧随着宋徽宗被金人掳至燕山后，曾代宋徽宗修和书，又厚贿金人，以此获得了金人欢心，所以才成为完颜昌的心腹亲信和宗弼的座上客。如果记载是真的，那么秦桧当时就已经是叛徒无疑了。

金兵南征江南的时候，秦桧被任命为金军的随军转运使，随军伐宋。这给"一心回宋"的秦桧提供了绝佳的机会。秦桧日后回忆说：自己当时就觉得南征是逃脱金国、回归宋朝的机会。但是他又担心夫人王氏不被允许随行，不能和家人一起南归。于是，秦桧精心设计了一场夫妻争吵。王氏大骂道："我爸爸将我嫁给你的时候，有嫁妆 20 万贯钱，想让我与你同甘共苦，尽此平生。现在大金国重用你，授予你官职，你就要中途抛弃我了啊？"她叫骂不休，反复哭诉。自然有好奇的人、好事的人将这些话传告给完颜昌。完颜昌就批准了秦桧夫妇随军同行。金军攻破楚州后，官兵一心抢劫财物，兵营空虚。秦桧和家人乘乱，找了一条船沿水路南逃。途中，秦家人被宋将丁祀水寨的巡逻兵捕获。秦桧慌忙宣布说："我是原御史中丞秦桧。"可惜那些兵士都是乡民出身，不仅不识字，估计连御史中丞是什么都不知道。他们把秦桧当作金军奸细，拷问凌辱了一番。秦桧大叫："这儿有读书人吗？读书人应该知道我的姓名。"恰巧附近有个秀才王安道，身逢乱世，无以为生，就在军营里卖酒。这些士兵就把王安道唤来辨认秦桧。王安道其实并不认识秦桧，但见秦桧一家人的样子挺可怜的，就恭敬地对着秦桧长揖说："中丞大人辛苦了。"众人信以为真，也就将秦桧等人放了。

秦桧回到江南，仿佛就是胜利归来的英雄，显摆了起来。南宋朝廷对南下的军民和官员非常优待，对从金军营垒中逃脱的前任官员更是欢迎。秦桧于是遍访亲朋故友，说自己长期来身在曹营心在汉，好不容易找了个机会杀死监视的金兵，夺船南归。但当时就有好事的人讽刺说："哟，秦中丞，你们全家人满载家财，连婢仆下人都一个没落下，全身归来，真是谋划得当啊。"意思是怀疑秦桧不是逃脱而来的。秦桧也不加辩解。

后来主政后，秦桧亲自写了一本《北征纪实》，详细讲述自己成功逃脱的经历。书中记载说，他原打算深夜骑马出逃，不料金人四处设有埋伏，才“定计于食顷之间”，乘舟而逃。途经丁家寨，秦桧曾数次拜访丁祀，均被拒绝。逗留期间，丁部副将刘靖起了谋财害命的念头。秦桧迅速识破了刘靖的阴谋，逃离了丁家寨。宋使张邵也给秦桧证明说：“我出使金国，在昌邑遇到敌酋完颜昌，当时看到秦丞相间行南归。班荆路隅，我与他泣涕相勉，词气奋烈。秦公为之侧目。”

个人品行从没引起后世怀疑的陆游在《老学庵笔记》也认为秦桧是逃回来的。他说：“秦桧在山东的时候，谋划着逃归南方，舟楫都准备好了。但就是怕有金国人告发自己，不敢决断。恰巧，秦桧遇到了金国中一个交情很深、比较宽厚的人，就以实情相告。对方说：‘你为什么不去告诉监军（完颜昌）呢？’秦桧说自己不敢。那人说：‘这你就想错了。我们金国中如果有人像你这么忠心爱国，即使帮他承担罪责，我们也会虽死无憾的。你就实言相告吧，有什么不敢的？’秦桧就去和完颜昌说了自己南归的想法。完颜昌说：‘中丞果真要回去吗？之前有许多契丹俘虏，逃归辽国去了。回去后，他们都遭到了猜疑，你怎么知道自己回到宋国后，他们就不会怀疑你的忠诚呢？如果你去意已决，就不要考虑我了。’秦桧感激地说：‘您如果允许我回去，我不在意回去后的祸福。’完颜昌就同意了秦桧的南归。”

对秦桧本人的解释和他人的证词，南宋时期就有不少人表示怀疑。旁人的证词主要是道听途说的成分太浓；而陆游毕竟不是秦桧的同辈人。历史学家李心传专门就秦桧自身的解释列出了五大疑点：第一，秦桧与何栗、张叔夜等官员一同被拘，为什么只有他一个人逃归了呢？第二，楚州到临安有千里之遥，途中重重防备，秦桧一个读书人是如何夺关成功的？第三，金国人是怎么同意秦桧携带妻子随军的？一般情况下，将领出征，金国都要留他们的妻子在后方作为人质。第四，刘靖身为朝廷的副将，都对秦桧携带的钱财起了谋财害命的心思，这说明秦桧一行必定携带了相当多的财富。秦桧怎么能够在仓促逃亡过程中，携带大量的财富成功南归的？而且这也与秦桧声称的“定计于食顷之间”不符。第五，那个数次不见秦桧、见难不帮的丁祀在秦桧主政后非但没有得到报复反而官运亨通，步步提拔，权倾一时。秦桧是如此宽宏大量的人吗？这些疑点重重的问题再配合上秦桧担任宰相后，打击异己，一心主持对金国投降的言行，不禁令人更加怀疑。秦桧专权后力主议和，对金国尤其是对完颜昌卑躬屈膝，签订了丧权辱国的条约，向金纳币称臣的屈辱条约，完全不以国家、民族利益为重。因此，包括《宋史》在内的许多史籍，都认为秦桧是“挞懒纵之使归”“俾得和议为内助”的汉奸。

因此，秦桧逃脱虎口的事情完全是一场骗局。

不管秦桧是否是汉奸，也不管他有无逃离虎口的经历，秦桧死后，其墓碑铭无人愿镌刻，最后只能空白没有一字。几十年后，宋将孟珙路过秦桧墓时，命令军士在其墓上拉屎倒尿，其墓成为有名的“臭冢”。这也许是后人对秦桧一生行径最好的评价。

如此说来，秦中丞，你又何苦回来折腾呢？

二

这时，左相吕颐浩出任建康府路安抚大使，范宗尹升任右相。秦桧由范宗尹引荐，觐见了宋高宗赵构。

回到临安后，赵构开始按照都城的标准大兴土木，修建明堂、太庙，明显地表示出偏安江南的企图。赵构的行动引来了许多大臣的劝谏。御史张致远说：“创建太庙，深失复兴大计。”殿中侍御史张洵更明白地指出：“去年建明堂，今年立太庙，是将临安作为久居之地，不再有意恢复中原的表现。”赵构一概不接受。

秦桧看准了赵构的心思，通过范宗尹向赵构上奏了一封自己代拟的、向完颜昌议和的国书。国书公然提出了宋金和好和分治疆界的倡议。赵构看后，想不到有大臣和自己的心思一模一样。对他来说，议和了，自己的第一块心病就除掉了，其他的心病也好解决了。因此，赵构公开夸奖秦桧说：“秦桧朴忠过人，我得到这样的人才，真是高兴得几天都睡不着觉啊！”

赵构下令将秦桧代拟的国书以将领刘光世的名义投递给完颜昌致意。他毕竟不敢以九五之尊，公开出面议和。

得到表扬的秦桧被迅速提拔为礼部尚书，三个月后又升任参知政事（副宰相）。

秦桧在朝野上下夸下海口，说只要自己做了宰相，有两条计策可以安定天下。百官们都将信将疑。赵构也很好奇，非常想看看这是什么样的计策。绍兴元年（1131 年）七月，范宗尹罢相。第二月，秦桧被任命为右相兼知枢密院事。他回国后用了不到一年的时间，就做到了文武两级的最高官职，创造了一个奇迹。

当了宰相后的秦桧却不着急说出自己的两条妙计了。他先是到处网罗主和的官员，设置修政局，有计划地制定政治、军事制度。第二年七月，左相吕颐浩回朝，与秦桧不和，逼秦桧说出安定天下的计策。秦桧不得不亮出“底牌”，结果全场哗然。原来他的计策就八个字：“南人归南，北人归北。”也就是按照出生地，划分天下的人群；中原地区和中原人都归金朝统治，南方土地和南方人归宋朝统治。当时多数官员和几乎全部的宋朝官兵都是北方人，按照这个计划，无异于要宋朝撤销官府，解散军队。

秦桧底牌一亮，就被唾沫星子给淹没了。御史黄龟年弹劾秦桧“专主和议，沮止国家恢复远图”，而且“植党专权”，整个就是一奸臣。宰相吕颐浩也竭力揭露秦桧。赵构没料到秦桧会说出这么荒唐的计策来，愤愤地说：“秦桧说南人归南，北人归北。我是北方人，该归到哪里呢？”他命令兵部侍郎綦崈礼起草诏书，将秦桧谴责了一顿，罢免相位。朝廷还在宫门口贴出告示，说秦桧这个人是坏蛋，永不再用。秦桧为相一年就灰溜溜地下台了。

秦桧还得感谢宋朝善待读书人的祖制，不然他就没有只被唾沫星子淹没这样幸运了。

三

赵构投递给完颜昌的议和信没有得到响应。他于是决定抓紧时间稳固南方，治疗自己的第三个心病。

前宰相朱胜非这么描述当时的地方情形：“我从桂岭走了一千七百余里陆路到达临江军，沿途所见居民及路边的村落是这样的：进入衡州地界后，有屋无人；进入潭州地界后，有屋无壁；进入袁州地界后，则人和屋都看不到了，简直就是赤地一片。”御史韩璜描述的情况是这样的：“从江西到湖南，不论郡县与村落，满目看到的都是灰烬。我所到的地方残破不堪，十室九空。究其原因，都是因为金人还没到溃散的官兵抢先洗劫地方州县，金人撤退后又遭到一遍洗劫。官兵和盗贼，一起劫掠，城市乡村，搜索殆遍。盗贼退后，疮痍来不及治疗，地方官吏们不去安民，不去恢复生产，只会刻剥。兵将所过纵暴而唯事诛求，嗷嗷之声，比比皆是，民心散叛，不绝如丝。”王朝内部矛盾重重，已经到了脆弱不堪的地步。各地的农民纷纷揭竿而起，自卫求生。即使没有金军的压力，任由事态发展下去，南宋朝廷也会从内部被颠覆。

宰相吕颐浩主张“先平内寇，然后可以御外侮”。金兵退后，赵构随即把几个领兵的大将张浚、韩世忠、刘光世、张俊以及隶属于张俊部下的岳飞等部都从前线调回，大力镇压各地起义，继而安定地方。

农民起义的火焰在湖南地区燃烧得最旺。

1130 年钟相在湖南发动起义后，迅速蔓延到 19 个县的广大地区。不久钟相建立“大楚”政权，自称楚王，以钟昂为太子，立年号为“天战”，建立政治机构。起义军宣布宋朝的法律是“邪法”，焚烧官府、寺庙和贵族豪绅，夺取官僚地主的财产分给农民，受到广大农民的热烈拥护。当时宋朝在湖南地区的统治力量极其薄弱，金军又三天两头进攻，一些士大夫为了避乱，也投入钟相的阵营。知识分子一旦与农民起义军相结合，往往可能导致农民军发生质变，朝与宋朝争夺天下的方向发展。赵构大为紧张，将镇压的刀锋最先对准了湖南。宋王朝毕竟有着镇压起义军的成熟经验。这次官府派了内奸打入农民军，钟相称王仅一个月，就遭到镇压，牺牲了。

钟相部下有个青年农民叫作杨太。他在家中排行最小，因此按照当地习惯，人们叫他“杨幺”或“幺郎”。钟相死后，杨幺和杨广、夏诚等人带着一支农民军拒不投降。杨幺效仿梁山泊的英雄好汉，带领农民军沿洞庭湖分立寨栅，聚集起 8000 人的队伍，进退自如。这支起义军以洞庭湖水寨为据点，很快发展到 20 万人，占据了洞庭湖沿岸各州县的广大农村。宋军只指控处在农民起义军包围中的几座州县孤城。北到公安，西到鼎澧，东到岳阳，南到长沙到处听从杨幺的号令。

绍兴三年（1133 年）四月，杨幺拥立钟相少子钟义作太子，自号大圣天王，与赵构分庭抗礼起来。

杨幺这一回干得可比钟相要厉害得多。朝廷多次派兵镇压，都不是农民军的对手。赵构不得不在绍兴二年（1132 年）底起用李纲作湖广宣抚使，赶到和杨幺对阵。李纲招降湖广地区的散兵游勇，壮大官兵力量。朝廷中一些习惯“多想”的官僚，没等李纲出阵就弹劾他拥兵自重，提醒赵构注意“军民独知有纲，不知有陛下，知有宣抚司，不知有朝廷”的危险。这句话说中了皇帝的心病，赵构旋即把本来就不太喜欢的李纲给撤掉了。

此后李纲再也没有得到起用。建炎年间，李纲一贬再贬，从湖北再到湖南，最后被贬谪到海南岛。

李纲虽然被整走了，但农民起义军却越闹越凶。农民军军容严整，打着鼓板，吹着笛子，举着大旗，用竹竿挑着文书来宋军营垒门前叫阵。龟缩在城市里的官府之间失去了联络，处境极其尴尬。

北方金朝扶持的傀儡政权“大齐国”（这个后面会有详细交代）看到湖广农民起义形势很好，就想招诱农民起义军，和自己一起与宋朝为敌。齐国的太尉李成派密使来找杨幺，封官许愿了一番。齐国开出的条件非常诱人：第一是齐国愿意出动陆军协助杨幺的水军作战；第二是农民军有人占领县城的就封他做知县，有人占领州府的就封他做知州。农民军虽然与宋朝为敌，但民族大义还是坚持恪守的，严正拒绝，不做汉奸。李成不死心，觉得可能是自己诚意不够没能打动杨幺，第二次派了 35 个人的庞大使团，带上官诰、金束带、锦战袍、羊耙等东西再次劝诱起义军配合金军和伪齐军队灭宋。

杨幺把这 35 个人全部投到洞庭湖中溺死了。

四

已经升任右相的张浚自告奋勇，请求领兵镇压杨幺军队。

张浚上奏说："杨幺占据洞庭湖，处于朝廷的上流，不铲除他，始终是心腹大患。长此下去，朝廷将无以立国。"赵构批准了张浚的要求，让他督战岳飞等从江淮前线调回的军队开往洞庭湖镇压起义。岳飞是在张浚之前，被任命为潭州知州兼荆湖东路安抚使、都总管，率军来到湖南的。

张浚抓住了农民军半军半农，还从事农业耕作的特点，选择农忙时节对农民军发动突然袭击。一路上，政府军毁坏农田庄稼，威胁农民军的生存。杨幺正率军忙于生产，猝不及防，遭受很大损失。张浚和岳飞两人还充分发挥俘虏和叛徒的作用，剿抚并行，大力开展诱降活动，分化瓦解农民起义军。杨幺下属许多人先后叛变，投降岳飞所部军队。六月，杨幺大寨被岳飞攻破。烽火冲天，杨幺和钟义泅水突围，被宋军俘虏。岳飞劝降，杨幺拒不投降，高呼钟相的名字，饮刀就义。这已经是绍兴五年（1135 年）间的事情了。

在说书中，岳飞招降了杨幺，壮大了岳家军的力量。在历史上，岳家军招降纳叛，得到壮大不假，但杨幺没有投降，英勇就义了。

杨幺就义后，余部在洞庭湖地区坚持作战，前后持续了六年之久。

从 1131 年到 1133 年，岳飞一直在"荡清内寇"，转战湘赣之间，除了镇压杨幺外，岳飞还镇压了虔州和吉州等地的农民起义。在征讨盗匪曹成的时候，曹成部下有个打起仗来不要命的主儿，叫杨再兴。这个杨再兴骁勇异常，先是蹂躏了岳家军韩顺夫所部的营垒——韩顺夫被杨再兴砍断一条胳膊，伤重而死，又杀死了岳飞的亲弟弟岳翻。后来，岳飞俘虏了杨再兴，不仅没杀他，还晓之以理，动之以情，收服了杨再兴。杨再兴知恩图报，成了岳家军的头号猛将。

这一时期，岳飞得到了从直接上级到赵构的一致赞扬和信任。李纲说，别看岳飞年纪轻轻的，但治军严肃，能立奇功，断言他是个名将坯子。张浚则评价说："岳侯，忠孝人也，兵有深机。"赵构亲自召见岳飞，赏赐给他"精忠岳飞"的军旗，同时还要在临安建造府第送给岳飞。岳飞接受了军旗，但是上奏把府第给推辞掉了。在奏折中，岳飞写出了那句千古名言："敌未灭，何以家为？"仇敌金人还没消灭，哪里还顾得上安家啊？赵构也不勉强，态度平和地问岳飞的意见："将军觉得怎样才能消灭金人呢？"岳飞回答了一句更加有名，印刷在现在中小学课本上的名言："文臣不爱钱，武将不怕死，就可以天下太平。"如此正义凛然的回答让赵构不嘉奖提拔岳飞都不行。岳飞于是升为镇南军承宣使、江南西路舒蕲州制置使，驻军江州，承担起了长江中游地区的抗金军事大任。之前，南宋的军队主要集中在淮南、京口和太湖一带，湖广地区力量薄弱。岳家军常驻湖广后，长江中游的形势大为好转。东南地区和川陕的联络也疏通了很多。

岳飞开始大展拳脚，迎来了自己生命中的黄金岁月。

五

与岳飞的慷慨激昂、一心杀敌不同，其他将领和部队在局势稍微稳定后立即展现了腐败堕落的本色。

几十年后，朝廷将张俊、韩世忠、刘光世，岳飞四个人称为"中兴四将"。张俊排名第一。他的功劳我们暂且不说，单就个人品行来说，张俊是最差的一位。张俊是强盗出身，乱世从军后步步高升。按理说，张俊应该一心肝脑涂地报效国家，可他却在国家危难之际大发"国难财"，广置私产。而且张俊还将军队看作是个人武装，役使士兵为其家族服务。军中流传歌谣：

“张家寨里没来由，使他花腿抬石头。二圣犹自救不得，行在盖起太平楼。”说的就是张俊不思进取，中饱私囊，满心享受。

而且张俊的心胸还特别狭窄。他和韩世忠、刘光世三个人资历比岳飞深，很长时间里职位也比岳飞高。张俊并曾担任过岳飞的直接上级。最近两年时间里，岳飞像坐上了火箭，职位嗖嗖地往上蹿，与张、韩、刘等人平起平坐了。说实在话，不管是谁遇到这样的情况，心中都会有点酸酸的感觉。张俊和韩世忠、刘光世对岳飞都有那么一些情绪。岳飞也不笨，努力修补与三人的关系。镇压了杨幺后，岳飞将缴获的农民军的船只装满土特产，分别给三个老上级送去一条船。韩世忠收下后，哈哈一笑，写了封信和岳飞通好；刘光世收到礼品后，也一笑泯恩仇。单单张俊接到岳飞送来的礼品后，认准岳飞是公然炫耀战功，心中对岳飞怀恨在心。后来听说岳飞把朝廷赏赐的临安府第都给退了，张俊心中有鬼，认为岳飞是故意暴露自己的贪婪和享受，更恨岳飞了。

除了“中兴四将”所率领的军队外，朝廷的军事支柱还有远在川陕边界的吴玠所部。这五支部队占当时政府军总兵力的绝大部分，且实力处于不断扩充壮大之中，地位非常重要，顺便带动各自统帅的政治地位水涨船高。在政局不稳的情况下，政府军各部的统帅固定了下来，一般兼任宣抚、制置、招讨等职务，在一定区域内集军政、民政、财政大权于一身。最后导致一些部队的官兵不以番号相称，而以长官的名号相称了。这就离宋朝抑制武人、重文轻武的立国方针越走越远了。

在五部兵马中，岳家军军纪较为严肃，其他各部都有扰民胡为的行为，将领们也多有贪墨的行径。部分文官在局势稍微稳定后开始弹劾各部官兵。

赵构也正为此头疼。

皇帝就是皇帝，赵构看问题比一般的文官还是要深远得多。五部兵马的崛起不仅是一个违背祖宗家法的问题，而且已经形成了的内轻外重的政治局面。权力结构不得不向前线的指挥官集团倾斜，这就变相地约束了皇权。这才是赵构最不愿意看到的。只是在连续不断的对内对外战争中，赵构又不得不允许前线将帅“便宜从事”。

早在建炎四年（1130年）五月，御史中丞赵鼎上奏提醒说：“祖宗于兵政最为留意”，“太祖和赵普讲明利害，着为令典，万世守之不可失。今诸将各总重兵，不隶三衙，则民政已坏。”赵鼎的意思是要重申立国之初文官指挥将领，军队隶属中央的制度，“千万不能让祖宗之法，废在我们这一代人手里啊！”赵构从这时开始有意识地限制将领们的权力。一个月后，朝廷废除南逃时设立的临时机构御营司，由宰相范宗尹兼管枢密院事务。北宋以来，政治和军事分立，军事归枢密院管辖。现在赵构用宰相兼管枢密院，用意非常明显。当然了，朝廷公开的理由还是“统一赏罚，节省办公开支”。于是，文官对将领的弹劾开始多了起来。“诸将过失，不可不治”，“自古以兵权属人久，未有不为患者”这样的话都出现在了奏折中。有人直白地要“逐步削弱各位将领的权力，朝廷只有先管好将领，才能再去平定盗匪，遏制外敌”。

赵构还不想走得那么远，朝廷毕竟还要仰仗韩世忠、岳飞等人镇压内部动乱和抗御金兵。

赵构对现存的军政权力结构是不满的，只是尚未找到合适的解决之道。

夭折的复国计划

一

张邦昌的“大楚”政权变成了一场闹剧，但是金朝依然希望通过傀儡政权统治中原。

金军南征追击赵构的时候，金太宗曾经发布上谕：“灭了宋朝后，再立一个像张邦昌那样藩辅之人。”尽管宋朝没有被灭，但金朝的大臣却开始寻找傀儡人选了。

汉奸当中想当傀儡皇帝的人还真不少。

有个汉奸叫作刘豫。刘豫也曾是饱读诗书的苦孩子。他出身贫苦农民，苦读了十几年才考中进士当了官。贫穷在刘豫身上烙下的最深的印记就是虚荣心。刘豫读书就是为了当官，当官就是升官发财。读书的时候，刘豫偷过同宿舍同学的白盂、纱衣。刘豫被提拔为殿中侍御史时，有人把他偷东西的往事搬出来攻击他。宋徽宗不愿去计较这些陈芝麻烂谷子的事，还是提拔了刘豫。刘豫做了御史后，多次上表劝止宋徽宗大兴土木。宋徽宗气得大骂："刘豫这个河北种田佬，他知道什么？"刘豫随即被贬，"靖康之变"期间又弃官而逃。赵构继位后还是任命他做了济南知府。刘豫不愿意去前线当官，上表请求改任东南某州县。赵构大怒："想去快去，不想去就罢官为民！"刘豫这才不得不走马上任。金军第二次南侵的时候，刘豫带着儿子刘麟一开始在济南组织了抵抗，仰仗部下善用大刀的猛将关胜出力，还真让他击退了金军。金军随即拿出高官乌纱帽招降，刘豫马上杀了关胜，献出了济南投降。金军大将完颜昌很高兴，任命刘豫为东平府知府，刘麟为济南知府。

得知金朝在寻找第二个张邦昌的消息后，刘豫搜刮了无数车金银珍宝贿赂完颜昌，表达了死心塌地效忠金朝的决心。完颜昌拿了宝贝，答应帮忙。人选的决定权在主政的完颜宗翰手里。刘豫又给宗翰身边的汉人翻译高庆裔送去了一份金银珠宝。完颜昌和高庆裔两个人就使劲在宗翰耳朵边说刘豫的好处。宗翰对刘豫不了解，说，"刘豫这个干部还要考察考察"。完颜昌提醒他："刘豫这个人不错，会钻营。如果我们不早点扶立他，被别人抢先了，这个恩情就让他人占了。日后这个傀儡政权就不听你的了。"宗翰觉得有道理，同意认刘豫这个"儿皇帝"。

建炎四年（1130 年）九月，刘豫在大名府做了所谓的"大齐皇帝"。金朝安排另一个汉奸、原太原知府张孝纯做宰相。第二年（建炎五年，1131 年）年底，金朝给刘豫划定统治范围，把西起陕西东到山东的地盘都交给了

“大齐国”。建炎六年（1132 年）夏天，刘豫喜滋滋地迁都汴梁。

刘豫当皇帝后，还真做过两件值得一书的事。

第一是刘豫喜欢附庸风雅，偶尔来个“微服私访”之类的调节一下生活。一次，他在市场上看见一套制造奇巧的玉碗，明显不是民间之物。他把商贩抓来一审，原来这套玉碗是乱军盗挖北宋皇陵而得的。刘豫大受启发，发现了一条“生财之道”。“大齐”政府专门设置了掘墓挖坟的机构，由太子刘麟负责带兵马、操家伙，挖遍包括北宋皇陵在内的历代皇陵和民间墓穴，搜索文物和陪葬珍宝。第二件事情是，刘豫发挥“榜样的作用”，替金朝招降纳叛。南宋的舒蕲光黄镇抚使李成、蕲黄镇抚使孔彦舟等人，各拥有数万人武装，占据州郡，烧杀抢掠，在朝野上下民愤极大。刘豫当了皇帝后，李成、孔彦舟都跑去投降刘豫了。他们还自欺欺人地说，我不是汉奸，我投降的“大齐国”可是汉人刘豫的朝廷。

二

建立傀儡政权后，金朝鼓动刘豫的伪军南下同南宋展开激战，自己继续向川陕地区用兵，企图实现顺长江上游而下，消灭南宋的战略计划。

绍兴四年（1134 年）二月，完颜宗弼在齐国伪军的配合下，从宝鸡入侵仙人关。宋金两军再次展开昼夜鏖战。三月份战斗最激烈的时候，金军人人身披重甲，用铁钩相连，鱼贯扑向关隘而来，严禁后退半步。同时，后方金军以火箭远射，配合前方冲锋。吴玠、吴璘两兄弟除了拼死挡住，还是拼死挡住，没有其他办法。仙人关前，箭雨飞扬，死尸层层堆积。夜幕降临的时候，火光照耀山间，战鼓声和厮杀声震动天地，方圆数十里内都无法入眠。杀到最后，吴玠派出敢死队，主动反攻金营。宋军全力奋战，金军实在打不过，不得不退守凤翔。

吴玠军又一次胜利地保卫了川陕。

当年冬天，不甘心失败的宗弼集结大军，采取突袭的方式拿下和尚原。但是宋朝和金朝的军事对峙线基本上维持在西起大散关东到渭南一线的群峦之中了。

仗打赢了，作为有功之臣的刘子羽却被降职，发配内地。后经吴玠等川陕官员担保，刘子羽这才恢复官衔，改任泉州知州。

西部战线僵持之后，湖广战线却因为岳飞的积极作为朝着有利于南宋的方向发展。

驻军江州后，岳飞连续上书建议出兵北上，收复襄樊失地，恢复中原。岳飞的建议得到了新任宰相赵鼎等人的支持。朝廷批准岳飞出征。

这是宋金战争以后，南宋第一次发动战略进攻。

赵构对进攻的前景没有把握，在进军前，给岳飞明确规定战役的目标是“收复襄阳府，唐、邓、随、郢州，信阳军六郡地土”，严令岳飞所部不得超越战役范围，随意北伐。赵构在心底里还是害怕动静太大或者进攻不成，遭到金军的疯狂报复。

绍兴四年（1134 年）五月，岳飞大军浩浩荡荡地出发了。乘船渡江时，岳飞对幕僚们说：“这次如果不能杀贼立功，我岳飞不再渡江！”

正面抵挡岳家军的是刘豫的伪军，他们根本不是岳飞的对手。岳家军旗开得胜攻下郢州后，岳飞兵分两路。张宪领军进攻随州，岳飞率主力直取襄阳。已经当了齐国太尉的李成防守襄阳，主动率领 10 万大军出城列阵迎战。岳飞所部兵力远远少于李成所部兵力，但岳飞面对强敌，毫无惧色：“步兵适宜在险阻之地作战，骑兵在平旷之地作战有利。但李成现在将骑兵排列在汉江边上，步兵列阵在平地上。他的军队虽然超过 10 万，又有什么用呢？”岳飞用长枪步卒攻击李成的骑兵，用骑兵攻击李成的步兵，一举打败李成军。李成损失惨重，丧失了战斗意志，连夜放弃襄阳逃跑。这一边，岳飞进驻襄阳，张宪也攻克了随州。李成遭遇襄阳大败后，补充了部分金军武装，胆子一下子壮了。他又纠集兵马，混合金军在邓州西北列寨数十里，准备再与岳家军决战。岳家军乘胜进攻，在正面对李成发起突袭，分出奇兵左右夹击，再次击溃李成军，连续收复了邓州、唐州和信阳军。七月，岳飞胜利实现战役目标，顺利收复了襄樊六郡，回兵驻扎鄂州（今湖北省武汉市）。

捷报频传，整个临安都轰动了。原本带有尝试性质的主动进攻竟然获得全胜。赵构慨叹说："想不到岳飞能破敌立功到如此地步！"岳飞因功升任清远军节度使、封武昌开国侯，统辖湖北前线各州县。31岁的岳飞迅速达到了建节封侯这一无数人终身追求而不可得的地位。节度使这个称呼是唐朝的发明，用来称呼那些镇守一方、集军民财等各项权力于一身的封疆大吏。宋朝建国后，限制武人，不允许节度使的重新出现，而将节度使作为最高荣誉官衔。除了宗室能获得节度使头衔外，大臣极少获此殊荣。南宋之前才封出三个节度使，分别是张俊、韩世忠、刘光世。岳飞是第四个，也是最年轻的一个。

岳飞回军后，登上了鄂州黄鹤楼，豪气风发地写下一首词《满江红·登黄鹤楼有感》：

遥望中原，荒烟外、许多城郭。想当年、花遮柳护，凤楼龙阁。万岁山前珠翠绕，蓬壶殿里笙歌作。到而今、铁骑满郊畿，风尘恶。

兵安在，膏锋锷。民安在，填沟壑。叹江山如故，千村寥落。保日请缨提锐旅，一鞭直渡清河洛。却归来、再续汉阳游，骑黄鹤。

乐观必胜的精神与信念洋溢字里行间。

当年的九月，赵构的皇位又经历了一个小考验。原来是金朝和刘豫不甘心在川陕和襄樊的连续失败，联合发兵，分别由宗弼和刘麟率领南侵。他们专门绕开岳飞的防区，从泗州和楚州一带渡过淮河，指向东南地区。楚州知州弃城而逃，致使韩世忠的军队门户洞开，不得不退守镇江。赵构十分强硬地命令韩世忠一定要守住扬州一带，同时调刘光世、张俊分别率军赴建康、当涂防守。宋军将士奋勇杀敌，金齐联军的进攻很快就被挡住了。韩世忠夺回楚州。进入冬天后，宗弼率领金军主力企图在淮西打开缺口，攻陷滁州后进逼庐州（今安徽省合肥市）。庐州守军坚守内城，向朝廷告急。赵构不得不将岳飞从湖广东调。岳飞不负众望，在庐州城外一举击败金兵，还追出了 30 余里地。金齐联军最后灰溜溜地返回中原过年去了。

南宋朝廷终于可以自豪地宣布：金军在江淮地区进退自如的日子一去不复返了！

三

绍兴五年（1135 年）过得相对比较平静。

这一年，杨幺被抓住砍了脑袋；这一年，宋徽宗死在了冰天雪地的金国五国城的监狱里，享年53岁。这个消息在若干年后才传到南宋；[①] 这一年，金太宗死了，金熙宗完颜亶继位。

日历很快翻到了绍兴六年（1136 年）。

二月，张浚以宰相身份兼都督诸路军马事，把各路将领都叫到平江府（今江苏省苏州市）来讨论北伐的事情。前几年的形势发展非常有利，有许多振奋人心的战绩。张浚和当时许多人都认为朝廷应该北伐了，不能光复前朝河山，起码也能重挫金军，夺回河南山东。平江会议就是在乐观的气氛中召开的，会议决定各部齐头并进，其中韩世忠在淮东图淮阳，刘光世屯合肥与北方对峙，张俊所部从建康进屯盱眙，岳飞北上襄阳俟机进攻中原，杨沂中领朝廷精兵为总预备队。

在五部兵马中，岳家军最积极。八月，岳飞主动出征河南，很顺利地攻占了卢氏、长水两座县城。在唐州大败齐兵后，岳家军年底进抵蔡州境内，都能听到汴梁的方言了。刘豫很紧张，命令蔡州的驻军死也要守住城池。岳

① 7 年后，也就是 1142 年的 8 月，根据宋金协议，宋徽宗遗骸运抵临安，由宋高宗赵构主持葬在永佑陵，立庙号为徽宗。

飞一时攻不下蔡州，上奏朝廷请示行动。赵构想了想，说："兵家不虑胜，惟虑败，万一败了，到时候怎么办啊？"于是下诏要岳飞回师，岳飞就退兵了。

退兵前，岳飞料到刘豫会趁机追击，就在唐州设下伏兵，成功围歼了齐军追兵，俘虏数千人，缴获战马三千匹，取得本次军事行动的最大胜利。撤军途中，岳飞情绪很高，和部属们讨论起来什么时候进攻金朝巢穴的问题，留下了"直抵黄龙，与诸君痛饮"的豪言壮语。他写下了另一首脍炙人口的《满江红》：

怒发冲冠，凭阑处、潇潇雨歇。抬望眼，仰天长啸，壮怀激烈。三十功名尘与土，八千里路云和月。莫等闲、白了少年头，空悲切。

靖康耻，犹未雪；臣子恨，何时灭？驾长车、踏破贺兰山缺。壮志饥餐胡虏肉，笑谈渴饮匈奴血。待从头、收拾旧山河，朝天阙。

那边，刘豫见一会儿是张浚部署北伐，一会儿岳飞又来打自己了，多次向金朝求援。"大齐国"好歹是金朝扶持的傀儡，你大金朝不能眼看着它垮掉啊。可是金熙宗是个接受了汉族教育的新皇帝，即位后就改革金朝制度，一心想让女真族向汉族靠拢。他与金太宗和完颜宗翰等人一味武力进攻南宋的政策不同，主张对宋朝外交以政治手段为主、军事手段为辅。以前，金朝在中原地区两次扶持傀儡政权的重要原因是女真民族还没有做好统治汉族为主体的中原地区的准备。现在，金熙宗想尝试着去亲自统治中原，撤销与宋朝的"缓冲"。刘豫大齐国的命运可想而知了。刘豫的求援信函到了金熙宗的手里，自然是石沉大海。

刘豫不得不孤注一掷。最好的防守就是进攻。刘豫决定孤注一掷，调动"大齐国"所有能调动的军队南下攻宋。绍兴六年（1136 年）秋天，刘豫兵分三路：中路的刘麟主力经寿春，攻庐州；东路的刘猊兵锋直指宣州和徽州；西路由孔彦舟率领叛军攻六安。东路军和西路军不是遇阻后撤就是劳师无功，只有进攻庐州的刘麟中路军全力推进到寿春、濠州之间。看来，上阵还是要看父子兵啊。

张浚满怀信心地迎战刘麟，还请赵构北上长江边观战。谁想，负责防守庐州的刘光世竟然率军放弃庐州，退却到当涂。整个江淮战线为此动摇。张浚吃惊之余竭力补救。他请赵构御笔写下军令“有不用命，当依军法从事”。张浚拿着皇帝的命令，快马加鞭跑到长江下游的重要渡口采石，向聚集在此准备撤过长江的部队宣布了死命令：有谁胆敢渡江，斩无赦！乱哄哄的前线这才安定下来。

刘光世硬着头皮回军庐州，正好和刘麟的齐军主力迎头相撞。狭路相逢勇者胜。刘光世部下王德、郦琼等在淮河南岸的霍邱附近大败刘麟。预备队杨沂中的部队同时在淮西打败了刘猊率领的齐军，再反过来和王德部合兵，把刘麟一直赶到寿春。孔彦舟听说主力失败了，撒开腿就往黄河跑。齐军的许多部队眼看着“大齐国”的寿命差不多了，干脆不跑了，就地反正，投降南宋。

刘豫的豪赌把自己输得精光。

四

战争过后，张浚面见赵构，奏请罢免刘光世兵权。

刘光世在战斗中的表现，的确够得上罢官贬爵的标准。面对伪军的进攻，刘光世临阵退缩，弃城而逃，把江淮重地拱手送给敌人。这是一条大罪。再加上平时刘光世沉湎酒色，只要是宝贝什么都要，只要是和军队有关的事情都不管。他的部队的军纪最差，常常出现将校士兵恣横扰民、劫掠财物的事情。因此，张浚现在要扳倒刘光世，得到了很多人的支持。

赵构还真不想马上把刘光世撤掉。刘光世与张俊、韩世忠三个人是大元帅府时的旧将，资历很深。他出身将门，在政府军中人脉很旺，很吃得开，动他就牵一发而动全身。更为重要的是，刘光世手下那五万多人的部队是赵构的嫡系部队。下属的王德、郦琼等人都是悍将，士兵也都是老兵。赵构还真不知道要不要撤刘光世。

很多人羡慕权力所有者，羡慕他们想用谁就提拔谁，不想用谁就撤谁。实际上，人事是所有政治实践中最难做、最危险的事情。任何管人事的人，也是最难做人的人。

另外一个宰相赵鼎反对罢免刘光世，而认为张浚作为最高指挥官应当对前线的失败负责。赵鼎犯了众怒，不得不辞职了。

刘光世非常识相，上了奏折说自己有病，请求辞职。估计他早已经给自己安排好了安乐窝，厌倦了战争，想彻底享受去了。赵构松了口气，马上批准了刘光世的辞职，大大夸奖了他，还赏赐许多珍宝古玩。据说，刘光世的晚年就在家里津津有味地把玩皇帝的赏赐和自己先前贪污的珍宝，经常自我陶醉到半夜。这样的将领最讨皇帝喜欢了。赵构知道后，干脆赏赐给刘光世更多好玩的东西。

刘光世的辞职虽然解决了一个问题，却又引发了另一个大问题：谁来接替他的职位？

刘光世的部队在抗金前线，最简单的方式是将它划归其他大将。那么首选的候选人有三位：韩世忠、张俊和岳飞。刘光世和韩世忠两部发生过摩擦，留下了血账，积怨很深。把刘世光的部队划归韩世忠的部队显然是不行的。而张俊因为能力所限，可能指挥不动刘光世的部队。所以，赵构开始的意思是让岳飞接管刘光世的部队。也似乎只有岳飞才能镇得住郦琼等悍将。之前，岳飞去见赵构，说湖广新收复地区的地方政权不健全，请示怎么办。赵构只派了一个叫李若虚的文官担任京西南路提举兼转运、提刑，而知州级别以下的官员随岳飞安置。岳飞变相拥有了直接统治湖北、襄阳府路的权力，这是前所未有的。君臣二人在绍兴七年（1137 年）又见了一面，赵构口头表示：“爱卿，朝廷要重新调整刘光世部队的归属了。你回去好好考虑一下接管的事情吧。”为了使岳飞能顺利接收刘光世的部队，赵构还提前准备，向刘部的主要将领颁发了手诏，要求他们在新主帅任命之前听从岳飞的指挥，如有违反严惩不贷。

但是宰相张浚反对岳飞接管刘部兵马。他的理由很简单，如果岳飞接管了刘光世的军队，他指挥的军队就超过了朝廷正规军的一半，而且都是精锐。到那时候，岳飞有兵有地盘，权势必将大大超越同僚，也超过了身为政府首脑的张浚。张浚对赵构说："皇上，朝廷不仅要保持队伍的稳定，更要保证朝廷的权威和稳定。"

赵构突然想起，帝国政治的一大传统就是千万别让武将掌握过大的兵权。

于是，岳飞接管刘部兵马的任命就耽搁下来了。

与此相反，朝廷明令"永不再用"的秦桧却出任了枢密使。因为赵构想起秦桧在金国时和完颜昌的关系不错，说得上话。而完颜昌正在金国掌权，起用秦桧方便对金外交。

绍兴七年（1137 年），朝廷提拔王德主帅淮西的刘世忠部队，统制官郦琼为副帅，文官吕祉以参谋身份去刘部做监军。

那怎么安抚岳飞呢？毕竟之前已经半公开地把部队托付给岳飞了啊？赵构给岳飞下了一道措辞委婉的手诏后，就让张浚去给自己擦屁股了。

张浚将岳飞叫到办公室，想把这件出尔反尔的事情给解释清楚了。张浚是反对岳飞接管刘部的，但又不想坦诚地说明自己的理由。他先是和岳飞打哈哈，装作不知道岳飞原本要接管刘部的样子，又装模作样地征求岳飞对王德统帅淮西军队的意见。

岳飞是老实人，不明白其中的"绕绕"。他从张浚嘴里听到这个消息，心里肯定是不高兴的。但是上级向自己征询意见，岳飞就实事求是地回答："王德和郦琼两个人关系紧张，让他们搭成领导班子，恐怕搞不好团结啊。而吕祉是个书生，空降到军队中，恐怕难以服众。"

张浚又询问如果让张俊、杨沂中二人接管，结果会如何。岳飞又一一指出了他们二人的缺点。实际上，王、郦、吕三人班子的组成是张浚的主意。现在岳飞直接指出了这样安排的不妥，张浚就不高兴了，说了句："难道淮西的军队就离不开岳将军你吗？"

岳飞一切都是出于公心，听了后愤慨地说："张相您以军情相询，我据实回答，从没有图谋友军！"说完，他拂袖而去。张浚和岳飞这对志同道合的战友，就此分裂。

岳飞跑去见赵构，陈述了自己对淮西军队和抗金的想法。他念念不忘的还是抓住现在的有利形势，抽调军队从河南南部出兵进攻关、陕地区的计划。

赵构问："按照你的计划，恢复中原大概需要多少时间？"

岳飞说："估计需要三年时间。"

赵构坦率地说："朝廷的重心在东南。东南全靠淮西军队作为屏障。如果抽调刘光世的军队北伐，能够恢复中原，我当然舍得；但如果抽调了淮西的部队，不但不能恢复中原，却先把江淮给丢失了，那么，势必连建康和杭州也难保了。到时候，问题就严重了。"

岳飞还在朝廷的时候，张浚弹劾岳飞的奏章也到了。显然张浚对直白朴实的岳飞产生了误解。反过来，岳飞也对张浚有了误解，同时在北伐建议不被采纳的情况下，产生了委屈无助的心理。情绪无法排解的岳飞立即上了一道奏章请求辞职。没等朝廷批复，岳飞就找了个借口撂摊子了。

不久前，岳飞的母亲逝世了，埋在庐山。岳飞这个人奉母至孝，发达后将留在沦陷区的老母接到军中奉养。老母亲生病，吃的药岳飞都要亲自试尝。探望母亲时，岳飞走路都蹑手蹑脚的，唯恐发出声音来影响了母亲的休息。岳飞原本强压着的悲痛和现在不满的情绪结合，他就扶着母亲的灵柩，去庐山给母亲扫墓守孝去了。官方的说法是"居母忧"。

湖广前线的军政大事，岳飞擅自交给了亲信张宪。也真是不凑巧，张宪当时正在生病，不能代理司令官的指挥。岳家军失去了岳飞，又无人指挥，军情松动起来。情况反馈到赵构那里的时候就"加工"成了另外的情形。赵构心想："好你个岳飞啊，你这明明是在向我叫板，向我示威，告诉我岳家军和湖广前线离了你岳飞就不行啊！这军队和征战计划到底是你说了算还是我说了算啊？"赵构原来就对岳飞有忧虑和不满，现在恨不得下诏：免去岳飞本兼各职，流放天涯海角。

但军队和前线还真离不开岳飞，赵构只好隐忍不发。

赵构派了一个叫张宗元的去湖广，安定一下人心，又派人去庐山叫岳飞回来。

岳飞不理赵构，继续留在庐山尽孝。

而淮西军前的情况果然如岳飞所料，因为领导班子不团结，酿成了史称“淮西兵变”的大事件。

事情经过是这样的：王德一向鄙视强盗出身的郦琼等将官，而且把这种鄙视时刻表现了出来，身为主帅，却不抚恤部下将领。新班子成立后，王德与郦琼的矛盾也激化了。张浚知道后，就叫王德来述职，同时让吕祉前往庐州安抚部队，搞好团结，防止矛盾激化。八月，吕祉来到军前，郦琼等人把对王德的一肚子不满都倾倒了出来。吕祉展开思想工作，说道：“张丞相喜欢奋战向前的人，如果有人立了大功，即使有大过也会得到宽恕的。大家不必在一些小问题上纠缠了。我会把大家的意见传达上去，请大家安心，不要有顾虑。”吕祉这话说得比较公允，军队的情绪也稍微安定了一点。可谁想，吕祉这个人是人前一套，背后一套，对郦琼等人有很深的成见。他秘密上奏朝廷，要求罢免郦琼和统制官靳赛的兵权。营中的书吏显然不会站在吕祉一边，偷偷把情况告诉了郦琼。郦琼忙派人截住吕祉发出去的邮差，果然得到了要求罢免自己的奏折，对吕祉恨之入骨。刚好这时朝廷任命张俊为淮西宣抚使，进驻盱眙；杨沂中为淮西制置使，刘锜为副使，前往庐州；召郦琼前往建康觐见赵构。郦琼不得不多想，判断这是朝廷软硬兼施，解决自己的信号。八月八日，郦琼等将领，一不做，二不休，杀死吕祉，带领全军四万余人，并裹胁前线百姓十余万投降了“大齐国”。

淮西兵变几乎改写了天下局势。刚刚拼得血本无归的刘豫因此而得到了大量生力军和百姓的补充，顿时恢复了元气；而南宋的淮西一带突然变成了真空，政府军白白损失了约四分之一的部队，东南核心也暴露给了敌人。赵构和朝廷都震动了。

五

兵变后，赵构对前线将领更加猜忌了。勃然大怒之余，他要处置相关责任人。

坐镇前线负责军事的宰相张浚首当其冲，遭到了严厉的攻击。有的人指责张浚不该罢免刘光世；有的人弹劾他刚愎自用，用人不当。张浚在强大的舆论压力面前，自行辞职。兵变一个月后，张浚因为“处置不当”被免去职位，贬往永州（今属湖南省）居住。

当时张浚一人担任宰相，被称为“独相”，而且年纪不过40岁出头，正处于有所作为的最佳时机，却以不光彩的形式黯然谢幕。张浚有明显的优点，但为人刚愎，缺点也很突出。他之前在江淮置防已经为北伐做了大量的准备工作。淮西兵变让平江会议策划的北伐复国战略没有实施就夭折了。

形势大变的时候，岳飞还在庐山发脾气，就是不出山复职。

赵构给湖广的主要官员下了最严厉的命令，说，你们去请岳飞复职，请不来，你们也都别做官了，和岳飞一起为民吧！

于是，李若虚等人只好爬上庐山敦请岳飞下山。岳飞坚持不肯。僵持到第六天，李若虚也来了脾气：“将军，莫非您要造反吗？将军一再抗旨，如何让朝廷再信任您？人们不得不怀疑，您是否因为手握兵权，就要和朝廷抗衡了？”顿了顿，他又说：“将军坚持不复出，我们陪您免职。可您不觉得有愧于北伐大业吗？”

岳飞叹了口气，随他们下山了。他为此三次向赵构谢罪。赵构对岳飞的成见已经根深蒂固了，但表面上仍说：“我没有生你的气，不然我早就惩处你了。太祖皇帝说过：‘犯吾法者，惟有剑耳。’朝廷继续让你统领部队，托付给你中兴大业，就是因为我没生你的气。”

岳飞最后回到了大本营，厉兵秣马，继续北伐的准备。

六

张浚被罢免后，赵鼎重新做了宰相。赵构让赵鼎和枢密使秦桧共同负责对金和谈。

绍兴七年（1137年）九十月间，岳飞再次被召见，前往建康见驾。在九江，他遇到了同时被召见的随军转运薛弼，两人于是相约同船而行。

薛弼很自然和岳飞谈起了被召见的缘由和奏对。岳飞十分严肃地说："我这次到朝廷去，还将奏陈一桩有关国本的大计。"薛弼就问他是什么大计。

岳飞解释说："先帝（指宋钦宗）即位的时候，曾在靖康元年册立皇子赵谌为太子。我军情报说，敌人已经将赵谌送回了汴京，想用他来交换我方俘虏的耳目，实际是想扰乱朝廷的皇统。所以为朝廷计，不如将读书于资善堂的建国公（指宗室赵伯琮）正式立为皇太子，这样就使敌人无计可施了。"

薛弼听说后，默然无语。在船上，他发现戎马十数年的岳飞把大部分时间都用来练习小楷。岳飞用小楷亲自撰写请求将建国公赵伯琮立为太子的奏章。

薛弼善意地提醒岳飞："您身为大将，似不应干预此事。"

岳飞正色说："臣子一体，不应该顾虑形迹，不应该顾虑个人得失。"

到了建康后，赵构和岳飞谈得兴起。岳飞拿出早已准备好的奏章对赵构说："皇上，后宫一直没有太子。为了江山社稷，您应该早立一个太子才是。"对于他来说，赵宋皇室是国家和民族的象征，也是他在前线浴血奋战所效忠的那个对象的载体。现在宋朝的统治还算不上高枕无忧，万一赵构哪天不幸"过去"了，赵宋王朝就没办法延续下去了。从这个角度来说，王朝的确是需要有个"预备皇帝"。

但从赵构的角度来说，岳飞这话简直就是"哪壶不开提哪壶"。他想都没想，就冷冰冰地说："爱卿虽然出于忠心，但是在外手握重兵，这类事体并不是你所应当参与的。"

岳飞听了这话，非常尴尬，只好匆忙告辞了。退下殿堂时，岳飞面色如死灰一般。他终于意识到自己触犯的是皇家最大的忌讳，那就是手握重兵的武将对皇位继承不能表露出兴趣来。皇权继承问题在历朝历代都是绝对核心的敏感问题，最容易让人和那些手握重权、重兵的文臣武将的政治野心联系起来。当岳飞严肃地向不到 30 岁、正千方百计巩固皇位的赵构提出早立太子的问题的时候，赵构猛然发觉眼前这个人不仅仅是莽撞、自私、爱发脾气，而且是心术不正了。

薛弼接着得到召见。赵构对他说："岳飞刚才请立建国公为太子，我告诫他说有些事情并不是外将可以干涉的。"

薛弼忙把自己在路上看到的事情全部告诉了赵构，并说："臣虽然在他的属下，但没有预闻此事。岳飞的所有密奏，都是他亲自撰写的。"

第二天，宰相赵鼎入朝的时候，赵构依然对昨天的事情念念不忘，把事情和赵鼎说了："他岳飞参与的事情太多了！"赵鼎也表示："想不到岳飞他竟然这样不守本分。"

退朝后，赵鼎对薛弼说："岳飞这么做，绝不是保全功名、善始善终的办法。"

七

赵构有心求和，金国的政策也在调整。

金熙宗决定取消傀儡"大齐国"。刘豫接连失败，也拖累了金军。刚好刘豫当初能当皇帝是完颜宗翰、高庆裔等人大力帮助的结果。刘豫当了皇帝后没有忘记两个人的好处，金银珠宝、美女骏马孝敬个不停。可他偏偏把其他人给冷落了。完颜宗弼和曾经对刘豫有大恩的完颜昌等人都没有得到好处，又眼红又生气。而且刘豫没有摆正自我位置，老以为自己是根葱。完颜昌进攻南宋北归地途中路过东平，刘豫硬是不出城与他见面。不见就罢了，刘豫还派人对完颜昌说："现在朕已登基称帝，再难与将军行拜见之礼了，还是不见为好。”刚好，金熙宗上台后在国内搞政治斗争，先是高庆裔因“贪赃”被斩首，结果宗翰也被逮捕，死在狱中。靠山没了，刘豫的日子自然不好过了。

岳飞对北方的变故探听得一清二楚，决定来个“反间计”除掉刘豫。

一天，军中抓到一个宗弼部队的奸细。岳飞大声斥责说：“这不是我军中的张斌吗？我之前派你去齐国联络刘豫，一起把完颜宗弼这个狗贼引诱南下杀掉。谁知道你一去就不复返了。这些年，我已经派别人和刘豫商量好了。刘豫答应今年冬天以联合金军南下攻宋为借口，约宗弼到清河来干掉他。你流落金军多年，想不到竟然做了汉奸。”说完，岳飞装作可惜的样子，摇了摇头。

奸细十分识相，马上装出痛改前非的样子，请求立功赎罪，不要杀自己。

岳飞答应了，又给了他一封蜡书，让他戴罪立功去“齐国”商讨诛杀宗弼的时间和细节。临行前，岳飞亲自嘱咐要保密。奸细自然信以为真。

没几天，蜡书就到了宗弼的手里。宗弼早就看刘豫这小子不顺眼了，随即拿着蜡书去见金熙宗。两人商定了废黜刘豫的行动计划。

宗弼和完颜昌诈称起军南侵，率领军队大摇大摆地进驻汴梁。到达汴梁后，宗弼以议事为名，召“齐国”太子刘麟出城。刘麟不疑有诈，来了，被轻易拿下。之后，宗弼率大军进城，守城的齐军不敢阻拦。金军迅速控制了全城。刘豫正在讲武殿射箭，见宗弼率领骑兵飞速上来，没来得及问就被擒拿起来。金军把刘豫架上马，一左一右用刀逼着他进入金明池，软禁起来。第二天，宗弼先用铁骑数千包围皇宫，再召集齐国百官宣布废掉刘豫。金军部队接管齐国疆域，直接统治中原，原来齐国的军队全部解散，命令官兵回乡务农。

年底，刘豫被废为蜀王，全家迁往临潢府（今内蒙古自治区巴林旗）安置。

说是从皇帝降封为蜀王，好歹也还是个王爷，可金朝就将刘豫当作囚犯，拘押在上林苑。刘豫晚景凄凉，哀求有交情的完颜昌：“我父子无负大金，乞求元师可怜可怜我们吧！”完颜昌冷冷地说：“昔日，宋朝皇帝（指宋钦宗）被押出汴梁的时候，汴京的百姓在道路两旁相送，不少人持香跪拜。号泣之声远达数十里。今日我们废了你，汴京四周没有一人为你送行。这说明了什么？你还不知道自己的罪过吗？”

绍兴十一年（1141 年），金朝还是动了恻隐之心，给了刘豫 1 万贯铜钱、50 顷田地和 50 头牛，让他自食其力。五年后，刘豫死在了蒙古高原。

岳飞死了

一

绍兴七年（1137 年）十二月，金朝释放了一名扣押的宋朝使节王伦。

王伦回到南方向赵构奏报了完颜昌的口信：“好报江南，自今道途无壅，和议可成。”王伦还带来了宋徽宗的死讯，说金朝答应在和谈成功后送还“梓宫”（宋徽宗的灵柩）。赵构非常高兴，重赏了王伦。他公开说：“若金人能从朕所求，其余一切非所较也。”到底满足了赵构什么样的条件，其他条件他都可以不计较呢？就两个条件：第一是宋金和谈，不再处于战争状态；第二是金朝得承认赵构在南方地区的统治权。

这样的条件金朝可以接受。废掉齐国，直接统治中原后，金朝本身矛盾多多，事务重重。它的北方，以会宁府为中心的老根据地实现的还是奴隶制度，游牧习气深入骨髓；而中原地区是高度发达的封建经济，对金朝的管理能力提出了严峻的考验。有意汉化的金熙宗采纳完颜宗盘、完颜昌等人的建议，将河南和陕西的部分地区还给宋朝，换取南宋像刘豫那样称臣进贡，定期捞取好处；同时金朝也能抽出人力和精力来强化对中原地区的统治，推动自身的汉化。

说白了，就是废掉了一个刘豫，让赵构成为第二个刘豫。只不过新的刘豫拥有更大的权限，而且统治的地盘并非金朝“恩赐”。

在细节内容上，赵构和右相秦桧主张不要在具体领土上与金国纠缠，尽快缔结和议。左相赵鼎认为宋钦宗和金国有过以黄河旧河（黄河旧河自山东滨县南入海）为界、南北分治的旧约，虽然现在黄河改道从清河县夺淮入海，但也要坚持旧约。在这里，秦桧与赵鼎意见产生了分歧。可千万别小看了他们的分歧，因为黄河改道产生的领土差异包括今天山东省的大部和河南、安徽、江苏三省的部分地区。时任枢密副使王庶也一再上书，反对仓促和议。秦桧见拖下去对自己不利，对赵构说：“陛下如果想讲和，希望陛下干纲独断，只和臣商议和谈的事情，不许群臣干预。”赵构拍拍他的肩膀说：“朕当与卿议。”于是倒霉的赵鼎第二次被免职，除去当了绍兴知府，秦桧从此独揽相权近20年。

绍兴八年（1138年）十月，宋朝和金朝就和谈内容达成一致。金朝派萧哲为江南诏谕使来到临安。因为宋朝在和议中向金朝称臣，因此萧哲要求赵构要跪拜接受金朝诏书。他也不称宋朝而称“江南”，要对宋朝“诏谕”。这样就把南宋作为了和“大楚”“大齐”一样的属国。

临安城一下子炸开了锅。遭贬的张浚连续五次上书，激切反对和议；韩世忠奏请拒绝议和，立即决战；岳飞奏称“金人不可信，和好不可恃”，并直接骂秦桧“谋国不臧，恐贻后世讥”。枢密院编修胡铨上疏，请求将秦桧、王伦等人斩首示众，然后缉拿无礼的萧哲，再集合军队北伐金朝。他认为这样可以激愤军民士气，如果朝廷不同意，“臣宁愿跳入东海自杀，也不愿处在小朝廷中苟活”。胡铨的奏疏获得了一片赞扬，民间刻版传诵，流布四方。赵构和秦桧对潮水般的反对声音，又羞又怒。岳飞等人动不了，胡铨就成了儆猴用的那只“鸡”。胡铨因为“狂妄上书，语言凶悖，仍多散副本，意在鼓众劫持朝廷”而被罢官，送往昭州编管[①]。

已经罢官编配的前任宰相李纲，听说宋金议和，南宋要向金朝称臣纳贡，

① 编管：宋代官吏因罪除去名籍贬谪州县，编入该地户籍，并由当地官吏管束。

忧愤成疾，绍兴十年（1140 年）正月十五病逝。

也有一部分附和接受和议，原宗正少卿冯檝就上疏赞颂和议是兼具孝、弟、仁、慈等优点的合约。秦桧见到有人支持，立即恢复冯檝宗正少卿的官职。中书舍人勾龙如渊[1]向秦桧建议，现在反对的舆论高涨，可以控制御史台，进而控制言路。秦桧大受启发，罢免反和的御史台官员，提升勾龙如渊为御史中丞、施庭臣为侍御史，控制言论。朝廷听到的反对声音果然少多了。赵构则用“孝”“悌”之道来为和议辩解，说：“父皇灵柩未还，母后还在远方，陵寝宫庙，久稽洒扫，兄弟宗族，未得会聚，南北军民十余年间不得休息，因此我不得不屈己求和。”

宋金和议拖了两个月，最终在十二月正式签订。赵构还是不愿意在金国人面前跪拜接受诏书，在条约签订前得了“急病”在宫中休养；宰相秦桧主持仪式，代表皇帝跪拜在金使萧哲面前，在和约上签字画押。根据和议：宋朝向金朝称臣；以黄河旧河为界，金朝把黄河以南的陕西、河南地还给宋朝；宋朝每年进攻白银 25 万两、绢 25 万匹；金朝归还宋徽宗和皇后的灵柩。至此，赵构作为金朝的臣属巩固了在东南地区的统治。

和谈成功，朝廷大事庆祝，命百官进呈贺表，并加官晋爵。

吴玠等拒不上表。岳飞倒是上了一张表，在表里说“今日之事，可忧而不可贺；朝廷还是不要论功行赏了，免得贻笑大方”。对于朝廷给他加官的诏书，岳飞也拒不接受。

二

和约虽然签订了，但是会不会得到金朝的遵守呢？

兵部侍郎张焘六月间曾去洛阳，回临安后提醒赵构说，前线的金军依然在

① 姓勾龙名如渊的人。

备战，建议朝廷加强边防。赵构和秦桧对警告置之不理。

实际上早在绍兴九年（1139 年）秋季，金朝又发生了一场激烈的权力斗争。主和的完颜昌等贵族因“谋反”而被诛杀。完颜宗弼等人掌握了大权。宗弼武将出身，坚决反对把陕西、河南等地交给宋朝，要求继续南下侵宋。第二年五月，宗弼统率金军兵分四路南侵。宋朝没有任何防备。中原各地的地方官都是原来金朝和齐国的旧官僚，见金军打来了，纷纷开门迎接老朋友。不到一月，完颜昌根据和议“赐”给宋朝的土地就被宗弼拿回去了。宗弼的前锋还杀入了淮南。

武将刘锜刚刚被任命为东京副留守，去接收按照和议归还宋朝的故都汴梁。他率领主要由原来太行山区八字军组成的近两万军队，流落南方的汴梁居民和随军家属三万多人走到淮南的时候，才知道汴梁早就被金军夺回去了。更严重的是，宗弼的十万大军正向他们冲过来！

六月下旬，刘锜率军民抵达顺昌城，金军已经占领了前方的陈州（今河南省周口市淮阳区）。

朝廷命令刘锜撤退的命令也到达了，但是刘锜看到顺昌城池坚固，存粮数万斛，决定率领本部兵马与宗弼在此决战。他下令凿沉所有船只，把自己的家属安置在一寺庙中，门外堆满柴草，对守卫的士兵说：“如果战事不利，就请烧死我的家人，不要让他们落入敌手受到侮辱。”顺昌知府陈规也没有撤退，和刘锜一起留下抵抗。

刘锜率领的军民可能是南方抗金意识最强的群体。他们以必死的决心，“男子备战守，妇女砺刀剑”，迎接金军的到来。

最先抵达顺昌城下的是宗弼的前锋，刘锜结合强弩箭向金兵密集射击。金兵纷纷中箭，在混乱中后退。刘锜趁机派步兵出城掩杀，杀得敌人猝不及防，扔下数千尸体逃走了。

宗弼在汴梁听到败报，决定亲自来会会刘锜，叫上十万骑兵就奔顺昌而去。刘锜这时能够出击的士兵不过五千人，只求智胜，不能硬拼。刘锜派出两个探马佯装被俘。宗弼就向他们询问顺昌的情况。两人都说刘锜是一个纨绔子弟，顺昌城里是一群急于回乡的老百姓。宗弼心中大喜，下令全军抛弃大型攻城器械，轻装前往顺昌。

宗弼到了顺昌城下，先大骂前锋无能。前锋辩解说："这里的宋军，战斗力比以前的要强。"结果又被宗弼臭骂了一顿。刚好，刘锜派人到金营下战书，挑逗宗弼说："金军只要敢渡颍河决战，刘将军就愿意为金军代架浮桥五座，方便金军作战。"宗弼大怒说："好，我明天一早就渡河，看我怎么用靴尖踢倒顺昌城！"

当天夜里，顺昌城里突然敲锣打鼓，人声喧嚣。宗弼以为宋军要出战，忙下令全军装备齐全，准备接战。等金军乱哄哄列好阵，顺昌城又恢复了安静。宗弼眼珠一转，觉得刘锜夜里极可能出战，命令全军整夜在马上休息。结果刘锜没有出城，十万金军眼睁睁白守了一夜。

天亮了，刘锜果然连夜在颍河上架了五座浮桥。他还命人在河水里投掷了毒药，毒遍颍河两岸的水草。金军气势汹汹地渡过河去，刘锜却不接战。金军等累了，纷纷下马喝水，给马匹喂草。结果许多士兵和战马中毒倒地。剩下的人再不敢喝水了。正是盛夏时节，烈日曝晒，淮南又闷又热。宗弼求战心切，但刘锜整天都不出击。傍晚，宗弼只好收兵回营。他前脚刚回营，顺昌城里就擂起了战鼓。宗弼又慌张让部队上马迎战，等列阵完毕，那边又偃旗息鼓，一片寂静了。宗弼不敢怠慢，只好又让金兵骑在马上备战。几个时辰后，宗弼自己累了，回营帐休息了，命令亲兵拿着蜡烛守护自己。

折腾来折腾去，金军上下都疲惫不堪。

深夜，天下起了大雨，瞬间平地积水过尺深。守在露天的金军苦不堪言。

突然，顺昌西门大开，一支人马大喊着冲杀出来。金军连忙拥到西门去围堵。刘锜却挑选了几千精锐，悄悄打开南门，向宗弼大营发动突袭。接近营垒后，宋军猛放箭矢，压制住金军的反抗，然后一齐杀上去，刀斧乱砍。长途跋涉、两夜未睡、又饥又渴的金军战斗力下降到了令人难以置信的地步。十万金军面对几千宋军的挑战，竟然无力还击，一败涂地。

宗弼毕竟久经沙场，在乱中派出俗称“铁浮屠”三千侍卫亲军迎战，企图扭转战局。

什么叫“铁浮图”呢？他们是宗弼训练的一批身穿重铠、头戴铁帽子的士兵。他们三人一组，用皮带连起来，每进一步，便用拒马木环卫，以个人战斗力和稳步前进来压迫敌人。

但是从战局来看，“铁浮图”离不开两翼步兵的保护，不能在战场上独立作战。刘锜迅速判断出“铁浮图”的弱点，命令正面利用壕沟和拒马木滞留“铁浮图”的前进，然后猛攻金军两翼护军。“铁浮图”的左翼护军最先崩溃，将“铁浮图”的侧翼暴露了出来。宋军就先用标枪挑掉“铁浮图”的铁帽子，然后启用刀斧砍断攻击他们的臂膀和脑袋。“铁浮图”的优势立刻丧失了，招架不住，想撤退又被自己拒马木封闭了退路，进退不得。这简直是一场屠杀，宋军杀累了就躲到拒马木后面休息吃饭，轮番上阵。没多久，宗弼的“铁浮图”就报销得差不多了。

宗弼不甘失败，又派出另一支精锐“拐子马”反攻宋军。所谓“拐子马”，是由能骑善射的女真人组成的连排前进的骑兵。但是，战斗至此，大局已定，再加上金军实在已经疲惫不堪，在宋军敢死冲锋下很快就败下阵来。宗弼不得不接受现实，率残军撤回汴梁。

刘锜以少胜多，以步胜骑，创造了中国军事史上的一个奇迹。

在刘锜取胜的同时，韩世忠、张俊部也打败了对阵的金军。在川陕战线的金军也损失惨重，不敢再战。宗弼发动的大侵略失败了。

三

顺昌大捷后，岳飞乘胜大举北伐。

赵构、秦桧则计划乘胜和谈，将胜利作为谈判的筹码。已经调任司农少卿的李若虚奉旨到岳飞军中，命令“不得轻动、宜且班师”。李若虚来到驻地的时候，岳家军已经北进了。李若虚赶到军前，发现岳家军前进顺利，对岳飞说："将军既已发兵，不应仓促班师。您尽管北伐，我来承担朝廷追究抗旨北伐的罪名。"岳飞谢过李若虚后，自率主力加紧北伐，派张宪、王贵、牛皋、徐庆、董先、杨再兴等分路进攻，又命原太行山抗金民兵首领梁兴渡河联络河北的抗金武装，攻取河东、河北州县。岳家军一举收复了颍昌府、陈州、郑州、洛阳和永安军。宗弼不得不出汴梁，集合中原地区的金军主力迎战。

七月八日，岳飞亲率的主力在距郾城北20公里处遭遇金军，决战开始。宗弼摆出了以"铁浮图"居中，"拐子马"骑兵为两翼的阵势，凶猛又稳健地向前推进。岳飞命令儿子岳云出战，告诫说："只许胜，不许败。如果你不用心，我就先宰了你！"岳家军每人拿三样东西：麻扎刀、提刀和大斧，冲入阵中就"手拽厮劈"，上砍骑兵，下砍马足。岳家军的杨再兴奋勇当先，单骑闯入敌阵，到处寻找宗弼单挑。宗弼没有找到，杨再兴只身杀敌数百人，受伤数十处，仍坚持作战。郾城战斗从中午一直战到黄昏，金军大败，岳家军取得大捷。

关于当日的战况，岳飞的奏折称："探得有番贼酋首四太子（即完颜宗弼）、龙虎、盖天大王、韩将军亲领马军一万五千余骑，例各鲜明衣甲，取径路离郾城县北二十余里。寻遣发背嵬、游奕马军，自申时后与贼战斗。将士各持麻扎刀、提刀、大斧与贼手拽厮劈，鏖战数十合，杀死贼兵满野，不计其数。至天色昏黑，方始贼兵退却，夺到马二百余匹。"

当月中旬，宗弼硬着头皮，搜刮了12万军队，反攻临颍，再次与岳家军决战。杨再兴率300前哨骑兵在小商桥与宗弼大军遭遇，英勇发动冲锋，杀敌2000余人。杨再兴阵亡。岳飞率主力迎战。岳云前后十多次突入敌阵，战后清点，受伤上百处；岳家军的许多步兵和骑兵杀得"人为血人，马为血马"，没有一个人后撤半步。在战斗高峰期，张宪率本部兵马赶到，加入鏖战。金军不得不主动撤退。

岳家军的辉煌胜利，极大推动了黄河两岸的抗金形势。太行山和两岸的民军始终配合岳家军的作战。梁兴联络豪杰义士，在敌后的垣曲、沁水、济源接连取得胜利，收复了赵州、兴仁、怀州、卫州等地，截断了金军的后方军需通道。岳飞之前一直没有放弃与敌后义军的联络工作，现在终于绽放出了成果。敌后的义军纷纷举着“岳”字大旗归附，中原老百姓纷纷拉车牵马运送粮食支援。“岳”字大旗在中原上空飘扬。

而金军闻风丧胆，蜷缩在城池中，不是收拾细软准备偷跑，就是联络岳飞，准备献城投降。金军将领乌陵思谋控制不了部队，只好公开宣布：“麻烦大家少安毋躁，等岳家军到了我们就投降。”金军将领王镇、崔庆、李觊、高勇等都接受岳飞的任命，率部脱离金军。金军大将韩常统率五万金军，这时也联系岳飞，愿意反正。金朝对燕京以南地区都失去了控制。宗弼还想在汉族中大规模征兵，负隅顽抗，结果不仅没有征来新兵，连派出去征兵的人也跑了。宗弼哀叹道：“我自起兵以来，从没有陷入今天这样的窘境。”他把家属送回了北方，准备率残军撤出汴梁，放弃中原。

形势一片大好。岳飞按捺不住心中的狂喜，对部下说：“等直捣黄龙府，我与诸君痛饮！”

岳飞向赵构报告：“陛下中兴的时机已经到了，金贼必亡，请朝廷速命各路兵马火急并进，发动总攻。”岳飞自己进军到朱仙镇，距东京开封只有 45 里路。他的眼光已经超越了汴梁，在焦急地等待着渡河北伐的命令。

四

可叹的是，赵构和秦桧并不像岳飞那样乐观。

他们倒不是怀疑宋军的胜利，只是怀疑眼前的胜利能够持续多久。因此还不如见好就收，让胜利增加谈判桌上的筹码，停战求和。有人说赵构害怕宋军全胜后迎回哥哥宋钦宗和其他宗室，威胁到自己的皇位。这样的说法可能有一定的道理。但是赵构即位已经超过十年了，在内部的权威已相当巩固了，不是遽然回归的亲戚能轻易撼动的。想知道赵构丧失斗志的真正原因，还要从他的心病入手。经历十多年风风雨雨的赵构，此时最需要的是一个稳定的皇位和一个和平的国家，不想再有任何变动了。秦桧赞同赵构，除了没有必胜的信心外，取悦皇帝、巩固相位可能是更大的考虑。

赵构、秦桧下达了全军撤退的命令。他们知道最不听话的肯定是岳飞，所以先急令听话的张俊、杨沂中等人从淮河撤军，接着命令韩世忠、刘锜等军撤回，使岳家军陷入孤立；再以“孤军不可久留”为理由勒令岳飞退兵。岳飞上书力争说：“金贼锐气沮丧，内外震骇，已经准备放弃辎重，渡河逃跑了。而且现在豪杰云集，士卒用命，天时人和，强弱已见，功及垂成。时不再来，机难轻失。”岳飞不说中原的喜人形势还好，一说倒让赵构想到了中原的军民现在认的都是岳飞，而不是赵构。那些越聚越多的抗金武装高举的都是“岳”字大旗，而不是“宋”或者“赵”字大旗。赵构的胸中原本就积累着很多对岳飞的成见、猜忌和不满。现在岳飞再一次抗旨，不仅功高震主，而且有成为“中原王”的趋势。赵构怎么能不勒令他撤军呢？

于是乎，后人熟悉的情节出现了。赵构和秦桧一天之内连下十二道金牌[①]，迫令岳飞退兵。岳飞悲愤交集，慨叹道：“十年之功，废于一旦！”对朝廷的忠诚最终战胜了北伐的壮志，岳飞不得不准备撤退。他先佯言要渡河进攻，使金军不敢乱动，再突然下令撤退。朱仙镇的百姓拦住岳飞的马说：“我们端茶运粮，迎接官兵，人人尽知。岳将军走后，我们怎么办？”岳飞痛心地无言以对，不得不延迟五天撤退，保护愿意南撤的百姓撤离。

那一边宗弼听到岳飞要渡河，也准备放弃汴梁撤退了。有人拦住他的马，拦马的是一个书生。他说：“元帅不要走，岳飞马上就会撤退的。”宗弼说：“你这不是睁着眼睛说瞎话吗？岳飞连破我的主力，已经近在咫尺了，怎么会主动撤退？汴梁还怎么守？”书生一语道破天机：“自古没有权臣能够长久居

① 所谓金牌可不是黄金做的牌子，而是朱漆黄金字的木牌。皇帝专用它传送最紧急的军令诏令。使者举着牌疾驰而过，车马行人见之，都得让路，一天要走五百里。

内的，同样，没有任何大将能够在外独占大功。岳飞也逃不出这个历史规律，怎么可能取得更大的成功呢？”宗弼猛然醒悟，决心留守汴梁。

岳家军退守鄂州，郑州、颍昌等大片土地重新落入金军手中。岳飞回到鄂州后，情绪很差，上表请求辞职，得不到批准。岳飞又去觐见赵构。赵构很客气地慰问了几句话，君臣相对无言。

五

战争既然打赢了，那就要论功行赏。

赵构就把韩世忠、张俊、岳飞三人召到临安，任命张俊、韩世忠为枢密使，岳飞为副使。这是典型的明升暗降，一举解除了三人的兵权。早在张浚为相的时候，赵构就开始了收地方兵权、扩充禁军的政策，对岳飞等人的扩军请求一概不理。将岳、韩、张三人召到临安后，赵构又下诏罢免了为抗金设置的宣抚司，将三人的军队收归中央直辖。为了防止出现新的大将，朝廷还分割了三人统率的军队，任命中级军官指挥分割后的小部队，直接对皇帝负责。“重文抑武”的传统又恢复了。

在张俊、韩世忠和岳飞三个人中间，赵构和秦桧觉得最容易摆平的就是张俊。

赵构对张俊说：“你读过《郭子仪传》吗？郭子仪功勋卓著，在外掌握重兵，但始终心尊朝廷，只要皇帝一有诏书颁布，他就马上赶去见皇帝。郭子仪算得上是武将的表率。如果武将依仗兵权之重而轻视朝廷，有事情不禀报，不仅不能让子孙享福，而且自身也可能有不测之祸。”

张俊马上表示自己要学郭子仪，依附秦桧主和。

那么处罚的矛头就对准了主战的韩世忠和岳飞。

在议和使臣北上的问题时，韩世忠说：“从此以后朝廷要大挫士气，国势萎靡，很难重振了？等北方来使后，我要和他们面议”。赵构自然不允许韩世忠插手对金外交。韩世忠又上书弹劾秦桧误国误民。韩世忠反对议和，自然被秦桧看作大敌。秦桧反动对韩世忠的攻击，赵构也将韩世忠的奏折留中不发。韩世忠看破红尘，于是接连上书请求解除自己枢密使职务，接着又上表要求退休。当年，韩世忠就被免去了职务，顶着福国公的爵位，退休了。赵构没有再为难他，批准韩世忠退休后待遇不变。韩世忠从此闭门谢客，绝口不谈国事，整天在家诵读佛经，自号“清凉居士”。有时为了活动活动筋骨，韩世忠就骑着毛驴，带上几壶酒和一两个侍童游览西湖。昔日的部将、军官求见，韩世忠一般都避而不见。

韩世忠避祸十年后，得了场重病。赵构派御医去韩世忠家诊治，朝廷将佐也纷纷前往探望。韩世忠临终前说：“我是布衣百姓出身，经过百战才得到王公的高位。全靠皇天保佑，我能够保全脑袋，死在家里，大家还为我感到悲哀吗？”

六

重启和谈后，完颜宗弼对赵构和秦桧明确提出：“你们朝夕请和，岳飞却正想图谋河北，必杀岳飞，才可议和。”宗弼的要求实际上是对岳飞的极高评价。

绍兴十一年（1141 年）七月间，秦桧开始了对岳飞的迫害。秦党的右谏议大夫万俟卨首先上章弹劾岳飞。万俟卨首先弹劾岳飞爵高禄厚，志得意满，生活颓废，不思进取。谁都知道岳飞根本就不是这样的人。后来，秦党又给岳飞强加上了“不战”和“弃地”的罪名，弹劾坚持抗金的岳飞不抗金，要求罢免岳飞的枢密副使职务。秦桧控制的御史台官何铸、罗汝楫等是接连弹劾岳飞，要求尽快处分。岳飞因此被罢官。秦桧要置岳飞于死地，还需要寻找更大的罪名。“消极抗金”的罪名是“杀”不死岳飞的。于是，一场政治谋杀展开了。

岳飞有个部下叫作王俊。王俊在绍兴五年（1135 年）就担任了湖南安抚司统制。岳飞进驻湖广的时候，王俊调入岳家军，只担任前军副统制。此后数年，王俊因为无功，岳飞一直没有给他升官。秦桧看出王俊对岳飞有不满心理，伙同张俊以观察使的职位引诱王俊，指使王俊出面“告发”张宪与岳云谋反。

谋反是大罪。现在有官员出面检举，张宪、岳云立马被逮捕入狱，岳飞随即受到牵连。十月，朝廷张榜宣布张宪一案“其谋牵连岳飞，遂逮捕归案，设召狱审问”，将岳飞逮捕入狱。岳飞入狱时长叹道：“皇天后土，可以证明我岳飞对朝廷的忠心。”

岳飞入狱后，赵构派大臣出使金朝，希望缔结合约。宋朝使臣在宗弼面前再三叩头，哀求议和。宗弼同意讲和。

十一月，金朝使臣萧毅到江南册封赵构为宋国皇帝，并带来了最后的和议文本。宋朝向金称臣，赵构向金熙宗发誓：“臣赵构蒙大金朝恩典，才能够成为大金朝的藩属，臣世世子孙都谨守臣节。”每年金帝生辰或元旦，南宋都向金朝遣使送礼祝贺；宋朝每年向金朝进贡的白银和绢都增加到 25 万两、匹；边界线从黄河南移，两国以东起淮河中流、西至大散关一线为界，地跨边界线南北的唐、邓、商、秦四州的大部分土地给划给金朝；南宋不得随意更换宰相。

萧毅还带来了宗弼的一个“口信”：岳飞必须死！

赵构和秦桧加快了岳飞案件的“审理”进度。最开始负责审理工作的是大臣何铸。开堂审理时，岳飞撕开自己的衣裳，露出背上“精忠报国”四个大字给何铸看。何铸看到四个字字字深入肤理，又遍阅案宗没有发现确实的证据，知道这是一个冤案，顶住不办。秦桧马上撤掉何铸，改命万俟卨审理岳飞案件。万俟卨随即整理出了岳飞的“罪状”：岳飞和张宪等人虚报战功，窥探朝廷虚实，意欲谋反。万俟卨还逼迫孙革等“证人”指证岳飞时常抗旨。但是岳飞一案始终缺乏确凿的证据。

已被罢免枢密使的韩世忠跑去质问秦桧，岳飞到底是犯了什么罪？秦桧敷衍说："岳飞和儿子岳云、部将张宪的罪过虽然尚未查明，但事体莫须有（或许有，也可能没有的意思）。"韩世忠愤愤地说："朝廷以'莫须有'三字处置岳飞，何以服天下？"

绍兴十一年（1141 年）十二月，赵构下旨："岳飞特赐死，张宪、岳云并依军法施行。"当天，大理寺执法官遵旨逼岳飞在供状上画押。一生光明磊落的岳飞在供状上写下八个字："天日昭昭，天日昭昭！"岳飞服毒酒身亡，时年 38 岁。

民间传说则有所不同：转眼就到了寒冬腊月，秦桧一天独自在书房里吃橘子。他用手指划划橘子皮，若有所思。秦桧妻王氏看出秦桧想杀岳飞又不敢下决心的心思，讪笑着说："老汉怎么一直没有决断呢！捉虎容易，放虎难呐！"秦桧听懂了王氏的意思，写了一张小纸片交给狱吏。当日监狱就回报：岳飞、岳云、张宪三人已死。

岳飞死后，岳家被抄，家属流放岭南。幕僚六人株连被杀，多名部将罢官，支持岳飞出兵的李若虚也被羁管。

和谈终于成了，兵权也收了，内部基本稳了，赵构大大松了口气。

七

单纯从罪名和个人品行来说，岳飞是冤死的。

岳飞不仅精忠为国，而且个人品质毫无可批之处。岳飞出身寒微，飞黄腾达之后依然清廉自守。朝廷将岳家抄没后，仅得到金玉犀带数条及锁铠、兜鍪、南蛮铜弩、镔刀、弓、箭、鞍辔等军装，家用财产只有布绢 3000 余匹，粟麦 5000 斛，银钱十余万贯，书数千卷而已。而地位相当的张俊拥有田产六七十万亩，年收租米 60 万斛。有一次，赵构驾临张家，张俊设宴接驾，饭桌上仅上等酒食果子等就有几百种；张俊又进献多种玉器，内有金器 1000 两，珠子 69000 余颗，玛瑙碗 30 件，各种精细玉器 40 余件，绫罗缎绵等1000匹和大批名贵古玩、书画等。另一个将领杨沂中，在西湖建造豪华住宅，竟然引西湖水环绕宅院四周，院里有私人歌手和舞女。武将大臣们是竞相奢靡，岳飞可谓是个醒目的特例。吴玠见岳飞生活朴素，连个像样的女佣都没有，就挑选了几个漂亮的姑娘送到岳家，想结交岳飞。岳飞不接受姑娘，说："现在难道是大将安乐享受的时候吗？"他又对那几个姑娘说："我岳家生活清苦，你们如果生活不惯，可以自行离去。"吴玠听说后，更加敬佩岳飞了。岳飞就是这么一个人。

说完私人生活，我们再来看看岳飞的工作情况。岳飞从戎十余年，大小数百战，从未败北。张俊曾嫉妒地询问岳飞的用兵之术。岳飞说："很简单，五个字：仁、信、智、勇、严，五者不可缺一。"张俊问："'严'字怎么解？"岳飞说："'严'，就是有功者重赏，无功者罚。"岳飞治军，部下凡立有战功的，即使是无名小卒，也论功行赏，从不遗漏。而对于儿子岳云，岳飞却违背了"严"字原则。平定杨幺、收复襄樊的时候，岳云功劳第一，但岳飞战后却把岳云从上报请赏的名单中勾掉了。最后还是朝廷按照铨叙的规定，任命岳云为武翼郎。后来，朝廷又特旨将岳云连升三级。岳飞力辞说："士卒们斩将陷阵，立奇功才提一级。岳云只是我岳飞的儿子就得到高升，同军不同赏，我将何以服众？"因此，岳云始终没有得到提拔。

所以，如果从个人道德或者工作成绩上攻击岳飞，岳飞肯定会岿然不动；如果没有金朝的强大压力和赵构对他的猜忌，岳飞也会安然无恙。事实上，岳飞当时在政府军中处于领跑地位，深得他人信服。早在岳飞被害前，万俟卨就提醒赵构、秦桧注意岳飞在军界的影响，杀岳飞来镇服诸将。岳飞死后，果然有多名将领受到迫害。

金军听说岳飞死了，摆酒祝贺。

岳飞死了，一个时代结束了！

第二章

王朝初定

绍兴后期的一天，中书舍人程子山突然接到宰相秦桧的请帖，请他去相府有要事相商。

宰相相请，就是天上下刀子，程子山也不敢不去。程子山不敢有半点迟延，匆忙赶到了相府。下人客气地把他引至一间幽雅僻静的房间，端上茶饮，请他稍等。程子山想，相国公事繁忙，自己就等等吧。可是在房里坐了半个时辰了，秦桧还是没有来。程子山无聊至极，发现面前的桌上放着一本用紫绫裱糊的书札，就大着胆子拿起翻阅。书札首页右上方写着“秦暄呈”的字样，正文内容文辞优美，言之有理。程子山读了好几遍，差不多能把书札背下来了。这时，下人又客气地进来说秦相今日太忙，请程大人暂且回府。程子山只好客气地告辞。

程子山回到家里，丈二和尚摸不着头脑。

几天后，赵构下诏令程子山负责本年科举。程子山翻看科考名单，赫然发现了秦暄的名字，顿时恍然大悟。结果本年科举的题目就是当日相府中那书札的题目，而状元就是秦暄。

秦桧遇刺案

一

绍兴和议谈成后，秦桧因功在第二年以左相身份加封太师、魏国公。

因为金朝规定南宋不得随意更换宰相，秦桧的官实际上就成了“铁饭碗”。大将张俊本以为抱住了秦桧的大腿，能够长期独掌枢密院。谁想，秦桧立即指使御史台弹劾张俊。张俊斗不过，灰溜溜地去做寓公了。从此，秦桧独揽南宋的军政大权，直到死亡。

大凡权臣，上台之后都要为自己捞政绩，树丰碑，营造盛世景象。秦桧也不例外，亲自披挂上阵，粉饰和平，为当朝歌功颂德。总有那么一批读书人，在官位利禄的诱惑面前，争相献谀。一时之间，文人们歌颂赵构“于皇睿明，运符中兴，绵于肃清，干夷坤宁”；迎合赵构生母、皇太后韦氏南归，认为这是赵构“圣孝，感通神明，敌国归仁”的结果，赵构“大功巍巍，超冠古昔”，比尧禹都要英明伟大。秦桧也得到了大量的“过誉”，先是有人说秦桧忠心不贰，有孟轲命世之才；道致其君，负伊尹觉民之任，再说秦桧大节孤忠，奇谋远识，一直发展到把秦桧比作五百年才出现一个的圣贤，自盘古开天辟地以来就没有几个秦桧这样的圣贤。铺天盖地的赞誉令赵构和秦桧应接不暇。

人间的赞誉不够，秦桧还导演了许多次“天降祥瑞”。

绍兴十三年（1143 年）十二月，在皇帝即将郊祀时，临安下了一场冬雪。浙江很少下雪，过两三年也会下那么一回。可是秦桧一口咬定这是一场应时的瑞雪，率领百官跑到宫里向赵构拜表称贺。秦桧上奏说：

> “冬候多阴，陛下至诚感动上天，天地响答，雪呈瑞于斋官之先，日穿云于朝献之旦，暨升紫坛，星宿明烂，旋御端阙，云霄廓清。”赵构说：“此国家大典礼，及期而晴，诚可庆也。朕自即位以来，无如今

次，如果没有各位大臣鼎力相助，不会出现今日的景象。”

他命令将冬雪祥瑞交到史馆记载。从此每年下冬雪，朝廷都当作祥瑞来庆祝。虔州不久上奏，说本地有个人在劈木材的时候，在一根坏木柱中发现了“天下太平年”五个字，文理粲然。刚好当年是甲子年，秦桧认定这又是天降祥瑞。

赵构和秦桧搭档的绍兴年间，被艳称为“绍兴中兴”。

二

一团和气下面，隐藏着秦桧排斥异己、打击政敌、独揽朝政的真相。

秦桧当权后对以前同他不和的朝臣，大加报复。前宰相吕颐浩是秦桧的政敌，已经去世了，秦桧怀恨在心，将吕颐浩的儿子吕摭免官，除名编管。另一个和秦桧不和的前宰相赵鼎被贬到吉阳后仍遭到迫害。赵鼎对儿子赵汾说：“秦桧是一定要我的命。也好，我死了，你们就可以无事了。”赵鼎最后绝食自杀。

连宰相都遭到迫害，一般大臣的日子就更不好过了。大臣李光曾与秦桧在政策上有分歧，争论的时候慷慨激昂，触犯了秦桧。秦桧也不搭话，等李光说完，只轻轻说了一句：“李光无大臣之礼”。李光因此被贬。秦桧就是这么个阴险狡诈、常常一招置人于死地的奸臣。绩溪人胡舜陟是个老资格的大臣，大观三年（1109 年）就中了进士，北宋末年做到了监察御史，算是秦桧的老前辈和老上级。南逃后，胡舜陟陆续做过临安知府和地方制置使等职位，但在地位上落到了秦桧的后面。绍兴七年（1137 年），他因为是三朝元老、政绩出众进封子爵。胡舜陟看不惯秦桧的言行，第二年上书弹劾秦桧十大罪状，被秦桧指使御史上奏罢免。秦桧陷害岳飞后，已经复任的胡舜陟又上书为岳飞喊冤。秦桧指使胡舜陟的仇人向朝廷诬告胡舜陟贪污金银，盗窃马匹，讥讽朝廷。秦桧乘机奏派大理寺审讯胡舜陟，终将他逼死在狱中。

先前，枢密院编修胡铨反对和议，要“斩秦桧以谢天下”，被贬往昭州编管。当时胡铨的小妾临产，奏请缓几天再走。秦桧不理，派人给他戴上刑具，立即押送岭南。大臣陈刚中支持胡铨上书，也被发配赣州安远县。安远县地处赣南山区，乌烟瘴气，条件恶劣，被谚语称作“龙南安远，一去不转”。陈刚中到了安远，果然一去不复返，不久就死在了那里。这样一来，胡铨临行前，同情他的人都不敢相送。有人偷偷写了诗送给胡铨赠别，结果被秦桧侦知，一起被发配外地编管。秦桧还觉得对胡铨处理太轻，不足以杀一儆百，又让赵构专门发了一道诏令说胡铨放肆犯上，大逆不道，告诫天下读书人不要效法。

原商州知州邵隆在商州十年，恢复生产，抵抗金兵。按照绍兴和议商州大部割给了金国，邵隆调任金州。他在金州曾出兵金朝，秦桧赶紧调他去川南的叙州。秦桧觉得仍不解恨，派杀手用毒酒害死了邵隆。

将领解潜因不同意和议被罢官闲居，流放南安而死。

大臣白锷攻击秦桧办事反常，被刺配海南岛万安军。

只有一个人，因为功高名重，没被秦桧迫害致死。绍兴和议谈成后，朝廷大赦天下，张浚恢复官身，得了个闲职，后来还混了个福州知州。绍兴十六年（1146 年），张浚又上奏备战抗金，秦桧大怒，罢去张浚官爵，将他贬往连州，四年后又移往永州居住，指使党羽张柄坐镇潭州与郡丞汪召锡监视张浚居住。

秦桧多年经营，基本上把朝廷大员都弄得俯首帖耳、唯命是从了。

三

绍兴二十年（1150 年）初，临安城的寒意还没有退去。

秦桧每天进宫早朝，都要经过城内僻静的望仙桥。一天清晨，望仙桥左右又想起了呼声：“秦相趋朝，闲人躲闪！”只见秦桧不曾乘马，坐在轿中，前拥后呼地过来了。宰相的轿子非常气派，三面都用布板遮蔽住，前后都是毡帘围绕；轿子前后的随从不计其数。早起营生的百姓纷纷躲闪，能躲多远就躲多远。

轿子上了望仙桥后，忽然从桥下蹿上一道黑影。只见黑影“嗖”地从腰间抽出一道明晃晃的白光。“有刺客！”随从大喊。那刺客不是行伍出身，就是职业杀手，熟练地冲开秦桧的随从，疾步拿刀向轿子砍去。刺客原本是瞄准轿子的窗口砍去的，谁想抬轿的轿夫早已经惊得十分魂魄去了七八分，向一边躲去。轿子也随之晃动，使得刺客的利刃只斩断秦桧轿子的一根立柱。秦桧躲过一劫。刺客还想再刺，被纷涌上来的随从抓住。

轰动一时的“秦桧遇刺案”就此发生。刺客名叫施全。

当晚，秦桧亲自提审施全。秦桧喝问其姓名。施全面无惧色，说：“我是东平人氏，姓施名全，官授后军之职。”想不到刺客竟然还是禁军的军官，秦桧大惊之余，马上下令查施全的“干部档案”。清查的结果是施全的确是禁军后面的校尉，十年前曾经在岳家军任职，担任岳飞殿前小校。这个施全目睹了岳飞的北伐、征战和付在其中的心血，也是岳飞冤案的见证者。他对岳飞的感情很深，对秦桧的所作所为深恨在心。

探明身份后，秦桧问施全：“谁叫你来行刺本相的？说出幕后主使，我就饶了你。”

施全凛然说道：“本朝和金朝是仇敌。天下臣民都恨死了金人，唯独你要降金，人人都和你是仇人！我就是要杀你，为天下人报仇！”

秦桧原本还想通过施全打开缺口，构造一个更大的网络，打击政敌。现在见施全这样，知道无法让他屈服，干脆用最残酷的磔刑（千刀万剐）当众处死了施全。

临安百姓纷纷为施全的义举感动，后来在望仙桥修建了施公庙供奉他。[①]

① 1936年杭州填河筑路，望仙桥被废，只有东侧桥栏和施公庙被保留了下来。到了1992年杭州市政府拓建庆春路，施公庙最后的遗迹才被清除掉。南宋有人建议：“现在的岳祠多铸贼桧像，跪缚门外”，认为应该再铸一个施全像，立在秦桧的左边，持刀砍向秦桧。

遇刺后，秦桧再不敢轻易出门了，即使外出也要列兵五十，全副武装护卫自己。

临安百姓得到施全的激励，有大胆者张出榜帖说：“秦相公是细作！”反对秦桧的声音甚嚣尘上。秦桧觉得仅仅整治朝廷上的官员还不够，还要控制民间舆论。于是，朝廷添置了名为“察事卒”的特务人员。每天都有数百名特务在临安的街市上巡察，凡听到有人对秦桧不满，就逮捕处死。

中国在唐朝的时候就出现了官方印制的报纸，即进奏院编辑的邸报。宋朝为了控制新闻发布，规定进奏院要把编好的样本送枢密院审查，通过的样本叫“定本”。宋朝的邸报大部分是手抄的，其中的小部分可能使用雕版印刷。这就大大方便了报纸的传播，影响也越来越大。当时还出现了一种非官方的报纸“小报”。小报起始于北宋末年，流行于南宋，被当时的读者隐称为“新闻”。南宋的小报内容以邸报所载的大臣章奏和官吏任免消息为主，也发表过一些要求抵御金兵入侵的议论。小报的发行人是一部分进奏官、中央部门的中下级官员和书肆的主人。因为小报脱离朝廷和秦桧的控制之外，其中有许多攻击秦桧和朝政的内容，因此它的出版受到了秦桧的查禁。以查禁小报为开始，秦桧大搞“文字狱”。

太学生张伯麟曾在墙壁上题词：“夫差，你忘记越王杀害父亲的大仇了吗？”这原本是春秋时期伍子胥激励吴王夫差向越国复仇的原话。不想，这句话刺痛了秦桧敏感的神经。张伯麟被责罚几十大板，刺配海南岛南端的吉阳军。宋朝开国法律规定要厚待读书人，不能妄杀，于是，刺配海南岛南端的“天涯海角”算是本朝对读书人最严厉的惩罚了。诗人沈长卿写了一首《牡丹诗》，其中有一句“宁令汉社稷，变作莽乾坤”。这句诗用了一个典故，说的是西汉的社稷被外戚王莽篡夺的事情。谁想，这句诗也刺痛了秦桧的权臣之痛。沈长卿也遭到贬谪。

岳飞永远是秦桧心中的隐痛。他唯恐人们怀念岳飞，竟然把带有“岳”字的地名全都改掉，如岳州改称纯州，岳阳军改称华容军。

四

秦桧这个人越老越凶残。

绍兴二十五年（1155 年），秦桧已经病入膏肓，大修家庙宗祠，想给自己“冲喜”。一旦自己不行了，也可以恩惠后代。一般在位有权或者富贵在身的人都这么想，希望权势富贵能够世代相传。有个叫赵令衿的人看到了秦桧的《家庙记》后，发了一句感慨：“先人的恩惠，惠及不了五代人。”秦桧认为赵令衿是在咒骂自己秦家后代不发达，寻机严惩赵令衿。有人告发，赵鼎的儿子赵汾和这个赵令衿关系不错，两个人在一起吃过饭，吃饭后还互赠厚礼，其中必有奸谋。秦桧趁机以“谋反”罪将赵令衿逮捕入狱。

秦桧曾在家里写下赵鼎、李光、胡铨三个人的姓名，必欲杀之而后快。当时赵鼎已死，秦桧仍也不愿放过赵汾。秦桧将赵汾逮捕入狱，严刑拷打，逼迫他诬陷自己与张浚、李光、胡寅谋逆造反，罗织了又一起大冤案。此案株连 53 人。此时，秦桧已经奄奄一息了。

秦桧一辈子都在利用权位贪污勒索，广置家产。绍兴十二年（1142 年）刘光世病死，秦桧将他在建康的园第占为己有。张俊死后留下每天坐收二百贯的房产，全部被秦桧夺去。刘光世和张俊都保不住自己的家产，更不用说其他官员了。还有一些地方官平时争相向秦桧贡献财物。每年秦桧生日的时候，送礼祝寿的人封闭了整条街道。民间传说，秦家的财富比朝廷藏库的还要多过数倍。秦桧又密令各路、府、州、县用各种方式增加赋税七八成。许多百姓不堪重负，活活饿死了。

翻开《宋史·秦桧传》，几乎满篇都是秦桧血淋淋的害人账。

乱世多文豪

一

秦桧虽然是个权相、奸相，南宋王朝毕竟进入了相对安定的时期。

传说曾经是宋徽宗情妇的汴梁名妓李师师在绍兴初年辗转流落到湖广一带。时过境迁，这位绝代名妓在颠沛流离中已经容颜憔悴，不复有昔日的颜色。但因为无以谋生，生活艰难，李师师不得不重操旧业，重入欢场度日。李师师的名声仍在，南渡的士大夫们仰慕其昔日盛名，时常邀她出席宴会献唱。据说在宴席上，李师师唱得最多的一首歌是：

辇毂繁华事可伤，师师垂老遇湖湘。
缕衫檀板无颜色，一曲当年动帝王。

在歌声中，士大夫们和李师师一起回味昔日汴梁的繁华景象，回味岁月流逝，也一同迎来了王朝初定后的文化复苏。歌重新唱起来了，文人也重新捧起书本，发表作品了。

初步安定的南宋为文化的繁荣提供了优越的客观条件。

江南到南宋时期，已经不再是司马迁所写的蛮荒之地，其中的水田之利富于中原。北宋时，经济发达的地区都在南方。战争迫使大批人口南迁，使南方经济得到进一步的发展，为赵构在南方立国提供了物质基础。以临安、建康、成都等为中心，形成了一处又一处的城市群，人烟密集，经济发达，文化昌盛。

朝廷对读书的鼓励，对读书人的厚待，也便利了文化的繁荣。许多北方的读书人在乱世中南渡逃亡。逃亡途中，士大夫和读书人能够用来证明自己身份的材料，如“告身”“印纸”等屡有丢失。因此，他们南渡后因为缺少凭证，面临证明身份和官职的困难。南宋政府非常慷慨地允许他们重建档案。

鉴于士大夫们“流落堙晦，散在诸路，尚多有之。其不愿从仕者少，而困于无津不能自达者多”的困境，朝廷地方州县每个季度或者半年都将本地没有出仕或者流寓的读书人上报尚书省，提拔读书人。南渡的文人纷纷又恢复了往日的身份地位。

物资繁荣，制度保障，文人们仿佛进入了一个暖房。

二

苏湖熟，天下足！

这说的是平江（苏州）和湖州两地的粮食产量就能让全天下的人都吃饱。当时平江府栽种的粳稻，出产玉粒香甜的粳米，被称作天下最好的粮食。浙东、江东的农民还培育出好几种抗涝、耐寒、耐旱的水稻良种。池州的农民还栽种从高丽传来的黄粒稻，稻芒长，谷粒饱满，是一种少见的良种。一直到现在，苏州和湖州所在的太湖流域依然是我们国家的粮仓。

南方水田之利富于中原。南宋立国于此，在和平的环境下，很快就迎来了农业的丰收。

农业的丰收最直观的现象就是，满眼望去一望无际的农田。东南鱼米之乡给人的感觉似乎就是阡陌纵横的农田，水网密布的河流和点缀其中的小船、农家和油菜花。这样的情景在南宋的时候就出现了。当时浙西路围田相望，达1400多所，因为土质肥沃，灌溉便利，所以能常年保持丰收，粮食产量很高。人们还创造性地发明了“架田”。所谓的架田就是用木架装上土壤肥料，再种上庄稼，漂浮在水面上。航行在江东、淮东、两广和长江江面上，人们时常看到随水位高下浮沉的木架。陆游曾在长江蕲州江面上看到木筏上铺土耕种出来的蔬圃。架田的出现是因为东南地区水热条件优越，物产丰富，所以人们才利用阳光下的每寸土地种出作物来，不放过任何边边角角。比如粳米享誉天下，缺地少地的苏州农民们就在弯弯曲曲的水面上种植粳稻。山区的农民也不放过致富的机会，开垦山垄为田，层起如阶级，远引溪谷水灌溉，种植水稻等农作物。开山而成的梯田在福建、江西、浙东、四川的山区很多。两浙路沿海的农民则在沿海滩涂泥上叠土石作堤拦住潮水，等涂泥干后种植作物，开垦出“涂田”。

随着农田面积的增加，湿润南方特产的水稻开始成为人们常年食用的主要粮食。人们日常吃的稻谷有籼米、粳米 140 多种，糯米 50 多种。北宋时移植到中国南方的早籼稻品种——占城稻，南宋时在东南地区广泛种植。各地农民又根据本地区的土壤和气候特点，从占城稻原种培育出新的良种。因为占城稻的推广和丰收，价格相对比较便宜，成了下层劳动人民的主要食物。

南宋的农业取得了飞跃性的发展。农业技术不断翻新，专业的农业书籍开始出现，各地极少出现饥馑。专门以农村劳作和生活为创作内容的“田园派”文人也开始出现。比如毛珝在《吴门田家十咏》之一中就细致地描写了农业生活：

竹罾两两夹河泥，近郭沟渠此最肥。
载得满船归插种，胜如贾贩岭南归。

这首诗写的是太湖一带人们用肥料肥田的情况。两浙路的农民几乎家家户户都收蓄粪土。市井之间，扫拾无遗；村落中堆积着座座粪山。苏州的农民还用河泥作肥料。注意施用肥料是两浙一带农田保持地力新壮和高产量的一大原因。明州（今浙江省宁波市）曾经有亩产谷六七石的记录，创造了宋朝的最高纪录。农夫劳作一年后的收入，甚至高过本地商人在长江和岭南来往贩货的收益。毛珝《吴门田家十咏》其中还写道：

今年田事谢苍苍，尽有瓶罂卒岁藏。
只恐主家增斛面，双鸡先把献监庄。

这首诗写的是丰收之后，佃客向地主交租的情景。地主想方设法要佃客多交租（增加斛面），佃客自然想少交，就给地主家监庄的下人“行贿”，送些农副产品之类的。粮食的丰收也带动了鸡、鸭、鹅、丝、食油、鱼虾、鳖等副产品的丰收。

三

横亘在北宋和南宋之间的“靖康之变”改变了整个国家的命运，也改变了无数读书人的命运。“靖康之变”发生后，难以计数的北方人背井离乡，辗转逃难在东南丘陵地带。颠沛流离、风餐露宿的人群中就有日后被推崇为宋朝第一女词人的李清照和她的丈夫、金石学家赵明诚。

李清照的前半生是锦衣玉食、吟诗诵词的安逸人生。她的许多闺房诗词以感情细腻、辞藻清丽而闻名一时。这一方面得自家传。李清照的父亲李格非就是当时齐、鲁一带的知名学者，官至礼部员外郎。李清照自幼聪慧，在父亲的培养熏陶之下，工诗词，能文章，善画墨竹，字也写得非常好；另外一方面，美满的爱情和家庭为李清照的创作提供了优越的环境。建中靖国元年（1101 年），18 岁的李清照嫁给了赵明诚。婚后，夫妻恩爱，伉俪情深，一起致力于金石书画的搜集和整理，共同见证了东京汴梁的繁华岁月。金兵入据中原，繁华顷刻破碎。李清照与赵明诚美好而宁静的家庭生活也随之破灭，开始了流寓南方的孤苦后半生。

建炎三年（1129 年），49 岁的赵明诚在流浪途中不幸病逝，只给 46 岁李清照留下 15 车古籍文物和半部没有完成的《金石录》。之后李清照孤独一身，颠沛流离于江浙皖赣一带。她的悲苦心情很自然地表现在了当时的作品中。比如《声声慢》：

寻寻觅觅，冷冷清清，凄凄惨惨戚戚。乍暖还寒时候，最难将息。三杯两盏淡酒，怎敌他、晚来风急？雁过也，正伤心，却是旧时相识。

满地黄花堆积，憔悴损，如今有谁堪摘？守着窗儿，独自怎生得黑？梧桐更兼细雨，到黄昏、点点滴滴。这次第，怎一个愁字了得！

忽寒忽暖的不适气候，淡薄寡味的清酒，窗外呼啸的秋风，似曾相识的北方过雁，满地的黄花，庭院的梧桐和黄昏的细雨向我们描述了李清照的日常生活情景。词中透露的愁情远远超过了她前半生词中的那种轻淡的春愁、离愁，绝非《如梦令·昨夜雨疏风骤》中的名句“知否？知否？应是绿肥柳瘦”可以相比。年近半百的李清照整日被孀居之苦、沦落之痛和经济的窘迫所围绕，挣扎在巨大的心理落差和理想与现实的残酷对比之间。

家中没了当家的男人，麻烦事接踵而至。李清照的丈夫赵明诚是著名的金石学家，家境殷实，生前收藏了很多古籍文物。他死后，李清照立志要保存丈夫遗物，并完成《金石录》，作为对丈夫最好的怀念。但很快就有人盯上了这些财富。宋高宗宠信的御医王继先登门，提出用三百两黄金来收买李清照保存的古籍文物。李清照没有答应。后来，社会上又流传起李清照“颁金通敌”的传闻来。原来有人指责李清照的作品中有对金国的赞颂之意，宣称李清照通敌。当时金兵压境，朝廷本身流离不定。李清照为了证明自己的清白，携带古籍文物追赶朝廷，希望通过向朝廷献宝，既为自己洗刷罪名，也保住文物不致流散。

李清照跨山越海，跟随朝廷的踪迹。绍兴二年（1132 年），南宋局势略趋稳定。李清照决定将 15 车藏品中的绝大部分寄托到随皇室逃难到洪州的弟弟、敕局删定官李迒那里。然而，当年年底，金兵攻陷了洪州，藏品化为灰烬。

再次受到沉重打击的李清照带着随身的最后一点藏品辗转到了绍兴，决定在绍兴住下来。她租赁了一位钟姓的读书人的房子，把所剩的几箱书画古玩置于卧榻之下，闲时开箱把玩。不料，一天夜里，窃贼挖墙而入，盗走了其中的 5 只箱子。李清照伤心欲绝，为了重获藏品，不得不公开悬赏寻物。没几天，那钟姓房东拿着 18 轴画卷领赏来了。原来这一切都是姓钟的读书人主导的。

他变卖了多数藏品，拿着剩下的画卷来领赏。李清照虽然知道真相，但自己是流落异乡的寡妇，无力抗争，只好花钱赎回画卷。为此，李清照还大病一场。

在李清照最为无助、最为愁苦的时间里，一个自称是赵明诚同学、时任右承奉郎监诸军审计司张汝舟来拜访李清照了。张汝舟对李清照嘘寒问暖，关怀备至。李清照孤身一人飘零异乡，也希望为自己的晚年寻找一个稳定的依靠，于是就被媒人“如簧之说”和“似锦之言”所打动，决定改嫁张汝舟。

李清照的改嫁决定铸就了更大的人生悲剧。原来，张汝舟的出现是一场精心安排的阴谋。那个御医王继先廉价收买藏品不成，贼心不死，便串通张汝舟，要他去娶李清照，名正言顺地得到赵明诚遗留下来的古玩书画以及其他珍宝。那么张汝舟为什么同意帮助王继先呢？因为张汝舟之前虚报军员、侵吞军饷军粮，被王继先抓住了把柄。王继先答应得到藏品宝物后，帮助张汝州打通关节，消除罪行。所以张汝舟欺骗李清照，上演了求婚的丑剧。

婚后不久，张汝舟就暴露了本来面目。他向李清照索要宝物，遭到断然拒绝。张汝舟发现李清照还保存在手中的宝物并不像自己想象的那样丰富，也颇为后悔。他一计不成，又生一计，对李清照横加虐待，希望将李清照折磨致死再轻易拿到宝物。李清照认清了张汝舟的丑恶面目，决定与他离异。当时李清照与张汝舟结婚仅有三个月，为了顺利离婚，李清照同时检举张汝舟“妄增举数入官”的违法行为。按照宋代《刑统》规定，妻告夫，虽属实，亦应徒刑两年。李清照为了早日摆脱噩梦，宁愿坐牢，也坚持去朝廷告发了张汝舟。结果张汝舟与李清照离婚成功。张汝舟被免职，贬为柳州编管，李清照被收监关押。

李清照的改嫁和迅速离婚事件迅速成了南宋朝野的头号新闻，几乎传遍街头巷尾。赵明诚的姻亲、翰林学士兼兵部侍郎綦崇礼非常同情李清照的命运，仗义执言，毅然觐见宋高宗，代李清照陈述了冤屈。在最高层的直接干预下，李清照入狱九天后，即被无罪释放。李清照出狱后，特意写了一篇《上内翰綦公启》，向他表示感谢。

李清照的晚年生活怎么样呢？因为缺乏资料记载，我们很难清楚地整理出她的生活轨迹。我们只知道李清照晚年写了《打马图经》及自序，还曾携米芾墨迹拜访米芾的儿子米友仁，求题跋。据说李清照还完成了赵明诚未尽的著作《金石录》，呈送给了朝廷。同时，李清照没有停止词的创作，在逆境中写出了许多作品。比如《武陵春》：

风住尘香花已尽，日晚倦梳头。物是人非事事休，欲语泪先流。

闻说双溪春尚好，也拟泛轻舟。只恐双溪舴艋舟，载不动许多愁。

这首《武陵春》写作于绍兴四年（1134 年）李清照避难金华期间。当时李清照的金石文物散失殆尽，孑然一身，而长江北岸金军正联合伪政权齐军再次南侵。漂泊流离的李清照历尽崎岖坎坷，发出了“物是人非事事休”的感叹。她有意泛舟双溪，舒缓一下情绪，但老放不下那江水也载不动的愁苦。可见，李清照的最后岁月是极为悲苦的。

必须指出的是，有关“李清照晚年改嫁”事件是一个历史悬案，并没有一致的看法。有关李清照“改嫁”说与“辨诬”说的分歧一直存在。认定李清照改嫁的人主要以《上内翰綦公启》和《建炎以来系年要录》的记载为根据，认为赵明诚去世后，李清照孤苦伶仃、颠沛流离，为了晚年有所依靠改嫁过张汝舟。反对的一派则从否定这两个作品的真实性上入手，认为李清照没有改嫁。现在一般认为李清照的确改嫁过。宋代对李清照改嫁张汝舟一事并没有人提出疑问。对李清照改嫁史实的质疑声音是明清时期提出的。明清两代文人一再否定李清照改嫁和当时的社会观念有关。《宋史》中治平、熙宁年间都有许多诏许宗女改嫁的记载，可见改嫁在宋代是被社会接受的。因此宋人对李清照改嫁一事也没有人提出怀疑，大家更多的是纠结于李清照改嫁和迅速离婚的缘由和细节。而到了明朝以后，妇女守节成为社会普遍观念，社会对妇女婚姻的控制也越来越紧。因此，当时的人更多的是从明清朝的社会观念出发，去考证，甚至是要求宋朝的李清照了。如果站在李清照的时代和她孤苦无助的立场上去考察，李清照晚年改嫁是合情合理的。

不管李清照改嫁成了定论也好，还是笔墨官司一直打下去也好，这都丝毫不会有损于李清照在中国文学史上的地位和声誉。我们从李清照晚年的风波中可以看出，正是时代的苦难与个人命运的不幸，让一个北宋时期的闺房词人冲破了花间闺怨词的樊篱，在逆境中写出了绝大多数代表作，成了宋朝第一女词人。

四

说完两宋之交的李清照，我们再来看看成名于南宋之初的陆游。

笔者对绍兴这座典型的南宋城市非常喜欢，多次前往绍兴游玩。我去过一次“沈园”，那是一处幽静、精致、清丽的去处。公园门口一块椭圆形的巨石写着硕大的“沈园”两个字。巨石被劈成两半，原本一气呵成的“沈园”硬生生被分在两处。这仿佛说的是千年前发生在园里的一桩爱情悲剧。

陆游和表妹唐婉就是这个悲剧的主角。

绍兴十四年（1144 年）的绍兴城里，19 岁的陆游迎娶唐婉为妻。两人是“娃娃亲”，陆家很早就用家传凤钗作信物，订下了唐家这门亲上加亲的婚事。婚后小夫妻俩恩爱异常，鱼水情深。谁料，第二年唐婉就被逐出陆家，据说是“不当母夫人意”，“二亲恐其惰于学，数谴妇，放翁不敢逆尊者意，与妇诀”。意思是说，唐婉在陆家和自己的姑姑兼婆婆不和；而且陆游的父母怕儿子和儿媳太过恩爱，可能会妨碍陆游的上进心，所以常常责骂唐婉。陆游此时已经荫补登仕郎，但只走出了入仕为官的第一步，切不可懈怠。陆游是个孝子，在母亲的压力下，不得不将心爱的唐婉休掉了。陆游“因母休妻”的说法一直是他和唐婉分开的主流说法。直到父母双亲都过世了，陆游自己也到了风烛残年，陆游在作品《剑南诗稿》中透露了自己与唐婉分手的真实原因。原来是唐婉和陆游结婚一年不孕，才被公婆逐出。在南宋的时候，生育是大事，结婚一年还没有怀孕自然被父母看成是大事。

陆游与唐婉分手后，据说还悄悄另筑别院安置唐婉，一有机会就前去与唐婉相会。无奈纸包不住火，陆母察觉了此事，严令二人断绝来往，并为陆游另娶王氏女子为妻。唐婉也改嫁给宗室赵士程为妻。

陆游从此一心苦读，逐渐在东南文坛有了名声。陆游在襁褓之中就经历了宋金战争，随在汴梁为官的父亲南迁。他目睹乱世，立下了抗金复国的志向，小小年纪就书写了“上马击狂胡，下马草军书”的志向。他早期的作品大多抒发抗金复国的志向。

绍兴二十三年（1153 年）陆游去临安参加“锁厅试”。所谓锁厅试就是恩准大员子弟和宗室后裔参加的专门考试。开考前，秦桧特地把主考官陈之茂请到宰相府，暗示他定自己的孙子秦埙为第一。陈之茂在阅卷的时候发现陆游的卷子文笔流畅、见解不凡，顶住压力取陆游为第一名，而定秦埙为第二。发榜后，秦桧大发雷霆，大骂陈之茂该杀。绍兴二十四年（1154 年），陆游去参加礼部的复试。秦桧安排心腹魏师微、汤思退为主考官。尽管陆游的复试卷子答得最好，两人还是将秦埙推为榜首。由于锁厅试所有录取者的考卷都要公布，秦桧等人干脆不录取陆游，免得陆游的卷子公开。

复试失利，满怀信心的陆游回到家乡，家乡风景依旧，心中极感凄凉。第二年的一个春日，出师不利的陆游前往绍兴城外的沈氏花园中赏春散心。在园中，陆游偶遇了同样来游春的赵士程和唐婉。两人重逢，又无法当面互诉离情。唐婉派人以一些酒菜相送，默默地随丈夫离去。陆游在伤心之余，就在园子的壁上题下了一首《钗头凤》：

> 红酥手，黄藤酒，满城春色宫墙柳。东风恶，欢情薄，一怀愁绪，几年离索。错、错、错！
>
> 春如旧，人空瘦，泪痕红浥鲛绡透。桃花落，闲池阁。山盟虽在，锦书难托。莫、莫、莫！

传说，唐婉见了这首《钗头凤》词，感慨万端，也提笔和了《钗头凤·世情薄》词一首：

世情薄，人情恶，雨送黄昏花易落。晓风干，泪痕残。欲笺心事，独语斜阑。难！难！难！

人成各，今非昨，病魂常似秋千索。角声寒，夜阑珊。怕人寻问，咽泪装欢。瞒，瞒，瞒！

两人重逢后没有多久，唐婉就因心情忧郁而死。现在这两首《钗头凤》都刻在“沈园”中，成为绍兴一景。常常有后人驻足壁前，感叹陆、唐二人的情思和无奈。

秦桧死后，又过了三年（1158年），陆游才出任了福州宁德县主簿一职。当时陆游已经名闻天下，宋孝宗亲自召见，赐陆游进士出身。陆游才终于得到了迟到的功名。遗憾的是，陆游始终在中级官位上徘徊。因为他抗金复国的志向和朝廷的指导思想格格不入。陆游历任夔州、蜀州、嘉州、荣州等地的通判和知州等职。乾道八年（1172年）冬天，陆游调任闲官，从南郑（今陕西省汉中市）赴任成都，途经剑门，遭遇了小雨天气。年近半百的陆游离家千里，又不得志，写下了《剑门道中遇微雨》一诗：“衣上征尘杂酒痕，远游无处不销魂。此身合是诗人未？细雨骑驴入剑门。”四年后，陆游在成都遭弹劾罢官，归隐田亩。

陆游晚年，生活清贫，虽然仍不忘复国的志向，还写过《病起书怀》这样的诗歌，感叹：“位卑未敢忘忧国，事定犹须待阖棺。”但他心态归于平静，常乘小舟出游村野，观赏山水：“一身报国有万死，双鬓向人无再青。记取江湖泊船处，卧闻新雁落寒汀。”此后，陆游陆续重新出山当官，依然是知州一级的地方官。不是因为开仓救济遭水灾的百姓，因“擅权”罪名被罢职还乡；就是因为上奏谏劝朝廷减轻赋税，以“嘲咏风月”的罪名再被罢官。陆游从此起蛰居农村，与官场绝缘。

陆游的晚年过着耕读乡下的田园生活，每天品茶、吃斋、种菜、读书、写诗。他的一生留下了9000多首诗词，被视为古代作品最多的作家。他的前期作品多为爱国诗，充斥“铁马横戈”“气吞胡虏”的英雄气概和“一身报国有万死”的牺牲精神，决心“扫胡尘”“靖国难”；后期多为田园诗，恬淡自然，风格清丽。备受打击的陆游几十年如一日，积累了像日历一样厚的诗稿。绍兴农村的美丽风光、热闹的节日气氛以及农家的纯朴好客，使陆游对乡村报有深厚的情谊。

> 莫笑农家腊酒浑，丰年留客足鸡豚。
> 山重水复疑无路，柳暗花明又一村。
> 箫鼓追随春社近，衣冠简朴古风存。
> 从今若许闲乘月，拄杖无时夜叩门。

在内心深处，陆游一日也没忘记抗敌前线，报国信念至死不衰，愈老弥坚。写于晚年的《诉衷情》成为陆游的代表作。

> 当年万里觅封侯，匹马戍梁州。关河梦断何处？尘暗旧貂裘。
> 胡未灭，鬓先秋，泪空流。此生谁料，心在天山，身老沧洲！

嘉定元年（1208 年）的一个春日里，84 岁的陆游原本想去乡村采药，结果走到沈园就感到体力不支，不得不折到园里休憩。当时的沈园已经数易其主，热闹不再。陆游睹物思人，写下了：

> 沈家园里花如锦，半是当年识放翁。
> 也信美人终作土，不堪幽梦太匆匆。

已是子孙满堂的陆游最终还是躲不过这相思之情。陆游的一生看似没有波澜，却是压抑的一生，心情并不舒畅。重游沈园，陆游深受打击，于嘉定二年十二月二十九日（1210 年 1 月 26 日）与世长辞。临终前，陆游留诗一首作为遗嘱：

死去元知万事空，但悲不见九州同。
王师北定中原日，家祭无忘告乃翁。

五

李清照和陆游为南宋文坛开了一个繁荣的好头。

许多朝代都有昌盛繁荣的物质基础，但并不一定能有同样繁荣的文坛。物资的繁荣和文化的繁荣并不是正相关的关系。有人说江南的秀丽山水和朝廷厚待读书人的制度为南宋文化的繁荣提供了保障。但将一个文人成就为文豪，所必需的最重要条件断断不会是钱财供给和官爵俸禄。有时候遭受贬谪的境遇和颠沛流离的生活对文豪的成长更为有利。如果李清照一直在汴梁过着大家闺秀的生活，她最多是一个婉丽的词人，留下更多书写闺苑生活的词；如果陆游平步青云、北伐复国，他的作品内容不会拓展，意境也不会深入。

南宋对文人表面的尊崇和思想的压制贯穿始终，为中国文学史留下了一个瑰丽灿烂的时代。

皇帝选嗣

一

营造“绍兴中兴”的赵构虽然把皇位坐稳了，但他担忧皇位的心病依然存在。赵构始终是个即位不正的皇帝。当初是臣僚劝谏，赵构就要即位。此时宋徽宗、宋钦宗两位皇帝“北狩”，大元帅府的僚属商议的时候，宗室赵仲琼等多人引南北朝时晋安帝蒙尘、武陵王称帝的历史教训，认为皇帝还在，赵构不应该即位，而应该穿着淡黄色的衣服代理皇帝职位，不能改元，不能以诏书命令天下。赵仲琼的主张，得到了许多人的赞同，事实上否定了赵构建元即位的合法性。

那后来赵构逊辞再三，怎么还是做了皇帝了呢？因为宗泽等人怕当时会有其他不当立为皇帝的人，比如乱臣贼子、地痞流氓等人自立为皇帝，导致天下割据、政出多门、争夺天下，乱得不可收拾。所以当时反对赵构登基的人从这一点考虑，还是拥护赵构做了皇帝。

赵构对此一直耿耿于怀。

近支皇室虽然被俘虏了，但全国各地依然流散着许多宗室成员。其中的许多宗室成员还参加了各地的抗金队伍。这些人就成了赵构的警惕对象。赵构怕这些远房亲宗室，偏偏有些地方势力、军事集团借口“讨逆复国”，窃踞州县，拥立一些或真或假的宗室行割据之实。比如襄阳的郭京拉起兵马，到处寻找皇室成员想拥立为皇帝；军阀韩世清找到了一个宋太祖赵匡胤的后裔，撕下黄旗就披在他身上，立为皇帝。鉴于这类情况，赵构在即位之初就下诏，命令所有宗室，一律到朝廷登记备案，违令者重责。宗室赵叔向，在金军撤退后，曾进入汴梁叱令张邦昌等人归政。赵构竟然在当年六月，命令刘光世将赵叔向诛杀。赵构最怕这些宗室为人所用，所以他即位后对那些勤王军队和义军一直抱有戒心，遣散的遣散，收编的收编。

赵构的弟弟，宋徽宗的第十八个儿子、信王赵榛在“靖康之变”中被金军俘虏北上。这个信王还真不简单，中途从金营中逃脱。河北马扩、赵邦杰等抗金义军遵奉赵榛为首领，黄河两岸的许多州县和百姓都闻风响应。赵榛曾经派人南下和九哥赵构联络。赵构是认也不是，不认又不行，最后只好封弟弟为“河北兵马大元帅”。后来马扩等人的义军在北京清平被金军消灭，赵榛不知所终。赵构不禁松了一口气。

随着岁月流逝，赵构在皇帝位子上坐得越久，地位就越正。

先是有淮宁知府、宗室赵子扁上书赵构，认为："王朝立国家以来从来没有亲王在外的旧例。先帝特地任命大王您为大元帅，居在河北，这是天意啊。"赵构即位后，有个叫曹勋的人从北方逃脱归来，带来了所谓的太上皇宋徽宗"圣语"："康王可便即皇帝位"。同时还有宋徽宗亲自在绢背心上写的八个字：可便即真，来救父母。赵构曾经在小范围内向大臣们宣示。如果曹勋带来的口信和字迹都是真事，赵构即位就完全具有了合法性，不再需要其他符瑞的辅助了。但是真假难辨，赵构和朝廷也未对此大肆宣扬。

宋金和议谈成后，赵构生母韦氏在绍兴十二年（1142 年）春从黑龙江南归。她离开时，宋钦宗挽住她的车轮，请她转告宋高宗，如果弟弟能把自己迎回去，自己有座宅院栖身就知足了。遗憾的是，赵构从没有向金朝提出迎回宋钦宗。十四年后，宋钦宗在北方被金朝骑兵纵马踩死，时年 57 岁。五年后，宋钦宗的死讯传到南宋。宋高宗表面上悲伤不已，内心却暗自高兴，因为他胸中另外一块大石头又去掉了。

二

另一方面，"崔府君显圣""泥马渡康王"故事在南宋广泛传播并得到官方的积极扶持。

绍兴十九年（1149 年），赵构亲自下令于临安包家山建观供奉来自磁州的神仙崔府君。这一寺观很快被秦桧派人拆除了。关于此事的始末，儒学大师朱熹详细写道：

高宗皇帝出使磁州的时候，磁州有人不敢收留他。知州宗泽说服不了百姓，就想通过假借神命让百姓同意。宗泽对大家说："我们磁州有崔府君庙，非常灵验，我们可以去问问崔府君的意思。"宗泽充分利用了庙中的泥马、对象，在高宗皇帝等人入庙烧香的时候用马、车等物堵塞了去路。宗泽趁机说："可见这是神意啊！崔府君要留下康王。"高宗皇帝于是就在磁州留了下来。

高宗皇帝后来认为车马等物什是自己即位的预兆，命人在玉津园路口造崔府君庙……一天，金朝的使臣到临安来，秦桧出面接待。秦桧在玉津园看到了崔府君庙，回来上奏高宗皇帝："臣看到大庙，不知道是什么神灵啊？"赵构就告诉了他。秦桧警告说："金朝很看重本朝立国之初的历史，有许多自以为豪的功绩，现在皇上归功于神灵保佑，恐怕金朝使臣看到了多有不便。"于是崔府君庙当天就被拆除了。秦桧这是假借金朝的威势胁迫皇上。

赵构原本想让崔府君来证明自己即位的合法性，但在权臣秦桧和金朝势力面前，却不敢充分利用崔府君的意义，唯恐得罪了金人。毕竟在和约中规定，赵构的皇位是金朝恩赐的。

三

秦桧是帮助赵构巩固皇权的干臣，但赵构对秦桧是又爱又恨。随着秦桧权势日益熏天，逐渐发展到限制皇权的地步，赵构都开始害怕秦桧了。

对于秦桧的许多"把戏"，赵构深不为然。比如，赵构就曾暗地说："这几年四方都奏报了许多祥瑞、文饰取悦。像信州的林机上奏说秦桧父亲的祠堂中生出了灵芝，佞谀尤甚。"可见，赵构感叹祥瑞无用，对于属于秦桧家的祥瑞更是反感。据说宋高宗很喜欢玩测字游戏。秦桧一次陪赵构测字。秦桧自己写了一个"秦"字让谢石测自己的命运。谢石说："秦字虽好，可惜春字头太重，压得日月无光。"这样的结果自然使秦桧十分恼火，随即将谢石发配到偏远山区。秦桧这些手段自然不能逃过赵构的眼睛，只能让赵构开始猜忌秦桧。

说来也巧了，秦桧和赵构一样，没有儿子。秦桧后来把小舅子王映的一个儿子收为养子，取名秦熺。绍兴十二年（1142 年）朝廷举行壬戌科举考试，秦熺也参加了。几位考官迫于秦桧的权势，选秦熺为状元。秦桧对秦熺的能力文采自然很清楚，自己对"秦熺是状元"的结果都觉得不太好意思，示意将秦熺降为榜眼。秦熺官运亨通，被秦桧安排负责“意识形态”方面的工作，钳制舆论，删编史书，凡是对秦家不利的舆论和记载一概严惩。

秦桧此举是为了自己的将来考虑，为秦家的未来考虑。秦熺的入仕，表明秦桧开始结党营私，企图让富贵保留在他秦家，这就犯了赵构的忌讳。所以，绍兴十二年（1142 年）的科举，秦桧指令考官排除陆游录取孙子秦埙为状元的时候，赵构就采取了“狙击”。通过礼部复试后，所有考生还要过赵构的殿试关。秦桧为了确保秦埙夺魁，安排亲信把秦埙作为头名推荐上去。赵构翻了卷子后，将名列第二的张孝祥列为状元，而把秦埙降为第三名。殿试结果是赵构钦定的，秦桧不便反对，就把怒火发到了新科状元张孝祥身上。张孝祥蒙冤入狱。秦埙却官运亨通，先任礼部侍郎，起点极高，不久升任知枢密院事，掌管朝廷兵权。秦桧家族专权的形势日益显现。

绍兴二十五年（1155 年）冬，秦桧老病交加，命在旦夕。临死前，秦桧把党羽参知政事董德元、签书枢密院事汤思退等人叫到床边，各赠黄金千两，托付后事，又向赵构上遗表说：“愿陛下益固邻国之欢盟，杜邪党之窥觎”。

秦桧死后，赵构开始有步骤地清除秦党。秦桧的党羽原本推举秦熺继任相位。赵构不采纳，说秦熺孝心可嘉，赏赐给他金银珠宝，让他退休回家给养父秦桧守孝。对于死去的秦桧，赵构毕竟怀有感激之心，亲自给秦桧题词“决策元勋，精忠全德”，追封为申王，赠谥“忠献”。谥议上是这样评价秦桧的一生的：“安宗社于阽危之中，恢太平于板荡之后；道德光天地，勋业冠古今，虽备道全美，不可主一善名一功，而崇报之典，严于定谥……虚国忘家曰忠，文贤有成曰献。定赐谥曰‘忠献’。”第二年，赵构任命万俟卨为宰相，汤思退为知枢密院事。一方面，他需要继续秦桧的和平政策，另一方面是秦党势大，不能马上清除干净。

变化还是在潜移默化中产生了。秦桧病重的时候，赵构就分临安西子湖畔的灵芝佛刹的一半，重建了崔府君庙——显应观。赵构亲笔写了“显应观”的殿匾。崔府君被作为南宋王朝佑护者，重新被供奉起来，对其灵异的传说越来越多，来参拜的百姓也越来越多。崔府君逐渐成了南宋全社会崇拜的偶像。在来自北方的崔府君身上，寄寓着不同社会阶层、政治势力的不同心绪与期望。赵构等统治者借神设教，需要巩固自己的统治；北方流亡的民众在熟悉的神灵身上寄托重返故里的期待；相信政府宣传的南方百姓，来参拜崔府君，倾诉辛劳疾苦，企盼梦想成真。崔府君成了所有人的神，从北方扩展到了东南各地。所谓的“崔府君诞辰”也成了南宋社会喜庆的民间节日。

六年后，秦熺死了。秦桧一家虽然还继续在朝廷为官，但家道中落是不可避免的。历史对他们的谴责也是不可避免的。近五百年后的明朝万历年间，传说有京口人邬某游于杭州，见杀猪的屠夫将一头猪煺去毛后，猪腹上有五个大字：“秦桧十世身”。近千年后，秦桧、王氏、张俊、万俟卨四人被铸成铜像，袒臂反剪跪在岳飞墓地墙根的铁栅栏里。

四

赵构当了将近 40 年皇帝。在位的后半期，他一直在苦苦思考继承人的问题。

赵旉夭折后，赵宋王朝面临着皇统危机。无后可是皇室的大事，皇室通常会从皇室旁支中寻找血缘最近的人选。“靖康之变”中，近支皇室成员都被金军一锅端了。赵构如果要找，只能从皇室疏宗家族中寻找合适的人选。

问题是赵构自己不说破、不动手，大臣们都不敢动。

随着赵构的年纪越来越大，生儿子的可能性微乎其微了。大臣们就开始旁敲侧击了。同知枢密院事李回上书说：“自古为君的人，只有尧、舜二帝将天下让给贤人，而太祖皇帝（指赵匡胤）也不以大位传其子，圣明独断，实在是发于至诚。陛下远虑，上合太祖遗风，实可昭格天命。”李回的旁敲侧击非常艺术，表面上是说宋朝的往事，实际上直指核心。宋朝开国皇帝宋太祖赵匡胤死后，继位的不是儿子赵德昭等人，而是弟弟、宋太宗赵匡义。据说当初赵匡胤和赵匡义之间有过“兄终弟及”的“金匮之盟”。此后直到赵构诸位皇帝都是赵匡义的后裔，被金朝抓走的也是赵匡义的后代。赵匡胤的后裔没有被抓走，流落在各地。赵构无子，皇位不能在赵匡义一脉中流传下去了，只能转回到赵匡胤一脉中。李回表面上称赞赵构有赵匡胤的遗风，不就给赵构指出了一条路子吗？这是明褒暗促。另一个大臣张守说得更直接：“太祖的子孙都没有失德的言行，太祖舍子而传位给太宗，高风亮节，胜过尧、舜数倍。”

真正把窗户纸给挑破了的，是一个叫娄寅亮的小官。赵构在绍兴的时候，上虞县的县丞娄寅亮上书，先说了一通皇统相传的往事，然后指出：“从徽宗皇帝崇宁年间以来，太祖皇帝的后裔都不被朝廷认为是近属宗室了。臣以为他们都是同姓宗室。但是因为奸臣的迫害，太祖的后代如今寂寂无闻，竟与庶民一般无二，于情于理均不相合。太祖皇帝的在天之灵不免顾歆惆怅。臣愚昧，不避忌讳，乞求陛下遴选太祖诸孙中有贤德的人作为亲王，作为皇嗣的候选人。这样可以上慰在天之灵，下系人心之望。”

娄寅亮上书后，惶惶不可终日。尽管奏折措辞委婉，但毕竟指出的是赵构的生理疾病。生理上的疾病，赵构自己说是可以的，但是大臣多嘴，弄不好不是撤职查办，就是申斥。更大胆的是，娄寅亮竟然提出了将皇位传回太祖皇帝一系的主张！谁都知道，当初太祖和太宗皇帝“兄终弟及”的时候，大臣们就议论纷纷，朝廷上下血雨腥风，没少掉脑袋。此后一百多年来，娄寅亮还是第一个公开要求皇统循环的人。

赵构看到这道奏章之后，不但没有生气，反而是感慨万千。他连说了好几次“忠臣”，下令将娄寅亮擢升为监察御史，并立即派人把“敕牒”（委任状）送往上虞县。娄家突然听说圣旨到，娄寅亮以为大难临头，不禁与家人抱头痛哭，一一惜别后，再去接圣旨。结果来人取出的是升官的诏书，娄寅亮才破涕为笑。

绍兴元年（1131年），娄寅亮被召觐见皇帝，和赵构一起就此问题进行专题研讨。娄寅亮更直白地指出："臣去年曾经狂妄地上章，请陛下内选太祖子孙中有贤德者，以备他日之选，误蒙采听，赦而不诛。臣现在依然希望陛下能够向大臣宣告此事，挑选'伯'字辈的宗室入住后宫。如果将来陛下有皇子诞生，可以将事先选定的这位皇子请出后宫，退处他处，授予清暇职位。这样对朝廷来说不过是增加一个节度使而已，但是陛下以太祖之心，行章圣之虑，自然能感动上天，使两宫回跸，泽流万世。"

赵构征求秦桧的意见。秦桧也表示同意："此事可行，但挑选的标准要严格，要选择那些有礼法的宗室之子。"这件事情就这么定下来了。于是，朝廷正式下令由管理皇室事务的宗正官赵令畤为赵构选嗣。

挑选的标准其实就是两条：一是辈分要恰当，总不能挑一个辈分和赵构一样，甚至和赵构相差很多的吧；二是年龄要合适，不能和赵构的年纪相差悬殊。最后决定挑选建炎元年（1127 年）出生的"伯"字辈的宗室子孙。

符合标准的，属赵匡胤一支的人选最多。赵令畤将初选选中的孩子都集中起来由赵构自己决定。第一次挑选上来的四五个小孩子送到赵构跟前的时候，赵构一个都看不上，觉得全都资质平庸，命令打发回家。绍兴二年（1132 年）夏天，赵令畤又挑选了一批孩子，送给赵构亲自决定。

第二批孩子的名单中，列在第一的是一个叫作赵伯琮的孩子。赵伯琮来自秀州（今浙江省嘉兴市），建炎元年（1127 年）十月生，血缘出自赵匡胤次子秦王赵德芳一脉，是赵德芳的第六世孙。赵构第一眼看到赵伯琮的时候，并不太喜欢这个孩子。赵伯琮长得很瘦小，相貌普通，没有一点富贵相。其他候选人的相貌都比赵伯琮光鲜。赵构正想把赵伯琮剔除的时候，突然从宫中蹿出一只猫来。赵伯琮旁边一个胖胖的孩子凶狠地踢了猫一脚；赵伯琮却充满爱心地抱起小猫，安抚起来。这一举动使赵伯琮获得了在场官员的称赞。赵构对他的印象也有所改观，决定将赵伯琮留下抚养，收为养子，当作皇位候选人之一。

第二年（建元二年，1128 年）二月，进宫的赵伯琮被封为和州防御使。赵构后来赐名赵瑗。赵瑗的父亲赵子偁也被封为秀王。

五

孩子是选好了，可马上又面临着由哪位娘娘来抚养赵瑗的问题。

谁来抚养皇位候选人，谁就能在后宫权力结构中处于有利地位。大臣们事先就问赵构："若选皇子养在宫中，可将皇子付托给谁养育呢？"赵构早就想好了人选。赵瑗被收进宫后，由正得宠的张婕妤负责养育。人虽然入宫了，但并不等于说只要赵构不生儿子，赵瑗就铁定是皇位继承人了。实际上，赵构后宫的情况也非常复杂，对于张婕妤得宠就有很多人妒忌。因为宫中有龃龉，无奈的赵构只好再收养一个孩子，平息后宫的纷争。就在张婕妤负责养育赵瑗之后不久，得宠的吴才人也力争到养育一个宗室子弟的机会，以备将来挑选。于是，另一个名叫赵伯玖的孩子也成了赵构的养子，收入宫中，由吴才人抚养，赐名赵琢。这样一来，赵瑗和赵琢便就皇太子的地位展开了竞争。

赵瑗的优势是他比赵琢大两岁。绍兴五年（1135年）夏，赵瑗因为年龄优势先被封为建国公，送到当时宫中新建的书院——资善堂学习。赵瑗深知仅有年龄优势是不能得到皇太子地位的，所以勤奋学习，言行谨慎。三年后，进宫觐见赵构的大将岳飞曾经去资善堂拜见过赵瑗。岳飞出宫后，高兴地对人说："社稷得人啊，中兴基业难道不就在这个孩子身上吗？"尽管后来岳飞向赵构请求早立赵瑗为皇太子，受到了赵构的申斥，但这并没有导致赵构对赵瑗的恶感。实际上，岳飞对赵瑗的极高评价代表了当时许多外臣的共同态度。

此后将近20年时间，赵瑗被养在宫中而一直没有确定名分。其间，生父秀王逝世，谥号为秀安僖王。赵瑗外出守制了三年。赵构迟迟没选定赵瑗为继承人的原因很多。首先赵构还幻想自己能够再生育，万一生出皇子来，总比立一个血缘疏远的侄子做接班人好。其次，赵构的生母韦太后和权相秦桧与赵瑗关系都不好，反对立赵瑗为太子。赵瑗在外给秀王守制期间，秦桧还计划废黜赵瑗；韦太后则更喜欢另一个养育在宫中的候选人赵琢。

其间，张贤妃病逝，赵瑗也改由已经晋封为皇后的吴氏一并抚养。这里要插叙一下赵构的皇后问题。赵构的结发妻子邢氏，在"靖康之耻"蒙难北去，在金国受尽屈辱而死。赵构对邢氏感情很深，虽然不通音信，还是在登基后以邢氏为皇后。韦太后南归后，带来了邢氏的死讯。赵构伤心地追邢氏为“宪节皇后”。南宋的皇后事实上空置十多年，秦桧等大臣屡次奏请以吴氏为皇后。韦太后回来后，和吴氏的婆媳关系处得非常好，也为吴氏说话。于是，赵构在绍兴十三年（1143 年），诏立吴氏为皇后。

话说吴皇后收养了赵瑗、赵琢两位皇位候选人，赵构分别封他们为普安郡王、恩平郡王。吴皇后虽然先抚养的是赵琢，并没有厚此薄彼，对两个孩子一视同仁。相比而言，吴皇后也认为赵瑗恭俭勤敏，聪慧好学，可担大任，劝赵构立赵瑗为皇太子。

韦太后死后，赵构决定在赵瑗和赵琢之间做一个决断。赵构给他们两人分别送去了美女十名，过了一阵又把她们召回。经过检查，送到赵琢处的十个美女都不是处女，而给赵瑗的那十个都还是处女。赵构确信赵瑗的品行高尚，最终决定立赵瑗为皇太子。[①]

不久，战争狂人完颜亮开始大规模准备南侵，赵构匆忙封赵瑗为建王。

采石大捷

一

金朝中总有那么一些人老想着侵略南宋，谋取巨利。完颜亮就是其中的一位。

① 另一个候选人赵琢迁往绍兴安置，死后被封为信王。

金熙宗晚年，暴戾残杀。他推行汉化政策本就惹得一些人不满，现在更是大失人心。在绍兴十九年（1149年）的一场宫廷政变中，朝廷宗室、平章政事完颜亮杀死了金熙宗，夺取政权，登基作了皇帝。完颜亮是个流淌着先辈宗弼等人鲜血的贵族，一上台就策划南侵，梦想吞并南宋。

秦桧死后，抗金的力量在南宋也有所恢复。秦桧死的那年十二月，张浚被重新起用，恢复观文殿大学士职衔及和国公爵位，去洪州（今江西省南昌市）做了知州。但张浚上奏请赵构备战抗金，引起宰相、秦桧一党的万俟卨、汤思退不满，被以“今复论兵，极为生事”的名义免职。只当了十个月官的张浚再次回到永州居住。

绍兴二十八年（1158年），宋朝派往金朝祝贺正旦的使节孙道夫回国，报告说金朝有南侵的意图。赵构以为宋金和平共处已久，而且金朝也没有南侵的借口。汤思退认为孙道夫要借此引荐主战派张浚，党同伐异，将孙道夫贬为四川绵州知州。

第二年（绍兴二十九年，1159年）年底，金朝张榜禁止百姓议论起兵南侵。消息传到南宋，赵构这才心里一沉。绍兴三十年（1160年），完颜亮几乎是倾全国之力，发动女真、契丹、奚等民族士兵24万，北方汉族军队15万，在第二年秋天兵分四路南侵：一路从海上直取临安；一路从宿、亳，攻淮泗；一路出唐、邓，取荆襄；一路出秦、凤，入侵四川。

在金军南侵的威胁下，秦桧余党汤思退遭到攻击，被免官。赵构下令备战。

既然备战就不得不做出点样子。张浚在战争一开始就被起用为潭州知州。第二个月改为建康府知府。多年无战事，南宋的军备已经松弛，几乎找不出可堪大任的主将。赵构只好请出身患重病的老将刘锜，任命为江淮浙西制置使，领兵抗敌。

金军主力已经渡过淮河，长驱直入。刘锜迎战，命令副帅王权先行。王权临阵怯敌，抱着大小老婆哭泣告别，又以犒军为名调动船只将家中金帛运走，自己走到和州后赖着不走了。刘锜严令王权进军，他不得已才进军到庐州。一听金军将到，王权连夜逃走，导致宋军全线溃退。后方的刘锜到了弥留之际，实在无力迎战，只好率全军退到镇江。完颜亮率领金军冲到了长江北岸。这是三十多年前完颜宗弼饮马长江之后，金军再一次打到长江边上。

消息传到临安，京城乱作一团。文武官员纷纷把家属送走，赵构闻讯，决计重演故伎，再次漂洋入海。实际上，上一次漂泊海上之后，赵构一直在海边给自己预备着御船，随时做逃难东海的准备。宰相陈康伯竭力劝阻说：皇上，您不能跑，您一跑局势就一发不可收拾了。赵构决定先留在临安，观望形势再说。

南宋再一次走到了生死存亡的关头。

二

十月，完颜亮率领金军主力到达和州，搜集民船之余赶造船只，准备渡过长江。

之前，金廷派知枢密院事叶义问到镇江督视江淮军马，中书舍人虞允文担任督视江淮军马府参谋军事，被派往和州对面的采石（今属安徽省马鞍山市）犒师。叶义问到镇江，见到了奄奄一息的刘锜，又听说金军造船的木屑成批地漂流到镇江，立马就要逃跑。镇江的将士怒目而视，把他强留了下来。

十一月八日，虞允文到采石犒师。距采石还有好几公里的时候，虞允文就听到阵阵鼓声。他下马拦住路旁逃难的行人问鼓声从何而来。行人说对岸的金军计划在今天强渡长江，正在擂鼓列阵呢。虞允文随行的人听了，吓得两腿直哆嗦，都劝虞允文赶紧往回逃吧。虞允文正色拒绝，反而快马赶到采石。

驻扎采石的是王权的部队。王权已经被朝廷免职，新任的主将还没有到来。王权所部残军不到两万人，挤在采石一地，进退两难。整支部队士气低落，官兵们零散坐在路旁，各自做着逃跑躲避的打算。虞允文勇敢地来到军中，亮出身份，召集将领们来开军前会议。

这是一场特殊的军前会议。敌人马上就要进攻了，而宋军却毫无准备，连主持会议的都是一个新来的文官。虞允文其实并不懂军事。他在会上只做了两件事情，第一是用忠义荣誉相号召，鼓舞士气，坚定了官兵们决战之心；第二是开“诸葛亮会”，发动经验丰富的将领们集思广益，制定了沿江布防的方案。

采石是个地势险要的兵家必争之地。此地有座牛渚山三面环水，西南麓绝壁临江，使得原本水势平缓的长江到了此处水湍石奇。宋军就埋伏在牛渚山的后头。金军从对面张望，只见采石方向毫无动静，以为宋军早就逃光了。金军于是乘船渡江，完颜亮亲自在岸边指挥。开始都很顺利，快到南岸的时候，原本空无一人的江边突然冒出了许多宋军，列阵以待，而且数不清的当地百姓都拿着家伙赶到江边助威，令金军心惊胆战。金军士气已经大落，虞允文马上命令宋军战舰迎战，当地民兵也驾着小船协同冲锋。北人善于马战，南人善于水战，这话一点都不假。宋军的战船就比金军的要先进许多，既大又灵活，而金军造的船不仅小，且造成平底的，行驶起来不稳。双方船队一冲击到一起，金军的队形就被冲得四分五裂了。宋军奋勇冲杀，取得了首战大捷。

第二天，宋军战船主动进攻长江北岸的金军。金军出港迎战，立即遭到严阵以待的强弩和霹雳炮的迎头痛击，金军又一次大败。宋军乘胜放火烧毁其余的金船，赢得全胜。完颜亮这下没法过江了，只好移军瓜洲。这就是带有传奇色彩的“采石大捷”。

其他几路金军的命运也没好到什么地方去。

企图沿海南下进攻东南的金朝水军遭到了李宝的痛击，全军覆没。这个李宝，是岳飞的部下。他在岳家军中统领义军，屡立战功，岳飞死后做官做到了浙西路马步军副总管。完颜亮南侵的时候，步兵出身的李宝请求弃路入海，率领战船 120 只，弓弩手 3000 人，航海北上狙击金朝的海军。朝廷同意了，任命李宝为沿海制置使北上，但并不对他抱有多大的期望。

李宝航海到海州（今江苏省连云港市）的时候，解救了被金军围困的抗金义兵魏胜的部队，就此与山东义军取得了联系。他在义军的帮助下秘密前进到密州胶西县的陈家岛隐藏起来。当时金军海军中有汉族的逃兵，来投靠他。李宝从他们那里得知金军不惯水战的情报。金军对水战不习惯到什么程度呢？水兵们在颠簸的海面上都不会正常睡觉了，只能匍匐而睡。李宝决定主动进攻。金军海军刚出动的时候，李宝率海军突然袭击，用火箭射击金军战船的油帆。军港顿时火焰冲天，宋军勇敢地跳上少数没着火的战船，与金军展开肉搏。这次南侵，完颜亮征调了大批汉族人，海军中的汉族人比例尤其高。这些汉人在宋军进攻面前，纷纷卸下武装投降。金朝舰队就此全军覆没，海军统帅上岸逃跑。

由河南进攻湖广的金军，从西北进犯川陕的金军，也都受到了痛击。金军主动侵略的失败，标志着南北均势的格局已经稳固了下来，难以打破了。

可完颜亮不这么认为，在失败面前进一步加紧了从后方征发军队，继续在长江北岸准备新一轮的进攻。原本就不稳固的金朝高层再次动荡。东京留守完颜雍被后方贵族拥立为皇帝，宣布废黜完颜亮。完颜亮进退无路，孤注一掷，丧失理智似的命令金军三天内全部渡过江去，否则处死，结果反被部将杀死。金军撤退，宋军收复了江淮地区。

三

金军撤走了，一月的江南又下了一场瑞雪，掩盖了一切。朝廷重开歌舞升平的庆宴。

张浚匆匆在年底赶到建康赴任，当时金军已开始退兵，英雄没赶上用武之时。战后，赵构到建康慰问军民。张浚迎驾，对赵构说：“秦桧势力鼎盛时，如果不是陛下保全，臣恐怕早就没命了。”经过多年的蛰伏，张浚依然在军民中享有极高的声望。随行的禁军官兵见到张浚，都自动行礼。当时刘锜病死了，大家都觉得朝廷应该会再次重用张浚。

赵构在长江边转了一圈，就回临安去了。不久朝廷任命杨存中（杨沂中改名）为江淮荆襄路宣抚使，虞允文为副使。张浚被冷藏起来。友人就劝张浚干脆辞官得了。张浚也有去意，但认为现在局势还未最终安定，自己身为旧臣，被许多人关注。大家都把张浚的在与不在看作是局势安危的风向标。张浚于是坚守在建康，事无巨细都亲自处理。

东南局势这才慢慢稳定下来。

四

绍兴三十二年（1162 年）正月，金朝重新打开了和平的大门。

新皇帝完颜雍以自己新登基为名，派使者来南方“通报一声”。当时宋金两国的战争状态还没有结束，所以朝廷对是否迎接金朝使节的问题还展开了一场争论。赵构说：“我们不知道金人的来意，如果贸然拒绝使者，恐怕有碍交好。”一些大臣乘机指出：“金朝南侵，原来宋金之间的盟约已经废弃。现在我们可以平等的敌国礼接待金使，不再称臣。”毕竟宋军在战场上获得了全胜，可以提高外交要价了。赵构倒是对名位不太看重，他对大臣们说：“朕料此事终归于和，至如以小事大，朕所不耻。”他希望以宋朝的胜利来换取河南的皇室陵寝地。于是就有许多官员附和赵构，说土地是实利，称臣是虚名，主张继续以藩属对宗主的礼节接待金朝的使节。

金使到了临安，完全恢复了绍兴和议的条款。和谈过程中有个小波折，金朝使者仍然要求宋朝行臣礼。宰相陈康伯当面批驳，改用平等的国礼接待。之后，赵构派洪迈去金朝回礼。临行前，赵构亲自写手札给洪迈，说：“如果金朝能将河南地区归还宋朝，朕居尊如故，也在所不惜。”洪迈到了燕京，金朝叫他行臣礼。洪迈不听，被锁起来关了三天禁闭，然后放回南宋。河南的北宋皇陵最终还是没有归还南宋。

赵构不知道的是，北宋皇陵早已经过多次盗劫，不堪入目了。绍兴十八年（1148 年），太常寺少卿方庭硕，乘出使金朝的机会，到宋陵进行察看。只见陵区荒废不堪，各陵均被掘得千疮百孔，一片凄凉。宋哲宗赵煦的尸骨竟露掷陵墓之外，任凭风吹日晒，无人料理。方庭硕见先帝尸骨抛尸野外，悲从心来，脱下身上的袍服，将赵煦的尸骨包裹起来，重新置放陵中。

辛弃疾南归

一

广袤的金朝占领区一直活跃着抗金义军。

这些抗金义军主要是由农民组成，也有士兵、下级军官、小商人和僧徒参加；原来反抗北宋王朝统治的许多农民起义军这时也加入了抗金的行列；一部分被宋王朝责令解散的勤王兵，不肯散去，也在继续进行抗金活动。山东就是抗金义民风起云涌的地区。北宋末年，山东地区赫赫有名的梁山泊起义农民，遭到宋军镇压后，并没有消失。农民军的残部继续以梁山泊为据点，坚持战斗。山东被金军占领后，以张荣为首的梁山水军，转向抗金，形成一支强劲的抗金队伍。

在完颜亮大举南下的时候，掏空了后方的兵力，结果北方抗金武装乘虚，纷纷起义。绍兴三十一年（1161 年），济南府有一个农民叫耿京聚集几十个人举行起义，先后攻占了莱芜、泰安两县，很快就发展到二十万人的队伍，成为北方义军中最大的一支队伍。有一个读书人在斗争形势一片大好的情况下，参加了耿京的队伍。

这个读书人就是辛弃疾。

二

辛弃疾于宋金和议谈得热火朝天的绍兴十年（1140 年）出生于山东历城（今山东省济南市）。

辛家属于汉人，但是辛弃疾的爷爷辛赞凭借能力，在金朝获得了官职，担任山东本地的县令。这对于汉人来说，算得上是一个不大不小的奇迹。辛赞是个典型的“身在曹营心在汉”的人，一直希望有机会“投釁而起，以纾君父所不共戴天之愤”。辛弃疾从小跟在爷爷身边。辛赞常常带着小孙子辛弃疾“登高望远，指画山河”，向后辈讲述靖康之变和北宋的历史。辛弃疾也目睹了女真人统治下的民族矛盾，逐渐成长为一个坚定的抗金主义者。

像辛弃疾这样脱身于金朝内部的叛逆者，胸中恢复中原、报国雪耻的志向要远远大于那些从小在南宋的“爱国主义教育”下长大的人。

辛弃疾成年后被金朝的济南官府推荐到燕京去参加进士考试。临行前，辛赞叮嘱孙子沿途要注意地理形势和燕京的金朝政治情况。这一次科举考试，辛弃疾没有中举，但是对祖父叮嘱的事情倒很留心观察。三年后，辛弃疾去燕京参加第二次考试，依然没有中举，却成对北方地形和金朝内政的专家。

辛赞在完颜亮南侵的前一年逝世，第二年，22 岁的辛弃疾见山东地方空虚，倾家荡产组织了一支 2000 多人的起义队伍，投奔耿京。农民起义军要发展壮大，正需要辛弃疾那样有文才又有胆略的读书人。耿京很高兴地任命辛弃疾为农民军的掌书记，掌管起义军的大印和文书。

三

辛弃疾在起义军中的表现可圈可点，体现出了一位一代名将的风范——如果未来给他机会的话。

辛弃疾希望耿京的部队能够发展壮大，刚好附近有一支起义军，首领是一个叫义端的和尚。辛弃疾起义前联络义士，和义端和尚认识，征得耿京的同意就去说服义端带领队伍参加了耿京的起义军。义端却是一个忘恩负义、贪图富贵的小人。一天晚上，他趁辛弃疾不备，偷走了耿京起义军的大印，逃奔金军。事情很快就被发现了。耿京就认为辛弃疾引来了奸细，居心叵测，要把辛弃疾处死。辛弃疾在痛恨自己轻信他人之余，毅然恳求耿京："义端偷印逃跑，我罪大当诛。但请您给我三天时间，让我把义端抓回来。如果到了限期我不能把他抓到，您再将我处以极刑。"耿京同意了。辛弃疾快马加鞭向金营追去，果然在路上追上了义端。辛弃疾也不答话，抽刀厮杀起来，很快就把义端撂倒在地。义端跪地求饶，辛弃疾当场砍下他的脑袋，拴在马背上，回到耿京营里。耿京不但不办辛弃疾的罪，反而对他更加器重。

采石之战后，金兵北撤。金世宗完颜雍与南宋讲和，抽出军队来进攻北方的义军。金军招抚和镇压并用，北方抗金义军受到了严重威胁。辛弃疾审时度势，建议耿京联络南宋朝廷，进可以南北呼应，退可以渡过长江去。耿京果断接受了辛弃疾的建议，派义军总提领贾瑞前往建康觐见赵构，因为贾瑞目不识丁，加派辛弃疾一同前往。

绍兴三十二年（1162年），贾瑞、辛弃疾带着十几个随从到达建康。赵构听说山东义军主动归附，自然欣然接受，在行在亲自召见。辛弃疾陪同贾瑞上殿，从容不迫地宣读了他为义军起草的奏章，报告北方义军的抗金情况。赵构连说山东义军有人才，马上任命耿京为天平军节度使，命令贾瑞、辛弃疾回去要耿京坚持抗金。

在贾瑞和辛弃疾在建康的时候，义军将领张安国在金朝的诱降活动下，贪图荣华富贵，勾结意志薄弱分子趁耿京不备将其杀害。张安国叛变后，被封为济州州官。义军经此大变，群龙无首，纷纷散去了。耿京的20万义军不复存在了。辛弃疾等人是到海州才听到这个噩耗的。辛弃疾当机立断，问海州的南宋将领要了50名勇士，决心深入虎穴除奸。

辛弃疾骑马奔到济州的时候，叛徒张安国正在官衙里宴请宾客。张安国一时弄不清辛弃疾来意，就吩咐兵士们将辛弃疾等人带进来。辛弃疾进入官衙，也不跟张安国搭话，带着随从一拥而上利索地把张安国捆绑起来，拉出衙门。官衙的士兵们纷纷围上来，辛弃疾从容地边将张安国缚在马上，边用威严的神色扫视四周，竟然将士兵们都给镇住了。辛弃疾当场向兵士们宣布："张安国叛国投敌，其罪当诛。朝廷的征讨大军马上就要来了，愿意抗金的人，可以跟我一起去迎接朝廷大军。"张安国的部队基本上是耿京起义军的余部，听到辛弃疾一号召，数千人都愿意跟随辛弃疾。辛弃疾立刻带着部队，押着叛徒，策马南下。南宋朝廷审清楚张安国的罪行，将他在建康斩首示众。

辛弃疾深入金朝后方，不仅揪出叛徒，还拉走了金军部队，惊得金朝山东地方官府目瞪口呆。

四

辛弃疾惊人的勇敢和果断，使他名重一时，"壮声英概，懦士为之兴起，圣天子一见三叹息"。赵构给予辛弃疾很高的评价，任命他为江阴签判的实职。这一年，辛弃疾 23 岁。

辛弃疾从此滞留江南，开始了在南宋的仕宦生涯。

但辛弃疾刚强果毅的思想品格和处事作风与南宋颓靡不振的政风、士风不断产生矛盾冲突。他念念不忘自己的政治理想和愿望，只要一有机会就提出恢复方略。但他自北归南的身份终究与南方的官僚们存在隔阂，其恢复之志也难以为多数人所理解，乃至屡遭谗言蜚语、猜疑诋毁和摈斥排挤。南宋迎接辛弃疾的只是不断的挫折和大半生的不得志。

辛弃疾刚到建康的时候，没有人能够料到他最辉煌的政治生涯其实已经结束了。

第三章

德寿宫的太上皇

绍兴三十二年（公元 1162 年）六月，天子行在——临安城的百姓都沉浸在前方传来的采石大捷的喜悦中。多少年来，富庶的南方一直受到北方女真人的压迫和蹂躏。现在，官军在长江边的一场战斗中取得了斩首数以万计、大败入侵金军的辉煌胜利，怎么能不让人振奋狂欢？

三个多月前就从前线返回临安的赵构却没有喜悦之情。这位宋王朝的第十位皇帝，这位南宋王朝的开国君主，匆忙在本月的九日下诏宣布退位，将皇位让给十天前刚刚被册立为太子的赵昚（赵瑗改名）。

皇位是飞来横财

一

临安的臣民都震惊了。皇上为什么在身体康健、形势一片大好的情况下骤然退位？更有乐观者正希望朝廷能以采石大捷为转折，挥师北伐，恢复故土。而皇上不但没有亲临前线的举措，反而主动退位，大大伤了志士仁人们的心。的确，南宋王朝在 1162 年面临的局面是相当优越的。一年前，金主完颜亮亲自率领大军，号称 60 万之众，水陆并进入侵南方。宋高宗诏谕全国军队抵抗。结果金军水师全军覆没，西线部队被狙击在巴蜀的崇山峻岭之中；完颜亮亲率的主力先胜后败，经过采石一战溃不成军。完颜亮本人被部将杀死；金国内乱，北方贵族在辽阳另立新君。形势如此，就连南方妇孺老少都松了一口气：金国鞭鞘所向，东南望风披靡的历史终于一去不复返了！

但是人们不知道，早在四月份，宋高宗赵构就秘密向北方派遣了求和使团。虽然形势对南方有利，虽然赵构很清楚南北方的均势已然形成，但他还是要以胜求和。临行前，赵构给亲信使臣洪迈一道手札：若彼诚能以河南地归还，必欲居尊如故，朕复屈己，亦何所惜。可见赵构不论是外交姿态还是个人心态都没有变，一如既往地委曲求全。

赵构又一次寒了天下志士仁人的心，后世也对赵构在外交上多有诟病。然而，如果回顾一下赵构的人生轨迹，我们就会发现赵构的卑躬屈膝、主动退位都是自然的。早在五月二十八日正式下诏立皇子赵瑗为皇太子，并为他改名为赵昚时，赵构就已经表露出了禅让的意思。

二

宋朝的王位本来是轮不到赵构来坐的。

赵构并不是嫡子，更非长子，他只是徽宗的第九子。当年，父皇宋徽宗赵佶已经明确将皇位禅让给了哥哥宋钦宗赵桓。与父兄相比，康王相貌和能力都很平庸，文采和书画更是差得一塌糊涂。皇室和赵构都以为康王将悠闲地过一辈子亲王生活。

命运在靖康元年的春天发生了转折。那一年正月，金人犯京师，兵临城下，遣使入城要求北宋割让河北三镇，并要求宋王朝派遣一个亲王级别的人去军中议和。宋徽宗和宋钦宗不得不答应。一般情况下，朝廷会挑选一位无关紧要的王爷去担任这个屈辱的、象征性和有危险的角色。结果康王赵构中选了！当赵构还没到金营的时候，汴梁城陷落，宋徽宗、宋钦宗被俘掠北去。

齐聚在京师的宋王朝近支王族都成为俘虏。赵构因为事先外出，反而成了硕果仅存的近支王爷，也就成了金军追击的目标。在臣民的拥戴下，颠沛流离的赵构在商丘登基称帝，延续了宋王朝的国祚。

一开始，帝位就没有给赵构带来任何利益。他没有过上父兄那样安逸浪漫的帝王生活，而始终处在金军铁骑的围剿和国人抗金复国热望的激荡之中。赵构有心一雪靖康之耻，可无力恢复，首先要投入全身心去解决生存问题。赵构当政前期的主要任务就是逃难，活下去。建炎二年（1128 年）九月，金军对赵构小朝廷发动了追击战争，势如破竹，从中原直下东南。赵构从扬州、镇江、杭州、越州、明州、定州，一路逃难入海。到第二年的十二月，赵构小朝廷就只能生存在海上了。1130 年 1 月 23 日，金兀术的水军干脆入海追击赵构。金军因不擅水战被和州防御使、枢密院提领海船张公裕打败。赵构这才幸免于难，走出了最危险的困境。十年后的 1140 年 5 月，金兀术兵分四路，再次南侵。南宋军队拼死抵抗。赵构还发布檄文历数金兀术罪状，以封节度使、赐银帛各五万、田千顷、住宅一处悬赏金兀术首级。宋、金沿长江一线对峙了一段时日后，最终和谈。赵构又舒了一口气。他的这个皇帝这才算是坐稳了。

作为草创东南的南宋开国君主，命运注定赵构在解决了生存问题后，必须全力收拾一片空白、百废待举的乱局。帝王的安逸和享乐都已经被他的父兄透支完了，赵构要替他们还债，还要支付利息。他是一个能力平庸的君主，只能尽力而为。为了专心内政，为乱世的恢复和东南发展营造和平的环境，赵构对金国采取了委曲求和、谨慎侍奉的政策。他的这一外交政策遭到了朝野上下的巨大抨击。对蛮夷卑躬屈膝显然乱了儒家的“夷夏大义”。作为在“治国平天下”和“夷夏大防”的儒家教育中成长起来的帝王，偏安苟且的外交政策也并不是赵构所愿意的。他何尝不想驰骋雪耻，可南宋不具备那样的实力。所以尽管南渡后屡遭讥评，赵构只能无奈地偏安江南。

当时翰林学士汪藻惊呼：“民穷至骨，臣愿陛下毋以生财为言也，今国家所有，不过数十州，所谓生者，必生于此数十州之民，何以堪之。”对于国家财政匮乏、涸泽而渔，赵构也承认：“国家财政匮乏，政务所花费过多。”曾经为相的吕颐浩说：“用兵作战与营造宫室最费财力，深可为戒。”因此，绍兴八年（1138年）十一月十九日赵构诏令大臣：“南北军民，十余年间不得休息，欲屈己求和。”主战将领韩世忠多次上疏，反对议和。赵构赐予他手札解释说：“十余年间，民兵不得休息，早夜念之，何以为心！所以屈己和戎，以图所欲，赖卿同心其克有济。卿其保护来使，无致疏虞。”谁让赵构是个穷国弱朝的皇帝呢？

在执政的36年间，赵构没有过过一天舒坦的日子。

三

赵构还有一些难以启齿的苦衷。

长期的逃难生活剥夺了赵构的生育能力。他人生最美好的时光都耗费在逃难的路途中了，饮食无常，疲倦难得休息，甚至还蓬头垢面、昼伏夜出。有的时候，赵构前脚刚躺下，金军追兵后脚就到了。赵构在逃难途中丧失了生育能力。因此在勤于国事的同时，赵构还要为挑选百年后的继承人选忧虑。

当年统兵在外的大将岳飞公开上奏，建议赵构在朝政未定时早立嗣君人选，并进一步提议从皇室疏宗旁系中挑选年幼的孩子作为储君。赵构知道岳飞是怕自己万一出事后，赵宋王室无人继承，也是为了国家好。但是他对岳飞的奏折抱有天然的反感，进而对岳飞这个人也没有了好感。

赵构最隐秘的心病还是皇位的来源问题。皇位来得太偶然，太快了。往好了说，他身上承载着宋王朝雪耻复兴的希望；往坏了说，他是唯一的皇帝候选人，臣民除了选他没有其他人选。同时宋徽宗和宋钦宗都还在东北活得好好的。如果父兄回来，赵构的皇位就面临着釜底抽薪的危险。赵构一方面有北伐中原、收复失地的心愿，一方面却又担心真的收回失地后，父亲和哥哥也都回来了。那时候，自己能不能再做皇帝就是大问题了。

赵构的心里备受煎熬。在朝堂上，他和大臣们一起呼喊“北伐雪耻，迎回二帝”；暗地里，他时刻关注着父兄二人的消息，提防着他们的归来。其实对于女真人来说，徽、钦二人的利用价值随着时间的推移越来越弱了。如果赵构强要，二帝南归也不是不可能的事情。但南宋在与金国的外交交涉中，赵构从来就没有提出过“迎回二帝”的要求。

绍兴五年（1135 年）四月，父亲宋徽宗在冰天雪地的黑龙江五国城驾崩，享年 53 岁。两年后这个消息传到南方，赵构大恸，毕竟是骨肉情深啊！当时徽宗郑皇后也已经死了，赵构就遥尊当时还被拘禁在北方的生母韦贤妃为皇太后。对于自己的生母，赵构很卖力地向金国交涉，要求归还。终于在绍兴十二年（1142 年）四月，金国归还了宋徽宗及其皇后的棺柩，允许韦皇太后南下。“帝亲至临平奉迎，普安郡王、宰执、两省、三衙管军皆从。帝初见太后，喜极而泣。八月，至临安，入居慈宁宫。”对于赵构来说，生母是慈爱的，不会对自己的地位构成威胁，所以一定要交涉回来。

在父亲死后 27 年，赵构在临安得到哥哥宋钦宗赵桓死在北方的消息。他那颗被亲情和政治交替攻击的心既喜又悲，突然停歇了下来。那一刻，赵构累了。

四

当听到采石大捷的时候，赵构的感觉是欣慰。自己辛苦 30 多年，国力终于有所恢复，军队多少能够维持守势了。他可以放心地将这个偏安的小朝廷交给下一代了。

在宋高宗的禅让诏书中，他直白地解释退位的原因是“思欲释去重负以介寿臧”。作为已经执政 36 年的赵构来说，皇帝之位来得特别容易，也特别出乎意料。他没有想到为了接受这笔“飞来横财”，自己 30 年来要日日忧虑，疲于万机，宵旰靡怠，在北方金人和朝野臣工的注视下不敢有丝毫倦懈。宣布解去重担后，赵构默默对父兄说：“父亲、哥哥，我把皇位重新交给列祖列宗了。”

6月11日，禅让典礼一结束，太上皇赵构随即起驾前往德寿宫，没有丝毫的留恋。

赵构的退休生活

一

赵构在位的时候就开始大规模地营造退位之后的安乐窝。那是他心目中的“世外桃源”。

它就是南起望仙桥直街，北至佑圣观路，西临中河，东括吉祥巷、织造马弄的“德寿宫”。德寿宫是在原宰相秦桧府邸的基础上营造的，占地超过17万平方米。整座宫殿坐北朝南，布局仿照皇城，有德寿殿、后殿、灵芝殿、射厅、寝殿、食殿等十余座殿院，还有中国历史上最早的金鱼家池、巨型太湖石假山“飞来峰”等大量园林景观。亭台楼榭的精美程度比临安皇城有过之无不及。对于这座美轮美奂的宫殿，任何文字描述都是苍白的。要体会德寿宫的美丽，我们要闭上眼睛，想象中国古代盛行的写意山水画，将自己融入那一幅幅名作之中。那种感觉就是宋朝人置身德寿宫中的感觉。

文人们描述这个钱塘江边西子湖畔的精美宏大工程是“一色楼台三十里，不知何处觅孤山”。即位的宋孝宗为表孝敬，将德寿宫一再扩建。德寿宫规模越来越大，地位越来越重，成了与皇宫并列的“北内”或“北宫”。

赵益在《西风凋碧树》一书中对赵构的德寿宫太上皇生活有简略却精彩的描述：

经历过苦难的人，才能真正知道欢乐的可贵。太上皇高宗就是其中的一个。这位高寿的太上皇晚年喜静好佛，在悠游闲淡的岁月中打发着余生。早先的痛苦记忆随着时间的流逝渐渐褪去，剩下的只有吟风弄月的潇洒和恬适。上皇尤爱西湖，常常泛舟湖上乐而忘倦。平日居于北内，亦甚属意器玩之物，嗣皇帝孝宗秉意承欢，时时网罗人间奇珍以供怡颜，遇得佳物，不复问价。每逢上皇生日，进奉尤甚，孝宗为承上意，曾一次进钱四十万缗之数。宫廷靡奢之习影响甚大，贵近之家、北来豪客，仿效之风不绝，进而也传染到民间。

二

赵构南渡后苦心经营的偏安王朝，是当时世界上最富裕的国家。它为太上皇赵构退休后的享乐生活提供了坚实的物质基础。

单说德寿宫所在地临安府的繁华景象。临安府所属的杭州本名钱塘，虽然历史悠久，但大规模兴起还是近代的事情。杭州在隋朝才开始设州，五代时候成为吴越国的首都，杭州的实质性崛起是在赵构手中完成的。

建炎三年（1129年），宋高宗赵构升避难地杭州为临安府，属浙江西路。自绍兴二年（1132年）宋高宗自绍兴府移驻临安后，临安成了宋王朝的天子行营，成了赵构后半生的家乡。其间除了巡幸或者亲征，天子行营有过短暂的迁移。一心恢复中原的文臣武将也反对将王朝的临时首都定在距离中原甚远、偏居钱塘江畔的一座二等城市，但自从绍兴八年（1138年）二月，赵构从传统上的南方首都建康返回临安后，就拒绝再移往他处。

赵构喜欢临安。临安是一座典型的南方城市，她没有旧都汴梁的雄壮深沉，却饱含温暖湿润的东南孕育出来的特有的妩媚秀丽。这可能更符合赵构的品性和爱好。这里有白居易、苏东坡的文采和政绩，这里有西湖荷荡、孤山美景和灵隐的钟声，这里有钱塘涛声、知了鸣叫和歌姬曼舞，这里更有饱经动荡、力求偏安的赵构。经过 30 多年的发展，临安逐渐取代建康成了江南的政治、经济、文化中心，繁华不下旧京汴梁。

当朝词人柳永的一阕《望海潮》把临安的景观着实铺陈了一番："东南形胜，三吴都会，钱塘自古繁华。烟柳画桥，风帘翠幕，参差十万人家。云树绕堤沙，怒涛卷霜雪，天堑无涯。市列珠玑，户盈罗绮，竞豪奢。重湖叠巘清嘉，有三秋桂子，十里荷花。羌管弄晴，菱歌泛夜，嬉嬉钓叟莲娃。千骑拥高牙，乘醉听箫鼓，吟赏烟霞。异日图将好景，归去凤池夸。"

三

赵构觉得临安的美一半在西湖。他也酷爱游西湖，退位后动辄就乘船在湖上游乐。

西湖的确是临安的眼睛，透过它可以看到临安城的美。前朝的白居易说得好，"未能抛得杭州去，一半勾留是此湖"。当朝大臣杨万里则写道："毕竟西湖六月中，风光不与四时同。接天莲叶无穷碧，映日荷花别样红。"退休后的赵构就在西湖宽阔的湖面上流连忘返。

高宗禅位后，曾经亲临拜谒，并且赐金将观内藻饰一新。淳熙十三年(1186 年)，他又以太上皇身份，封府君为"护国显应兴圣普佑真君"。其后，孝宗、宁宗、理宗或赐御书，或题碑额。观中增道士、广田亩，并开启观门，允许士庶前往祈祷。

突然有一天，赵构宣布自己游湖"数跸烦民"，今后不再去游湖打扰百姓了。他下令在德寿宫内造一个小西湖。《武林旧事》记载，德寿宫里凿了一格大龙池，引水注之，名曰小西湖。小西湖上有座万寿桥，桥的中间有个四面亭；湖畔垒石为万岁山，以像飞来峰，还取苏东坡"赖有高楼能聚远，一时收拾与闲人”的诗句造了一座聚远楼。此外小西湖周边还有香远堂、清深堂、松菊三径、梅坡、月榭、芙蓉冈、浣溪等景观。小西湖的水来自中河水，经过蜿蜒的水渠从西宫墙引进宫来。工匠们为了防止单调的水渠破坏整幅写意山水，对引水路上叠山埋水，创造出小瀑布等景观。不去西湖了，赵构就在宫中的小西湖自娱自乐。

赵构为什么突然不游西湖了呢？传说这还与杭州的名菜“宋嫂鱼羹”有关。

宋嫂鱼羹是用鳜鱼或鲈鱼蒸熟取肉拨碎，添加配料烩制的羹菜。宋嫂鱼羹起源于南宋淳熙①年间的临安。这道菜的发明人叫宋五嫂，东京汴梁人士，在汴梁经营鱼羹菜馆。靖康年间，宋五嫂随着逃难的官民南迁到临安，继续在西湖边上钱塘门外经营卖鱼羹的小店，维持生计。她取材西湖产的大鱼，创造了这道新菜。

《武林旧事》记载淳熙六年（1179年）三月十五日，太上皇赵构像往常一样泛舟闲游西湖，兴致浓厚以致忘了时间。船只到钱塘门外时已近中午，赵构有点饿了。德寿宫的侍从就禀报说，附近有家菜馆做的鱼羹味道很好。赵构便命人买鱼羹来尝尝。宋五嫂见湖中游艇上下人来买鱼羹，知道非官即贵，亲自烹制了鱼羹送到游艇上。见是太上皇，宋五嫂也不惊慌，从容地献上鱼羹，述说了自己的经历和鱼羹的做法。赵构见她是汴梁的旧人，唏嘘感慨，而鱼羹又非常鲜美可口，就命人赏赐给宋五嫂“金钱十文，银钱一百文，绢十匹，仍令后苑供应泛索”。从此，宋五嫂的鱼羹就被称作“宋嫂鱼羹”定期供应皇宫，成了杭州名菜。

浙江民间说法却和《武林旧事》有很大的出入。从开始到宋五嫂献鱼羹这一部分都是一样的。之后赵构问起鱼羹的做法。宋五嫂回答说，这道菜的关键是把鲈鱼的骨头刺全都剔除干净。她边说边流泪，赵构就问她为什么如此悲伤。宋五嫂说，她的这道菜就是看到天下人南北骨肉分离，才创作出来的。平

---

① 宋孝宗年号，从1174年到1189年，距离宋高宗退位已经十多年了。

日里，鱼羹卖得很好。她原本希望买的人能够记住国家苦难，百姓骨肉不能团聚的现实，可惜人们都只关心鱼羹的鲜美，却忘记了她的苦心。赵构正在品尝鱼羹，闻听宋五嫂的说法，大为扫兴，不仅食欲全无，连游玩的兴致也没有了。他挥挥手让人把宋五嫂打发走，立即回宫。宋五嫂委婉的劝谏没有起到效果，反而激起了赵构对退位前千头万绪、伤透脑筋的国事政务的回忆。

赵构早就累了，不想再过问世事了，没想到百姓还是没放过他。从此赵构不再去西湖，也极少出宫。他在德寿宫中营造了小西湖，自闭起来。

四

在德寿宫中，赵构开始醉心书画，吟诗作乐。

赵构的书法原本与父兄两人没法相比，退休后他花了大量时间来练字、揣摩字帖。渐渐地，他的书法精湛、笔法端雅淳厚、涵咏隽秀。晚年，赵构自谓："自魏以来，至六朝笔法，无不临摹，众体备于笔下，意简犹存取舍。至若褉帖，测之益深，拟之益严，以至成诵。"

赵构为了练习书法，需要搜罗古今名家字帖。上有所好，官员文人们纷纷进献书画作品。

一天，宫人们献上了一幅宫外献上来的巨幅图画。献画的人叫张择端，画的名字叫作《清明上河图》。赵构突然想起40多年前，他在汴梁听到过这个画家和这幅画的大名。当时张择端将同样名字的画献给了父亲宋徽宗，得到了同样是画家的父亲的称赞。可惜汴梁失陷的时候，藏于内府的《清明上河图》随着6000件艺术品被金兵掠获北去了。想必现在张择端又重新绘制了一幅进献给自己。

赵构小心地展开画作。从看到内容的那一刻起，他就被这幅宏伟的写实作品震惊了。多么熟悉的汴梁风光啊，那河，那街，那城池，那酒肆，那清明时节的喧嚣热闹。赵构仿佛回到了40多年前。那时，他还是汴梁城里的康王爷。他的王府就在主街道边，他常常经过街道，高兴或不高兴地参加一个个的活动。赵构仿佛觉得这一切都还是昨天。

如果张择端在40年前将这幅《清明上河图》献给赵构，赵构会兴奋异常，跑过去和张择端称兄道弟。但是现在他不会这样了，他知道张择端献画的目的，又是提醒他不忘复国大业。他厌倦了这样的提醒。赵构狠狠心，让宫人将这幅画退回去，就说太上皇根本就不喜欢这幅画。赵构抚摸长卷后，毅然将作品递给了宫人。

又一天，宫人们献上宫外正流行的一首词。那是那个南归的辛弃疾在登建康城赏心亭时所作的《水龙吟》：

> 楚天千里清秋，水随天去秋无际。遥岑远目，献愁供恨，玉簪螺髻。落日楼头，断鸿声里，江南游子。把吴钩看了，栏杆拍遍，无人会，登临意。休说鲈鱼堪脍，尽西风、季鹰归来？求田问舍，怕应羞见，刘郎才气。可惜流年，忧愁风雨，树犹如此。倩何人唤取，红巾翠袖，揾英雄泪？

赵构又一次陷入回忆。他隐约记得自己做皇帝的时候接见过这个辛弃疾。当时年轻的辛弃疾从山东一路过关斩将，率领万余人归降南方。赵构在宝座上对这个意气风发、满口北伐的年轻人褒奖了一番，分配到地方任职。后来他听说这个年轻人不太合群，时而为官，时而罢官，断断续续，频繁调动，也就不去关注他了。想不到，仕途不顺的辛弃疾在文学上取得了耀眼的成就。

如今赵构还是不喜欢辛弃疾，更不欣赏他的这首《水龙吟》。他摆摆手让人把词给撤下去，又问起张择端的近况。宫人回答说，张择端几天前刚死了。赵构长长叹了口气，从此下令禁止再向德寿宫进献诗词书画作品。

赵构想自闭于书画，与世无争的做法也没有成功。

五

德寿宫中的太上皇越来越老，越来越少活动了。

赵构每一天的大部分时间都躺在德寿殿的榻上，安静地看着庭院里巨大的水车从早到晚地旋转，缓缓地将清凉的河水舀起，又放下。水车轻轻扭动，河水低声呜溅，倒影在庭院中每天固定地移走。赵构觉得生活是如此的安宁、固定，与世无争。这就是他追求半个多世纪的生活状态。

晚年赵构最关心的事情就是在德寿宫中酿酒品酒。德寿宫配置了专门的酿酒师，用当时上好的惠山大米配合上等三白泉水酿酒。酒水装在酒桶里，泥封后印上“上品”的印记封存在宫中。年老的赵构几乎一日都离不开德寿宫自酿的酒。

淳熙十一年（1184 年）的一天，赵构和新皇帝孝宗赵昚一起品尝自制的雪浸白酒。

赵构显然对雪浸白酒很自豪。孝宗劝谏道:“此物不宜多吃！”

赵构说:“不妨事，吃了反觉凉爽！”

那一夜，80 岁的赵构又是一场大醉。每一场大醉都能让他忘记很多事情。

赵昚的孝道

一

太上皇赵构和新皇帝赵昚并不是亲生父子，而是关系极其疏远的远房叔侄。赵构做了太上皇后，赵昚非常孝顺。

德寿宫的物质供应充足，太上皇一有什么要求，赵昚就尽量满足。每个月，赵昚都起码过来探望请安四次以上。每逢节日或出游，赵昚都要恭请宋高宗出席或同行。赵昚对待赵构就像亲生儿子对待父亲一样。没有儿子的赵构在德寿宫安享了天伦之乐。乾道三年（1167年）三月的一天，赵昚带着皇后、太子一起到德寿宫拜见赵构并赏花。当日德寿宫小西湖畔鲜花怒放，内侍杂役来回奔忙。赵构子孙三代人先看抛彩球、荡秋千，再看百戏表演，然后登上御舟绕堤而行。赵昚安排数十条小舟，满载酒食、水果和艺人跟随在御舟后面，以备太上皇随时召唤。湖上尽兴后，一行人上岸继续饮酒，欣赏歌舞，直到子孙三代都大醉为止。这样的情景在德寿宫经常出现。

老年人喜欢安静，赵构就喜欢读读“消遣文学”，尤其是那些市井杂文和笔记小说。赵昚派专人给太上皇搜集小说，竟然间接地推动了南宋民间文学的发展。赵昚“以太上享天下之养”为名，重金搜求话本。临安城掀起了一股制造传说的热潮。后人熟知的白娘子的故事就是以这一时期为背景的，也是成型于此时的。

北宋的章炳文在《搜神秘览》曾记载过“白蛇传”的原型：

> 杭州雷峰庵广慈大师，星霜八十有五，戒行清洁，时所钦重。有孙来章秀才者，其妻素凌虐，积恶左右，鞭无虚日。一夕卒，家人旦夕如事生。忽见一蛇双眉类妇人，据椅盘居，若有所歆飨之意。莫不惊惧，遂掷弃他所。孙君因梦其妻告曰：“我以平生不能遵妇道，已化为蛇矣，何忍遽见弃耶？今为技人所役，幸以青铜赎我，仍于雷峰庵广慈大师处精修佛事，则我既可以离此，免诸苦恼。”既醒，如所言。佛事将毕，遂放于雷峰道傍。一夕，因梦曰：“我已往生矣。”乃元丰五年春也。

这则记载虽然简单，但却是目前所见唯一将雷峰与蛇女相联系的故事形态。其中蛇妻、丈夫、高僧也与白娘子、许仙、法海相应，所谓“青铜赎我”

与后出的小青暗合。唯一的缺憾是没有点出“雷峰塔”。但据田汝成《西湖游览志》卷三言：“雷峰塔者，南屏山之支脉也……其旁旧有显严院、雷峰庵……”可知，“雷峰庵”距“雷峰塔”不远，故在民间传说中是很容易将二者作转换的。发展到南宋绍兴年间，民间艺人将这则故事抽出来，演绎成了《白娘子永镇雷峰塔》的话本。在朝廷为了太上皇“以怡天颜”的号召下，又有“金钱厚酬”的鞭策，民间艺人对故事又进行了精致化加工，将原来“恶妇化蛇受罪”的故事改造为“蛇化美女迷惑男子”的故事，并为之增饰铺衍，便形成了后人熟悉的白娘子的基本故事情节。

当时的民间艺人可能不会想到这则进献给太上皇、以博太上皇一笑的话本竟然成了中国文学史上的一个经典故事。后世的许多人（包括笔者）在幼年时期都沉醉在它营造的江南柔情之中。

赵昚对赵构孝顺备至。晚年赵构每每想起当初对赵昚的做法，总有一丝内疚。

二

赵昚虽然在尽孝道方面无懈可击，在政治上却和养父背道而驰。

赵昚是坚定的抗金主义者，积极主张抗战。金完颜亮南侵，大臣们纷纷要求退守，刚做太子的赵昚要上书请求亲自作前锋抗敌。给太子讲儒学的教授史浩忙劝太子不要领兵，改向赵构请求陪同前往建康。

赵构退位只有一个月，连年号都还没改的时候，赵昚就推翻了他的大政方针。6 月 11 日赵构退位，7 月 13 日赵昚就下诏为岳飞恢复名誉，寻找岳飞遗骨辉煌大葬。朝廷下诏寻找岳家后代，给予重赏重用。被秦桧以“妄议和好”的罪名贬斥的胡铨苦尽甘来，重新入朝。相对应的，赵昚开始降低对秦桧的评价调子。

赵构感到震惊。他在秦桧死后的第二天就下诏明示：“秦桧力赞和议，天下安宁。自中兴以后，百度废而复备，皆辅相之力，诚有功于国。”现在他坐过的皇位还热着，之前铁定的案子就被推翻了。更接受不了的是，赵昚宣称这是赵构的夙愿，现在是帮着太上皇完成心愿。实际上，赵构对岳飞没有好感。杀岳飞是他定下的铁案，是奉行对北方和平政策的重要组成部分。长此下去，赵构怕自己确定的对北方委曲求和政策会被推翻，朝廷骤起兵戎之举。他觉得现在还远远不到南北对战的时机。赵构担心：万一官军打败了，那以后可怎么办啊？

听到朝廷公开为岳飞平反，太上皇坐不住了。犹豫了一阵，赵构决定从德寿宫赶去皇宫见赵昚，说个清楚。太上皇后吴氏拉住丈夫，苦苦劝道，你现在已经不是皇帝了，就安静歇着吧，别再去管那些剪不断理还乱的政务了。再说了，儿子都已经说了他给岳飞平反是为了完成你的心愿，已经给你台阶下了，你就顺着台阶下吧！

赵构仔细想想，也对，不在其位，不谋其政。赵昚既然有热情，就由着他去做吧。

不出赵构的意料，朝廷以为岳飞平反为突破口，一改先前的对金委曲求全、防守自卫的政策，开始有计划地进行着北伐准备。1163年正月，赵昚改年号为隆兴，并任用主战派头号人物张浚为枢密使，掌握兵权。

赵构对张浚非常熟悉，从他登基的第一天起，张浚就一心恢复，声声北伐，但志大才疏，空费国家钱粮，罕有成就。尤其是在淮西兵变后，赵构对张浚失望至极，认为张浚这样的主战分子空谈复国，拖垮了国家，混乱了朝政。张浚被搁置不用，贬往永州居住20年。完颜亮南侵的时候，赵构不得不顺应民意起用张浚。但赵构依然不能原谅张浚，只让张浚判潭州，后又改判建康府，起象征性作用。张浚到任时，宋军已经取得采石大捷，完颜亮也已被部将杀死。此时赵构决意求和，再次搁置张浚。赵昚即位后，张浚升任枢密使、都督江淮东西路军马，封魏国公。赵昚还拉着张浚的手说：“朕久闻相公的大名，现在朝廷就依赖您了。”

当赵昚把国家兵权都托付给张浚后，赵构觉得自己有必要和赵昚深谈一次了。

赵构趁赵眘来德寿宫请安的时候，语重心长地告诉他：国家尚未恢复元气，北伐复国固然重要，但宽民富国更加紧迫。民不富则国弱，粮不足则兵弱。现在有些大臣高喊北伐复国，却不知道是否符合国情，是危险的。

赵眘回答说："太上皇请放心，国家现在兵强马壮，足可一战。待光复中原，还于旧都的时候，王师还等待着太上皇您去犒军嘉奖呢！"

赵构见养子战意已决，也不再劝说，只能调侃说，我等自己百年后再考虑这些事情吧。

赵眘坚定不移地在主战的道路上走了下去。

2 月 29 日，他下诏驱逐秦桧党羽，禁止他们随意来临安；从各地往前线调配物资，准备战争。5 月 12 日，宋军李显忠部渡过淮河，南宋对金朝的第二次北伐正式打响。李显忠和邵宏渊等人在战争前期迅速取得了灵璧、宿州战斗的胜利，收复失地。前线每天都有捷报传来，赵眘乐观地认为："近日边报，中外鼓舞，十年来无此克捷。"朝廷上下也紧跟着高唱凯歌，弹冠相庆。谁料到，几天之后战争形势就发生了逆转。邵宏渊与李显忠不和，消极作战。5 月 22 日，金军十多万步骑兵反击，击溃李显忠部。两天后，金军追击宋军到符离集，又一次击溃宋军。宋军死伤无数，南宋征集的物资丧失殆尽。符离集大败表明，张浚等人认为的"天下民心士气可用，官军北伐将得到天下呼应，一举恢复中原"的判断完全是主观臆断，是不切实际的空想。

主战派代表张浚面对战败，被排挤出朝去福州当官，途中还上书反对对金朝割地求和。有人就劝他不要再谈时事。张浚反驳说："我久居重任，现在虽然去朝，仍盼望皇帝感悟。见到的事，怎能不说？"走到余干，张浚病死了。汤思退继任宰相。

赵眘的北伐以损失亿万之巨物资和十万生灵的代价失败了。金朝趁机漫天要价，扬言要海、泗、唐、邓四州。在汤思退等人的蛊惑下，朝廷一开始同意了割让四州。但赵眘中途反悔了，态度强硬起来，说四州不可割，金朝一定要四州，宋就罢和议。汤思退怕和议不成，请赵眘奏禀太上皇，然后从事。赵昚呵斥说："今天已不是秦桧的时候，你的议论比秦桧还不如！"

汤思退漠然无言。[①]

同知枢密院事刘珙一次来德寿宫觐见太上皇。他认为："复仇雪耻，诚乃当今之要务。但臣以为，若非积十年之功内修政事，恐怕未可轻动。"赵构深以为是。

赵昚还没死心，虽然实现了与金国的和平，但没有彻底放弃主战立场。张浚去职后，早先取得采石大捷的指挥官虞允文被提拔为宰相。赵昚希望虞允文能够修文习武，振兴朝政，再次取得采石大捷那样的胜利。虞允文似乎没了早先在采石的神武和才能，一心埋头内政，在执政期间没有北伐之举。后来，赵昚又让虞允文主战四川，盼望着虞允文能够先从西线出击，打响北伐胜利的第一枪。虞允文迟迟不配合，一味回奏说军需未备，不能出击。宋孝宗非常不满，又派人持手谕催虞允文尽早行动。使者刚到的时候，虞允文不幸病逝。赵昚得报，长长地叹了一口气。

这一年，宋孝宗改年号为"淳熙"，出师北伐之议从此再也没有被提起过。

赵昚之后来探望太上皇的时候，心态归于平和，谈书画、谈风景，没有了开始时的意气风发。赵构看到养子的变化，仿佛看到了自己退位前的样子。政治就是这么现实。赵构想，可能谁坐在金銮殿的那个宝座上，都会回归这样的心态吧！

---

① 汤思退在宋金和议期间表现软弱，并且有通敌的嫌疑，因此遭到了许多人的弹劾与攻击，不久即被免官，押往永州居住。太学生张观等 72 人上书，说汤思退为首的主和派奸邪误国，勾结敌人，应当斩首。汤思退路过信州，听到消息，心惊胆战，忧吓而死。

宋金最后到城和议：宋朝原许割让四州外，再割让商、秦两州地；宋朝获得的利益是金朝和宋朝不再是"君臣之国"，而变成了"叔侄之国"，也就是说赵构不用称完颜雍为君，叫声"大叔"就可以了；原来的"岁贡"改称"岁币"，每年减少 10 万，即交银绢各 20 万。

三

归于平和后，赵昚来德寿宫的频率大大增加了。有时候，赵昚也带太子赵惇同来。赵惇已经做了十几年的太子，40 多岁了，须发花白。赵构父子在一起的时候，喝酒、观花、聊天。他的皇后、太上皇后吴氏则更喜欢和孙子、太子赵惇闲聊。

一次，赵惇又来探望祖父母。赵构见他须发皆白，不解地问：孙儿，你为何不用药染黑须发啊？

赵惇回答说，前先日子还真有人给我送来了染须发的特效药，不过我没有用。

吴氏一旁不解地问："有人送药，你为什么不用呢？"

赵惇轻描淡写地说："孙儿以为白须白发并没有什么不好，反而可以向天下显示我的老成。"

赵构知道这不是孙子的本意，但也只能在心中暗暗叹气。在立嗣问题上，赵构认为赵昚做得太急了。早早地确立赵惇的太子地位反而让儿子和孙子之间失去了斡旋的余地。这么做也许是因为孙子是儿子亲生的缘故吧？可是赵构作为太上皇管不了了，没精力管，也就不想管了。

吴氏倒是怂恿着赵构干涉赵昚的家务事。赵构劝她说，儿子的家务事，我们做父母的就不要管了。

四

淳熙十四年（1187 年）夏天开始，赵构的身体就越来越差了，后来竟致卧床不起。太医云集，赵昚、赵惇频繁探望，可病情就是不见转好。

赵构知道自己大限将到。他在病榻上又想起了辛弃疾的那首《水龙吟》。"可惜流年，忧愁风雨，树犹如此！倩何人、唤取，红巾翠袖，揾英雄泪！"

在心底里，赵构还是需要辛弃疾这样的词人慷慨激昂的豪放作品的激励。他让宫人们收集辛弃疾的近作来阅读。辛弃疾的《永遇乐·京口北固亭怀古》很快就被呈送了上来：

千古江山，英雄无觅孙仲谋处。舞榭歌台，风流总被雨打风吹去。斜阳草树，寻常巷陌，人道寄奴曾住。想当年，金戈铁马，气吞万里如虎。元嘉草草，封狼居胥，赢得仓皇北顾。四十三年，望中犹记，烽火扬州路。可堪回首，佛狸祠下，一片神鸦社鼓。凭谁问，廉颇老矣，尚能饭否？[①]

赵构将这首词仔细品味了无数次，非常喜欢。他知道因为自己的缘故，辛弃疾的人生并不美满，志向难以伸张。因为赵构虽喜欢辛弃疾的词作，却难以将作品中的思想付诸政治实践。也许，有些思想只能停留在纸上，它们就是因为过于理想化、不切实际才吸引人的。

当时的辛弃疾因为文笔震动江南，受到了赵昚的亲自接见。辛弃疾受到鼓舞，写了《美芹十论》《九议》等抗金名篇，进献给朝廷。尽管这些建议书在当时深受朝野上下的称赞，广为传颂，但已经不愿再打仗的朝廷却反应冷淡，只是对辛弃疾在建议书中所表现出的实际才干很感兴趣。辛弃疾的政治境遇没有得到丝毫的改善，他又陆续担任了江西、湖北、湖南等地的转运使、安抚使一类地方官职，治理荒政、整顿治安。这显然与辛弃疾的理想大相径庭。虽然他干得很出色，但由于深感岁月流逝、人生短暂而壮志难酬，内心却越来越感到压抑和痛苦。

辛弃疾渐渐也看淡了官场沉浮，开始做归隐的准备。他在江西上饶的带湖畔修建了园榭，以便离职后定居。果然，淳熙八年（1181 年）冬，42 岁的

① 辛弃疾的这首词写于开禧年间。这里将它向前移了 20 年左右，是出于塑造赵构和辛弃疾两个人物的需要。请读者诸君原谅。

辛弃疾因受到弹劾而被免职，归居上饶。此后 20 年间，他除了有两年一度出任福建提点刑狱和安抚使外，大部分时间都在乡闲居。“了却君王天下事，赢得生前身后名，可怜白发生”，“却将万字平戎策，换得东家种树书”。晚年的辛弃疾只能把宏大的志向和抗金的感慨埋藏在这些诗篇之中。

比辛弃疾早步入晚年的赵构显然也受到了他的作品的鼓舞。“想当年，金戈铁马，气吞万里如虎。”有没有人会在千百年后的作品中提到自己呢？赵构觉得自己会出现在后人的作品中，但肯定得不到刘裕那样的高评价。赵构更多的是一个偏安君主的代名词。

“这个皇帝并不是我想要的，而是突然落在我身上的。”一旦成为皇帝后，很多事情就轮不到自己做主了。36 年的帝王生涯让赵构付出了巨大的代价，时刻压力重重，备受煎熬。即使退位避居德寿宫，他还要为自己做帝王时的所作所为而备受干扰，难以脱离国事家事。赵构病重期间常常假设：“如果我只是康王，那会是怎么样的一个人生啊？”

十月乙亥，赵构在德寿殿驾崩，享年 81 岁。赵构被安葬在会稽（今浙江省绍兴市）永思陵，赵昚给他上谥号为“圣神武文宪孝皇帝”，庙号高宗。

家庭危机

一

淳熙十六年（1189 年），也就是赵构死后的第二年，宋孝宗赵昚也搬到了德寿宫，做起了太上皇。赵昚觉得自己各方面都比不上养父高宗，当不起德寿宫的德寿二字，所以将宫殿改名为“重华宫”。

赵昚退位时，素衣简从地前往重华宫，开始退休生活。他终于能够明白养父赵构27年来的心情了。那是一种长期志向受到压制，压力重重以致心力交瘁之后突然释去重负的感觉。

赵昚的皇帝生涯经历了从一心北伐，到励精图治，再到不堪重负的心理变化。他刚登基时定年号为“隆兴”，立志光复河山，中兴祖宗基业。他令人眼花缭乱地恢复名将岳飞谥号“武穆”，追封岳飞为鄂国公，剥夺秦桧的官爵，起用张浚北伐中原。结果官军遭受了符离大败，损失惨重。赵昚被迫于隆兴二年（1164年）和金国签订“隆兴和议”。之后赵昚不得不勤政理财，本意是为了再战，却不想这一埋头内政，就是20多年，直到鬓发雪白，雄心不再。历史上将宋孝宗专心理政，百姓相对安宁富裕的局面称为“乾淳之治”[①]。但就赵昚本心来说，这是无心插柳的结果。每每想起自己也曾主持过对金国割地求和、妥协退让的“隆兴议和”，赵昚就觉得脸红。在那次和议中，南宋割让了唐、邓、海、泗、秦、商六个州，承认金宋为叔侄之国，每年向金国进献财物。赵昚这才体会到赵构的艰难，体会到实力差距造成的心理无奈。

两年前，太上皇赵构驾崩的时候，赵昚突然觉得精疲力竭了。他必须拖着疲倦的身躯为赵构行三年之丧。淳熙十六年（1189年），北方的金世宗也驾崩了，继位的金章宗只有22岁。按照和约，63岁的赵昚要称金章宗为叔父。岁月尚未抹去的自尊让赵昚接受不了如此的屈辱。他觉得，朝廷走了一位太上皇，应该再有一位新的太上皇，那就是他自己。

身心疲惫是赵昚退位做太上皇的一大原因，太子赵惇的逼位则让他打定了内禅的决心。

太子赵惇是赵昚的亲生子。赵昚当初认定这个儿子能力品行出众，与自己一样怀有恢复之心，“英武类己”。遗憾的是，历史证明赵昚完全看走了眼。在父亲赵昚面前，赵惇的表现四平八稳。在做太子的十几年间，赵惇对祖父

① “乾”是指乾道，“淳”是指淳熙。这两个是赵昚的第二个和第三个年号。

赵构、父亲赵昚毕恭毕敬。赵昚高兴的时候，赵惇也“喜动于色”；赵昚遇到烦恼的时候，赵惇也随着“愀然忧见于色”。但他不是真的和父亲心思一样，与父亲同喜同悲，而是揣摩上意的表演。表演得久了，赵惇的太子地位也就完全巩固了，他的心理也起了变化。当赵惇迈过 40 岁“门槛”的时候，他着急了。赵昚的身体一直很好，如果按照自然规律发展下去，赵惇即使如愿登上了皇位，也做不了几年皇帝了。

于是，赵惇经常有意无意地在赵昚面前露出自己的满头白发。尽管侍从和官员们纷纷向赵惇进献黑发的特效药，但赵惇都拒绝使用。他就是要让父亲知道，儿子也已经白发上头了，也应该做皇帝了。赵昚特别反感赵惇的做法。赵昚就是在将近 40 岁的时候登基的，也做过大龄太子。而且赵昚还在后宫中度过了 20 多年没有名分、时刻可能被废黜的皇子生涯。赵惇与自己相比，简直就是娇生惯养出来的孩子。终于在赵惇又一次展露自己的白发后，赵昚忍不住发火了。他严肃地告诉太子，人多生几根白发，并不是什么坏事，相反能证明一个人的老成稳重。

赵昚给赵惇泼了冷水后，赵惇不敢再向父亲公然挑战。他转而讨好祖母、太上皇后吴氏，梦想“曲线救国”。吴氏喜欢赵惇，也同情他的处境，曾经多次向太上皇赵构和宋孝宗赵昚暗示过。结果赵构责备她多管闲事，赵昚推说太子还需要历练。这么一来一去，赵昚、赵惇父子的心里就留下了阴影，父子关系不那么和谐了。赵惇对赵昚猜忌、恐惧，暗地里吐露了怨言。

淳熙十四年（1187 年）十一月，赵昚决定来个了断。他宣布要为死去的太上皇赵构行三年丧，创议事堂，下诏由皇太子赵惇参决庶务，命令洪迈条具合行事宜以进。这是他公开表示要将皇位让给赵惇了。赵惇喜出望外，立即开始总理朝政。当时大臣杨万里上疏力谏赵昚，同时上书赵惇说：“天无二日，民无二主，一履危机，悔之何及！与其悔之而无及，孰若辞之而不居？”赵惇闻之悚然，但强烈的权力欲促使他毫不停留地接受了父亲的安排。

一年以后，赵昚正式召集三省、枢密院执政大臣，告知欲行内禅之举。群臣都交口赞同这意料中的结果。知枢密院事黄洽却一言不发。赵昚奇怪地点名征询他的意见。黄洽回答说：“太子可负大任，但太子妃李氏不足以母仪天下，还望陛下三思。这本不是微臣应该说的，但既然陛下询问，臣不敢不答。恐怕他日陛下想起臣的这番话时，却没有机会见到微臣了。”赵昚沉默不语。他不是不知道退位后的种种隐患，可他宁愿选择退位也不想继续留在皇位上。黄洽话既已说出，便请求辞职。赵昚退位，赵惇登基，史称宋光宗。

事态的发展被黄洽不幸言中了。

二

赵昚退位后最担心的就是儿媳李氏作乱。

李氏名凤娘，出身于节度使家庭。还在家的时候，道士皇甫坦就预言李凤娘会成为皇后，要李家好好抚养。后来李凤娘被选为赵惇的王妃，在光宗朝顺理成章地成了皇后。但是李氏性情妒悍，嫁给赵惇后就彻底破坏了皇室的安宁与和睦。赵惇偏偏又是极端怕老婆的人，听任李氏为所欲为。

举两个例子：赵惇曾经宠爱一个姓黄的妃子。李氏很嫉妒，趁赵惇外出的时候将黄氏打死，对外宣称暴毙。赵惇贵为天子，回来后也无可奈何；又一次，赵惇洗漱时发现一位侍候宫女的双手洁白可爱，非常喜爱，盯着看了几眼。几天后，李氏派人给赵惇送去一个食盒。赵惇打开一看，差点晕厥过去，原来食盒里装着当天那个宫女的双手。久而久之，赵惇对李氏产生了不敢割离的恐惧感。

史载赵惇对李凤娘“由是益增剧，不视朝，政事多决于后矣”。李凤娘骄奢无比，却没有丝毫政治能力，只知道为自己李家牟利。她封祖宗三代为王，家庙规格逾制，卫兵比太庙还多。李凤娘还风光地归谒家庙，推恩亲属26人、使臣172人，就连李氏的门客也都补了官职。史官们认为这是“中兴以来未有也”。

赵构还在位的时候，就对孙媳妇李氏的所作所为很不满。赵昚也不满儿媳妇，曾严厉训斥她说：“你应该学太上皇后的德行。如果你若再插手东宫事务，朕就要废掉你！”然而考虑到赵惇，赵昚在位期间都没有废黜李凤娘。很自然的，李凤娘那样的人对公公赵昚怀恨在心。

退位后，赵昚没有享受到天伦之乐。李氏很少去看望闲住的太上皇，即使去了重华宫，不是不冷不热，就是傲慢无礼。赵昚的皇后、太上皇后谢氏好言规劝李凤娘要注意皇后身份，要谦恭懂礼。李凤娘当场翻脸，讽刺谢氏说：“我可是皇上的原配妻子，是明媒正娶的皇后”！谢氏是侍女出身，早年侍奉宋高宗吴皇后，后来才被赏给赵昚。谢氏因为书法骑射出众而得到赵昚的宠爱，晋封为皇后。李凤娘当众讥讽太上皇后谢氏的身份卑微，激起了重华宫的大乱。谢氏大怒，续而大哭不止。赵昚震怒之余，决定废黜李凤娘。他召来老臣史浩商议废后之事。史浩劝谏道，新皇赵惇即位尚短，骤行皇后废立大事，恐怕会引起天下非议，不利社稷江山的安稳，他坚决不同意废后。赵昚只能再物色其他大臣作为榜首。可惜他已经退位当了太上皇，除了几个老臣，再也找不到有力的支持者了。赵惇则退避三舍。废后一事最后只得不了了之。

太上皇赵昚和儿媳妇的关系算是彻底破裂了。他讨厌李凤娘来到重华宫，但有的时候他又盼着李凤娘的到来。因为只有那时候，儿子赵惇才敢跟着来看退休的赵昚。

三

赵昚退休后有更多的时间来思考自己和几个儿子的关系问题。

赵昚的原配妻子不是谢氏，而是郭氏。郭氏出身名门，为宋真宗郭皇后外家的六世孙。她是宋高宗皇帝给赵昚选定的妻子。可惜郭氏在赵昚即位之前就病死了，在赵昚登基之后才被追封为皇后。郭氏给赵昚留下了四个嫡子，分别是：长子赵愭，封邓王；次子赵恺，封庆王；三子赵惇，封恭王；第四子早夭。

有感于自己20多年没有名分的宫廷生活，赵昚登基之初就册立了太子。邓王赵愭因为是嫡长子，很自然地被立为太子。不幸的是，赵愭在被立为太子不久就病死了，追谥为庄文太子。按照出生顺序，庆王赵恺应该被册立为太子。但是赵昚看好赵惇，偏爱赵惇。相反，他认为次子赵恺宽厚仁慈，缺乏君王的果敢干练，成不了大事。于是，赵惇越过哥哥赵恺被立为太子。

赵惇之后的表现很窝囊，这我们都看到了。赵恺则宽宏厚道，雍容大度，即使与一步之遥的皇位失之交臂，也依然保持着谦恭谨慎的姿态。他对父母兄弟、达官显贵以及宦官宫女都以礼相待，举止得当。乾道七年（1171年）二月，赵恺被改封魏王，兼判宁国府，开始离开临安，独当一面。淳熙元年（1174年），赵恺又改判明州。担任地方官期间，赵恺心系黎民，做了很多实事、好事。南宋初年的南北战争严重破坏了南方的农业。赵恺在任上重视圩田的修复，推广种植小麦，成效显著，得到朝廷的嘉奖。在明州期间，赵恺重视教育，兴办了许多学校。淳熙七年（1180年），赵恺卒于明州任上，死在了赵昚前面。赵昚素服发哀于别殿，追赠赵恺为淮南武宁军节度使、扬州牧兼徐州牧，谥号惠宁。千百年后，地方志上还记录着赵恺当年的政绩，尊称他为“魏惠宪王”。赵昚又一次看错了人。

就像赵构退休后对赵昚抱有愧疚之情一样，赵昚也对赵恺抱有内疚之心。他总觉得自己对不住二儿子赵恺。

四

另一边，赵惇也想过要改变被老婆控制的局面。他想釜底抽薪，将李凤娘的亲信宦官全部杀死。古代皇后不仅衣食住行离不开太监的伺候，弄权干政更是需要太监的协助。赵惇就想从太监入手，解决受制于妻子李氏的窘境。

关键时刻，性格懦弱的赵惇当断不断、犹豫不定。太监们也不是省油的灯，他们探听到赵惇的秘密计划后，更加依附于李凤娘以求自保。每当赵惇流露出憎恶太监的言行，李凤娘就加以包庇。因为母老虎的保护，赵惇最终没能铲除李凤娘，哪怕是一个小太监。太监们认定只有维持甚至加强皇帝的家庭矛盾，他们才能长久平安。于是，太监们险恶地在赵惇和李凤娘之间、赵昚和李凤娘之间、赵昚和赵惇之间挑拨离间，唯恐天下不乱。

夫妻矛盾、父子隔阂使得赵惇承受了巨大的心理压力，身心劳顿，患上了一种“怔忡病”。赵昚在重华宫听说儿子生病了，爱子心切，将太医们都叫到重华宫来，给赵惇配药抓药。因为他不愿意主动去皇宫见那凶恶的儿媳，就坐等赵惇前来请安时，将药给儿子服用。太监们趁机在赵惇和李凤娘面前搬弄是非，说：“太上官家（指太上皇赵昚）合药，欲待皇上前去问安，即令服饮。倘有不测，岂不贻宗社之忧吗？”意思是说太上皇私自在重华宫配药，等着皇上去服用，是别有用心。赵惇自然不肯前往重华宫服药。

当时重华宫和皇宫之间还有礼物往来，间接的常规联系还比较密切。恰好，赵昚看到一个玉杯很好玩，就让太监送给赵惇。赵惇一时没有拿稳，玉杯落地摔碎了。太监们回到重华宫后，向赵昚造谣说：“皇上一见太上皇赏赐的玉杯，不知道为什么非常气愤，把玉杯摔碎了。”赵昚一片好心，换来这样的结果，不免对儿子不满且猜忌起来。慢慢地，重华宫和皇宫之间的器物来往和常规礼节联系也都断绝了。

赵昚父子之间嫌隙越来越深，交往日少。寂寞的赵昚在重华宫中常常几个月都见不到赵惇一面。赵构营造的美景，碧波荡漾的小西湖在他眼里都失去了光彩。

五

在宣称以孝道治天下的古代政治中，赵昚父子之间的隔阂注定要成为王朝大事件。

宋朝是个重文抑武的王朝，文官集团的力量异常强大。文官集团首先对太上皇和皇上之间的矛盾发难，矛头都是对准赵惇的。一次，赵惇率领后宫嫔妃游览聚景园，而没有邀请太上皇赵昚一起游览。赵构还在世的时候，赵昚每次出游都要恭请作为太上皇的赵构同行。现在赵惇独立游玩的行为遭到了文官们的猛烈非议。群臣纷纷上书，有的旁征博引，有的春秋曲法，有的指桑骂槐，都是批判赵惇的。赵惇本来心里就不痛快，精神压力大，现在见到雪片般飞来的指责奏章，更不高兴了，与赵昚的感情又少了一分。

不久之后，赵昚出游东园。按照赵构在世时的做法，赵惇应该前往侍奉。赵昚也盼着儿子前来一同游玩。可直到夜幕下垂，家宴开始之时，赵惇还是难觅踪影。充满期待的赵昚，这时的失望和不快就可想而知了。当晚，年老的赵昚大发雷霆，感叹时过境迁，人心叵测。最后，近臣们好不容易才将赵昚劝回宫去。随行的太监们很快就这一幕宣扬了出去。太上皇和皇帝的矛盾冲突开始公开化了，在临安城里越传越广，版本也越来越多。

现在，赵昚只能是有泪倒向肚子里流。

过宫事件

一

重华宫和皇宫的矛盾终于在宋光宗赵惇立嗣问题上爆发了出来。

因为悍妇李凤娘把持后宫，赵惇只有一个儿子。那就是他和李凤娘所生的赵扩。皇位稳定后，赵惇计划册立赵扩为太子，或许这背后有李凤娘干政的身影。太上皇赵昚坚决不同意立赵扩为太子，他厌恶李凤娘，进而也就对她的儿子也没有了好感；同时赵惇窝窝囊囊的样子也让赵昚对赵扩的能力没有信心。而太上皇赵昚属意的人选是赵惇兄长、魏王赵恺的儿子赵抦。赵恺生前的优异表现让赵昚觉得赵抦也会有上佳的政治表现。

一提到赵恺的名字，赵惇的神经就敏感起来。当初赵恺是更有资格被立太子的人，赵惇取代兄长成为太子，出乎自己的意料，因此要防备着太子之位重新被赵恺夺走。好在二哥死得早，赵惇的担心也就不会成为现实。现在太上皇突然提出舍弃自己的独子，改立赵恺的儿子为太子，这无疑让赵惇感到恐惧与猜疑。父亲为什么要这么做？他是对我公开表示不满，还是要对死去的二哥做一个补偿？

赵昚也知道儿子的疑惧，于是就在几天后举办家宴，召赵惇来重华宫面谈。他想把自己的意见和担心都摆出来，父子一起商量。重华宫的宴会邀请发到皇宫后，李凤娘根本就没让赵惇知道。她独自去了重华宫，当面向赵昚提出要立亲子赵扩为储。赵昚没有意料到会出现这样的情况，沉吟不答。李凤娘按捺不住，公然责问公公说："立嫡以长是自古铁律。我是六礼所聘的皇后，赵扩是我亲生的皇子，为什么不能立为太子？"我们知道赵昚并不是宋高宗赵构的儿子，而是从皇室疏宗中挑选来的养子。李凤娘的话公然揭露了赵昚的出身，气得太上皇浑身发抖。赵昚当即拂袖而去。

李凤娘没有实现目的，眉头一皱，回皇宫后对着赵惇哭哭啼啼，把太上皇从私自配药到强硬要立侄子为太子等事情添油加醋地哭喊了出来。她的结论是太上皇赵昚根本就不喜欢赵惇，直到现在还对宋光宗有废立之意。否则，赵昚为什么对赵惇夫妇这么不好啊？

赵惇对父亲的疑惧被妻子这么一激，对李凤娘的结论信以为真了。他对赵昚的感情由怨到恨。此后一年多时间里，赵惇没有踏进过重华宫一次。立赵扩为太子一事因为太上皇赵昚的坚决反对，拖而不决。

父子双方都为此付出了惨痛的代价。

二

宋光宗不给宋孝宗请安的事件就是宋史上著名的“过宫事件”。

赵惇有明显不孝的表现，引得群臣纷纷进谏，但他就是不听。文臣们只好来最后一招，那就是“伏阙泣谏”。也就是一大帮文官显贵齐刷刷地跪在皇宫里，哭得稀里哗啦地请皇帝答应他们的要求。这一次，群臣们的要求很简单，就是要求宋光宗赵惇抽空去看看重华宫里寂寞的太上皇。绍熙三年（1192 年）十二月，赵惇有一次面对群臣的苦谏后推辞不过，当场勉强答应去向赵昚请安。拖了几天，赵惇还没有实际行动。群臣又要苦谏，赵惇这才去了重华宫，象征性地探望赵昚一次。之后的长至节和元旦，宋光宗先后到重华宫给赵昚问安。

这是赵惇最后一次前往重华宫，之后他再也没有踏进重华宫半步。其间，在“母老虎”李凤娘的凶残霸道下，赵惇还抑郁成疾，病情相当严重。赵昚听说后，爱子心切，从重华宫赶过来探视。

病榻上的赵惇已经不省人事了。赵昚新仇旧恨涌上心头，训斥李凤娘说：“皇帝病得如此严重，都是你这个皇后没有照顾好丈夫。如果皇帝有什么不测，我就族诛了你们李家！”李凤娘害怕了。不久，赵惇病情有所起色，她就在丈夫面前造谣说太上皇在皇上生病期间有所异动，会对皇上不利。她进一步劝赵惇千万不要去重华宫，如果去了，没准就被太上皇给扣留了。赵惇也不仔细思考，轻信了李凤娘的话，更加不敢见太上皇了。

皇帝和太上皇长期互不相见，使得“过宫事件”继续膨胀。朝野上下议论纷纷，临安内外沸沸扬扬。史载：“帝久不朝太上，中外疑骇。”不仅朝廷大臣纷纷劝谏赵惇，临安的太学生们也都集会呼吁。学生一向是最激情的人群。他们动辄联络上百人联名上书，要求皇帝过宫，给整件事情加薪浇油。宋光宗赵惇对待劝谏的态度是，奏章我看，但就是不听。

绍熙四年（1193 年）九月的重明节，是宋光宗重明节的生日。临安的宰执、侍从和太学生们决定在这一天联合发动大规模劝谏活动，逼宋光宗去重华宫向太上皇请安，以解决困扰朝廷多时的“过宫事件”。当天早朝的时候，大臣们当朝死谏，侍从们传递近来数以百计要求皇帝向太上皇请安的奏章。书写奏章的几乎包括了临安城所有的太学生。

臣工们的要求就是请赵惇在自己出生的这一天，念及父母的生育之恩，去重华宫向太上皇请安。赵惇借口自己带病不宜出行，拒绝了臣下的请求。丞相以下至太学诸生再次力谏。给事中谢深甫说：“父子至亲，天理昭然，太孝宗钟爱陛下，亦犹陛下钟爱嘉王。太孝宗春秋已高，千秋万岁后，陛下何以见天下？”谢深甫将话说得很重，也很实在。太上皇赵昚的年纪已经很大了，万一哪天死了，宋光宗就再也见不到父亲了。到时候，赵惇怎么向天下交代啊？赵惇显然被打动，当场答应当天前往重华宫向太上皇问安。群臣们山呼万岁，连忙摆好仪仗，列好队，等待赵惇出行。赵惇换了衣服后，正要出发，走到隔断大臣和后宫的御屏的时候，被李凤娘给拉住了。

李凤娘挽着赵惇的胳膊，娇滴滴地说：“天气这么寒冷，皇上还是先回宫饮酒吧。”

赵惇本来就不是特别坚定要去重华宫请安，现在被李凤娘一挽留，马上改变了主意，转身要回后宫去。

恭候多时的百官和侍从们见到这幅景象，面面相觑，惊讶得说不出话来。这时，中书舍人陈傅良上前厉声说道：“陛下之不过宫者，特误有所疑而积忧成疾，以至此尔。臣尝即陛下之心反复论之，窃自谓深切，陛下亦既许之矣。未几中变，以误为实，而开无端之衅；以疑为真，而成不疗之疾，是陛下自贻祸也。”陈傅良不仅公开指责赵惇，还冲上前去拉住皇帝的龙袍，不让他回后宫。皇帝、皇后和陈傅良三个人拉拉扯扯起来，两个人要往回走，一个人要向外走，结果僵持在御屏后面。

李凤娘急中生智，呵斥陈傅良说：“此何地，尔秀才欲所头邪？”朝廷严令，外臣没有宣诏不得进入后宫。现在陈傅良越过了御屏，从严格意义上说犯了朝廷的严令。

陈傅良只好放手，大哭，踉踉跄跄地退出宫去。

李凤娘很奇怪，让贴身太监去问陈傅良为什么哭泣。陈傅良说：“臣犹子，君犹父，力谏不从，怎得不泣？”在儒家思想中，君是父，臣是子。父亲明显做错了，儿子又劝不了他，除了痛苦之外，还能做什么呢？

李凤娘得到回报，更加生气，竟然传旨，今后永不再见太上皇。

三

绍熙五年（1194年）春天，太上皇赵昚的生命开始走向尽头。

太上皇病重的三个月间，宋光宗赵惇没有去探望过一次。相反，他天天在宫中与李凤娘游宴。赵惇如此行径，完全丧失了人心。朝廷大臣见政局至此，纷纷上疏自己弹劾自己，请求罢黜。在奏章中，大臣们指出朝廷出现了道德危机，一向提倡的孝道没有得到执行，感到自己列位朝堂对此负有不可推卸的责任，应该受到惩处。奏章上去后，官员们按惯例都居家待罪，不去办公了。这是基于儒家思想和现实考虑的行为。皇帝不孝，又不听劝谏，群臣们只能将此归咎于个人没有做好大臣职分。既然没有尽职，就要受到处罚。但另一方面，所有大臣都“待罪在家”，荒废了朝政，也是变相地劝谏皇帝。类似于今天的集体罢工。于是，朝廷上出现了“举朝求去，如出一口”、朝政无人打理的现象。赵惇依然对此置若罔闻。

六月，赵昚已经到了弥留之际。临死前，他特别想见儿子宋光宗一面，顾视左右，泪流满面，却说不出话来。消息传出重华宫后，舆论大哗。宰相留正、兵部尚书罗点、中书舍人陈傅良、起居舍人彭龟年等人不得不再次进谏，力劝赵惇过宫去与太上皇诀别。其中，彭龟年跪在地上不断地磕头，头破血流，满身满地都是鲜血。留正则拉住皇帝的衣裾不放，哭着恳请赵惇一定要去见太上皇最后一面。赵惇只反复说我知道了我知道了，一点没有起驾去重华宫的迹象。最后拗不过大臣的死劝，赵惇让儿子、嘉王赵扩代为前往探视。

六月戊戌日，过了五年寂寞、无奈、伤心的太上皇生活的赵昚逝世，享年68岁。

死前，宋孝宗一直深情地注视着宫门，希望儿子的身影能够出现。重华宫那遗憾的长瞥，深深投射到了帝国政界中，随即掀起了汹涌的波涛。

四

太上皇死后，重华宫的内侍没有首先向皇帝赵惇报告，而是先去找了朝廷的重臣们。

他们先去了宰相留正的私第和知枢密院赵汝愚的官邸，通知噩耗。赵汝愚得知噩耗后，制止了内侍去皇宫报告。他担心李凤娘知道消息后，可能阻拦赵惇上朝，甚至是封锁消息。赵汝愚要求重华宫当天秘不发丧，隐瞒太上皇崩逝的消息。

第二天入朝，赵汝愚当着赵惇和满朝文武的面，将太上皇驾崩的消息禀告给了皇帝，公之于众。大臣们边哭边请赵惇速去重华宫主持太上皇安葬的事宜。对于丧事，赵惇没有任何理由推托，不得不答应下来。这一次，群臣觉得赵惇怎么也得去重华宫主持父亲的丧事了吧。大家在宫门外列队等候了多时，直等到中午，还不见宋光宗的影子。原来赵惇怀疑这是大臣们为了要让自己去见父亲，伪造了父亲的死讯，下套让自己去重华宫。他心底里还是不愿意去那并不太远的地方。就当群臣望眼欲穿之时，后宫传来消息说，皇上生病了，最近不处理政务。也就是说，赵惇不出宫了，太上皇的丧事没人主持了。

宋王朝的政界就出现了危险的一幕：太上皇停尸重华宫，因为没人主事而无法入殓；原本应该主持一切的宋光宗赵惇称病不出宫门半步。我们不知道赵惇到底是不相信父亲真的死了，还是被李凤娘所胁迫，或者两者都有。相反北方的金国得到赵昚的死讯后，马上派遣使者前来吊唁。赵惇作为家属和君王，应该出面接待。但尴尬的是，因为赵惇躲在深宫中，金国的使团竟然无人接待。一两天之内，东南骚动。“时中外讹言汹汹，或言某将辄奔赴，或言某某辈私聚哭，朝士有潜遁者。近幸富人，竟匿重器，都人皇皇。”临安城里谣传满天飞，人心惶惶，有的人还收拾细软离开了临安。恐慌情绪开始传播到军队中。“京口诸军讹言汹汹，襄阳归正人陈应祥亦谋为变。”

宰相留正和知枢密院事赵汝愚无可奈何，只好跑去请81岁高龄的宋高宗皇后、太皇太后吴氏出面主持丧礼。吴氏是驾崩的太上皇赵昚名义上的母亲。由母亲给皇帝儿子来操作丧事，这是闻所未闻的事情。吴氏一口拒绝。后妃走到前台，发号施令，是王朝大忌。吴氏不敢冒此大忌。这难不倒赵汝愚等人。他们从书堆里搬出了之前太后便宜从事，拯救危局的故事来。吴氏禁不住留正和赵汝愚两人苦苦哀求，也考虑到局面已经到了无法收拾的地步，只好勉为其难，挣扎着出面主持了太上皇赵昚的丧礼。

赵昚停尸的尴尬终于解决了，但朝政的困局依然存在。朝廷政务不能没有人决断，太上皇入葬时不能没有后代出席，这些都怎么办呢?

尚书左选郎官叶适向宰相留正提出了一个大胆的建议：拥立嘉王赵扩为太子，监国代理皇帝职务。叶适说:“帝疾而不执丧，将何辞以谢天下。今嘉王长，若预建参决，则疑谤释矣。”留正采纳了这个建议，由他领衔、朝廷宰执多人附署，上奏说:“皇子嘉王，仁孝夙成，宜早正储位，以安人心。”大臣们对赵惇已经失望了，他们现在希望他能够允许赵扩以太子的身份出现在朝堂和葬礼上，缓解政治危机。

奏章递进宫去六天，没有任何回应。群臣们都急了。六天后，那份奏章带着赵惇的批示从宫中出来了。上面多了八个字：历事岁久，念欲退闲。

这是一句文不对题的回答。赵惇没有说是否同意立赵扩为太子，反而透露出了自己退位的意思。在这样的时刻，赵惇是万万不能退位的。因为太上皇还没有入葬，朝廷还没有太子，皇帝在这个时候退位算是怎么回事啊？从赵惇角度来说，他真的是精疲力竭了。短短的四年皇帝生涯中，家庭不幸，政务荒芜，民怨沸腾。赵惇却没得到一丝的宽慰和休憩。他怎么能不渴望退闲隐居呢？

宰相留正本来是希望赵惇早定太子人心，缓解政治危机，却不料引出了皇帝退位的意思。这时候，留正身上暴露出了读书人的弱点：懦弱，不敢承担责任。他不敢再在临安的政治乱局中坚持下去了，他更不敢在没有太子的前提下主持皇帝退位仪式，怕惹祸上身。留正已经隐约感觉到现在的困局，除非来一场宫廷政变，否则是难以破除的了。从皇宫里出来，留正假装摔倒，扭了自己的脚脖子。一瘸一拐地回到家后，留正马上以受伤为由，上书请求辞去宰相职务。不等朝廷回复，留正就在第二日的五更天，“肩舆出城”，潜逃出了临安城。宰相辞官，临安人心更加浮动，朝政转运完全停滞。时人指责留正开溜是“擅去相位”。

赵眘与赵惇的家庭危机终于扩展成了整个宋王朝的政治危机。

绍熙内禅

一

赵眘生后乱局被打破的关键人物还是赵汝愚。

赵汝愚走上宋王朝的政治舞台，是一个例外。赵汝愚，字子直，号东山，生于今江西省上饶市余干县，是宋太宗之子汉恭宪王赵元佐的七世孙。他是赵眘的远房侄子，赵惇的远房堂兄弟。北宋开国的时候就规定宗室成员不能出现朝廷的宰执。帝国为宗室确立了优厚的待遇，用以交换他们手中的权力，压制他们的政治欲望。宋朝的宗室贵胄在享受美轮美奂的物质同时，被委婉地排斥在政治之外，只起着仪式性的作用。但赵汝愚凭着真才实学和突出政绩，考中了状元，还逐步升迁为掌握兵权的知枢密院。尽管有人对他的升迁提出质疑，但皇室和多数大臣都支持赵汝愚担任这个职务。

正因为如此，赵汝愚兢兢业业、如履薄冰，避免成为他人弹劾甚至是议论的靶子。面对赵昚死后的危险乱象，赵汝愚觉得自己有必要出面解决皇室家务事，一来他是朝廷重臣，二来他是皇室远亲。

赵汝愚判定政局乱象非下猛药不能治愈。他和几位大臣密谋后，认为宋光宗已经失去人心，只有推举皇子、嘉王赵扩即皇帝位，才能打破混乱，更新朝政。问题在于宋光宗赵惇自己不会出来禅位给赵扩，而赵扩又不是太子，这一套程序没法完成。赵汝愚决定以政变的方式，请出太皇太后吴氏，直接下诏宣布赵惇退位，赵扩即位。

赵汝愚的政变计划得到了多位大臣的赞同。

二

赵汝愚毕竟掌握兵权，知道但凡成功的政变都需要事先配置好军队。

发动宫廷政变离不开守卫宫廷的将领的配合。当时指挥禁军的是殿帅郭杲。赵汝愚尽管掌握着天下兵权，也需要联合他解决危机。但赵、郭二人彼此并不熟悉，关系更谈不上亲近了。赵汝愚怕郭杲到时不配合，很发愁。

恰好工部尚书赵彦逾来访。赵汝愚和他谈到国事，谈到伤心处，相对而泣。赵汝愚想起平日里赵彦逾和郭杲关系不错，就向他透露了一点政变的意思。想不到，赵彦逾非常赞同发动政变。赵汝愚故意忧愁地说："只怕到时候郭杲不同意，率军反对，怎么办？"赵彦逾拍拍胸膛说："我愿意去劝说他，知院大人就等着好消息吧。"他决定晚点去找郭杲，第二天再来向赵汝愚复命。赵汝愚着急地说："此等大事既然已经说出了口，岂容有所耽搁？"的确，政变是流血杀头的大事，哪还容得你过一天再去办，片刻的迟误都可能威胁身家性命。

赵彦逾走后，赵汝愚紧张得都不敢退回私室，而是坐在大厅的屏风后，焦急地注视着大门，等待赵彦逾的身影出现。好一会儿，赵彦逾急匆匆地赶来了。看到他那兴高采烈的样子，赵汝愚明白政变是箭在弦上，不得不发了。

赵汝愚正想去拉留正一起发动政变，谁料没来得及说，当天留正就在朝堂上摔跤“受伤”了。第二天，留正五更天就溜出城去，没法参与整个政变。留正逃跑后，临安城里人心浮动。赵汝愚主动承担起了宰相的角色。尽管心底里七上八下，赵汝愚表面上仍泰然处之。

现在政变的关键工作就只剩下老太皇太后吴氏这一关了。政变的成功，不仅需要吴氏的首肯，还需要她出面宣布政变的结果，需要她按照祖制出面垂帘听政、废黜皇帝、新立赵扩。但是吴氏深居慈福宫中，极少与外臣交往，怎么才能让她赞成并配合政变呢？赵汝愚与徐谊、叶适等人商量，判断吴氏也对赵惇不满，极有可能赞同外臣的安排。问题是找谁去慈福宫里争取吴氏？

徐谊推荐了知阁门事韩侂胄。知阁门事是宫中管理宫门的中级官员，是皇室近臣，通常是由外戚担任。韩侂胄就是当朝著名的外戚。他是名臣韩琦的曾孙，母亲是太皇太后吴氏的妹妹。因此韩侂胄随便出入宫廷，在吴氏面前走动。由他去做说客的确是再合适不过了。

韩侂胄爽快地接受了外臣们的嘱托。他也对宋光宗的所作所为不满，更重要的是他一直希望能够和外臣一起参与朝廷大事，建功立业，赢得权势，恢复祖先的光荣。这么说吧，韩侂胄是一个盼望有所作为的外戚。他不敢怠慢，马上进入慈福宫，将外臣们的计划一五一十地告诉了吴氏，劝吴氏答应。太皇太后吴氏当初答应主持赵眘丧礼就已经是勉为其难了，现在听说要她出面“主持”废黜皇帝的政变，一口拒绝掉：“既然皇帝不答应，这件事情还能说什么呢？”

韩侂胄不死心，第二天又到慈福宫再次劝说姨妈吴氏。老太太还是不同意。

正当韩侂胄焦躁无奈地在慈福宫门口团团转、无计可施的时候，重华宫提举关礼正好经过，询问起来。韩侂胄支支吾吾，闪烁其词。关礼指天发誓说："韩公尽管直言不讳，关礼如果能够效力一定帮忙。如果力不能及，也绝不会泄露出去！"韩侂胄就把政变计划和遇到的困难讲了一遍。关礼当即表示要入宫劝说太皇太后。

关礼拜见吴氏后，二话不说，先泪流满面。吴氏慌忙问道："你这是怎么啦？"关礼哭着回答："我是在哭现在朝廷的乱象。即使是圣人在世，也不会料到会出现如此混乱的局面啊。"吴氏生气地说："这不是你们这些小臣应该知道的。"关礼力争说："此事天下妇孺皆知。今日宰相去位，朝廷所依赖的就只有赵知院了。赵知院早晚也会挂冠而去，到时候朝廷可怎么办啊？"吴氏闻听大惊说："赵知院本是宗室同姓，怎么会同普通大臣一样逃跑呢？"关礼就说："赵知院之所以没有离开，就是因为还仰恃太皇太后您啊。如果您今日不出来主持大计，赵知院无所适从，也只有请去了。知院一去，天下复将如何，请太皇太后三思！"

吴氏被深深触动了。她想到韩侂胄两次劝她出面支持内禅，决定配合群臣的计划。她询问左右韩侂胄在什么地方。关礼回答说："臣已留其候命。"吴氏叹气说："这件事是大事，事顺则可。你传谕韩侂胄，要好自为之，务必仔细。"吴氏决定，明日她将上朝垂帘颁旨。

关礼赶紧传旨韩侂胄。韩侂胄立即告诉了望眼欲穿的赵汝愚。

当时，星星已经慢慢爬上天空，临安城中炊烟四起。赵汝愚迅速发动所有力量，完成剩余的政变准备工作。他派人告诉殿帅郭杲和步帅阎仲，让他们连夜召集所部兵士分别守住南北内宫，以防不测；又通过关礼布置宣赞舍人傅昌朝等摸黑赶制龙袍。现在，赵汝愚反而担心赵惇突然出现在朝堂上了。

至此，政变准备工作全部完成了。

三

第二天是禫祭，皇室贵胄和文武百官都聚集到太上皇赵昚的灵柩前。赵惇和李凤娘依然没有出现，赵汝愚松了口气。

事情变得非常简单了。赵汝愚率领百官恭请参加祭礼的太皇太后吴氏“垂帘听政”。吴氏同意。赵汝愚再拜跪在地启奏说：“皇帝疾，不能执丧，臣等乞立皇子嘉王为太子，以安人心。”（皇上生病了，不能主政，大臣们请求太皇太后立皇子赵扩为太子。）刚刚垂帘的吴氏现在已经有了处理朝政的权力，批准立赵扩为太子。

赵汝愚第三步是将赵惇几天前御批的“历事岁久，念欲退闲”八个字公布于众，并上奏吴氏：“皇上决意退位，请太皇太后恩准。太子当为新皇。”吴氏说：“既有御笔，卿当奉行。”赵汝愚说：“内禅事重，须议一指挥。”吴氏说，好，大臣们拟定诏书吧。赵汝愚不慌不忙地从袖子里抽出早已拟定好的诏书呈上。吴氏接过来一看，诏书上写着：“皇帝以疾，未能执丧，曾有御笔，欲自退闲，皇子嘉王扩可即皇帝位。尊皇帝为太上皇，皇后为太上皇后。”阅毕，吴氏说：“甚善。”赵汝愚随即传令将诏书内容公布天下。

至此，赵惇在毫不知情的情况下被废黜，成了太上皇。宋王朝的皇位实现了更替。

赵汝愚捧着诏书和龙袍去见皇子赵扩，迎接他登基称帝。这时候发生了一点小状况，也是整个政变过程中唯一的意外：赵扩坚决推辞，不愿意当皇帝。赵汝愚等人也不答应，簇拥着赵扩来到大殿。赵扩挣扎起来，最后以至于绕着大殿的柱子逃跑。他一边躲避，一边大喊：“儿臣做不得，恐负不孝名。”赵汝愚在后面边追边劝说：“天子当以安社稷、定国家为孝，今中外忧乱，万一变生，置太上皇何地！”最后，又是吴氏出面，呵斥了赵扩这个曾孙子。赵扩才极不情愿地停止了不成体统的奔跑。

众臣将赵扩扶入素幄，披上龙袍。赵汝愚率领文武大臣，列队再拜。赵扩正式登基，改元庆元，史称宋宁宗。第二天，太皇太后吴氏又册封韩氏为皇后，随即宣布撤帘归政，结束了只有一天多时间的垂帘听政生涯[①]。赵扩登基后，宋朝的政治乱局迎刃而解。赵昚的丧礼由新皇帝、孙子赵扩出面主持，朝政也得以继续运转。赵昚谥号为哲文神武成孝皇帝，庙号孝宗，于当年十一月乙卯日葬于永阜陵。宰相留正被召回朝中，临安城又恢复了往日的繁华喧嚣。

这次政变史称“绍熙内禅”。

四

当赵惇在宫中听到外朝皇帝朝会的钟鼓声响起，他非常清楚那不是自己吩咐下去的。到底是谁，敢大胆地动用天子礼乐呢？

不多时，有几个大臣过来拜见赵惇。他们使用的称谓是“太上皇”。赵惇这才明白：哦，原来我已经不是皇帝了啊！这几个大臣是遵照新皇帝赵扩的意思，“恭请”太上皇出宫的。赵惇没有进行权力反抗，也没有大吵大闹，只是平淡地说了一句：“怎么事先也不告诉我一声啊？”

赵惇无可奈何地收拾起行囊，搬出皇宫去。李凤娘也随丈夫搬出宫去，称为太上皇后。即位前，赵惇对皇位充满了期待，甚至有些急不可耐。但在位的五年间，他毫无作为，白白浪费了天下五年时间。而赵惇本人也没有从

---

① 高宗皇帝皇后吴氏，14岁被选入宫侍奉赵构。即位之初，赵构处于内忧外患的境况中，外有追兵，内有兵变，吴氏常常身穿戎装，跟随赵构左右，获得赵构的喜爱与信任。赵构漂洋入海的时候，吴氏一直跟随左右，被封为和义郡夫人，回到越州又进封才人。局势安定后，吴氏脱去戎装，博览群书，勤习翰墨，又晋封为贵妃。韦太后由金国还朝后，吴贵妃侍奉太后起居得当，于公元1143年被正式册封为皇后。高宗禅位后，孝宗皇帝尊吴皇后为寿圣太上皇后。光宗皇帝尊吴太后为太皇太后。宁宗即位第三年，吴氏病逝，享年83岁。吴太后一生，经历徽、钦、高、孝、光、宁六朝，在位长达55年，是历史上在位最长的皇后之一。她也是宋朝极少数曾经垂帘听政的后妃之一。

皇位中得到丝毫的享受或是快慰，只有无聊的辛苦和疲倦。当车驾缓缓离开皇宫的那一刻，赵惇有了祖父赵构、父亲赵昚当年那种如释重负的感觉。

因为原来安置太上皇的重华宫已经改名为慈福宫。吴氏从德寿宫时期就一直居住在那。经过“绍熙内禅”后，吴氏和赵惇夫妇显然不能同住一地。于是朝廷决定将赵惇夫妇移居泰安宫。

在泰安宫中，赵惇得出一个结论：自己不适合做皇帝。他的太上皇生活单调没有色彩，只是在反复地回忆皇帝生涯。近侍们总能听见赵惇一个人在房间里自言自语，有的时候会出现骂声甚至是哭声。庆元元年（1195 年）十一月戊戌日，赵惇被上尊号为“圣安寿仁太上皇帝”，情况也没有好转。那李凤娘说来也怪，褪去皇后的光环被安置在泰安宫后，居然安静了下来。庆元六年（1200 年）春，做了五年多太上皇后的李凤娘病死。

两个月后的一天，太上皇赵惇难得地走到庭院中，默默地看着草长莺飞的院子。他听到有恢宏的鼓乐之声由远及近，传入耳中。那是儿子、皇帝赵扩从郊外祭礼归来时宫中奏的乐。

赵惇问近侍们乐声何来?

左右怕实话实说惹得太上皇触景伤情，撒谎说是街上百姓奏乐游戏。

赵惇大怒道:“就连你们这些奴才，都来欺骗我！”

多年的闲居没能让赵惇修身养性。他竟然挥拳要去打左右侍从，结果没用好力，跌倒在地。赵惇就此得了一场大病，熬到当年八月辛卯日，病死在寿康宫，享年 54 岁。赵惇谥号“诗宪仁圣哲慈孝皇帝”，庙号“光宗”，葬在永崇陵（今浙江省绍兴县东南 35 里处宝山）。

五

在故事的结尾，我们来介绍一下与南宋太上皇密切相关的德寿宫的情况。

德寿宫先是改名重华宫。赵昚死后，这里还先后住过宪圣皇太后吴氏

（赵构皇后）和寿成皇太后谢氏（赵昚皇后），并先后改名为慈福宫和寿慈宫。嘉泰三年（1203 年），谢氏去世，寿慈宫闲置。咸淳四年（1268 年），宋度宗将其地一半改建为道宫，名宗阳宫，一半废为民居。此时距南宋灭亡只有 11 年。南宋灭亡后，德寿宫地区迅速衰败，经受历史沧桑的无情洗礼。到清朝初年，德寿宫故址所存风貌不及十分之二三。解放后的杭州只有梅花碑和新宫桥这两个地名见证了德寿宫的存在。

1985 年，杭州疏浚中河时发现了一条两米多长的砖砌道路。从此，被掩埋在五米深的地下的德寿宫的遗址才逐渐重见了天日。

第四章

政治的门外汉

徽州婺源永平乡松岩里有个叫朱松的读书人，曾经拜名儒罗从彦为师，可惜学业一般。朱松后来当了官，职位也一般，最高只做到了南宋朝廷的吏部员外郎。朱松对权相秦桧的许多作为不满，被排挤到福建北部山区作县尉，管管治安，年纪轻轻就死在了那里。

朱松的一生没有什么可以让历史记住他的闪光点。我们后人之所以常常提到这个人物，完全是因为朱松生了一个好儿子。他被贬外任福建的时候，于南剑州尤溪县生下一个儿子。可惜的是，朱松没有看到儿子长大，就逝世了。临死前，他把年仅 14 岁的儿子叫到床前嘱咐说："籍溪（今福建省武夷山五夫镇）的胡宪、白水的刘勉之、屏山的刘子翚三个人，是我的老朋友。他们学问深厚，让我很敬佩。我就要死了，你去投靠他们三人吧。记住，你一定要听他们的话，像对待我一样对待他们，那么我就死而无憾了。"[①]

这个孩子就是朱熹。

---

① 这句话在民国年间的《崇安县新志》中有记载。

朱熹进了武夷山

一

绍兴十四年（1144 年）前后，年幼的朱熹来到了烟雾蒙蒙的武夷山，开始了与武夷山超过 50 年的不解之缘。

朱熹此行是来投靠父亲的老朋友刘子羽的。刘子羽在川陕前线被调回东南后，担任过沿江安抚使、镇江知府。在镇江任上，刘子羽团结军民，致力抗金。一次，金朝出使南宋的使团顺流而下，在大船上打出“江南抚谕”的旗帜。经过镇江时，刘子羽毫不犹豫地派兵把大旗拔掉，出镇江境后才把旗帜还给金人。他的行为显然不合朝廷的议和风气，45 岁的时候就被安上一个“奉祠归里”[①]的名义给罢官了。

退休回崇安后，刘子羽淡泊功名，兴办学馆，寄情武夷山水。隐居故乡籍溪的刘子羽，慷慨地接纳了少年朱熹，极尽抚养教育之责，视朱熹如己出。他为朱熹建造了紫阳楼，作为朱熹起居、修学之所。朱熹就在武夷山定居下来。

绍兴十六年（1146 年），刘子羽病逝，朱熹写挽诗哀悼说：“天界经纶业，家传忠文心，谋谟经国远，勋烈到人深，廊庙风云断，江湖岁月侵，一朝成殄瘁，九牧共沾襟”；“久矣身无用，前思愿莫偿。岂期今老大，复此重悲伤。泪向遗书尽，心随宿草荒。诸君那不死，恸绝鬓成霜！”

刘子羽死后，朱熹向胡宪、刘勉之、刘子翚三人虚心学习。刘勉之还将

① 奉祠：宋朝在首都和各地建设了许多庙宇和官观。为了表示对祖辈神灵的尊敬，为了表示对佛教和道教的尊崇，这些庙宇和官观设立了专门的官员管理。这些祠禄官主管祭祀，因此祠禄官称为“奉祠”。奉祠是宋朝让庞大的文官队伍都有事情做的、有官当的重要手段。祠官是闲官散职，闲散得不能再闲散了。奉祠的官员不是冗官杂员，就是犯官罪员。归里：退休回家。

女儿嫁给朱熹为妻。胡、刘三人秉承了北宋二程的学问，都是外在学问与内在修养都很出色的一代大儒。朱熹幸运地在衣食无忧的环境中，获得了当时可能得到的最好教育。

二

武夷山是一个极适合研究学问和修身养性的地方。

福建人常形容自己家乡是“八山一水一分田”。这样的地形环境赋予了武夷山秀美的风光、丰富的物产和恬静的生活。我曾经在武夷山区住过一段时间，感觉当地温暖湿润，满目旖旎山水，很有乐不思蜀的味道。山区中遍布地质学上的崩积洞。所谓的崩积洞，就是山体、石块因为地质运动对垒形成的洞穴。大大小小的崩积洞深浅不一，多数都能摆下张桌子，供三四个人小聚。一些景点的崩积洞还有说明，列举了历朝历代在此埋头苦读的文人学士。当年，年轻的朱熹就是这些崩积洞的常客。

风光虽然不错，埋头苦读一两天也许还很有那么点附庸风雅的感觉。但是如果让你长年累月在武夷山中研究学问，还真是一件“苦”读的事情。

稳定适宜的环境和并不丰富的物质生活是古代读书人梦寐以求的生活。书生是“苦书生”，但书生只有经过“苦读”才能在日后平步青云。朱熹和以后的读书人就是多年埋首其中，苦读不倦，为武夷山留下了难以计数的碑文石刻。现在的紫阳楼四周古树参天，修竹成林，屋前有一方荷花池塘。相传朱熹著名的《观书有感》就是在池塘边苦读时，信手拈来的：

半亩方塘一鉴开，天光云影共徘徊。
问渠那得清如许，为有源头活水来。

这首诗很能反映一个年轻的书生读书有心得、灵感大发的喜悦。苦中作乐，乐的就是学业有成。南宋朝廷在武夷山建造了冲佑观。在这个道观担任过闲职的名人一大串，陆游、辛弃疾、叶适等人都曾入山多年。一条九曲溪贯穿了武夷山的山水。若在九曲溪乘着竹筏顺流而下，你能感受到一股浓浓的文化气。导游也极力突出这股文化气，连艄公都唱着当年朱熹写的《九曲棹歌》：

一曲溪边上钓船，幔亭峰影蘸晴川。虹桥一断无消息，万壑千岩锁翠烟。二曲亭亭玉女峰，插花临水为谁容……

旅人在山间峡谷长途跋涉，前往“大红袍”景区的路上有一个“慧苑寺”。这是一个开放的寺庙，不大，多数旅客将它作为休憩点。当年朱熹在山间访客游学的时候，多次在慧苑寺休息。他写的“静我神”的牌匾至今仍悬挂在寺中。在勤学苦读的同时，一句“静我神”贴切表达了朱熹注重自身修养、反省静神的状态。

那么朱熹在武夷山学的是什么内容呢？

汉魏以来，经学、佛学、道教作为三大知识系统，为读书人们提供了既庞杂又缺乏梳理的学习内容。朱熹学习的也是这三大系统的知识，既广博又深入。知识体系发展到南宋，就好像是山溪汇聚到山谷，正在寻找河道形成固定的流向。年轻的朱熹不会料到，他在历史的关键时刻找到了中国知识日后的流向。

三

淳祐八年（1148 年），18 岁的朱熹第一次走出武夷山，一举考中进士，名列王佐榜第五甲第九十名。

朱熹的乡贡主考官蔡兹事后对人说：“我录取了一个后生，三策都讨论朝廷措置大事。这个人将来肯定不一般。”四年后，朱熹被授予福建泉州同安县主簿的实职。但是朱熹此时的心思还是扑在学业上，任满后，又向程颐的三传弟子、父亲朱松的同学李侗学习程学。这个李侗是个“乐道不仕”的人物，名声很高，但就是不愿意当官。他把个人修为看作比当官发财要重要得多。李侗非常欣赏朱熹这个学生，替他取字“元晦”。31 岁时，朱熹正式拜李侗为师，专心精修儒学。李侗夸奖朱熹是“元晦进学甚力，乐善畏义，吾党鲜有”，把他看作是发扬自己学问的希望所在。

朱熹就是在这一时期完成了自身思想体系的建设过程。他在继承程颢、程颐儒学的基础上，吸收佛教禅宗和道教的理论，独立发挥，建立起自己的一套客观唯心主义思想——理学，后人并称为“程朱理学”。长久以来，世代儒家读书人都认为天地有正气、万物有始源，但它是什么呢？没有人能够用一个理论框架解释清楚。朱熹也认为在超现实、超社会之上存在一种标准，它是人们一切行为的标准。他称之为“理”。“理”是客观存在的事物起源，是一切真、善、美的起源。人们只要格物穷理，就能发现和遵循天理。但是人们心中和世间的种种欲望总要破坏这种真、善、美。因此，朱熹提出了“存天理，灭人欲”的口号，号召人们遵从理学，达到万物和谐。这就是朱熹哲学思想的核心。

朱熹俨然成了一代宗师。

巧合的是，同时期的南宋还发展出了陆九渊的“心学”。陆九渊认为主观的“人心”才是万物的起源，人们要发现并遵照“本心”，迈向真、善、美，达到自我完善。“理学”和“心学”在万物本源上就存在根本冲突，在个人修为和社会实践上的主张更是截然相反。淳熙三年（1176 年），朱熹与陆九渊在江西上饶的鹅湖寺相会，爆发了中国思想史上有名的“鹅湖会”论战。结果两大派别的领袖谁都没能说服谁。必须指出的是，尽管朱熹一再强调个人修为，但他个人派系思想比较严重，不自觉地陷入了“党同伐异”的思维之中。他和陆九渊的争斗只是一系列争斗的开始。

尽管“理学”的现实影响要远远大于“心学”，但两派的理论论战一直持续了下去。

也只有在南宋这样一个物质昌盛、文化繁荣的时代才能产生两大儒家学派。

四

朱熹在完成理论建设后，积极入世，要去救世济民了。

赵昚刚即位的时候，要朝野上下陈述政见。赵构后期的昏暗言路大开。朱熹认定这是一个实践主张的好基础，就上书建策三事。他在给赵昚的奏章中认为朝廷：一要熟讲“格物致知”“正心诚意”之学，建议皇帝博访名儒，讲明理学，以修身为本；二要停止议和及遣使索地，认为朝廷的中心工作是内政。只有勤修内政，数年以后南宋才能国富兵强，再慢慢计划收复失地；三要朝廷任用贤能，刷新政事。对于金朝外交问题，朱熹说：“现在朝廷内外的议论，都说要整顿边防、充实仓库、训练士卒，臣以为这些都不值得考虑。应该考虑的就是修德业、正朝廷、立纪纲，只有这样，金朝害怕，而宋朝的道德形势也会慢慢转化为综合实力的优势。”

朱熹的这三条建议充满道德色彩，将理学思想和讲求个人修养扩大到了国家大政方针之中。修身养性与功利作为是存在天然冲突的。既然和谐的状态要通过灭绝人世间的“欲望”，那么现实的战争与和谈都是功利的“欲望”，是不值一提的。但是在理学之外的人看来，朱熹既然反对议和，高喊迟早要复国报仇，又反对备战，而把希望都寄托在笼统的“勤政修身”上。因此，他的建议被许多人看作是“腐儒之见”。

赵昚本人开始听朱熹建议的时候，觉得立论很正，很高兴。他一度召见朱熹问话，但越听越觉得与实际不符，最后干脆在朱熹面前一言不发。看来，朱熹的主张在赵昚时期是实行不了了。赵昚对朱熹也很客气，要他留在临安国子监做个博士，但不是给学生讲理学，而是教学生兵马武艺。这样的安排与朱熹的心理预期相差实在太远，朱熹辞官不做。

隆兴和议后，宋金关系迎来了缓和期。之后十几年中，朱熹埋头整理和完善自己的理学体系，完成了自己的主要论著。他在故里修起“寒泉精舍”，一意着书讲学，逐步形成了以他为首的理学势力。而现实的不如意乃至黑暗，更加坚定了朱熹对自己学说的坚持，越发认定只有理学才是破解现实乱局、走向政通人和局面的钥匙。

乾道三年（1167年），武夷山所在的崇安县发大水。朱熹作为官员，巡视灾情，并与州县长官商议抚恤的事情。他在群山之中奔波了十多天，事后失望地说：“现在大多数当官的人，对老百姓漠然无意，真是很难与他们一起共事！”朱熹并且尖锐地指出南宋赋役繁重：“古者刻剥之法，本朝皆备。”而这一切都是理学的成果没有在现实中施行的结果。

淳熙五年（1178年）朱熹出任“知南康军”的实职，重新入仕。他开始有意识地施行理学学说。当时南康遭遇了旱灾，朱熹办理救荒之事，政绩显然；又立周敦颐祠于学宫，以二程配飨，公开进行理学谱系的建设；还修复唐代的白鹿洞书院，提倡讲学之风，使之成为中国四大书院之一。当了两年父母官后，朱熹应诏上书言事，详细呈报了南康地区百姓的实际处境：

> 南康为郡，土地瘠薄，生物不畅，水源干浅，易得枯涸。人民稀少，谷贱伤农，固已为贫国矣！而其赋税偏重，比之他处，或相倍蓰。民间虽复尽力耕种，所收之利或不足以了纳税赋，须至别作营求乃可陪贴输官。是以人无固志，生无定业，不肯尽力农桑，以为子孙久远之计。幸遇丰年，则贱粜禾谷以苟目前之安；一有水旱，则扶老携幼流移四出。视其田庐，无异逆旅之舍。盖出郊而四望，则荒畴败屋在处有之！

他认为造成这种惨状的原因是地方政府的税收都被朝廷拿走充作军需了。地方政府要生存，要出政绩，只好巧立名目，向百姓收取苛捐杂税，结果赋重民贫。因此，朱熹指出国家要爱民恤民，根本措施就在减税省赋，而减税省赋的根本又在治军。说到底，朱熹还是认为国家要放弃战争与和谈的争论，埋头搞内政。

就当朱熹在南康军的任期快要结束的时候，发生了一件案子。有一个人在市集上骑马，踏伤一个小孩子。小孩子的伤势很严重，生命垂危。朱熹随即派官吏将肇事者押送衙门处罚。不久，衙役禀报说肇事者已经按照法律加拷治罪。朱熹将信将疑，亲自去察看，结果发现肇事者冠履俨然，好好地坐在官府里，并没有受到处罚。朱熹大怒，严令法办肇事者，并将衙役仗责后开除出官府。这时有熟人前来说情："肇事者是人家子弟，何苦辱之？"朱熹答道："人命所系，岂可宽弛？如果连子弟跃马踏人都得到原谅，将来还不知道能做出什么事情来呢？况且州郡官府本来就是朝廷行去之地，保佑善良、抑挫豪横是我们的职责所在，怎么能不问世事呢？"

朱熹对个别不良现象的纠正和赢得的百姓赞誉，更激起了他全盘实施理学的雄心。

五

淳熙六年（1189年），朱熹又一次上书给孝宗，讲"正心术，立纪纲"的问题。

朱熹先指出当皇帝的要心术公平正大，无偏党反侧之私，又指责朝中官员，包括宰相台省师傅宾友谏诤之臣等都没有尽到自己的职责，因此才会出现财政不能清理、军政不能修正、故土不能恢复的结果。赵昚大怒，要当时的右相赵雄逐条批驳朱熹。赵雄劝道："朱熹是个沽名钓誉的儒生，皇上您越骂他，反而越抬高他。不如让他去地方做官，看他有什么本领。"赵昚一想，让朱熹去地方上看看实际情况也好。第二年，朱熹在南康军任满，刚好当年盛夏浙东地区发生饥荒。朱熹由宰相王淮推荐出任提举两浙东路常平茶盐公事。

朱熹到职后，不改耿直本色，微服下访，调查时弊和贪官污吏的劣迹，弹劾了一批贪官以及大户豪右。被朱熹弹劾免职的浙东官员包括绍兴府指挥使密克勤、守衢州李峄、江山知县王执中、宁海知县王辟纲等多人。永嘉县学有秦桧祠，朱熹下令拆毁，顺便还痛斥秦桧“内忍事雠之耻，外张震主之威，以恣睢戮善良，销沮人心忠义刚直之气；以喜怒为进退，崇奖天下谄臾偷惰之风”。由此看来，朱熹很有雷厉风行的风格，算得上是一个“另类”书生。

在被弹劾去职的官员中，有一位台州知州唐仲友。唐仲友也算得上是一代名儒，但被百姓控告违法。朱熹随即弹劾唐仲友。唐仲友与王淮是亲家，当时已经被吏部尚书郑丙、侍御史张大经推荐，即将升任江西提刑。朱熹赶到台州，拦住了这项任命，连续三次上表弹劾。王淮将朱熹的奏章压下不报。朱熹一再上表，唐仲友也上表自我辩护，王淮将双方的奏章都进呈赵昚。赵昚让大家讨论，都司陈庸等人奏请令浙西提刑查办此事，将朱熹调往受灾的州郡巡视。但朱熹在台州收到诏书后，拒不执行，又先后上了六道奏折。唐仲友在强大的攻势面前被免职。

唐仲友的罪名是否是真的，在这里已经不重要了。梅毅在《刀锋上的文明》一书中认为唐仲友一案是朱熹主导的，打击学术异己的阴谋。唐仲友并非理学的同道中人，既然有把柄在手，朱熹没有放过打击的机会。据说案中还夹杂着“桃色新闻”：

> 朱熹知道天台营妓严蕊与唐仲友相交甚厚，便诬称严姑娘与唐仲友违法私通，瓜分官财，把姑娘抓入大牢里严刑逼供。美貌如花的严姑娘受尽折磨，就是不攀诬唐仲友，结果被打得死去活来。有狱吏看不下去，好言劝诱严蕊：“你就认罪吧，如果画押，你的罪不过是受杖，干吗在此忍受如此惨毒的拷打！”严蕊严辞拒绝：“我身为贱妓，即使与唐太守有滥私之情，罪也不会至死，但确实没有此等事，我怎能胡编认罪诬蔑士大夫！即使被打死，我也不会枉害别人。”这样一来，严姑娘的声名却愈来愈高，连皇帝都有所耳闻。朱熹弹奏唐仲友上达帝听后，幸亏时为宰执的王淮与唐仲友有姻亲关

系，就对皇帝讲："这案子不过是秀才之间争闲气引起的"，和事佬一作，"遂两平其事"，不了了之。不久，朱熹改除他官，岳霖（岳飞的儿子）被委任为地方官。岳爷深知严蕊冤枉，把已经被折磨得不成人样的美女从狱中提出，让她作词自陈。严蕊口占一首《卜算子》："不是爱风尘，似被前缘误。花落花开自有时，总赖东君主。去也终须去，住也如何住。若得山花插美头，莫问奴归处。"岳霖感动，立判严蕊出狱从良。姑娘还算命好，被宋宗室某人纳为妾，安渡后半生。[①]

唐仲友被罢免后，朱熹得罪了一大批人。王淮作为亲家，暗令御史陈贾出面弹劾朱熹，抨击理学，斥其为"伪学"。朱熹很快就被解职还乡。

朱熹回到武夷山后，修建了"武夷精舍"，广收门徒，宣传理学。为了通过学习儒家经典来传播理学，朱熹在儒家经典中精心节选出《大学》《中庸》《论语》《孟子》，命名为"四书"刊刻印刷发行。这是教育史上的一件大事。"四书"日后成了传统学堂的教科书。武夷精舍聚集四方读书人多达数百人，还引来了许多知名学者聚集到武夷山创办书院、学堂。

武夷山成了东南的文化名山。

六

理学产生之初，社会上就涌动着坚持抗金和反对理学的声音。

永康人陈亮就是其中的代表。陈亮在文学史上占据有一席之地，但是一心研究军事出身。朱熹上书后，陈亮也上书指责一些读书人阻止抗战。他还建议迁都长江边的建康，同时守备荆襄，积极谋划北伐复国。最后陈亮说现

① 见该书第十三章《太师飞头去和戎——韩侂胄"开禧北伐"前后事》。

在的朝廷要遵从王霸之道，而现在的一些儒士自以为正心诚意，不知现实痛痒。“陛下励志复仇，……今乃驱委庸人，笼络小儒，以迂延大有为之岁月，臣不胜愤悱。”

陈亮和朱熹的分歧是王霸与义理。两者的分歧从春秋时就流淌在中国的政治思想血液中。陈亮倾向于管仲和商鞅的帝王之术，推崇以现实力量完成现实的政治目的；而朱熹继承的是孔子与孟子的思想一脉，推崇以道德力量、以内政修为达到充满道德色彩的政治目的。

陈亮的上书很符合即位之初的赵昚的口味。赵昚赞赏之余要把陈亮的上述张贴在朝堂，激励群臣，并打算破格任用陈亮。但是陈亮的激烈言辞是和南宋的政治风格严重不符的，一些大臣纷纷反对提拔陈亮。陈亮待命多日，都没有得到回信。他又接连两次上书，说本朝以儒立国，但现在的读书人熟烂萎靡，令人厌恶。上书后，陈亮回家去了。

被陈亮痛骂的儒生们心胸却狭窄得很，一心报复。陈亮也真是不小心，常在家喝过酒后谈论国事。一个儒生就以“醉中戏为大言”的罪名向刑部告发陈亮。陈亮遭到缉拿，受严刑毒打，体无完肤。大理寺要按图谋造反的名义严办陈亮，给皇帝做主。赵昚淡淡地说：“一个秀才醉后妄言，何罪之有啊？”陈亮这才被释放回家。

几年后，陈亮又被捕入狱。这一次是有书生指控陈亮请乡人宴会的时候，使用了有毒的胡椒。陈亮这一回在监狱中度过了两个多月。也许是罪名过于荒唐，办案人员死活找不到丝毫罪状，只好宣布陈亮无罪释放。

陈亮赢得了同样失意的辛弃疾的友谊。在临安时，辛弃疾就与陈亮相识。陈亮曾说天下最有名望的人物，文的是朱熹，武的是辛弃疾，可惜朱、辛两人合不起来。辛弃疾退居上饶后，把新建的房舍取名“稼轩”，并用来作为自己的别号。淳熙十五年（1188 年）正月，陈亮来拜访辛弃疾，留住十日，谈论时事。两人兴致盎然，又同游乐鹅湖，并约朱熹在铅山县紫溪相会。陈辛两人谈得尽兴，可惜朱熹到期不来。

辛弃疾和陈亮二人在抗金上取得了一致。送别陈亮后，辛弃疾兴奋异常，夜半起身抚剑，仿佛重上战场。他提笔写下了《破阵子：为陈同父赋壮语以寄》：

醉里挑灯看剑，梦回吹角连营。八百里分麾下炙，五十弦翻塞外声，沙场秋点兵。

马作的卢飞快，弓如霹雳弦惊。了却君王天下事，赢得生前身后名。可怜白发生！

门外汉的政治秀

一

淳熙十五年（1188 年），王淮罢相，周必大接替相位。

周必大上奏举荐朱熹为江西提刑官。六月，朱熹又一次来到临安。有朋友就劝他说："你的正心诚意之论，皇上并不喜欢听。你就不要再讲了，向皇上谢恩后去江西上任就可以了。"

朱熹说："我这一辈子研究的就是正心诚意。不讲这四个字，断不可行。"

赵昚再次见到朱熹。朱熹照例又说了一通理学的大道理，赵昚照例是漠然无语。末了，赵昚感叹说："朕和爱卿多年没见了，朕已经老了，爱卿已老了。前几年台州的事情，朕都知道了。今后，爱卿就担任一些清要的官职，不要再去地方州县奔波劳累了。"

赵昚也不让朱熹去江西当什么提刑了，而是任命他为兵部郎官。

谁料到几天之后，朱熹的顶头上司、兵部侍郎林栗就怒气冲冲地弹劾朱熹。原来，朱熹被任命为兵部郎官后，又在临安和文官集团讨论起理学来。林栗并不认同理学的学说，和朱熹辩论多日。两人的关系最后走向崩溃。林栗弹劾说："朱熹本无学术，只是偷窃程颐、张载学说的片段，冠以理学之名，私自推尊。他带领学生数十人，学作春秋战国时先儒的姿态，到处游荡。任命之后，朱熹几天不到兵部报到，心怀不满。我作为兵部侍郎，请将朱熹停罢。"周必大、薛叔似等纷纷上书说朱熹这几天脚有病，因此没有到任。叶适也上书支持朱熹，攻击林栗说："林栗弹劾朱熹的话，没有一句是真的。他借'理学'之名，学习往日王淮打击异己的方法，欺压良善，何所不有！"侍御史胡晋臣也弹劾林栗"喜同恶异""无事而指学者为党"。胡晋臣虽然否定有读书人结党的事实，但针对林栗弹劾朱熹一事爆发出来的奏章交替表明党争已经出现了。

赵昚采取的措施是将双方各打五十大板，林栗被罢官，贬为泉州知州。朱熹也被免官。

同年十一月，赵昚想再次召见朱熹。朱熹心里不爽，拒不赴朝，只写了封长达万余言的奏章进呈，再次申述"正心诚意"之论，大谈天子的个人修养。一年后，赵昚心灰意冷，退位做了太上皇。

光宗即位，任命朱熹为漳州知州。朱熹到任后，把古代的丧葬、嫁娶的礼仪，教给当地子弟；又奏请在漳泉汀三州核实田亩，画图造帐。但他的主张就是在漳州也没能施行，只好辞官。绍熙五年（1194 年），朱熹改湖南潭州知州。

光宗即位的第一年，陈亮却再次被诬陷入狱，再次遭到严刑拷问，送大理寺治罪。两年后在友人的援救下才被释放。就在朱熹改任潭州知州的前一年，辛弃疾被起用为福建安抚使兼福州知州。辛弃疾在福州整顿吏治，理财备战，政绩卓著。福州设立"备安库"，丰收时收购百姓粮米，有备无患，积累钱币超过 50 万贯。辛弃疾又严格以法治下，官吏惴栗。但就在朱熹前往潭州的同时，任职不到一年的辛弃疾便因朝中谏官弹劾，因为"残酷贪饕"而被罢免，重新回到上饶闲居。

二

光宗朝很快就过去了，朱熹迎来了自己的政治春天。

宁宗即位后，赵汝愚参与政变有功，担任枢密使，又任右相，掌握朝政。赵汝愚是朱熹理学思想的支持者，之前就和朱熹书信往来。赵汝愚主政后，推荐朱熹担任焕章阁待制兼侍讲，为新皇帝赵扩讲授理学。朱熹在潭州得到诏命，当天就兴冲冲地启程上路。到临安后，朱熹和赵汝愚握手相庆，一心广大理学。

在“绍熙内禅”之后的权力格局中，韩侂胄是与赵汝愚鼎足相对的一极。

在这里，我们有必要插叙介绍一下韩侂胄这个人。

韩侂胄是北方的相州安阳（今河南省安阳市）人，是北宋名相韩琦的五世孙。韩侂胄母亲是高宗吴皇后的妹妹，韩侂胄本人也娶了吴皇后的侄女。新皇帝赵扩即位后，新皇后韩氏是韩侂胄的族孙女。因此，韩侂胄算得上是老牌功勋后裔、老牌外戚和新科贵戚，又有政变拥立的大功劳。

韩侂胄以恩荫入仕。宁宗称帝后韩侂胄自认为定策拥立有功，应该在事后的利益分配中拿那份比较大的“蛋糕”。具体来说，韩侂胄的要求并不高，只希望获得节度使的虚衔，同时得到地方州县的实职。但是赵汝愚打破了韩侂胄的期望，只是给予他一个宜州观察使兼枢密都承旨的小官。而郭杲等负责执行的武将都获得节钺，升官拜将。

韩侂胄闹情绪，当面找赵汝愚“理论”：“为什么给我韩侂胄的官小，难道我的功劳不够大吗？”赵汝愚却另有一套想法：我是宋皇宗室，您是后族外戚，我们都是宗室贵戚。拥君定策都是我们的分内事，何以言功呢？而具体办事的爪牙之臣才应当推恩受赏。

赵汝愚的说法显得那么的大公无私，让韩侂胄都不知道怎么反驳。的确，韩侂胄是皇家的亲戚，怎么好意思因为帮忙解决了家事而伸手向皇帝亲戚要官呢？

实际上，赵汝愚内心是反感韩侂胄的。他饱读诗书，中过状元，而韩侂胄是因为出身好才进入仕途的。赵汝愚接触了理学后，开始修身养性，对韩侂胄公然要官的行为也非常不齿。

那边的韩侂胄自然就恨起赵汝愚来了。他没学过什么理学，不能通过反省和参悟来消解满腹的怨气，所以就老琢磨着怎么干掉赵汝愚。巧的是，新即位的宋宁宗，也就是韩侂胄的族孙女婿赵扩对政治没有兴趣，反而醉心于诗词书画。赵扩希望能从朝廷的书山案牍中摆脱出来，找一个信得过的人帮他处理每天送到内廷的成百上千件奏章、文书。这样的角色只能从近臣中去寻找，不能从朝廷的衮衮诸公中找。为什么呢？因为朝廷的衮衮诸公，一派正人君子的样子，如果听到皇帝要找个“代理人”，肯定会跪倒一片死谏的，说不定连皇朝列祖列宗的遗训都会搬出来。所以赵扩只能从近臣中寻找，找到了一个出身贵戚，有辅弼大功、办事聪明得体的人。这个人就是老婆韩氏本家的叔祖韩侂胄。赵扩对韩侂胄委以腹心，甩手将政务都交给了韩侂胄。韩侂胄自然是乐得合不拢嘴。

朱熹到临安之初，就敏锐地感觉到韩侂胄是赵汝愚与自己潜在的危险。韩侂胄是那么和文官集团的众人不同，不处于同一个话语体系之中。朱熹向赵汝愚建议说，韩侂胄所追求的无非是高官厚禄，赵相公不如多给他些钱，多提拔他的职位，“厚赏酬其劳”，只是千万不要让韩侂胄这样的人参与朝政。赵汝愚听了微微一笑，他没把韩侂胄放在心里，自然也不把朱熹的建议放在心里。

朱熹只好直接启奏赵扩，弹劾韩侂胄是个奸臣，不可重用。奏章被韩侂胄看到后，韩侂胄大怒。一次朱熹在给赵扩讲学的时候，韩侂胄指使宫中的优人装成峨冠阔袖的大儒模样，在皇帝面前嬉戏取乐，讽刺朱熹的迂腐可笑。朱熹已经年过花甲了，是个老夫子，哪受得了这样的侮辱，当即拂袖而去。回家后，朱熹就写了封辞官信，要挂冠而去。同道中人忙拉住朱熹，这个说我们犯不着和韩侂胄这样的人怄气，那个说我们联合起来，一定要扳倒韩侂胄。朱熹这才没有自动辞官。

三

韩侂胄感到，只有干掉赵汝愚，才能解决一切问题。

可是赵汝愚的地位看起来是岿然不动的。首先，赵汝愚是皇室宗亲，和皇帝的关系比韩侂胄和皇帝的关系还要近一层；其次，赵汝愚是发动政变、拥戴赵扩即位的第一大功臣，正得到赵扩的信任；最后，赵汝愚兢兢业业、清廉正派，获得了多数大臣的支持。韩侂胄是冥思苦想都不知道怎么向赵汝愚发起进攻。

有一个叫刘强的人给韩侂胄出了个主意。这个刘强是韩侂胄的同事，都曾担任过知阖门事。他的自我感觉很好，老觉得自己日后能够发达。谁想当年赵汝愚发动政变，要和内廷联系的时候，单单去找韩侂胄商量，冷落了同在内廷的刘强。刘强认为赵汝愚小看自己，怀恨在心。他见韩侂胄对赵汝愚杠上了，就从中挑拨说："赵丞相现在是独领拥策大功，恐怕你非但做不了节度使，只怕将来难免有岭海之行啊"！所谓的岭海之行，指的是被发配到岭南和海角天涯去。宋朝不轻易杀戮大臣，一般情况下，发配岭南就算是对一个大臣最严厉的惩处了。韩侂胄就问他有什么好主意能够扳倒赵汝愚，保自己平安。刘强轻描淡写地说："只有台谏可用了。"所谓的台谏，是御史台和宫廷谏官的合成，但却掌握在文官集团的手中。韩侂胄不以为然地说："台谏之人又不会听从于我？"刘强又轻描淡写地说："你用御笔批出一批台谏之人，不就完了吗？"韩侂胄茅塞顿开，立即以"内批"的形式罢免监察御史，任命自己亲信刘德秀、刘三杰、杨大法等人充斥监察御史、殿中侍御史的职位。这样一来，韩侂胄就掌握了朝廷的言路。

现在就只剩下用什么样的炮弹进攻赵汝愚的问题了。

赵汝愚这样的重要角色，不用重磅炸弹是打不倒的。韩侂胄等人给他扣上的是"图谋不轨，危害社稷"的罪名。这罪名可是大得吓人，细细想想，它的出台却是意料之中。宋朝一直有防范皇权旁落的传统，皇帝们最担心的就是有人威胁皇权，就是宗室成员也都在他们防范的“黑名单”中。赵汝愚做的宗室宰相是本朝历史绝无仅有的。这种大违祖宗成法之事，自然成了政敌攻击的口实。庆元元年（1195年），也就是赵扩正式登基的1195年2月，右正言李沐上奏赵扩，弹劾赵汝愚“以同姓居相位，将不利于社稷”。这个李沐曾有求于赵汝愚，结果赵汝愚没给他办，心生忌恨，就在韩侂胄的授意下上了弹劾奏章。赵扩还真不知道怎么处理赵汝愚这位宗室长辈，也不太相信赵汝愚会阴谋造反。站在一旁的韩侂胄适时说了一句话：“这个赵相公在先帝禅位、选择新君的时候，并不看好皇上您。他说什么，只要是赵家的一块肉，谁当皇帝都一样。现在想想，他当时就有不轨之心了啊。”赵扩一听，这还了得，赵汝愚简直是不把自己放在眼里啊。

于是，赵汝愚以擅权之名被罢相出朝，发配永州安置。

韩侂胄挤走了赵汝愚，把持了诏令的上传下达，日益得到皇室的信任，也因为对金朝的强硬态度得到了主战官员的支持。他说赵汝愚擅权，实际上自己开始了擅权的进程。

四

赵汝愚失势，朱熹离开的时间也就到了。

朱熹在临安，担任的原本就是个给皇帝讲学的虚职。如果皇帝接受了、奉行了理学思想，理学就能付诸实践了。朱熹给皇帝讲学很积极，第一次见到年轻的赵扩就大讲正心诚意、人欲天理的学说，任侍讲后专讲《大学》。原先给皇帝讲学的旧制是大臣单日早晚进讲，双日休息。但朱熹奏请不分单双日和节假日，每天早晚都坚持给赵扩讲课。朱熹的讲课还不是单纯的讲课，而是在给皇帝讲书的同时对朝廷政务多加论议。自然，朱熹对朝野的许多现实都看不惯，议论的时候对朝政多有批评。赵扩原来就对政治不感兴趣，见老夫子对朝政批评多了，心里逐渐对朱熹不满起来。朱熹一点眼力都没有，继续结合时事大谈特谈理学。最后，赵扩觉得朱熹想干预朝政了。

而且朱熹还真有干预朝政的举动。韩侂胄掌权后，朱熹和吏部侍郎彭龟年弹劾韩侂胄。朱熹还在讲课时言辞激烈地说赵扩被左右的人窃取权柄了。

绍熙五年（1194年）闰十月，赵括下诏免去朱熹侍讲之职。他对听了多日的理学不屑一顾，评价说："朱熹说的理论，都是没用的话！"当时赵汝愚还在位，亲自为朱熹拜谏，陈傅良、刘光祖、邓驿等多人也奏请留朱熹在朝，都被赵扩拒绝。彭龟年则上书攻击韩侂胄："陛下近日逐得朱某太暴，所以也要陛下逐去此小人。"赵扩干脆将彭龟年贬官，赶出临安。

朱熹认为自己不应该沉默，要上书自我申辩，就写了洋洋洒洒的数万言奏章，说奸臣蒙蔽圣上。弟子们都认为这么做会招来祸害，劝老师三思。朱熹不听。朱熹的得意弟子蔡元定郑重其事地进来，说，"老师您上表也行，但要不要事先与家人诀别啊"。朱熹叹了口气，焚烧了奏稿。

粗粗算来，朱熹与权力核心亲密接触的日子只有46天。

陈旧的党禁

一

韩侂胄成了继秦桧之后的南宋第二位权臣。

当时是徐谊向赵汝愚大力举荐韩侂胄的。说来，徐谊还是韩侂胄的恩人。但徐谊也是赵汝愚一党。赵汝愚被罢相后，韩侂胄找了个理由将徐谊也一并逐出朝廷。为了解除后顾之忧，韩侂胄对贬居外地的赵汝愚也不放心，一不做，二不休，密令衡州守臣钱鍪等赵汝愚经过衡州时动手害死他。不久，赵汝愚经过衡州。一路的颠簸动荡，加之骤易水土，赵汝愚在衡州大病不起。钱鍪却百般刁难，逼赵汝愚上路。最后，赵汝愚于庆元二年（1196年）正月在永州暴病身亡。还有一种说法是，赵汝愚是被钱鍪下毒害死的。不管怎么样，赵汝愚是死了。

此时的临安组成了新的主政班子。其中京镗任宰相，韩侂胄拜少傅，封豫国公，加开府仪同三司，权位重于宰相。开禧年间，经过党羽的多次奏请，韩侂胄升任平章军图事，被允许每三日一上朝，在朝堂上位列丞相之上。韩侂胄还将尚书、门下、中书三省的官印都收在个人府邸内。这样一来，韩家就变成了一个变相的朝堂。既然赵扩做了甩手掌柜，韩侂胄就干脆连圣旨也自己写了。无论是官吏的陟黜任免，还是事关国家大政方针，韩侂胄经常不上奏赵扩，就在家里处理了。大臣们敢怒而不敢言，皇帝也被蒙在鼓里。

韩侂胄主政后，始终面临着巩固权力的问题。

最好的防守就是进攻。巩固权力最好的方法是不等潜在的敌手进攻，持续地对敌手发动进攻。韩侂胄就想着，找一个什么样的名义将已经垮台的和潜在的敌手都网罗进来。他想到了朱熹口口声声宣扬的理学来。

理学原来就没有获得朝野上下的多数支持。韩侂胄口风一透露，朝野上下看不惯理学的官员纷纷上书指责朱熹和理学。太常少卿胡纮上书说："比年以来，伪学猖獗，图为不轨，摇动上皇，诋毁圣德。"大理寺司直邵褒然上书说："三十年来，伪学显行。场屋之权，尽归其党。"赵扩下诏禁止皇宫内差学习信奉理学。

监察御史沈继祖等人继续弹劾，这一次他们弹劾朱熹的个人品质。比如"朱熹引诱两个尼姑做妾，出去做官都要带着。""朱熹在长沙，藏匿朝廷赦书不执行，很多人被判徒刑。知漳州，请行经界，引起骚乱。任浙东提举，向朝廷要大量赈济钱米，都分给门徒而不给百姓。霸占人家的产业盖房子，还把人家治罪。发掘崇安弓手的坟墓来葬自己的母亲。开门收徒，专收富家子弟，收取高额学费。加上收受各处的贿赂，朱熹一年就得钱好几万。什么廉洁、宽恕、修身、齐家、治民等等，都是朱熹平日讲《中庸》《大学》的话，用来欺骗世人。他说的是那样，行为又是这样，岂不是大奸大慝！”

沈继祖等人的弹劾指出了高喊修身养性的朱熹言行不一的地方。相关事实的真假，历来都有争论。赵扩于是下旨剥夺朱熹职位，蔡元定发配湖南道州编管。蔡元定死在了乌烟瘴气的道州。

不久，叶翥负责科举取士。他和刘德秀等人上书请求禁止考生运用理学作答，奏请将理学语录全部销毁。考试的时候，凡是考卷讲到程朱理学的，叶翥一律不取。《论语》《孟子》《大学》《中庸》“四书”被列为天下读书人的大禁。学习理学的读书人完全断了仕途。

一张以反理学为名的大网徐徐张开了。

二

庆元三年，反理学的风潮演变成了南宋历史上的“党禁”。

当年六月，朝散大夫刘三杰上书说：“朱熹专于谋利，借《大学》《中庸》作文饰，对他下一拜就以为是颜闵；得到他一句话，就以为是孔孟之道。得利越多，越肆无忌惮，但还没有上边有权势的人给他支持。后来周必大作右相，想夺左相王淮的权，引用这帮人说大话，颠倒黑白，排挤走王淮。以后留正来，又借他们的党羽做心腹。至于赵汝愚，素怀不轨之心。这帮人知道他的用心，垂涎利禄，甘为鹰犬，妄想得到什么意外的好处。以前的伪学，至此就变成了逆党。”

刘三杰将赵汝愚、朱熹等人上升到了“逆党”的高度，并且说：“那些习伪太深，附逆顽固的人罪不容诛。其他能够革心易虑的人，可以让他们去伪从正，以观后效”。十二月，绵州知州王珪上书，要求编辑“伪学之籍”，也就是逆党的“黑名单”。

赵扩一听，自己的天下竟然出了逆党，不镇压怎么能行，于是下诏订立“伪学逆党”名籍。“黑名单”马上编写完成，其中宰相 4 人，分别是赵汝愚、留正、王蔺、周必大；核心官员 13 人，包括朱熹、彭龟年、薛叔似等；一般官员 31 人，有刘光祖、叶适等；武臣和士人 11 人，总共 59 人。这些人身为乱党、逆党，自然不能入仕，而要接受看管。

列入伪学逆党名籍的人并非都是信奉理学，但大多数都站在韩侂胄的对立面。明眼人仔细一看，韩侂胄的党禁，禁的不是理学——那些读书人没有什么可以担忧的，如果全部信奉理学去修身养性了，怎么会对韩侂胄的权力构成挑战呢？而是清除朱熹所依附的赵汝愚一党。韩侂胄将理学和政治反对派结合起来，除了二者的确有一些关系外，更主要的是自己与文官集团的格格不入。据说文官集团鄙视外戚出身的韩侂胄。没有发达前，韩侂胄常常喜欢指点江山，老往朝臣议事的厅堂跑。大臣吕留正特烦他，就指示门吏转告：“宰相部堂不是你来来往往之处。”韩侂胄恨得牙痒痒。

两年后，遭到党禁的朱熹病死。死前几个月，朱熹坚信自己的理论，写信给辛弃疾，劝他“克己复礼”，放弃功利主义，向理学靠拢。

朱熹死后，门生好友没有一个人敢来送葬。其他人忙着和朱熹及理学撇清关系还来不及，哪还敢来参加朱熹的葬礼啊。朱熹的葬礼办得冷冷清清的。出人意料的是，被朱熹看不起、常常写信劝导的辛弃疾却赶来吊唁。辛弃疾在葬礼上给予朱熹极高的评价：所不朽者，垂万世名。孰谓公死，凛凛犹生！他哭的不是朱熹的理学，而是朱熹在中国思想文化史上的地位。

朱熹一生能得到辛弃疾这么一位真心的朋友，九泉之下，也应该瞑目了。

多年以后，朱熹和他的理论苦尽甘来，地位一升再升。理学成了明、清朝的主流思想，朱熹成了儒学权威，并获得了“致广大，尽精微，综罗百代”的评价。这些都是后话了。

三

开禧元年（1205年），韩侂胄被封为了王，叫作平原郡王，成为名副其实的天下第一臣。

但是在表面的风光之下，韩侂胄清醒地意识到自己的权力并不牢固。首先，韩侂胄一手搞的“庆元党禁”不得人心。之前，党禁在历史上屡见不鲜。汉朝有，唐朝也有，而且激烈程度并不亚于南宋。但是这种极端的政治手段从来就不能完全达到效果。宋朝号称与士大夫共治天下，士人阶层是宋朝统治基础。“庆元党禁”对反对派的压制是显而易见的，对士大夫的伤害是显而易见的，对韩侂胄权力的潜在威胁也是显而易见的。党禁遭到了朝野内外多数人的反对。多数读书人将韩侂胄看作是书生的对头，暗地里表达对党禁受害者，尤其是对赵汝愚、朱熹等人的礼敬，变相地反对韩侂胄。因此，理学一派虽然政治上遭到了重创，却捞足了社会舆论的同情。一次，金朝来访的使臣也向南宋的礼宾官员打听朱熹的情况，表示慰问。并不是理学中人的陆游还写文遥祭朱熹：“路修齿髦，神往形留，公殁不亡，尚其来飨。”

庆元六年（1200年），韩侂胄的族孙女韩皇后死了。两年后，赵扩立杨氏为新皇后。韩侂胄和这个新皇后杨氏素来不和。在讨论新皇后人选的时候，韩侂胄就极力反对立杨氏为皇后。可赵扩喜欢人家，坚持册立了。韩侂胄也没办法。但他知道，杨皇后主掌后宫后，自己肯定不能像以前一样顺利地进出宫廷、接近皇帝了。皇后毕竟是最接近皇帝的人，不管韩侂胄的地位多么高，权势多么大，他在直接影响皇帝方面都比不上杨皇后。而杨皇后是个极有心机的女人——毕竟是在后宫的激烈竞争中胜出的人，心里恨死了韩侂胄，老在皇帝赵扩耳朵边说韩侂胄的坏话。不多久，韩侂胄不再像之前那样受赵扩的宠信了。

韩侂胄明白，自己得寻找新的政治资源。如果按照现在的形势发展下去，自己迟早会走到罢官流放、甚至身首异地的下场。去哪寻找新的政治资源来依靠呢？韩侂胄想到了建立殊功。只要成就了绝世的功绩，他韩侂胄不就可以继续在南宋的政治舞台上呼风唤雨了吗？

要想建立政绩，无外乎内政外交两大方面。与外交行为相比，内政见效慢。说实话，南宋内部发展得好好的，没什么大问题。如果一定要找出什么问题来，那就是权臣当道。这个自然是不能改革的，要改就是要革韩侂胄的命。

剩下来的试验田就只有外交了。

而南宋的外交，基本上就是对金政策的代名词。

北伐是味好药

一

不知道各位读者是否记得，“复国”的思想一直贯穿在南宋政治之中。

韩侂胄打小就有抗金复国的念头，现在很自然地把建立功勋的目光投向了北方的金朝。

韩侂胄主政后就开始了“崇岳飞、贬秦桧”的过程。时隔三四十年以后，当年的“铁案”现在已经成了对金政策问题的政策风向标。对岳飞、秦桧这两个历史人物的评价，成了主战主和与否的争论焦点。孝宗皇帝即位之初，追复岳飞的官爵，表明自己北伐的志向。淳熙六年（1179年），朝廷给岳飞加谥号“武穆”。岳飞从此被人尊称为“岳武穆”。现在，韩侂胄奏请赵扩追封岳飞为王。因为岳飞长期镇守鄂州，所以称“鄂王”，达到了皇室之外的人能够达到的最高政治地位。而秦桧的遭遇截然相反。他死后，高宗赵构加封他申王，谥“忠献”。孝宗则通过揭露秦桧的奸恶来表明自己的志向，但还没有进一步的行动。韩侂胄在追封岳飞之后，礼部侍郎李壁奏请追贬秦桧，称：“秦桧首倡和议，迫使天下臣子都不敢说父兄百世之仇。朝廷应该迅速追贬秦桧以示天下。”赵扩于是削去秦桧的王爵，并把谥号改为“缪丑”。朝廷贬秦的制词对秦桧做出了新的评价：“一日纵敌，遂贻数世之忧。百年为墟，谁任诸人之责？”

韩侂胄的这些行动一时间传遍天下，大快人心。

北方的金朝已经过了皇朝的巅峰，不可避免地走向了下滑。在更加遥远的北方，原先被女真人统治的各族正在陆续发动战争，试图摆脱女真人的统治，并且骚扰金朝的北部地区。金朝内部也陆续兴起了农民起义。宋金边境的汉人不断有人“跳河子”（逃过淮河，投奔南宋），向南宋官府报告金国困于北方战事和人民饥困的情况。金朝正日益陷于内外交困的局面之中，看起来也是个南宋北伐复国的有利条件。

韩侂胄做好了拿金朝开刀的舆论准备和情报搜集工作，但遇到了一个“瓶颈”：缺人。

南宋和平日久，纵然有恢复故土之心，却找不出几个能执行的干臣。韩侂胄身边可以拿出来和金朝真刀真枪干的人就更少了。他是拿着放大镜和望远镜在临安内外、天涯海角搜索了好几遍，才网罗了一批人。我们来看看都是些什么样的人。首先出场的是苏师旦，韩侂胄的亲信，平江书吏出身，因为依附韩诧胄得以步步高升。苏师旦积极附和韩侂胄北伐的主张，因此，在嘉泰二年（1202年）以知阖门事兼枢密都承旨，三年后（开禧元年，1205年）升为安远军节度使、领阖门事，成为韩侂胄北伐攻金的主要助手。其次，韩侂胄起用了许多光宗朝被排斥的主战官员，比如任兵部侍郎陈贾。吴璘和哥哥吴玠有功于朝廷，是守住四川的大功臣。他们死后，朝廷为了防止吴氏家族在四川做大，免了吴璘儿子吴挺的军职，调往内地。现在，韩侂胄让吴挺的儿子吴曦回四川，任四川宣抚副使，筹划北伐。居家的辛弃疾也被起用为绍兴知府兼浙东安抚使。兴奋的辛弃疾作《鹧鸪天》词，历述他自壮年渡江以来的抱负：

壮岁旌旗拥万夫，锦襜突骑渡江初。
燕兵夜娖银胡䩮，汉箭朝飞金仆姑。

追往事，叹今吾，春风不染白髭须。

都将万字平戎策，换得东家种树书。

辛弃疾坚持抗金、南归已经42年，自身已是64岁的高龄。他觐见宋宁宗赵扩，激昂慷慨地力陈“金国必乱必亡”，请朝廷委任元老大臣，抓住良机，准备出兵北伐。不久，朝廷任命辛弃疾为前线的镇江知府，年迈的辛弃疾毅然北上赴任。遗憾的是，韩侂胄聚拢的军事人才中，除了辛弃疾是经验丰富的抗金老将外，其他人都难以与辛弃疾相比。

开禧元年（1205年），韩侂胄加封平章军国事，总揽军政大权，向各军秘密下达了准备行军北伐的命令。他的计划是这样的：吴曦出兵西蜀；赵淳、皇甫斌进攻河南地区的唐邓；殿前副都指挥使郭倪率领主力渡过淮河北上。韩侂胄为什么选中郭倪为主将，而不用辛弃疾呢？因为郭倪比辛弃疾更接近韩侂胄，而且韩侂胄也觉得辛弃疾已经垂垂老矣。韩侂胄起用辛弃疾，借重的是他的声望，却不想把大军托付给他。郭倪是韩侂胄找到的被认为是罕见的军事人才。郭倪还的确是饱读兵书的人，平日里以诸葛亮自诩，拿着一把羽扇到处招摇，谈论三国人物，滔滔不绝。在领军出发之前，郭倪还仿效诸葛亮的样子，要给属下将领留下“锦囊妙计”，如此这般、如此那般地都给安排好了。他还吩咐负责后勤的将领说：“木牛流马，靠你支持。”

韩侂胄和郭倪似乎都盲目地认为，仿佛这样就能真的像诸葛亮那样建立“樯橹灰飞烟灭”旷世奇功了。

二

韩侂胄出兵伐金，政治上、思想上的准备都是充分的，唯有军事准备很不足。

开禧元年（1205年），韩侂胄奏请赵扩改年号为“开禧”。这个年号从本朝太祖皇帝的“开宝”、真宗皇帝的“天禧”年号中各取一字。开宝年间是宋太祖赵匡胤武力统一中国的时期，开禧年间是宋真宗与契丹人作战的时期。韩侂胄此举的用意，反映出对前人大作为时代的怀念，透露出了北伐壮志。

金朝早就得到了宋朝要兴兵的消息。当时的金章宗集结大臣讨论怎么办。当时，几乎所有的大臣都不相信南宋会撕毁和约，进攻金朝。唯独宗室完颜匡表示：“宋朝在边界新设置了‘忠义保捷军’。他们增兵绝不会是宣称的‘防盗’那么简单。我们的那位侄皇帝取先世开宝、天禧纪元，他们是一日都没有忘记恢复中原啊！”为了稳妥起见，金章宗派遣平章仆散揆率领生力军进驻汴梁，以防万一。

开禧二年（1206 年）四月，郭倪派武义大夫毕再遇（岳飞部将毕进的儿子）、镇江都统陈孝庆大举进攻泗州，揭开了北伐抗金的序幕。

北伐军还没来，金朝守军就早早地关上城门，不敢迎战，只等援军到来。毕再遇建议全军加快行军，出其不意，攻其不备，提前发动总攻。战斗打响后，陈孝庆领兵假攻西城，吸引了守军主力。毕再遇从东边杀入城中，金兵败溃。毕再遇在进攻途中，竖起大旗，让人喊话说：“我是大宋毕将军也，中原遗民可速速投降。”在城中任职的汉族官员纷纷投降，金军中的汉族人也放下了武器。宋军收复泗州。郭倪赶来犒军，提拔毕再遇为刺史。毕再遇慨然说：“国家河南地区沦陷了八十一州，现在只攻下一个泗州两座城，就得到一个刺史，以后元帅还怎么赏官啊？”他辞官不受。旗开得胜后，北伐军乘胜进攻。陈孝庆进兵攻下虹县，江州统制许进攻下新息县，光州的民兵也光复了褒信县，形势一片大好。

在大捷面前，赵扩正式下诏，撕毁和约，向金朝宣战，史称“开禧北伐”。

北伐诏书颁布后，群情振奋，朝野沸腾。82 岁的陆游闻讯写了一首《老马行》，也抖擞着要奔赴战场：

中原蝗旱胡运衰，王师北伐方传诏。

一闻战鼓意气生，犹能为国平燕赵。

三

江淮取得大捷后，北伐的另一个重心四川却形势逆转，差点陷入敌手。

在朝廷正式北伐之前，被韩侂胄寄予厚望的吴曦就在四川里通金朝，图谋叛变割据。

吴曦此举真是令人大跌眼镜。他的祖辈和父辈都是坚定的主战者，与金军浴血奋战才保全了四川地区和陕西南部的部分州县。吴曦在这样的家庭里长大，竟然卖国求荣，做了汉奸，听来真是令人难以置信。这也表明那些“根红苗正”的人未必就能够继续正下去，红下去。吴曦看中的四川地盘既对南宋东南主体地区有君临之势，更是一夫当关、万夫莫开的险要富庶之地，历来被野心家所觊觎。四川地区的割据势力层出不穷，吴曦相信自己会成为新的割据者。吴曦暗中派遣门客去金军，密约献出北部的阶、成、和、凤四州，金朝答应就地封他为蜀王，颁发给他诏书、金印。

南宋正式下诏北伐后，金朝指令吴曦按兵不动，使金军能够集中主力东下，免除西顾之忧。韩侂胄一再催促四川方面出兵，吴曦一概不理。

战斗开始后，金军蒲察贞的部队主动进攻和尚原。吴曦下令守将王喜撤退。王喜很听话，撤退了，结果遭到金军追击导致宋军溃败。金军占领和尚原后，进攻河池。吴曦焚烧河池，主动撤退。兴元都统制毋丘思领重兵防守，吴曦也命令他撤防。金军很顺利地就占领了川陕边缘地区。

“献地”成功后，吴曦召集幕僚开会，大谈特谈局势的严峻。他欺骗属下说东南失守，皇帝已经逃奔四明，自己准备“从权济事”，向金国投降。属下王翼等人就厉声反对说：“如做此事，相公您吴家忠孝八十年的名声就一朝扫地了啊！”吴曦不听，向金朝献上了四川的地图和吴氏谱牒，公然称臣于金。吴曦其实是副使，他的上面还有宣抚使程松。程松听说吴曦降金了，首先想到的是自己的身家性命问题，竟然放弃官职，星夜兼程逃跑。半道，程松被吴曦信使截住。他以为吴曦要杀自己，神魂颠倒。想不到，吴曦还很讲交情，派人截住他是让人送来了一箱金银，作为程松东归的盘缠。程松大大松了一口气，带上盘缠继续逃跑。逃过剑门后，程松泪流满面，叹道："现在我终于保住了脑袋。"

吴曦叛变，程松逃跑，韩侂胄伐金的部署受到了重创。

金朝在吴曦的配合下，集中兵力赶赴东线作战。郭倪的北伐主力进攻宿州时，被金兵打败，撤退到蕲州。战况开始逆转。除了毕再遇所不继续推进外，其他各军都被打败。六月，韩侂胄罢免主要军事助手苏师旦和邓友龙，让他们承担北伐无功的责任。苏师旦被除名抄家，发配韶州（今广东省韶关市）安置。同时起用丘崈为两淮宣抚使，叶适为建康知府兼沿江制置使。

丘崈上任后，以保全淮东兵力为名，放弃已收复的土地，让全军撤退到盱眙。宋军撤退后，金军分兵九路追击。韩侂胄的北伐已经变成了金朝南侵了。十一月，金军继续攻陷光化、枣阳、江陵，又攻破信阳、襄阳、随州，进围德安府。仆散揆军偷渡淮水，大败宋兵，进围和州。不久滁州、真州也沦陷了。到开禧二年（1206 年）的年底，整个淮西地区就此都被金军占领。

已经汉化的金人早没有了半个多世纪前祖先直入江南的气概，决定以巨大的胜利换取谈判桌上的巨大利益。金军秘密派人与江淮前线宋军主帅丘崈讲和。丘崈暗示可以和谈，并礼貌地将金使送了回去。从此，丘崈多次遣使与金军谈和。江淮休战。

西线吴曦叛变，东线丘崈主和，开禧北伐已经在事实上失败了。

韩侂胄已经将政治生命押在了北伐了，因此北伐必须胜利，不能失败。开禧三年（1207 年）正月，他采取一切手段拯救自己的北伐。先是罢免丘崈，改命张岩督视江淮兵马；又自出家财二十万，充作军需；并派遣使臣方信孺到汴梁同金朝谈判，整顿乱局。

四

四川的形势又一次发生了戏剧性的变化。

叛徒吴曦在开禧三年（1207年）正月，公然建行宫，称蜀王，置百官，建立了蜀国。他请金兵进入凤州，维持自己的傀儡政权。为了表示忠心，吴曦还准备削发，系成女真人的辫子。

川陕地区的官民对吴曦的投降行为进行了激烈的抵制。吴曦要建立政权，就要网罗一批文武百官，可没有人愿意出任伪政权的官职。吴曦召大安军的杨震仲出来做官，杨震仲干脆服毒自杀；史次秦也被傀儡政权征召出来做官，他就自己刺瞎双眼，拒不做官；金军来了，要百姓削发，陈咸等人就剃去头发，拒绝臣服。而原来宋朝的地方官员纷纷弃官而去。因此整个伪蜀国除了吴曦这个皇帝外，基本上是一个空架子。

只有一个南宋的官员例外。随军转运使安丙却接受了伪政权的任命，出任了吴曦的丞相长史。据说吴曦之前做过一个梦，说安丙是辅佐蜀国的贤臣。清醒之后，吴曦就逼安丙出来服务自己。安丙一介书生，难以反抗，就做了伪政权的重臣。

安丙担任要职后，忠于南宋的部分力量决定从他那打开缺口，擒拿叛徒吴曦。这些人领头的是一个南宋小官、监兴州合江仓杨巨源，成员包括吴曦的部将李好义、张林、朱邦宁，义士杨君玉、李贵、朱福等人。杨巨源与李好义等商议，觉得杀吴曦后需要推出一个有威望的人镇抚各地，准备推举安丙出来主事。杨巨源就去找安丙，质问道："安相公为什么做了逆贼的丞相长史？"安丙委屈地号啕大哭说："我没兵没将，又手无缚鸡之力，有反抗之心却无其力啊。"他同意帮助杨巨源等人除掉吴曦。

于是，杨君玉伪造了皇帝赵扩的诏书，任命安丙为招抚使，讨伐叛贼吴曦。

一天夜里，杨巨源、李好义等70多人冲入伪蜀国王宫。杨巨源骑马驰骋，右手举着一纸诏书，高呼："我是皇使！"一直冲入内宫无人敢阻拦。只见他宣读诏书：“奉朝廷密诏，以安长史为宣抚。今我率众诛反贼，敢抗者，夷其三族！”吴曦身边的护卫有上千人之多，但都是原来南宋的官兵，没有一个人是真心降金的。现在护卫们听说南宋皇帝下了讨伐吴曦的诏书，放下武器，一哄而散了。吴曦瞬间就真的成了“孤家寡人”。吴曦没有料到会有这场变故，仓促间从床上起来，环顾四周，内宫的护卫宫人逃得一个不剩，自己的卧室里连水果刀都没有。他只得仓皇推门而出，想趁乱逃跑。说来也巧，吴曦刚出门，李贵就赶到了门口。见吴曦要跑，李贵立马挥刀扑了上去。吴曦出身将门世家，自幼习武，不是一般人能够擒拿住的。他躲过李贵的刀，用力反扑，反而把李贵压在身下。情况危急间，李好义带着人也赶到了，忙令军士王换上去帮李贵。王换举起大斧上前对着吴曦的后背就是一斧。吴曦吼叫着从李贵身上翻落下来。不等吴曦挣扎，李贵迅速起身，对着吴曦的脖子就是一刀砍下去，将他的项上人头砍落在地。事后，李贵拿着人头驰告安丙。

吴曦的伪蜀国只存在 41 天，就此灭亡。

吴曦被杀，川陕边区光复，大快人心。得知吴曦叛变后，韩侂胄曾给安丙写了一封密信，许愿说如果安丙能够杀死吴曦，收复失地，不仅不会追究安丙的叛国投敌之罪，反而会论功行赏。书信没送到安丙的手里，安丙向临安朝廷说明诛灭吴曦情况的奏疏就已经发出了。韩侂胄随即任命安丙为四川宣抚副使，代替吴曦。

金朝原本对吴曦寄予了很大希望，在西部几乎没有战备，都指望着傀儡政权蜀国。伪蜀国的迅速灭亡完全打乱了金朝的部署。杨巨源、李好义等人乘势反攻金朝，收复西和州、成州、阶州、凤州和大散关。李好义还进兵至独头岭，会合当地义军大败金军。金军仓皇逃走。李好义又要求乘胜进取秦陇，一来恢复故土，二来牵制东部的金军。

安丙本质上的确是一个书生，而且是习惯了和平环境的书生。他在形势大好的情况下，只求保境安民，无心恢复故土。他不许前线的军队追击金军，导致士气大挫，大散关得而复失。同时，安丙与孙忠锐不和，命令杨巨源伏兵杀死孙忠锐。之后，安丙又杀人灭口，给杨巨源扣上谋乱的罪名，抓入监狱害死，向朝廷报告说“杨巨源自尽身亡”。另一边，吴曦的残余王喜、刘昌国等人则在酒中下毒，害死了李好义。

川陕的情况又回到了开禧北伐前南北对峙的局面。

五

在此情况下，南北和谈的气氛越来越浓。

这时的金朝，的确如辛弃疾所说，处于“必乱必亡”的前夕。就在南宋发动开禧北伐的同一年，蒙古大漠上的成吉思汗在斡难河边正式统一了蒙古民族，吹响了扩张的号角。

金朝虽然战胜了北伐军，但却花费了九牛二虎之力，而且还是在南宋出了叛徒和仓促部署的情况下战胜的。金军虽然侵入淮南，但已是强弩之末，丧失了继续作战的能力。方信孺到达金朝后，金人二话没说，先把他关到监狱里恫吓一番，再把他放出来。九月初，方信孺带着金朝给张岩的复信回到了南方。金朝开出了两个供南宋选择的条件：如果南宋向金朝称臣，南北在长江和淮河之间取中线作为边界；如果南宋向金朝称子，那么南北边界可以推到长江。但不管南宋做出什么样选择，都要“斩元谋奸臣”，意思是韩侂胄必须死，而且要把脑袋装进盒子送到金朝。

韩侂胄自然不能接受这样的议和条件，只能再度整兵出战。

赵扩于是下诏坚持抗金。朝廷招募新兵，并起用辛弃疾为枢密院都承旨，接替苏师旦负责军事指挥。年近古稀的辛弃疾来回奔波，接到这封迟到的任命书时候已经重病在身。他抖擞精神，要去赴任，未能成行就在家中病死了，享年 67 岁。

辛弃疾走完了悲剧性的一生，就在梦寐以求的历史机遇在向他招手的那一刻。

史弥远杀人有功

一

韩侂胄硬着头皮，要与金军赤膊再战。而朝中的主和风潮已经在暗中涌动了。

主和派的首领是礼部侍郎史弥远。他是宋孝宗赵昚的老师史浩的儿子。史浩在光宗朝就病死，留下儿子史弥远。史弥远是明州鄞县（今浙江省宁波市）人。淳熙十四（1187 年）年考中进士，进入仕途。与韩侂胄不同，史弥远对“靖康之变”和宋高宗早期的宋金战争没有直观的经历。作为南宋建立后出生的那一代人，史弥远是个主和的政治野心家。另一个主和的野心家是后宫的杨皇后。杨皇后对韩侂胄深怀怨恨，这我们已经说过了。这个女人和哥哥杨次山联合起来，在后宫坚决主张对金妥协媾和。史弥远和杨皇后很自然就联合了起来，形成了皇宫内外的反韩力量。

史杨集团离皇帝赵扩很近。很早的时候，史弥远就秘密上书，奏请诛杀韩侂胄。杨皇后也鼓动皇子赵询上书，指责韩侂胄再启兵端，于国家不利。赵扩此时还是相信韩侂胄的，对这些攻击都置之不理。

史弥远、杨后和杨次山等人意识到按照正常的政治途径是诛杀不了韩侂胄的。他们决定用阴谋手段，杀掉韩侂胄。史弥远暗地联络了韩侂胄的两名党羽——副相钱象祖和李壁——一起谋划扳倒韩侂胄。表面平安无事的韩侂胄其实已经到了树倒猢狲散的危险边缘。庆元党禁将真正有才学、品行坚定的读书人都推向了韩侂胄的对立面，依附韩侂胄的大多是趋炎附势之徒。他们是因为利益聚拢在韩侂胄身边，而不是信仰和道义。韩侂胄的政治赌注失败了，自身成了金朝必杀的对象，韩侂胄身上已经不能再聚拢众人了。许多党羽马上转投史杨集团。史弥远、杨次山决定再向皇帝赵扩上奏一次，说韩侂胄“平日恣横，目无君上；今复轻启兵端，以危社稷，宜速正法，以谢天下”。赵扩在史杨集团的一再奏请下，对韩侂胄的信任也动摇了。他对是否要诛杀韩侂胄再与金朝媾和，犹豫不决。但他也不对史弥远等人暴露出来的杀戮韩侂胄的苗头不闻不问。赵扩的举动坚定了史弥远等人暗杀韩侂胄的决心。最后还是杨皇后拿定了主意，安排中军统制、权管殿前司公事夏震等人在韩侂胄上朝时，擒杀他。

刀已举起，只有当事人韩侂胄还被蒙在鼓里。

二

那天清晨上朝的时候，忧心忡忡的韩侂胄低着头，急匆匆地向朝堂走去。

突然间，韩侂胄和一个武将撞了个满怀。韩侂胄本来心里就不爽，现在被人撞了，更是火上浇油，开口就要骂。他抬头一看，撞他的人是中军统制夏震。不等韩侂胄骂出口，夏震走近，严肃地说："韩侂胄接旨。"韩侂胄一听皇帝有旨，只好把骂人的话给咽了回去。夏震宣布的是赵扩的口谕，皇帝请韩大人到玉津园见面。

韩侂胄半信半疑地跟随夏震走向玉津园。他入园后，见里面空无一人，大惊失色。旁边的夏震抽出刀来，上演了一场血溅宫墙的凶杀案。还有传说，玉津园里并非空无一人，而是有史弥远安排的多名武士，他们集体将韩侂胄用棍子打死了。又有传说，韩侂胄也算是一代枭雄，直觉告诉他有人要害他，所以出门都穿着贴身厚甲，以防万一。因此玉津园里还上演了一场搏斗，最后韩侂胄寡不敌众，被杀死了。最后还有人考证出韩侂胄不是被杀死在玉津园的，而是被截至玉津园夹墙内害死的。事后，史弥远才将结果奏报赵扩。

韩侂胄可谓是南宋历代权臣中死得最惨的一位。

事实上，宫中人多嘴杂，很早就有人将韩侂胄被劫的消息报告了赵扩。赵扩意识到史弥远等人瞒着自己动手了，急忙写手谕赦免韩侂胄。关键时刻，杨皇后拉住赵扩的手，哭泣道："陛下若下谕旨，妾就死在这里！"赵扩只好半推半就地作罢。最后还是负责治安的临安知府向宋宁宗赵扩禀报韩侂胄“伏诛”的消息。赵扩默然无语，精神受到了相当大的刺激，一时接受不了韩侂胄被杀的事实。事情过去了三天，赵扩还坚持说韩侂胄没有死，下旨将韩侂胄除名，送吉安军安置。

赵扩的举动让朝野上下都知道韩侂胄之死并非皇帝的意思，而是史弥远的阴谋。

三

韩侂胄被暗杀后，宋金和议的一大障碍被扫除了。

史弥远继韩侂胄之后成了南宋的第三位权臣。掌握政权后，史弥远又将苏师旦处死，割下韩侂胄、苏师旦的脑袋，派使臣王柟送到金朝和谈。南宋政府愿意以淮河为界，并全部接受金朝提出的附加条件，即金宋改称伯侄之国，原来南宋皇帝叫金朝皇帝叔叔，现在要改叫伯伯了；南宋每年给金朝岁币30万，并一次性赔款军费300万两。金军按约从侵占地撤回。宋金又一次完成了和议。

在是否要将韩侂胄脑袋送到金朝的问题上，南宋朝廷还爆发了一场争论。

把前宰相的首级作为媾和的条件送给敌人，对南宋来说是颜面全失的事情。枢密使林大中、吏部尚书楼钥、兵部尚书倪思都认为和议是压倒一切的中心工作，韩侂胄尸体上的首级与和平相比，又有何足惜。倪思高喊“与其亡国，宁若辱国”，力主割下韩侂胄的脑袋。但也有多位大臣认为这么做事关国体，极力反对。大臣王介抗议将韩侂胄的脑袋送往金国，义正词严地说：“韩侂胄的头颅固不足惜，但国体足惜。今天敌人要韩侂胄的头颅，我们一点都不珍惜，明天敌人就会要我们这些人的脑袋，到时候别人也会不珍惜的。”争论来争论去，整个朝廷在“诛韩贼以谢天下”“侂胄臭头颅，何必诸公争”的呼声中做出了决定。赵扩于是派遣临安府副将尹明，将韩侂胄开棺戮尸，割下脑袋，由王柟按照金朝的要求装在盒子里送往北方。

金朝要韩侂胄的脑袋其实并不奢望南宋能够把他的脑袋送来，更多的是对南宋君臣进行离间分化。金人的目的不仅达到了，而且真的看到了韩侂胄的脑袋，真是喜出望外。当时蒙古人已经成了北方的严重威胁，金朝巴不得早先和南宋达成和议，抽出力量来对付北方的新敌人。

所以，金朝非常善待死后的韩侂胄。韩侂胄的脑袋送到金国后，金朝完全汉化的御史和谏官们纷纷上书，说起韩侂胄的好来。韩侂胄对金人来说，好在什么地方呢？好在忠君报国上面。最后，金朝封韩侂胄为“忠缪侯”，按礼将他的首级葬于他的先祖韩琦墓旁。中原失陷后，韩琦墓在金国辖境内，还保全完好。日后，南宋有使节出使金朝。金朝常安排南宋的使节参观韩侂胄的墓地，并给他们解释为什么封韩侂胄为“忠缪侯”。金朝认为韩侂胄“忠于为国，缪于为身”。

四

在政治上失败的赵汝愚也好，朱熹也好，韩侂胄也好，都是政治的门外汉。

政治是世界上最复杂的东西。我上大学的时候，有位教授讲授自己对政治的理解，我至今记在心里。现在的政治学归于社会科学门下，被看作一门综合科学。许多政治学者用力追求精确化的政治理论和政治过程。我的这位老师就曾经认为政治不应该被归属于科学，而是一门高难度的艺术，结果遭到更老的老师的批评。也许，象牙塔里的政治是严肃的科学，但现实操作中的政治绝对是一门艺术。它有太多的不确定性难以预料，它有太多的细节需要掌握，它有太多的只有中国人才能理解的人情世故。

韩侂胄等人的失败原因就是将政治看得太简单了。他们都或多或少地拥有某种政治优势，都照顾到了政治全局，但是他们都多多少少将政治实践简单地看作一门科学，而没有当作一门艺术来细细品味，运筹全局。

五

韩侂胄被杀后，史、杨集团的成员都来“排排坐，分果果”。

皇子赵询被立为太子，杨次山加开府、仪同三司，史弥远知枢密院事，又晋封为右丞相。史弥远为首的派别一举夺取了全部军政大权。

新官上任三把火。史弥远马上恢复秦桧的王爵和谥号，显示出鲜明地对金主和姿态。对于支持韩侂胄北伐的官员和将领，史弥远是不遗余力地加以打击。邓友龙被贬南雄州安置；郭倪、张岩等人罢官。已经死去的辛弃疾，仍被加上“迎合开边”的罪名，追削爵秩。韩侂胄北伐前，为了积聚力量，曾放松党禁。被列入伪学“逆党”名籍的叶适因此恢复官职，并在北伐前任吏部侍郎，向韩侂胄提出了诸多江防建议。1206 年，叶适任建康知府，又兼江淮制置使，节制江北诸州。在建康任上，叶适曾率兵夜袭金军营寨，大胜而回。史弥远当政后，叶适因而被御史官弹劾附会韩侂胄用兵，罢官夺职。主战的官员相继遭到贬谪后，主和的丘崈升任江淮制置大使，又进为同知枢密院事。可惜他命不好，没到任就病死了。

六

史弥远一上台，就如此党同伐异，引起了包括主战分子在内的许多人的反对。

临安的一个普通军官罗日愿，联络宫内外下级军官、学生以及一些民众，秘密策划诛杀史弥远。

罗日愿，江西人，因积极支持开禧北伐充任了忠义军统制。韩侂胄被杀后，史弥远打压韩侂胄党羽，牵连甚众。牵连来，牵连去，罗日愿很自然就被拖了下去。罗日愿早就不满史弥远的言行，现在决定趁自己没有被下狱之前，暴力推翻史弥远，而打出的旗号就是“清君侧”。

罗日愿先是与殿前司申军训练官杨明的徒弟徐济、赵珉等人合谋，以征讨黑风峒叛乱为名，调动各自掌握的部队，准备起事。

嘉定二年（1209年），史弥远的母亲死了。五月，史弥远料理完母亲的丧事要回临安。罗日愿等人计划就在史弥远渡过钱塘江、百官在浙江亭拜迎的时候动手。罗日愿等人事先在江中的船只上密藏一千人，只等举火为号，三路齐上，尽杀宰执以下官员，然后派兵进入大内，胁迫赵扩降诏赏军。政变成功后，罗日愿担任枢密使，徐济为参知政事。罗日愿的政变计划非常宏伟，在理论上也行得通。但是罗日愿计划不密，出了一个叛徒——进勇副尉景德常。景德常向史弥远告发了整个计划。史弥远随即大肆搜捕政变参与者。结果，罗日愿被凌迟处死，徐济、赵珉等也被处斩。政变夭折。

史弥远经历了权臣生涯的第一次考验。

第五章

西湖暖风熏人醉

宋理宗时，有位大富豪要在东南某县收买农田另作他用。

自古以来，征地是最麻烦的事情，最容易得罪人。但是富豪来头大，该县的陆县令不敢不办。富豪要征地 6000 亩，愿意每亩出 10000 文铜钱从农民手中购买。陆县令“雁过拔毛”，每亩农田只发给农民 500 文地价。宋律：官府征用私田而不给补偿，或者补偿低于市价，属侵夺私田，一亩以内，杖 60；超过一亩，杖 70；三亩以内，杖 100；超过五亩，罢官入狱。这位陆县令的胆子真是太大了，就差没把“大雁”给拔死了，也给自己惹上了大麻烦。

农民纷纷告官鸣冤，越级告到了宰相史弥远那里。史弥远非常震惊，说：“胡闹，这简直是胡闹嘛！这个陆县令也太不像样了。我给大家做主，马上命令县里改正！”农民们千恩万谢地回到县里。谁知，陆县令二话不说，就把告官的、没告官的农民全都关到监狱里，抄家的抄家，没收土地的没收土地。最后，连 500 文每亩的地价也被官府侵吞了。

陆县令为什么会这么大胆呢？因为史弥远就是那个买地的大富豪。

来历不明的宋理宗

一

史弥远是南宋的第三位权相，同样是一个复杂的政治人物。

史弥远当了十几年宰相后，遇到了权力危机。和他关系密切、参与暗杀韩侂胄的太子赵询年纪轻轻就夭折了。宋宁宗赵扩还“真是”赵构的后代，将不育症“发扬光大”，干脆就生不出儿子来。死去的太子原本就是赵扩收养的宗室子弟，预备为继承人的。现在没办法了，皇室只好又“恢复传统”，从旁系宗室中挑选子嗣，以养子身份继承皇位。

史弥远就开始担心了，万一挑选出来的皇子与自己过不去，等他登基后，自己的权相地位就会受到威胁，甚至可能发生翻天覆地的变化。当务之急，他要和新太子搞好关系，把太子也拉入自己的阵营。

挑选候选人毕竟要皇帝本人点头才行。权相的权力再大，史弥远也心有余而力不足。赵扩早已经有了中意的人选。他的弟弟沂王也没有子嗣，赵扩非常喜欢弟弟，就替他挑选了宋太祖赵匡胤一系、燕王赵德昭的九世孙赵均作为子嗣，赐名赵贵和，认作了侄子，成为新的沂王。现在太子死了，沂王赵贵和作为赵扩的“侄子”，现在入嗣赵扩，名正言顺。赵扩就把赵贵和收养入宫，改名赵竑，封为济国公。

赵贵和成了内定的太子人选，朝野都心知肚明。

这个赵贵和，是个很有正义感的年轻人，恰恰对史弥远极看不惯。同时，赵贵和又是个血气方刚的年轻人，丝毫不懂韬晦之术，把心中的想法和政治主张丝毫不剩地都展现了出来。

杨皇后为了日后地位着想，也想拉拢赵贵和，主持为他迎娶了前太皇太后吴氏的侄孙女为妻。赵贵和不喜欢这个女孩子，冷落她，顺便也冷落了杨皇后。杨皇后自然对赵贵和有意见了。史弥远之前对赵贵和没有什么了解，如今赶紧“恶补”。一次，他听说赵贵和喜好古琴，赶紧从民间搜罗了一把好琴和一个擅长弹琴的美女，献给赵贵和，拉拉关系。暗地里，他又将那位美女的全家好好供养着，扣为人质，命令她监视赵贵和的一举一动。这位琴女很快就获得了赵贵和的宠爱，对她毫无防备。史弥远常给赵贵和送一些奇计淫巧的珍宝，赵贵和都把这些玩物抛掷在地。平日里，赵贵和在桌几上将史弥远擅权祸国的种种行为都记录下来，说：“史弥远当流配八千里。”书房的墙壁上有地图，赵贵和一次指着海南岛对琴女说：“我当皇帝以后，就要把史弥远流放到海角天涯。”史弥远得到琴女的密报，为了自保，他要扳倒赵贵和。

赵贵和的老师真德秀将学生的言行看在眼里，急在心里。他多次劝赵贵和多读书，埋头学问，不要过问朝堂上的事。赵贵和没有照做。真德秀就把话挑明了：“殿下须要孝顺慈母，敬礼大臣，天命自然来归，不然就恐有危险之事了。”赵贵和依然我行我素。

史弥远计划采取的方法是既然皇帝挑选出来的太子和自己过不去，那我就让和我过得去的人顶替赵贵和担任太子。他很快就逮着了机会。赵贵和进宫后，沂王的后嗣又出现了空缺，需要再挑选继承人。赵扩下令再挑选宋太祖十世孙、年过 15 岁的宗室养育宫内。史弥远乘机给赵贵和树立了对立面。史弥远的门客余天锡（余天锡的祖父就是史弥远父亲史浩的门客，他打小在史府长大）刚好外放绍兴主持秋试，来史府辞行。史弥远就暗中嘱咐他找一个可靠的孩子来。

让余天锡一个人去找所谓的宗室子，说明史弥远根本就没想要找一个真正的宗室子弟。你想，余天赐一个人的能量再大，也不可能一个人完成为朝廷选择继承人的重任。

考试完后，余天锡空着手回来了，但是带回来一个消息。他说绍兴西门外有一个姓全的保长，收养了两个外孙。这两个外孙的面相都是大贵之人。史弥远也不问全保长家的来历，就说，那就带来看看吧。绍兴的全保长听说临安的大官们要自己的两个外孙，高兴得了不得。他也实在不懂事，将这件事情大吹大擂，还变卖家产，请亲戚朋友们吃饭祝贺。冥冥中，全保长认为孙子们大富大贵的面相马上就要变成现实了。当他倾家荡产将两个孙子打扮得漂漂亮亮送到临安的时候，史弥远显然对这样的高调行为非常不满，只见了一面，就挥挥手把他们都给打发回去了。全保长是败兴而归，颜面全失。

但是一段时间后，史弥远秘密派人来到绍兴，将全保长两个孙子中年长的那个 17 岁的赵与莒秘密接到临安。史弥远也不鉴定，就将他改名赵贵诚，公开宣布为宗室子弟。

怎么把一个平民子弟，迅速包装成皇子龙孙呢？史弥远还有工作要做。

二

不久，史弥远在净慈寺为老父亲史浩做佛事。

史家有个世代姻亲，叫作郑清之。郑清之把女儿嫁入了史家，儿子也娶了史家的女儿。他刚从峡州调回临安任国子学录，听说史家做佛事，不请自来。为了控制赵贵诚，也为了使他具备较高的素质，史弥远正在为赵贵诚挑选老师。这个老师必须是自己的亲信、亲戚，同时官位又不能太高，而且又得有真才实学。郑清之是史弥远认为最合适的人选。

就在这时，一个他太熟悉的身影突然跃进他的视野，这个人就是郑清之。史弥远把郑清之叫到暗处，让郑清之为赵贵诚讲授儒学，同时在宫中伺机拥立赵贵诚为新皇帝。他郑重相告："事成，史弥远现在的地位就是你的。但这话出于我的口，入于你的耳。如果有一语泄露，你我都是要被族诛的。"郑清之应允入宫，为赵贵诚教授程朱理学。

为了使小孩子更符合宗室身份，史弥远让郑清之每天教赵贵诚学文识字，学习礼仪，在短短时间内把赵贵诚从普通百姓包装成皇子，骤然提高了身份。赵扩认可了这个"侄子"，赐名赵昀，袭爵空缺出来的沂王爵位。

嘉定十七年（1224 年）闰八月，宋宁宗赵扩病危。史弥远谎称皇上有密旨，立宗室之子赵贵诚为皇子。赵扩驾崩的当晚，史弥远与杨皇后商议废黜赵贵和，召赵贵诚入宫。杨皇后虽然对赵贵和不满，但对于私行废立这样大逆不道的事，还是不敢做。杨次山的两个儿子杨谷、杨石受史弥远的嘱托，一夜之间七次去劝姑姑与史弥远合作。杨皇后还是摇头，反对假传圣旨，立来历不明的赵贵诚为新皇帝。两个外甥最后跪下了，一把鼻涕一把泪地劝道："姑姑，事已至此，如果不立沂王，恐怕日后杨氏满门都危险了啊！"

杨皇后这才点头同意，配合史弥远的政变。史弥远连忙假传圣旨，让宫人去传沂王赵贵诚进宫。临行前，史弥远反复叮嘱出宫宣旨的人："记住，你所宣者是沂王，而不是太子。如果叫错了人，小心你全家人的脑袋！"

在这关键时刻，赵贵诚的态度反而有些微妙了。之前，史弥远、郑清之从来没有告知要推他继位登基。赵贵诚对矫诏继位一事，态度怎么样呢？当郑清之告诉赵贵诚，史相国要拥立他登基之意，赵贵诚低头不说话了。郑清之再三言之，赵贵诚都默然不应。最后，郑清之把话挑明了："丞相让我跟从王爷很久了，在足下身边安插了很多心腹眼线。现在，足下不答一语，你让我怎么复命丞相？"郑清之的潜台词是：这件事情，你如果不干，你就有危险！赵贵诚这才抬头，拱手慢慢说了一句："绍兴老母在。"赵贵诚回答得非常巧妙，他没有也不方便直接表达自己做皇帝的意愿，而是委婉地服从了史弥远的安排，把自己和家人的命运交付给了史弥远。郑清之向史弥远汇报后，史弥远吃惊地说了一句："沂王不凡啊！"

赵贵诚服从安排入宫后，史弥远、郑清之公布赵扩驾崩的消息，并以"遗诏"的名义强行拥立赵贵诚为新皇帝。赵贵和本以为轮到自己继位了，谁知道迎来的是被废为济王、出居湖州的诏书。正当他茫然若失的时候，禁军将领夏震强迫他接旨。

赵贵诚就是宋理宗。

历代嚣张的权臣不少，但像史弥远这样生生"造"出一个皇帝的人还真是绝无仅有。史弥远的政变阴谋，激起了朝野上下的愤慨。一些大臣上书说济王赵贵和冤枉，都被罢官出朝。

临安的太学生潘壬和弟弟潘丙，都是湖州人。他们知道宫廷换皇帝的内幕，反对史弥远，赶回湖州，聚集部分力量，图谋拥立赵贵和登基为帝。为了增加胜利的把握，潘壬约长江北岸掌握军队的将领李全领兵接应，建立大功。约定的日子到了以后，潘壬和潘丙兄弟俩带领由渔民、巡尉兵卒数十人组成的队伍，连夜闯入王府，要拥立赵贵和为帝。从赵贵和的心理来说，他眼睁睁看着皇位飞走，不能不有所眷恋与不满。深夜，他看到有人群拥进来拥戴自己为皇帝，虽然知道这是叛乱，但也没有表示反对，配合潘壬等人的行动，等于是默认了。

第二天，天亮的时候，潘壬等人在湖州街头到处张榜揭露史弥远罪恶，宣告政变。一行人拥着济王赵贵和到州衙，就要黄袍加身。当时，江北的李全到期不至，没有带军队前来响应。赵贵和在光天化日之下，看清了原来支持自己的人不过几十个人。这不是瞎胡闹吗？赵贵和对政变的前景失去了信心，慌忙派人向临安告变，同时征调湖州的官兵对潘壬等人举起了屠刀。史弥远听说湖州叛乱，赶紧派出军队镇压。在军队到来之前，湖州的叛乱就被赵贵和给浇灭了。潘壬隐姓埋名逃往楚州，被官府抓获斩首。

经过叛乱后，赵贵诚和史弥远都意识到，只要赵贵和活着，就是对两人权力的威胁。史弥远干脆秘密派人到湖州逼济王赵贵和上吊自杀，对外称病死。

济王死后，宋理宗原本想以王礼安葬。史弥远不同意，宋理宗收回成命，褫夺济王的王爵，追贬为巴陵县公。他们二位的本意，可能是想贬抑济王，避免人们对宋理宗即位合法性做不恰当的联想。但他们的做法是一着臭棋，反而激起朝野人士的关注与愤慨。“济王冤案”成了缠绕南宋后期的一大敏感事件、政治要案。[1]

绍定四年（1231 年）三月，临安特大火灾把太庙里列祖列宗的御像与灵位烧为灰烬，朝野无不视为“天谴”，理宗不得不下诏求言。有人就将此事和

① 后世文艺作品、影视剧，多次把济王冤案当作素材。比如，曾经大热的《大宋提刑官》，即以此案为原本。此案融合权谋、宫斗、政变、杀戮、平反诸元素，是编剧的大爱。

济王联系起来，认为是皇室有伤和气而招来灾异。宋理宗置若罔闻。史弥远死后，有朝臣旧案重提，要求为赵竑追复王爵，以王礼改葬。宋理宗虽然同意改葬，却还是给济王安上“胁狂陷逆”的罪名。他还丢下过一句话：“留以遗后人。”也就是说，宋理宗至死也不打算给济王昭雪冤案，以免威胁到自己即位的合法性。他铁了心要把难题扔给后代。终理宗朝，“群臣泛议，一语及此，摇手吐舌，指为深讳”。

理宗死后，就有人又旧案重提。继位的宋度宗追复济王太师、保静镇潼军节度使，增修了陵墓。至于平反、立嗣等问题，因为宋理宗有御笔意见，宋度宗“遵照实行”，拒绝给济王彻底昭雪。宋度宗死后，宋恭帝即位。当时，蒙古军已突破长江防线，南宋政权朝不保夕。吏部尚书常楙上书，把时局与济王冤案挂上了钩，认为危局可能与济王的冤情有关。朝廷这才颁诏，给赵竑恢复了王爵，特封其为镇王，并赐谥“昭肃”，选择嗣子延续血脉。这桩南宋皇室的最大冤案，历时半个世纪最终平反昭雪。

三

参与拥戴济王的湖州诸人中，只有一个参与者逃脱了。他就是李全。正是这个逃脱的李全给史弥远带来了巨大的麻烦。

这个李全又是谁呢?

李全是个善使铁枪的山东大汉，人称“李铁枪”。13 世纪初期的山东地区，处于金朝的横征暴敛和蒙古军队的扫荡之下。李全带领农民兄弟发动起义，队伍迅速发展，成为北方红袄军的主力之一。在金朝军队的残酷镇压下，李全险些被金军抓获，退据东海（今江苏省连云港市东南）一带，并在嘉定十一年（1218 年）正月向南宋称臣，受楚州（今江苏省淮安市）节制。

在宋、金边界地区，存在许多像李全这样南下的北方起义军队。南宋朝廷就利用这些军队抵御金军。李全南归后，历经多次宋金战斗，因功升为节度使。但是朝廷对这些军队并不完全信任，将他们称为“北军”，掬縻利用而已。史弥远当政后，因害怕这些军队造反，下令封锁淮河，不许北军南下。事实上，这些北方南下的军队慢慢变成了两不管的部队，占据边界各地，变为地方割据势力。李全也从一个农民将领蜕变为军阀，逐渐袭击友军，攻占地盘，成为边界一患。朝廷决定对这些“北军”下手。1220 年，北军领袖季先入朝，半路上被制置副使贾涉杀死。这下子可麻烦了。季先的部队推举石珪为首与贾涉对峙。贾涉下令李全进攻石珪，让北军自相残杀。李全出于壮大自己的目的，发动猛攻，迫使石珪逃到北方投降蒙古人去了。从此，宋、金边界进入了多事之秋。

潘壬要求李全共同举事的时候，李全并没有放在心上。但事情失败后，李全不能不放在心上，为了避祸，在宝庆元年（1225 年）年初杀死楚州知州许国，自己占据青州叛乱。次年，蒙古军队进攻青州，李全打不过，只能困守。青州被围困一年之后，仅剩数千人，弹尽粮绝。李全投降了蒙古，得到成吉思汗的赏识，受命专制山东的大权。李全从此喜气洋洋地穿着蒙古衣冠，在自己军队中引入蒙古官员。

为了消灭李全，宋朝命令北军时青等部进攻李全。时青却派人密告李全。李全向蒙古人提出了一个大胆的计划，请求领兵南下消灭南宋，得到批准。李全率军大举南下，首先诱杀时青，吞并其他起义军。1230 年初，李全占据楚州，表面上重新归附于宋朝，实际上听命于蒙古。史弥远对李全采取了姑息养奸的政策，提供粮饷，还希望他能替朝廷阻挡金军。前线官员要求讨伐李全，史弥远都不允许。而李全呢，以丰厚的待遇募兵，又大量建造船只，自淮河到东海，此起彼伏，计划进攻东南地区。当李全又占领盐城后，南宋不得不下决心讨伐李全。李全也就撕破脸皮，公然占领泰州，又进攻通州、扬州。宋军进驻扬州与李全展开了长达半年多的对峙战。次年正月十五，宋将趁李全不备用计骗李全出营，半路伏击。李全仓皇逃窜，在新塘这个地方陷入数尺深的泥淖，被南宋的追兵用乱枪刺死。宋军乘胜进驻淮安，李全在淮安、淮阴的余部有的被宋朝消灭，其余的投降了金朝。

李全的儿子李璮在乱军中逃过淮河，返回山东老家。蒙古人让他世袭了李全的职位，在山东设立行省，专制独断。

四

这时候的天下局势已经大变。南宋与金朝维持数十年的和平局面又走到了悬崖边缘。

北方成吉思汗的蒙古铁骑已经越过阴山，扫荡华北各地，打得金朝军队狼狈不堪。1213 年，蒙古军队兵分三路，攻掠山东、河北州县，从北、西、南三面围攻了金朝的中都（今北京市）。金朝早已经没有了一百年前的雄风，在强大压力下发生了政变。金宣宗被拥为新皇帝，向蒙古求降，贡献大批金宝、马匹，并把公主献给成吉思汗，这才送走了蒙古兵。金朝在长城内外是待不下去了，金宣宗带头逃跑，将首都南迁至北宋的旧都汴梁。蒙古军退后，金宣宗就率领宗室百官，运载珠玉财宝迁往汴梁。第二年，辽东、河北、山东就全被蒙古人占了。

金朝南迁后，内忧外患。外患就不说了，单单说金朝仅余黄河中下游和淮河以北的国土，人没多少人，钱没多少钱，却要供养庞大的官僚机构和数目惊人的军队，不堪重负。王朝走向何处去？金朝内部出现了两种声音，一部分人认为应该联合南宋对抗蒙古人；但更多的人认为南宋是个软柿子，打不过蒙古但可以打南宋。被蒙古人夺走的土地和财富可以通过掠夺南宋来补偿。难道不是吗？金朝之前在对南宋的历次战争中虽然没有全部取得胜利，但都获得了可观的收益。

嘉定十年（1217 年），金宣宗发兵渡淮，开始向南方进行扩地立国的战争。

西边，金朝军队入大散关，进攻西和州、阶州、成州；东边，金军入侵樊城，围枣阳。

南方的有识之士早就看到金朝已经不可避免地走向了衰落，不再是早年活跃在白山黑水的精锐了。南宋看到金朝江河日下，“看人下菜单”，在 1214 年停止了向金朝缴纳嘉定年间和约规定的岁币。赵扩还给名义上的北方臣民下诏书，号召大家同仇敌忾，陷敌人于“人民战争的汪洋大海”之中。皇帝承诺：“如果有人能建立非常的功勋，朝廷肯定会破格奖赏。”

进攻枣阳的金兵遭到了南宋守军的顽强抵抗。京湖制置使赵方派孟宗政的军队增援枣阳，内外夹攻大败金兵。湖广全线都增加守备，宋金两军大小战斗数百次。嘉定十二年（1219 年），金军倾巢而出，再次大举围攻枣阳，希望扭转战局。赵方分兵进攻唐、邓二州，攻打金兵的后路；孟宗政在枣阳死守。枣阳战斗极其惨烈，宋军充分发挥火器的技术优势，用大炮轰击金军，一炮可杀金兵数人。金军不甘失败，选弩子手二千用云梯攻城，没成功；又向枣阳挖地道，宋军用毒烟烈火猛熏地道。枣阳经受住了金军 80 余日的猛攻，岿然不动。南宋援军赶到，又一次内外夹攻金军，金兵全线崩溃，从此不敢再来侵犯枣阳和湖广。孟宗政还组织了民兵抗金武装，深入敌后。金军也曾反攻，又增加诸多损失却不能前进一步。

进攻四川的金军开头非常顺利，南宋的天水守将黄炎孙逃跑，大散关守将刘雄、王立先后弃关逃跑，沔阳都统制刘昌祖焚城逃跑，西和、成、阶等州的南宋守臣也都弃城逃走。金兵顺利占领各地，得到了南宋积累的大量钱币和军需物资。进攻兴元的时候，南宋都统吴政奋起抗敌，西线金军的好运这才被终止了。吴政还乘机收复大散关，将逃跑的王立斩首，奏报朝廷。刘昌祖等人也被夺官流放。吴政不久战死，宋军和金军开始僵持胶着。嘉定十三年（1220 年），已经由四川上调临安同知枢密院事的安丙回任四川，担任宣抚使。安丙成功地争取到了西夏的联合。这个西夏还真是够朋友，一下子出兵 20 万从侧面进攻金军。西边的金军也撤退了。

在东边，江淮制置使李珏扼守淮河。宋金的战线一直维持在边界地区。只有一次，有一支金军游骑数百人南下到东采石的杨林渡口，对南方造成了巨大的心理打击。建康城都一度陷入骚动。但这只是特例。金军在抗金民兵，包括当时还活着的李全、石珪、夏全、时青等人的打击下，没成功。

这里有个小故事，需要提一下：嘉定十四年（1221年）金军南下攻打蕲州。秦桧的曾孙秦矩在当地担任通判。秦矩与知州李诚之一道死守城池。他们率领全体军民苦战月余，杀敌无数。金军听说守城的是秦桧的后人，想当然地认为秦矩继承了秦桧的基因，高兴地派人来劝降。秦矩怒斩来使，坚决抵抗，让金军空欢喜一场。后来金军攻破了城池，秦矩又和李诚一一道坚持巷战。李诚一最后自杀，他的家人也都自杀殉国。秦矩拼死与金军周旋，筋疲力尽后退回官邸自焚。部下发现后，赶紧要把他拽出来。秦矩厉声喝止部下，在烈火中坦然而死。秦矩的儿子秦浚闻讯，毅然跳入火中，追随父亲而去。秦桧的后人总算是为秦家大大地争了一口气。

从嘉定十年（1217年）以后的六年间，金兵多次分兵南侵，都遭到顽强的抵抗，失败连连，痛定思痛，反思宋金政策。嘉定十七年（1224年）三月，金朝派遣使臣到宋朝"通好"，并在边地张榜宣布军民不再南侵。金宣宗拓地江南的计划彻底失败了。

金宣宗伐宋最大的失败可能不是军事上的，而是外交上的。在宋金战争最惨烈的嘉定十四年（1221年）六月，南宋派遣苟梦玉出使蒙古，作为抗击金军的预备选项。不久，蒙古的使臣来到临安，南宋与蒙古政治开始外交往来。双方开始酝酿联合灭金事宜。

金朝把一个潜在的盟友（南宋）推向了凶猛的敌人（蒙古）一边。

五

除了一条不稳定的边界之外，史弥远在后方的权力是相当稳固的。

宋理宗兴于民间，从入选宫廷、立为皇子、登上帝位，全是借助史弥远的力量，生活被动拘谨，养成了"凝重寡言"的性格。他又在民间生活了17年，有一定的社会阅历，知道人心世故。年轻的宋理宗对史弥远的"定策"之功深怀感激，也知道他的势力不能骤然去除，所以对史弥远的掌权干政，睁一只眼闭一只眼，政务任由史弥远操纵。君臣二人相安无事。

史弥远和赵贵诚都接受了程朱理学的教育，两人在尊崇理学，凝聚人心士气方面有高度一致。史弥远主政，凡是韩侂胄反对的，他都支持。于是，理学迅速兴盛。整个宋理宗时期也都沉浸在浓郁的理学气氛中。嘉定年间，朝廷先后给理学家朱熹、张总、吕祖谦赐谥，又给北宋的理学家周敦颐、程颢、程颐、张载等人追赐谥号。理学正式脱去"伪学"，称为"正学"。赵贵诚还在嘉定二十年（1227年）召见了朱熹的儿子朱在，说自己熟读朱熹的《四书注解》，爱不释手，只可惜不能和朱熹生在同一个时代。召见后，赵贵诚下诏追赠朱熹太师，封信国公。也就是从这个时候开始，朱熹和他的理学学说开始在儒家思想中成为权威，占据了社会思想的主流地位。嘉定二十三年（1230年），宋理宗赵贵诚亲自撰写《道统十三赞》，将理学放到儒家思想传承的高度，大加赞颂。国子监刊印朱熹的《通鉴纲目》；皇帝亲自到太学听讲《大学》；朝廷下诏学官祭祀周敦颐、程颢、程颐、张载、朱熹五人，从祀孔子。一时间，书生们又人人都以理学子弟自居。

理宗朝的前期都笼罩在权臣史弥远的阴影之下。早在史弥远崛起的时候，兵部尚书倪思就曾建议赵扩收归权柄，不要将内外大权都归于一个人。他提醒中央权力归于某个宰相是不正常的。可惜赵扩没有听。从此，史弥远历经两朝，擅权接近30年。他在朝廷中安插耳目和鹰犬，权倾中外。薛极、胡榘、聂子述、赵汝述四人依附史弥远，是史弥远的亲信，人称"四木"；李知孝、梁成大、莫泽充当史弥远排斥异己、冲锋陷阵的爪牙，人称"三凶"。因此，史弥远当权时南宋相对平稳的政治发展似乎是一种带有"恐怖压抑"色彩的平稳。

一次宫中宴会，有一个伶人手执一块拳石，努力用大钻去钻，钻了很久也钻不进去。那个伶人就叹息道："钻之弥坚（越钻越坚硬，'弥坚'是史弥远弟弟的名字）。"另一个伶人就打了一下第一个伶人的头说："你不去钻弥远，却来钻弥坚，终于知道钻不进去了吧。"这句话极大地揭露了当时官场上人人钻营史弥远的丑态。话一出口，在场的人都惊呆了，史弥远反而是淡然一笑。不过在第二天，宫中的伶人都被史弥远赶出临安城去了。

史弥远的外甥陈埙对舅舅霸居相位非常不满，天真地写信对史弥远说：“舅舅你应该痛加警悔，以回群心。早正典型，以肃权纲，大明黜陟，以饬政体。”他不知道权臣是不会也不能自动放弃权力的，不然可能连身家性命都保不住。史弥远自然是对外甥的信件置之不理。陈埙就自己给自己贬官，去做嘉兴的通判，拒绝与史弥远合作。黄师雍是史弥远最得意的门生，也对老师的所作所为很愤慨，毅然断绝与史弥远的师生关系。黄师雍不仅断绝了与史弥远的关系，还到处抨击史弥远，并说为自己投入这样的师门感到羞耻。史弥远十分尴尬，拿黄师雍这个曾经的学生没办法。

从另一方面来看，史弥远又是一个比较特别的权臣，不能脸谱化。史弥远信佛又崇道，在南宋境内大修佛寺与道观，并给这些宗教场所评定高低等级。南宋时候，各地的道长和方丈都经过严格挑选，由品行端正的人担任。史弥远还大兴盛世修书工程，指导或亲自参与编撰了多部政府文献，为南宋的文化盛事推波助澜。据说，史弥远的父亲史浩发达之前，曾经受到绍兴城里一个卖烧饼的老太婆的恩惠。史浩后来担任过绍兴知府，专门将老婆婆接来，恭敬接待，待遇优厚。史浩还要举荐她儿子去做官，卖饼的老婆婆千恩万谢，却没有接受史浩的好意。她只希望史浩的子孙以后不要忘记自己的子孙，能给予接济。史弥远发达起来后，真的没忘记绍兴卖饼的老婆婆。当时老婆婆已经死了，史弥远去绍兴的时候，还去她的像前跪拜，与她的儿子一起在家里聊家常。我们后人可能没法想象，一个宰相和一个贫民并排而坐聊天的情景。

六

赵贵诚即位后，朝政听由史弥远把持。

绍定六年（1233年），史弥远终于病死了。

史弥远身为宰辅26年，没有丝毫建树，尤其是在对外政策和战事方面举棋不定。史弥远做得最多的似乎就是编书、献书。如果说他是一介书生，这是值得称赞的，但可惜他是宰相，不是书生。也许是深受升平年代东南浓郁的文人气氛的影响，史弥远身上始终保持着文人气。这也是时代在一个政治家身上烙下的印记。百无一用是书生，这句话不一定正确。但它指出了书生弱于办事、缺乏魅力的一面。史弥远就在国家大政上没有做出任何重大的决策——如果说有也只是简单的“凡是韩侂胄反对的我支持，凡是韩侂胄支持的我反对”的政策而已。他的本意可能是用无所作为来避免了由于国事处理不当而受到外界的批评指责。在史弥远前面的两个权臣——秦桧和韩侂胄都是做事高调，在政策主张上积极果断的人，结果谁也没有好下场。史弥远似乎想重蹈前辈们的覆辙，在很大程度上他做到了。

史弥远也就成为南宋王朝唯一善始善终的权相。

史弥远死后，宋理宗赵贵诚开始亲政。赵贵诚是一个“先天不足”的皇帝。这个“不足”说的不是他的智力或政治基础，而是“身份”。赵贵诚是一个来历不明的皇帝，离不开史弥远的支持。因此，他基本是一个甩手掌柜，躲藏在幕后，深深保护着自己。史弥远死后，赵贵诚可以相对放心地走到前台了。

宋理宗亲政后，改年号端平。他驱逐史弥远党羽，召回了遭到史弥远排斥的大臣，并整顿吏治，整饬军备，颇有一番振作朝纲的热情。沉寂已久的朝野，也的确收获了一些新成绩。

接替史弥远的宰辅是郑清之。这是史弥远很多年前就答应郑清之的。郑清之是依附史弥远才最后熬成宰相的。从心底里，郑清之并不完全赞同史弥远，加上史弥远的所作所为留下了许多怨言，所以他担任宰相后，没有门户之见，支持赵贵诚更新人事，任用天下名士。君臣二人倒是相安无事。倒是赵贵诚感念史弥远的拥戴之恩，追封他为卫王，还亲自书写了史弥远墓地的道碑额“公忠翊运，定策元勋之碑”。郑清之的改变让朝野开始出现了否定史弥远的声音，赵贵诚特意下诏，肯定史弥远的大功，强硬制止了拨乱反正的苗头。

朝廷中那些同样出身书生的大臣们给史弥远拟了一个谥号“忠献”。“忠献”本来是一个很好的谥号，但是被用到秦桧头上了之后，变成了一个实褒暗贬的谥号。大臣们用在其中的春秋笔法，相信天下人都看出来了。

临安忘却许多愁

一

临安是南宋繁华培育出来的明珠。

徜徉在现代的杭州城，我们已然能看到古临安的身影。现在的中山中路是南宋临安的御街，中山中路南端的鼓楼是南宋时进入皇宫朝见天子的第一重大门。走过鼓楼，我们就可以触摸南宋临安的精华部分了。

现在的吴山广场一带是南宋达官显贵们的居住区，广场北面的太庙遗址是南宋王朝供奉列祖列宗的地方。2007年，杭州的考古人员在广场往南不到200米的严官巷进行考古挖掘的时候，清理出一处南宋回廊：青色的糯米砖包边、精致的鹅卵石铺底、圆圆的大石柱……这里就是最新发现的南宋朝廷——三省六部官署的所在地。在石板旁边，有一口青砖砌的用来蓄水的池，可能是当时官署应对火灾的消防池。巷子里的居民不知不觉地就和南宋遗物相处了数十年。虽然随着城市建设的发展，许多老房子、文物已经消失了，但是居民依然风俗古朴，居民们在几口古井边洗衣服、洗菜，就如八百年前的南宋前辈一样。考古人员在严家巷的南面又发现一段石板路面，石板非常大，制作相对粗糙。

吴山广场东面不远有一座单孔拱形桥，长15米，宽5米，横跨中河之上。因为是六部官员上下班必经之地，所以得名“六部桥”。1984年，杭州在治理中东河时，按清代原样重建了此桥。当年，有多少读书人寒窗苦读，就是希望自己日后也能成为这桥上的一位过客。

吴山广场西面的凤山景区原是南宋朝廷皇帝与大臣议事所在，殿堂密布；月岩景区曾是杭人游览与赏月的胜地。八百年前，这里邻近南宋皇城后园；将台山景区有一组形状怪异却排列整齐的石林，是南宋时候六宫嫔妃习武之地，所以也叫作“御教场”或“女教场”。

杭州城有太多的记忆与南宋相关。

其实杭州在南宋是第二次成为首都。第一次成为首都是在五代十国时期的吴越国，当时杭州还叫作钱塘。吴越国后来投降了宋朝，地名也改成了杭州；文豪苏东坡来了，又走了，留下一座苏堤。可钱塘的名字永远留了下来。老杭州人依然自称是钱塘人，在城南流过的大江也还叫作钱塘江。赵构将临时首都选在了杭州，称它临安府，治所就在钱塘。南宋的临安府辖钱塘、仁和、临安、余杭、于潜、昌化、富阳、新城、盐官九个县。大批人口拥入钱塘、仁和等核心地区，临安城垣因而大肆扩展，形成内城和外城。内城即皇城，方圆九里，环绕着凤凰山，北起凤山门，南达江干，西至万松岭，东抵候潮门。在皇城之内，殿、堂、楼、阁与行宫、御花园，一应俱全。外城南跨吴山，北截武林门，右连西湖，左靠钱塘江，气势宏伟。全城设城门 13 座，城外有护城河，驻扎禁军。

南宋开启了杭州的鼎盛时期。

二

南宋的临安，到底是一幅什么样的繁华景象呢?

我们还是先来看一组数据。宋理宗宝庆二年（1226 年），临安城纵贯南北的大街（现在的中山路）全长约为 60-70 里。公元 1220 前后，临安进入城市规模的顶峰，总人口也接近最高峰。《都城纪胜》说临安“户口蕃息近百万余家，城之南西北三处各数十里，人烟生聚，市井坊陌，数日经行不尽。”《梦粱录》说临安是“城南北西东各数十里……逛好几天都逛不完临安。”南宋大临安的高峰人口是 250 万人，其中城区占地 65 平方里，有 100 万居民；郊区 180 平方公里，有 150 万居民。折合成户数，城厢合计约有 45 万户，占南宋嘉定十六年（1223 年）总户数 1267 万户的 3.55%。人们对《清明上河图》描绘的汴梁印象深刻，却很少有人知道临安城的规模远远超过了北宋的汴梁。

这么大的一座城市，每天消耗的物资难以计算，本地自然是供应不了，多数只能从外地运来。从这个角度来说，临安是整个南宋经济繁华的产物。比如临安居民每天吃掉的米超过一万石，主要来自周边的苏、湖、常、秀四州，甚至要从淮南、江西、湖南、两广等地调运；消耗的柴炭、竹木、水果从严、婺、衢、徽等州运来；海鲜、水产则从明、越、温、台等州运来。其他需要的蔬菜、布匹、食盐和各种杂货也都从外地运来。人们在临安城能看到国内几乎所有的商品。临安的市场也逐渐转变为了货物的中转站。钱塘江两岸船只云集，南抵闽广，北通两淮，西连四川，客贩往来，不绝于道。

漫步临安城内，大街坊巷中大小店铺鳞次栉比。同行业的店铺往往聚集在同一街市。据说当时城中有四百一十四行，如布行、帽子行、销金行、鱼行、蟹行等。大街上买卖昼夜不绝。每天早晨五更，卖早市者开店营业。夕阳西下，夜市又开张。直到三四更后，店铺、酒楼、歌馆才慢慢静下来。人们交易的时候使用纸币，包括交子、会子、川引、淮交等多种。一些财大气粗的临安富商以自己的信誉担保，印造“便钱会子”，也被一定范围的市场所接受。

南宋发达的手工业为临安的商业繁荣源源不断地提供商品。其中后人最津津乐道的是宋瓷。中国陶瓷在南宋时期到达了一个高峰。南宋瓷窑之多，瓷窑的规模之大，流传作品之多都令人惊叹。现代考古挖掘发现的南宋古瓷窑，为我们展现了当时的规模。发现的四川广元瓷窑，堆积的残瓷区域长 250 米。这还只是普通的规模。有的南宋窑址堆积的残瓷广达 20 亩，高到 20 米，简直是谓为壮观的山陵。江西的景德镇窑在南宋时取得了较大的发展，奠定了“瓷都”的地位。吉州窑、龙泉窑以及广东、福建沿海地区的瓷窑也都发展迅速，和景德镇一起构成了南宋主要的瓷器产地。与瓷器并列为中国特产的丝绸的发展也不逊色。南宋虽然只有半壁江山，但每年征收的丝、麻等纺织品的数量超过了北宋时期的总额，达到了 1000 万匹以上。两浙地区和四川东西呼应，是南宋丝织业的中心，盛产江南丝绸和蜀锦。四川同时也盛产麻布，运销各地。南方的广西也盛产麻布。那么老百姓们穿什么呢？并不是所有人都穿得起丝绸的，而穿麻布既不舒服，又显得有点寒碜。大家穿的是棉布。棉织业在南宋的出现长期影响了中国人的穿着。棉布现在仍然是中国人的主要衣料。据说棉布的推广，还是南宋朝廷“一时疏忽”的结果。由于棉纺织业刚刚兴起，之前棉布并不在官府的赋税项目之内，棉布有这样的“政策支持”，不取得大发展才怪呢。

支撑临安的，是许多被称为“工役之人”的下层劳动者。他们属于不同的行业，听命于不同的老板，绝大多数都是外地来临安的“打工仔”。他们分别被叫作碾玉作、油作（油漆）、木作、砖瓦作、泥水作、石作、竹作、打纸作等等。他们是临安城最辛苦的人。随时有失业的危险。比如酒楼食店里的伙计，送菜稍迟，客人不满，就要被店主人赶走。此外，大街小巷还有许多“修旧人”寻找主雇，等待生意，做的是补锅、箍桶、修帽子、修鞋、修磨刀剪、修扇子、磨镜子等活。更有一些“扫街盘垃圾者”，淘粪的“出粪人”。他们都地位低下，大多数是出身卑贱的下层劳动者或者是外地来临安的贫寒打工者。稍有些积蓄后，打工仔们往往转化为小商人，挑着担子沿街叫卖。这些小商贩往往要遭受官府和富商的敲剥，很难提升地位。历史上很少有从城市平民上升到上流社会的记载。

任何繁荣的城市都有乞丐。临安城中也有许多乞丐。盛世之中，极少有真正的忍饥挨饿、奄奄一息的可怜乞丐。临安的乞丐多数是有组织的，定期集会，有固定的地盘。南宋的话本中就有他们的身影。乞丐组织的上层人物，生活相当富裕，表面上过着与上流阶层一模一样的生活。他们要处理好乞丐组织和官府、其他行业的关系，更要调和组织内部的诸多矛盾和利益分配。话本中的乞丐领袖生活在富人区，住着豪华的庭院，悉心教导着子女。他们知道，不管他们多么富裕，社会主流都不会认同他们。有一位读书人，爱上了一位富家的漂亮小姐，恩爱非常。但是他们的婚姻遭到了双方家族的反对，就是因为那位小姐的父亲是乞丐组织的长老。

不过，丐帮的首领们的生活毕竟是富裕安稳的，毕竟有着自己的庭院和家庭。对于多数下层劳动者来说，临安的物质生活水平之高，不是他们所能承担的。

三

临安的消费高到什么程度呢？我们可以从富裕阶层的日常生活中找到答案。

> 皇舆久驻武林宫，汴洛当时未易同。
> 楼台飞舞祥烟外，鼓笛喧呼明月中。

陆游的诗可以引领着我们进入临安的上层生活。皇室贵族们建造了大量富丽堂皇的宫室，日夜酣宴歌舞。官员、地主和商人们一般进不了皇宫，就在街上的瓦舍勾栏，看杂剧，看百戏杂技，看说书讲史。他们都在享受南宋的繁华。

临安会聚着南宋的文化精锐。朝廷是重文的朝廷，临安是天下的文化中心。皇室也好，官吏也好，都是饱读诗书之士。南宋的商业也是充满书卷气的，商人们也都是品读诗书的人，和后世许多只盯着铜板的商人完全不同。而且临安还会聚着天下最优秀的学生。临安除了天下最高学府——太学外，还有武学、医学、算学、史学等各类国立学校，此外还有临安府学、钱塘县学和仁和县学。单单在县学注册的学生就有近千人，整个临安的学生数量可见一斑。

读书人聚在一起，所做的都是“雅事”。比如对美景进行品评。西湖是临安的美景中心，也是文化人们流连忘返的地方。他们将西湖周边的景色评比出了个“西湖十景”。这十处景色，听名字就特雅：苏堤春晓、曲苑风荷、平湖秋月、断桥残雪、柳浪闻莺、花港观鱼、雷峰夕照、双峰插云、南屏晚钟、三潭印月。这“西湖十景”评得特权威，被之后几千年的人都接受了。现在，它们还是杭州对外宣传的名片。人们再评，也只能评“新西湖十景”，对南宋文人的评断表示尊敬。又比如文人聚会“腐败”。我找到一张南宋朝廷在集英殿宴请金国使节的菜单：咸豉肉、双下角子爆肉、莲花油饼骨头肉、白肉胡饼、群仙脔太平加毕罗、假鼋鱼、柰花索粉、假沙鱼、水饭配咸豉、旋鲊、瓜姜。看看这张菜单，我们大概就能知道临安的文人为什么喜欢三天两头聚会“腐败”了。

沉浸在风雅欢宴中的读书人，最容易滑向风流，需要妓女来丰富生活。临安城中就有许多妓女。当时的妓女可不是现代人观念中的妓女，而是严格的“卖艺不卖身”的“演艺界人士”。其中的高档妓女，更是“明星大腕”，不是一般人想见就能见得到的。高级妓女们琴棋书画、吹弹歌舞，无所不能，无所不晓。越是高级的妓女，个人素质越高，出席的宴会的档次就越高，结交的文人的层次也越高。只有那些达官显贵、富商大贾或是名动天下的大文豪才有观看顶级妓女表演的入场券。妓女极少与顾客发生肉体关系。只有那些妓女真心喜欢的公子，或者花费极多金钱的追求者，才有可能与妓女共度良宵。一旦某位妓女与某位公子保持了稳定的性关系，她就会慢慢淡出这一行，“从良”去了。

《卖油郎独占花魁》是一部描写南宋妓女爱情、婚姻题材的作品。它说的是汴梁人秦重流落到临安，小本经营，做了名卖油郎。秦重看到临安名妓王美娘的漂亮容颜后，不惜花了一年多时间，辛苦积攒了十两银子，作为一夜“花柳之费”。当夜，王美娘酒醉卧床，结果秦重就在院中侍候了王美娘一夜。这原本是一个很寻常的“寻欢”故事。但当秦重了解到王美娘也是从汴梁流落到临安的人，触动了同乡之情，并为王美娘落入欢场而惋惜，就对王美娘展开了追求。作品在描写秦重对王美娘倾心爱慕、尽心体贴的同时，还写了吴八公子对王美娘的垂涎欺压。秦重与王美娘两人相互爱慕。王美娘最终拿出私房钱，让秦重给自己赎身后，与爱人一起在临安过起了平淡生活。所谓“堪爱豪家多子弟，风流不及卖油人”。从中，我们可以对临安的妓女生存情况有个基本了解。

评美景、吃美食、恋美色，这些生活在任何一座繁华的都市都可能发生。但有一件好事却只可能发生在临安。那就是品好茶。

《梦粱录》说临安“四时卖奇茶异汤”，讲的就是南宋时临安茶风之盛。据说，临安早年有酒馆无茶坊。所谓品茶，不过是富人们聚会宴饮时叫些茶博士来来往往，煮茶热闹一下。宋室南迁，汴梁开茶坊的风俗也传播到了在临安。城里的茶坊越开越多，最后在茶汤巷一带成了茶坊一条街。这些茶坊不单单可以品茶，而还可以吃到特色点心，约见朋友客户，把私事和公事一起办了。南宋后期的著名词人张炎有一首《春从天山来》，上阕是：“海上回槎，认旧时鸥鹭，犹恋蒹葭。影散香消，水流云在，疏树十里寒沙。难问钱塘苏小，都不见、擘竹分茶。更堪嗟。似荻花江上，谁弄琵琶。”词里的“钱塘苏小”和“擘竹分茶”可见南宋时的人品茶多有歌女相随。临安的很多茶坊同时也是歌馆，有妓女“靓妆迎门，争妍卖笑，朝歌暮弦，摇荡人心”。茶坊里的歌妓除了一般妓女为客人唱曲的本事外，还有一项特殊的本领——分茶。分茶是指在冲茶的过程中运用一定的技巧使茶水形成各种诸如花鸟虫鱼之类的物象。分茶一方面可以提高客人的兴致，另一方面也可以密切客人和歌妓之间的关系，是品评歌妓和茶坊高低的重要标准。

南宋咸淳年间，日本高僧大应禅师来到余杭县径山寺深研佛学。学习之余，大应禅师还将临安流行的抹茶做法、吃法一并学会带回了日本。这位禅师一不小心，成了日本“茶道”的始祖；临安的品茶风俗也一不小心，成了日本“茶道”的渊源。

当时，就有人把临安比作是“销金锅儿”。临安的繁荣和居民的生活给历史留下了深刻印象。

四

我们还通过印书业这个微观的行业，来观察临安的辉煌历史。

活字印刷术是北宋时的发明，很快就应用于印书，并在南宋得到了长足发展。南宋是一个文化气息浓重的王朝，消耗了大量的纸张和书本，为出版相关的上下产业提供了广阔的市场。当时官刻、私刻（家族出书）和坊刻（商业出书）三大刻书出版系统发达，同时又有寺院刻书、道观刻书和祠堂刻书。刻书和卖书成了社会上的一个新兴行业。临安、福建和四川是印刷业的中心。临安国子监的印本，号称“监本”，内容和印刷的质量都很高。福建建阳县的麻沙、崇仁两镇印书极多，并销行到海外。而成都和徽州、池州、平江府等地造纸业的发展，它们讲求纸张的精美。制造的笺纸精致无比，本身就是艺术品，让人不忍下笔。当时的读书人就好这一口，要的就是这样的产品。

临安是南宋印书业最发达的地方，四川和福建都难以与之相比。临安街头书铺林立，名称为“经铺”“经坊”“经籍铺”“经书铺”不一。至今有铺名可考的尚有十六处。其中最有名的书铺是陈起所开的临安棚北睦亲坊南陈宅书籍铺。陈起其实就是一个“书商”。他操作最成功的一套书是《江湖集》。陈起将当时一大批诗人的诗作陆续以《江湖集》的名义刊行，其中的创作主体大都是功名不遂、浪迹江湖的下层文人。这套书销售量很大，后人将《江湖集》所搜罗的诗人和诗歌风格称为“江湖诗派”。该派的诗歌题材以平民生活和世俗人情为主，风格率真自然，感情直露，在中国文学史上留下了浓墨重彩的一笔。读书人都尊称陈起为“武林陈学士”。陈起的儿子陈思也开了一家书铺：棚北大街陈解元书籍铺。这也是临安著名的“文化公司”。陈起父子平日里还刻印出版了唐宋人笔记小说和诗文集将近一百种，叫作“书棚本”。这一版本在编辑过程中主要以唐人本为准，又经过周密的校勘，最为接近原书的本来面目，错误率极少。再加上刻印技术高明，纸墨工料选用上等，所以深受藏书家所珍爱，形成了中国雕版印刷的黄金时代。清人孙从添在《藏书记要》中说：“南北宋刻本，纸质罗纹不同。字画刻手，古劲而雅，墨气香淡，纸色苍润，一展卷便有惊人之处。所谓墨香纸润，秀雅古劲，宋刻之妙尽矣。”由此可见宋版书籍的珍贵，而临安刊刻的版本又居其首。

那么当时最有号召力的作者是谁呢？人们都在读谁的书呢？

李清照、陆游、辛弃疾等人的作品自然有不少的读者。但他们的读者群比较固定，人数并不是最多的。毕竟在繁荣期，人们对哭哭啼啼的哀怨、雄心勃勃的忠烈作品缺乏认同感。读者们更喜欢日后名声远不如前三人的范成大、戴复古等人的作品。

范成大，家境贫寒，早年也曾是口口声声恢复中原的青年官员。他最“露脸”的事情就是出使金朝，不畏强暴，冒着杀头的危险不辱使命而归。淳熙时，范成大短期出任了宰相，因为与孝宗皇帝意见相左，两个月后就被免职了。晚年的范成大隐居故乡石湖，心情归于平淡。他与尤袤、杨万里、陆游四人并称为“中兴四大诗人”。范成大的作品题材广泛，其中以反映农村社会生活内容的作品成就最高。他晚年所作《四时田园杂兴》六十首，描绘了农村景物、风俗人情和农民生活，风格清新明快，优美流畅，富有韵味，有民歌之特色，是古代田园诗的集大成者。他的作品在临安的书市中最先受到欢迎。我们一起来看看范成大的作品。比如其中《夏日》写道：

昼出耘田夜绩麻，村庄儿女各当家。
童孙未解供耕织，也傍桑阴学种瓜。

语言平淡近人，迎面袭来乡土气息。即使没有农村生活体验的读者也能从中看到一个辛劳的农家的劳作情景。又比如《秋日》描绘的农忙生活：

新筑场泥镜面平，家家打稻趁霜晴。
笑歌声里轻雷动，一夜连枷响到明。

《横糖》描绘的农家生活，带有浓重的山水画味道：

南浦春来绿一川，石桥朱塔两依然。
年年送客横塘路，细雨垂杨系画船。

范成大的词作《卜算子》写的则是自己晚年的退休生活：

凉夜竹堂虚，小睡匆匆醒。
银漏无声月上阶，满地阑干影。
何处最知秋，风在梧桐井。
不惜骖鸾弄玉箫，露湿衣裳冷。

比范成大出名要晚的是戴复古。戴复古是陈起挖掘出来的江湖诗派的代表人物。他是台州黄岩人，一生都没混上个一官半职，贫困潦倒，浪迹江湖。在长期的底层生活中，戴复古写了许多游记类作品，了解普通读者的喜好。宋宁宗嘉定十二年（1219年）左右，戴复古在鄂州、黄州一带漫游，游览了黄州城外的赤壁矶。苏轼曾在此写过《赤壁赋》，之后有人考证出这里并非赤壁之战的战场，但戴复古到此仍写出了《满江红·赤壁怀古》：

赤壁矶头，一番过、一番怀古。想当时，周郎年少，气吞区宇。万骑临江貔虎噪，千艘列炬鱼龙怒。卷长波、一鼓困曹瞒，今如许？江上渡，江边路。形胜地，兴亡处。览遗踪，胜读史书言语。几度东风吹世换，千年往事随潮去。问道傍、杨柳为谁春，摇金缕。

这首词语言豪迈，清代的纪晓岚给予了它极高的评价，认为它的豪壮之气并不逊于苏东坡。后来，戴复古流落到武宁县。有个富家翁爱惜戴复古的才华，将女儿许配给他。谁知道二三年后，戴复古突然计划返回黄岩。妻子奇怪地问他，既然你都已经在武宁安家乐，为什么还要回家？戴复古只好如实相告，自己在老家已经结过婚了。老丈人知道后，大发雷霆。但是妻子还是安抚住了父亲，给戴复古说好话，还提供了返回黄岩的盘缠。戴复古回家后，妻子投水自杀了。十年后，浪荡天下的戴复古又来到了武宁。又是一年春暖花开时，武宁处处莺啼燕语，但戴复古面对大好春光，反而悲痛欲绝，写下了一首《木兰花慢》：

莺啼啼不尽，任燕语、语难通。这一点闲愁，十年不断，恼乱春风。重来故人不见，但依然、杨柳小楼东。记得同题粉壁，而今壁破无踪。兰皋新涨绿溶溶。流恨落花红。念著破春衫，当时送别，灯下裁缝。相思谩然自苦，算云烟、过眼总成空。落日楚天无际，凭栏目送飞鸿

饱尝江湖冷暖后，戴复古拖着疲倦的身躯回到了故乡黄岩。他在度过多年的隐居生活后，逝世，享年 80 多岁。与范成大一样，戴复古最受欢迎的作品也不是豪迈的诗歌，而是带有“小文人”味道的江湖、田园和居家作品。比如他的《月夜舟中》：

满船明月浸虚空，绿水无痕夜气冲。
诗思浮沉樯影里，梦魂摇曳橹声中。
星辰冷落碧潭水，鸿雁悲鸣红蓼风。
数点渔灯依古岸，断桥垂露滴梧桐。

范成大和戴复古放在宏观历史上看，可能并不是什么大作家。但是他们的作品体现了是南宋读书人的喜好，进而折射出当时社会的心理和价值取向。人们就是喜欢吟诵范成大的田园和戴复古的江湖山水，从中他们可以猎奇，可以附庸文雅，可以构造各自脑海中的文学天地。

我更愿意将这些作品看作南宋的“成人童话”。温饱后的读书人就是需要带有浓郁文气的童话世界。

五

相传，发动南侵的完颜亮在听到对临安“三秋桂子，十里荷花”的赞誉以后，极其羡慕杭州的繁华，很想到西湖遍览美景，因此坚定了南侵的决心。

当时南宋的文人谢驿还根据这个传说写了一首诗：

莫把杭州曲子讴，荷花十里桂三秋。
那知草木无情物，牵动长江万里愁。

杨金梅在《宋词中的南宋都城杭州盛景》一文中这么描绘临安的盛景：

南宋偏安江南之后，统治者不思进取，耽于声色之乐比之北宋有过之而无不及。对于像元宵节这样重要的节日尤其重视，淳祐时还将正月十三定为预放元宵日，节日的狂欢气氛愈加浓厚。临安不仅完整地沿袭了北宋时期汴京元宵节玩灯、赏灯的各种习俗，而且又有发展。每年的这个时候，临安的街道两旁张灯结彩，烛光辉映，辛弃疾词中“花千树”“星如雨”指的都是各种造型精巧别致的花灯。南宋的另一位都城词人朱淑真更以“灯如昼”来形容临安元夕的灯景。临安所挂的灯笼种类繁多，有“珠子灯”“羊皮灯”“戏马灯”“无骨灯”，“又有以绢灯翦写诗词，时寓讥笑，及画人物，藏头隐语，及旧京诨语，戏弄人。”不仅灯种类繁多，而且由于丝织业、造纸以及印刷业的发展，临安的灯大多制作精美，“灯之品极多……其后福州所进则纯用白玉，晃耀夺目，如清冰玉壶，爽彻心目。”周密对福州灯的描述正是辛词中“玉壶光转”句的最佳注脚。各种精致的花灯竞相开放，耀人眼目，竟使人误以为一夜之间春风吹开了万树繁花，又或是天上的星星落入人间。灯多人更多，到处车马交驰，人山人海，甚至堵塞了道路。由于游人甚多，以至常有挤落所佩饰物者，“至夜阑则有持小灯照路拾遗者，谓之‘扫街’。遗钿坠珥，往往得之，亦东都遗风也。”不仅市民阶层彻夜流连，连皇帝也不例外，“宫漏既深，始宣放烟火百余架，于是乐声四起，烛影纵横，而驾始还矣。大率效宣和盛际，愈加精妙。”临安的元夜除了观灯活动外，还有各种文艺演出，如歌舞、傀儡、皮影、杂技，所谓“凤箫声动，玉壶光转，一夜鱼龙舞”即是。这些文艺活动中，有不少都是从北方流传进来的，典型的如划旱船。划旱船原是缺水的北方人的娱乐活动，在多水的南方地区，本来没有这种文艺形式。

但在南宋时期，临安人也开始玩这种游戏了，《武林旧事·舞队》中就记载有“划旱船”这一条。

几十年后，临安城内漂亮的街道两边，深宅大院和花园连成一片。每幢住宅都建筑华丽，雕梁画栋；主人们身绫罗，遍体锦绣。当马可·波罗漫步其中的时候，这些深宅大院完全征服了这个威尼斯人。马可·波罗用两个字来形容临安：“天堂”。

六

临安所有的繁华都指向同一类特性：追求奢华、自我陶醉和充满艺术的想象。

汴梁沦陷后，北宋遗民写了一部《东京梦华录》，回忆旧京汴梁的繁华。南宋时的文人，模仿该书的风格，跟风写了一部《梦粱录》，将临安比作汴梁，写尽了临安的繁华。题目虽然是“梦粱”，实际上读者们感兴趣的都是临安的繁荣昌盛，没有谁再去回忆遥远的汴梁了。这第二本书真可谓是“名不符实”。诗人林升曾在临安官驿的墙壁上题了一首诗：

> 山外青山楼外楼，西湖歌舞几时休？
> 暖风熏得游人醉，直把杭州作汴州。

临安就是南宋人的汴梁。北宋在汴梁的生活和陋习都搬迁到了临安。居民们在虚拟的汴梁中过起似曾相识的奢侈生活，同样的醉生梦死。觥筹交错之中，有人还真以为临安就是汴梁了！[①]

---

① 程民生：《汴京文明对南宋杭州的影响》，载于《河南大学学报（社会科学版）》1992 年 7 月。

繁荣与危机

一

也就是在史弥远掌权时期，南宋步入了社会经济繁荣的顶峰。

根据绍兴二十九年（1159年）的官方统计材料，朝廷统治的人口只有1684万人，经过高宗、孝宗两朝到1190年宋光宗改元绍熙的时候，朝廷统治的人口数量超过2850万人。这个数字已经接近于北宋神宗时全国人口的统计。在农业社会中，人口是王朝鼎盛与否的标志物。南宋能够在失去人口和经济中心的情况下，将人口恢复到北宋的水平，真是令人惊叹。这还仅仅是账面上的数据，肯定存在为了逃避赋役和其他原因而没有被列入官府户籍的人口。所以，南宋人口肯定高于这个数字。

人还是大约北宋时那么多人，南宋的赋税收入却超过了北宋。北宋时候朝廷一年收入的赋税最高值是在宋神宗时出现的，达到6000多万贯。赵构刚逃到东南的时候，朝廷一年的收入东拼西凑，合在一起也不满1000万贯；但仅仅到绍兴二十七年（1157年）时，赵构每年年末看到的朝廷收入数值就猛增到了6000余万贯，达到北宋的水平。又过了30年，宋孝宗淳熙十四年，朝廷的年收入增加到8000万贯，已经超过了北宋。

数据是枯燥的，却能直观地说明一个问题：南宋的繁荣是没人可以否定的。

二

交通的繁忙和商业的昌盛最能体现南宋国民经济的迅速发展。

南宋核心地区河网交错，水上交通最发达。当时以临安和建康为枢纽，向西沿着长江经鄂州将东南和四川连接在一起，又向南直通泉州、广州直到海南的琼州。又有蛛网一样的道路贯穿东西南北。商人们就往来其中，寻找各自的财富梦想。

宋金对立，但南北商业往来仍然频繁。按照条约的规定，双方都在淮河沿岸及西部边地设立贸易的市场，称“榷场”。最大的榷场是南宋的盱眙军榷场和隔河相望的金朝的泗州榷场。南宋商人携带货物到达盱眙后，榷场官吏根据携带货物价值的多少，区分为“大客”和“小客”。标准是为什么呢?一百贯。带的货物价值在一百贯以下的人被称为小客。朝廷允许他们十人为保，登记姓名，集体去泗州与金朝贸易。而大客一律不准过河，只准留在盱眙等候金朝商人前来交易。官府怕这些“大客”的财富“资敌”，所以限制贸易。交易时，宋金商人各在一廊，把货物交给南宋的主管官员或者掮客，往来议价，彼此不得见面——官府怕他们相传串通，或者传递情况。达成交易后，官府每贯收税50文，后来增加到200文，掮客还要收“好处费”20文左右。就是这样受到严格限制的间接交易，南宋的商人们都趋之若鹜。并不是所有的商人都有资格能入榷场交易的。

那么没能进入榷场的商人，就只能“走私”了。没人对走私的具体数额做过具体统计。据说光州西边的走私据点郑庄每年进入金朝的货物，就计有茶几十万斤，牛七八万头以及大量的金银、铜钱。还有一些南宋商人干脆绕过防备严密的宋金边界，从海上走私货物到金朝的山东。那些边境的官员和出使金朝的大臣、随员们则利用职权，与金朝商人私下贸易，牟取“灰色收入”。之前，热播的电视剧《大宋提刑官》就有朝廷高官向金朝走私粮食的案件。南北贸易中，金朝出售的有北珠、毛皮、食盐、麦曲、罗、绫、人参等，南宋出售的商品则是粮食、茶叶、布帛、耕牛、书籍、干姜等。

三

1987年，广州救捞局与英国海洋探测公司在阳江海域寻找东印度公司沉船时，意外在一艘宋代商船中打捞出200多件瓷器。该船是中国发现的最大最完整的一条宋朝沉船，被命名为“南海一号”。

“南海一号”的文物价值据估计可能超千亿美元，但因为技术原因，沉船的整体打捞工程直到2007年3月才启动。这条沉船很大，仅定位的碇石就长达3米。到4月下旬，清理出文物数百件，鎏金龙纹手镯、耳环、小粉盒、铜镜、铜珠、白瓷、青瓷、青白瓷等制作精美，此外还有约4000枚铜钱。在清理出的铜钱中最晚的是南宋年间所产。据此推断，“南海一号”大概沉没于南宋初年，极可能为宋高宗时期。

专家表示，大致可以推断这艘商船当时应该是前往新加坡、印度等东南亚及中东地区，进行海外贸易。因为文物中还有大量东南亚及中东地区特色的花纹以及镀铅仿银的瓷片。

时任广东省文化厅厅长曹淳亮判断：“南宋的中国其实也是‘海上马车夫’，好比近代的荷兰。”专家还判断南宋可能存在“来料加工”的海外贸易，因为南宋极少使用镀铅仿银的瓷品，而“南海一号”中就有这样的瓷品以及眼镜蛇头骨和东南亚特色的金戒指、金腰带等。

好一个“海上马车夫”！北方沦陷，使南宋朝廷失去了一半左右的税收。而巨大的战争开支和行政成本，迫使南宋统治者要开拓税源，将目光投向了大海。南宋统治中心是江苏和浙江的古吴越之地。自古以来，吴越“以舟为车、以楫为马，往若飘风，去则难从”，“不能一日无舟楫之用”，有着悠久的航海传统。南宋官府因势利导，鼓励臣民开展海外贸易，视为国家财政的重要来源。宋高宗赵构下诏就称：“市舶之利最厚，若措置合宜，所得动以百万计，岂不胜取之于民？朕所以留意于此，庶几可以少宽民力。”政府鼓励百姓走出去，不仅减免税收，还奖励贸易，对利税大户奖励官职。在朝廷的鼓励下，在利益的驱动下，庞大的商船队扬帆出海。南宋的商船很快遍布东亚海域，并扩散到印度洋，远至非洲。据《岭外代答》《诸蕃志》等书记载，当时和南宋通商的国家有 50 多个，南宋商人泛海去贸易的，也有 20 多个国家。

当时东西海上贸易的过程是这样的，外国商人乘本国海船每年夏至后前往南宋的各个贸易港口；十月以后，陆续满载而归。因为印度洋和南海一线季风盛行，夏天刮西南风，冬天刮东北风。西边的船队就利用了这两个季节的顺风、顺水。而南宋船队贸易的时间刚好相反，每年十一月至十二月从广州、泉州等地出海，经过南海走马六甲海峡，经过四十多天到达苏门答腊西北部的蓝里。蓝里是宋朝商队的过冬据点，也顺便和现在的印度尼西亚等地做点生意。第二年冬天，东北风再次吹起的时候，南宋船队相约横渡印度洋，大约一个月后到达印度南端的固临；从固临出发，再过一个多月的时间就可以越过阿拉伯海，就到达波斯湾沿岸的阿拉伯各国。他们到夏天的时候再和外国来华的船队一起返回。

南宋时候，勤劳的沿海商队在东南和阿拉伯港口往返一次大约需要两年的时间。

广州、泉州和明州是南宋的三大贸易港口。三个地方都外商云集，是当时世界上有名的商港，贸易繁盛。仅广州一地，绍兴十年（1140 年）的关税收入就有 110 万贯。而泉州是规模更大的港口，许多阿拉伯商人干脆就在泉州住下，专心料理商务。而明州主要是和日本、高丽等东边的商人贸易。秀州华亭县的上海镇因为对外贸易往来的缘故，镇上设有朝廷的市舶司。上海市舶司征税的对象有来自日本的沙金、木材、珠子、手工艺品和来自高丽的人参、药材、扇子、笔纸等。而南亚和阿拉伯各国输入的商品主要是药材、香料、象牙、珠宝。而南宋出口的商品，主要是瓷器和丝绸，其次是体现南宋"软实力"的书籍。中国的瓷器在东南亚和非洲的销量相当可观。

海外贸易让金银、钱币源源不断地流入南宋，引起了朝廷的极大兴趣。南宋在宋高宗王朝初定的时候就征收市舶收入（类似现代关税）达二百万贯，超过北宋最高额的两倍多。中国的王朝政治历来是重农抑商的，南宋朝廷则把外贸提到了崇高的地位，赋予海关关税重要地位。绍兴十年（1140 年），宋高宗下诏说："广南的市舶贸易收益丰厚，提举官宜得人而久任，庶蕃商肯来，动得百万络，皆宽民利也。"南宋的市舶收入在朝廷财政收入中占有重要地位。有学者统计，南宋王朝刚建立的时候，总收入少，市舶收入多，占总收入的15%左右。到赵构末年，朝廷的总收入增加了很多，但关税收入依然占总收入的4%以上。

相比实实在在的商品贸易，隐形的进步和"软商品"贸易更不容忽视。

航海、外贸的活跃，推动了南宋造船航海科技的发达。南宋船只比之前代，更大更稳固，功能更完备，"一舟数百人，中积一年粮，养豚、酿酒中"，载人上千、生活如平地的巨型船只也出现了。此外，南宋的水手掌握了领先世界的航海技术，其中就有罗盘导航。罗盘随着南宋船队漂洋过海后，印度和阿拉伯的航海家们如获至宝，接着传播到欧洲。"罗盘打开了世界市场。"凭借无可比拟的科技实力，南宋船队开启了古代中国少有的"航海时代"。南宋的国防也得益于航海良多。强大的科技，助力南宋水师傲视金军及之后的元军水师，保证了水路的安全。航海时代的到来，带动江浙一带的手工业发展。该地原本就发达的纺织业，因为外贸需求，不断专业化。专业的机户产生，聚居城市，出现了"孤城秋枕水，千室夜鸣机"的盛况。景德镇、越州、龙泉等地的大批瓷器，也源源不断地运往海外。

跨过南宋，古代中国下一轮的航海外贸潮和内部手工业发达，要等待近代的东西方碰撞之后了。

中国的航海时代，辐射亚洲。高丽引进了南宋先进的活字印刷技术，并加以改进和创新，仿陶制活字铸成铜活字，使印刷技术取得了突破性的进展。日本印刷业的萌芽完全归功于宋代印刷技术的启迪。宋代佛教和儒家文献典籍的输入，使日本禅林得以仿效宋代板样和形体而刻印各种书籍。越南13世纪出现了印刷术，同样是对宋代印刷技术的移植。在建筑技术上，宋代流行的"天竺式"和"禅宗式"建筑技术在日僧重源和荣西的引进下传入日本。日本现存的东大寺南大门、播磨净土寺的净土堂、山城醒醐寺的经藏等，仍然向人们展示着宋代江南地区的建筑风格。在火药技术上，1377年，高丽政府在中央“设火蛹都监，煎取焰硝”，不仅大量生产火药，还制造出火箭、火筒、火炮等 17 种火药武器，在抗击倭寇的战争中发挥了巨大的威力。此外，宋朝的纺织技术、造船技术、制瓷技术、医疗技术、天文历法等也相继传入朝鲜、日本和越南。[①] 南宋的海外贸易为整体中华文化圈的形成居功至伟。

作为时代见证人的陆游曾用诗描述了中外交流的黄金时期。他的《盛惜》诗写道：

行年三十忆南游，稳驾沧溟万斛舟。
当记早秋雷雨霁，柁师指点说流求。

陆游的《步出万里桥门至江山》诗写道：

常忆航巨海，银山卷浪头。
一日新雨霁，微茫见流求。

为了安置出水后的“南海一号”，广东方面还专门造了一个巨大的博物馆。为一艘船建造一个博物馆，那船得大到什么程度啊？实际上，“南海一号”只是南宋造船业的一个缩影而已。南宋的巨船大到了令人难以置信的地步。据当时航行在南海的文人记载，在南中国海航行的大船，舵长数丈，一船载几百人。这船上还要装载一年的粮食。为了调剂饮食，船上还养猪和酿酒。这样巨型的船只在当时世界上是罕见的，也惊得我们后人瞠目结舌。倚仗难以想象的航海基础，南宋的远洋船队最远到达了波斯湾。船上装备的指南针，保证了南宋的船只在从东亚到波斯湾之间广阔洋面上的航行安全。

① 姚兆余:《宋代文化的对外传播及其影响》，载于《甘肃社会科学》2000 年第 4 期。

四

南宋的财政政策经历了从财政紧缩到通胀的变化。

宋孝宗的时候，朝廷财政收支还是花钱的地方多，来钱的门道少。再加上宋孝宗在即位早期，又有志作为。为了积蓄北伐的军费，朝廷恢复了北宋初年“封桩库”的制度。所谓的“封桩库”就是北宋建立之初的时候，朝廷把州县的积余钱物集中到中央，逐年储备，作为与契丹备战的军需。朝廷恢复这样的制度，是逼着自己每年都要有所盈余。1179 年，中央的封桩库只有现钱五百三十贯，但到 1183 年就增加到了三千多万贯；加上地方封桩库积累的财富，短短四年中，南宋共达积累了四千七百余万贯。赵昚本人对财政紧缩政策非常支持，并且认为当时的儒生尚清谈，反对把理财当为俗务，而应该作为朝廷运作的根本。辅助赵昚理财的主要是大臣王淮。他们的紧缩政策只是把地方的财权更多地集中到朝廷而已，并没有从制度上作深层次的改革。

南宋很快就进入了平稳的繁荣时期。宁宗、理宗等皇帝对祖辈紧巴巴的日子并没有直观的认识，他们都是在天下稻花飘香、鱼虾满仓的环境下成长起来的。因此，他们花起钱来也是大手大脚的。北宋时期就已出现世界上最早的纸币——交子，在南宋得到了推广。随着朝廷开支缺口越来越大，官府想出了发行纸币弥补亏空的方法。宋理宗面对府库空竭的局面，增设了“撩纸局”，顾名思义就是夜以继日印钞票的机关。临安的东南会子（纸币的一种）在 1174 年到 1189 年间发行了二千四百万贯，1205 年到 1207 年增加到一亿四千万贯的发行量，1232 年时达到了三亿二千九百万贯，1246 年竟突破了六亿五千万贯。纸币的发行完全脱离了商品经济发展的实际，而南宋官府又没有具备足够的铜钱和铁钱作为本钱以备纸币兑换，南宋不可避免地进入了通货膨胀阶段。

南宋后期的通货膨胀成了恶性循环。中国式王朝还是第一次遇到通货膨胀的情况，实在想不出解决的办法，结果官府只能依靠发行纸币来维持财政，加剧了膨胀。为了防止百姓用纸币兑换本钱，南宋政府不断延长纸币流通的期限。不断涌入市场的纸币实际上就成了不可兑现的纸币。1210 年的时候，金额为一贯的东南会子实际价值是铜钱三四百文，30 年后相同金额的会子只值铜钱五十文。滥发纸币，通货膨胀，使实际繁荣的南宋经济反而走到了崩溃的边缘。

有人说 2007 年股市和基金的全线高涨，让中国百姓开始懂得了资本运作和“投资”。类似的，南宋对货币市场的把控失败也让中国的传统王朝认识到了资本市场的复杂性。

五

表面上的繁荣掩盖了许多问题。我们且不去说“生于忧患，死于安乐”的大道理，也不去批评那些万物丧志、自甘平庸的上层人物，只说说普通百姓的不易。

按照一般的理解，整体社会经济的发展，会产生“溢出效应”，多多少少会惠及下层的小老百姓们。按照现代说法，就是让尽可能广大的人群分享积极发展的成果。南宋就遇到了这种情况，下层老百姓并没有得到好处，是被隔离在繁华之外的过客而已。

太湖流域到处都是丰腴的农田，但都不是普通老百姓所有。皇室、贵族、高官、将领等所谓“权贵之家”，或依仗胸雄厚的财富，或依仗权势，早就将天下最富庶的土地瓜分了。两宋之交，战乱频仍，许多农民在战乱中丧失了田契凭证。权贵和地主们就纷纷乘乱抢占农民的田地。南方土地好就好在到处都可以开垦为农田，没地或少地的农民辛苦开辟了大量新田。比如绍兴府鉴湖周围的农民，就开辟湖田 2300 多顷，都是良田。可惜这些新农田也全都被“奸民豪族”侵占了。南宋的土地兼并在宋理宗时发展到了高峰。权贵侵夺民田，有的拥有数千万亩田地，有的田地甚至绵亘数百里，难以计数。1246年，御史谢方叔不无忧虑地警告宋理宗说：“豪强兼并土地的忧虑，在本朝发展到了极致。弱肉强食，兼并浸盛，普通百姓几乎都找不到生路了。”

为了遏制土地兼并，宋理宗时朝廷专门设立“田事所”，在浙西路“括公田”，希望通过在浙西的实践寻找解决之道。当时各州县乡镇都设专人检查圩田、湖荡田等归属不明的田地，征用为公田，也就是收归国有。括田的对象也涉及绝户田和废弃寺庙的田产。朝廷希望借此扩大官田，同兼并土地的大地主竞争。但田事所一成立，就遭到了浙西路地主们的集体反对。政策推行不下去，“田事所”随即被“精简”掉了。土地兼并依然在继续。

中国的农民是最有忍耐性的。只要有地方睡觉，能填饱肚子，再有御寒的稻草，他们绝不会铤而走险，揭竿而起。南宋一朝，因为整体经济是持续发展的，没有出现大范围的饥馑和灾害，所以才没有出现对王朝统治构成威胁的大起义。但是小规模的农民起义贯穿了南宋历史的始末。先前我们提到过的许多大人物，都有过镇压农民起义的经历，很多人甚至就是靠镇压农民起义发达起来的。汀州曾爆发了姜大老领导的起义。时任福建路安抚提刑司的赵汝愚成功镇压了姜大老起义，因此获得了朝廷的奖赏。辛弃疾在担任江西提刑的时候，主要工作之一就是镇压茶贩起义军。当时赖文政领导的起义军活跃在广东、江西交界处。辛弃疾成功地镇压了起义，将赖文政引诱到江州后杀害了。但有民间传说被杀的人只是赖文政的替身，真正的赖文政早已逃脱了。传说体现出了普通百姓的人心向背。

在位的宋理宗，执政40年，是南宋在位时间最长的皇帝，就是放在中国历史上也是少见的。权相史弥远死后，宋理宗亲政，推行“端平更化”，颇为一番要“中兴大宋”的豪情和志向。他的革新人事也好，整顿军备也好，都只收到了有限的效果。南宋军事压力、财政透支、土地兼并等深层次的问题并没有得到解决。宋理宗是看在眼里，苦在心里。

随着宋理宗迈入老年行列，他逐渐显露出“世事无奈”的消极情绪来，滑向无所作为、追求享受的皇帝老路。宋理宗在一份诏书中，清楚表露出对无奈和消极的情绪："朕仪图治功，宵旰在念，适时多艰，未称朕意。威令玩而不肃，纪纲翕而不张。财计匮而生财之道蔑闻，民力穷而剥民之吏自若。敌非果强，特自未有以振国势；兵非不多，特莫知所以计军实。舍法用例已非矣。"于是，宋理宗对政事越来越不上心，对美女、器玩越来越上心，南宋政治日非。

一个王朝和一个君王，一同迈向了迟暮时光。

大金帝国的黄昏

一

每一个王朝兴盛的表现令人眼花缭乱，但它们衰亡的情形却都有几分相似。

搬到汴梁后的金朝是江河日下，军队死的死，散的散，完全不是刚刚崛起的蒙古人的对手了。汴梁也真是一个不吉利的首都，眼看就要成为金朝的葬身之地了。

绍定五年（1232 年）正月，蒙古兵就开始合围汴梁，敲响了金朝的丧钟。金朝管事的大臣们想不出什么好的办法来退敌，就想出了一个"馊主意"：派出一万人左右的军民突出重围，想掘开黄河的河堤，让决堤的洪水消灭攻城的蒙古人。结果河堤没挖开，蒙古骑兵已到，执行任务的金朝人只逃回不到二百人。

这样的情景与北宋灭亡时是如何的相似啊？

汴梁告急，城防空虚。城内的金军不到四万人。汴梁城周长 120 里，这么点士兵派出去守卫城墙都不一定够。金朝只能让在京的军官和有防城经验的人，统统上去守城；又结集周围屯田的人口和外敌溃散进来的散兵游勇，共募集了大约六万人，分守四城。

城内的金朝末代皇帝金哀宗[1]，比北宋的末代皇帝宋徽宗和宋钦宗要强很多。他不是一个昏庸的皇帝，在即位前有着丰富的从政经验，而且志向高远，一心中兴金朝。怎奈何，朝廷处处是衰亡之相，金哀宗是巧妇难为无米之炊，一筹莫展。没办法，他只好封荆王完颜守纯的儿子完颜讹可为曹王，把他送到蒙古军营作为人质，向蒙古求和。当年宋钦宗做这一套的时候，金哀宗的祖先就没答应；现在金哀宗求和，蒙古人也不答应，继续攻城，都推进到了护城河边了。守城的军民要求反击杀敌，官僚们却因为皇帝正在与蒙古人议和，坐视蒙古人备战，不敢反抗。城内军民一片哗然，喧呼声震天。

金哀宗亲自走出皇宫，慰劳军民。有五六十个士兵围着金哀宗诉苦："蒙古兵负土填壕，已过一半。宰相们不准放一箭，说是怕坏了和议大事。"金哀宗安慰说："曹王已经去蒙古军营了，如果蒙古兵再不退，你们再死战也不迟。"士兵们哭泣说："局势已经很危急了，皇上不能只盼望讲和！"有一个千户还拉住金哀宗的马，哭喊道："皇上不要相信贼臣们的话。只有杀尽贼臣，才能退敌兵。"禁军使劲打他，要把他赶走。金哀宗摆摆手说："这个军官喝醉了，不要理他就是！"天空下起了雨，金哀宗冒雨坚持慰劳军民。百姓们要下跪叩拜，哀宗劝阻说："别拜，别因为礼节而弄脏了大家的衣服。"随从给金哀宗披上蓑衣，他不用，说："军士们暴露在雨中，我也不用遮挡。"皇帝的这句话感动了不少军民，甚至有人当场流泪，表示要死守汴梁。

王朝末日的时候，能够上演这么一场令人感动的悲剧，金朝的祖先地下有知，多少也会得到一些安慰了。

① 金哀宗完颜守绪，原名守礼，金宣宗完颜珣第三子。史称哀宗。

二

蒙古军向汴梁发动了总攻。

负责防守西北角的金朝枢密使赤盏合喜在蒙古人进攻面前，吓得语无伦次，面无血色。负责防守西南角的宰相白撒招募了敢死的壮士上千人，从地道出城，企图袭击蒙军的炮兵阵地，扭转战局，结果被敌人发觉，遭到惨败。白撒又下令放风筝，风筝携带招降文书，落入蒙古军营中，号召蒙古军队中的女真人起义。结果也没有成功。目睹这一切的汴梁军民感叹道："前天点纸灯，今天放纸鸢，宰相只靠这个，要退敌兵难矣。"

真正守住汴梁的还要靠普通军民的无畏抵抗。一百多年前，宋徽宗和蔡京等人在汴梁大造假山，营建宫室，留下了许多奇形怪状的石头。靖康之乱时，北宋的守城军民拿它们抵抗金军的围城用掉了不少。剩下的石头就成为金朝军民击退蒙古人进攻的武器。他们将这些各地汇聚而来的石头制造成圆球状的炮弹，每个约重一斤。堆积的石头炮弹几乎与里城城墙一样高——可见当年宋徽宗是多么奢华和滥用民力。女真人早已经掌握了高超的火器技术，凭借火器给蒙古军队造成了极大杀伤。有一种叫作"震天雷"的火炮，响声如雷，炮弹可以烧透铁甲；还有一种飞火枪，注入火药点火后，火焰喷射可将子弹推出十余步远。攻城蒙古兵纷纷倒在火器面前。汴梁军民，合力守城，在城墙上到处放置炮弹火药，上下穿梭，昼夜不停。

蒙古军队猛攻汴梁16个昼夜，汴梁城岿然不动。蒙古撤军，汴梁保全了。

蒙古军队扫荡河南的时候，各地军民纷纷迁入汴梁避难。蒙古撤军后，城中疾病流行，五十天内夺去了几十万人的性命。府库中一粒存粮也没有了，周边地区又满目疮痍，汴梁的粮食供应出现了问题。八月初，金朝设置"括粟局"，向城中居民强征粮食，规定：每家自报存粮；壮年人每人只许存粮一石三斗，年幼者减半。各家必须把存粮写在门口，如有隐匿，即按隐匿的升斗数治罪。这样的任务总是最难落实的，极易引发骚乱，可没办法啊，金哀宗只好挑选最严酷的官吏主持，向百姓搜刮粮食。

城里有个寡妇，与婆婆相依为命。她交出了六斗豆子，被发现其中夹着三升蓬子。括粟局的官吏要抓她去示众。寡妇哭诉说："我丈夫战死了，婆婆年老，家里实在缺粮，所以平时就在大豆中夹杂蓬子来充饥，并不是故意混杂用来充公的。"官吏不听她的申诉，竟然将她当众乱棍打死。城内居民为之战栗。有人把情况反映给重臣完颜合周。完颜合周说："京师危急，是保存国家呢，还是保存百姓？"将近八百年后，我们听到这句话，还能感受到丝丝寒意，当时的人们听到后更是不敢说话，赶紧把存粮如数交出。但是老百姓都没有粮食了，只能坐以待毙，纷纷饿死。金哀宗又不得不从府库中拿出一些米来熬成粥，救济饥民。可惜效果不大，汴梁城内的尸体越来越多。最后出现了人吃人的惨剧。

城外，蒙古军队并没有退远。河南各地还分布着多支蒙古军队。汴梁依然是外无援兵，内缺粮饷，形势危如累卵。金哀宗原本寄希望的思烈所部军队又被歼灭，金朝已经没有主力部队了。

照此下去，不用蒙古军队来进攻，汴梁也要不攻自破了。

三

其实早在七月，蒙古就派了一个叫作唐庆的使节来到汴梁，命令金哀宗去掉帝号称臣，投降蒙古。守城官兵群情激昂，将唐庆及其随从人员群殴致死。

金哀宗万般无奈，决定逃出汴梁，希望能够保命，延续金王朝的皇统，如果能闯出一番新气象，就谢天谢地了。有人主张逃到归德（即应天，就是赵构登基称帝的那个地方，金朝改名为归德），有人主张去邓州。大臣白华认为："归德的城池虽然坚固，但没多少粮食，这么多人去归德只能坐以待毙。现在的形势就如同赌徒下孤注。我们的孤注就是背城一战。汝州有蒙古军队，不如直赴汝州，与蒙古军队决一死战。如果我们能够与蒙古人展开事关存亡的关键一战，外可以激三军之气，内可以慰汴梁民心。我们的粮食太少，如果出京太远，军粮不够，事情就难了；如果军粮能支撑到遭遇蒙古军队的那一刻，我们就赌一把。但如果皇上只为逃避迁移，军民顾恋家业，未必都肯从行。请皇上三思。”

金哀宗采纳白华的意见，前往汝州。他的逃跑还真不是携带家眷细软的逃命，而是寻找金王朝的一线生机。金哀宗将皇太后、皇后和诸妃都留在了汴梁，率主要大臣和部队军队出逃。十二月二十五日，金哀宗与家人告别后，向西前往汝州去了。

四

金哀宗刚逃出汴梁不久，就遇到了从巩昌赶过来的将领完颜忽斜虎。

完颜忽斜虎报告金哀宗，汴梁以西三百里都荒无人烟，根本无法获得给养。金哀宗临时改变计划，决定来个一百八十度的大掉头，向东经过陈留、杞县，一路逃到黄陵冈。这时，军官蒲察官奴报告说不远处的卫州有囤粮，主张攻取卫州。金哀宗就决定北上攻占卫州。

绍定六年（1233 年）的元旦，进军途中的金哀宗多少获得了一点安慰。归德知州石盏女鲁欢运来了三百余船粮食，让逃亡过程中的皇帝一行吃上了饱饭。进攻卫州需要渡过黄河，金哀宗就用运粮船渡河北上。也真是天不佑金，残军正在渡河的时候，突然北风大作，金军阵形大乱。大约有上万人的军队殿后，挤在南岸。附近有一支蒙古部队闻讯赶到袭击，金军战死的战死，投降的投降。金哀宗侥幸守势残部，逃了出来。

完颜仲德拉着金哀宗的马苦苦劝谏说：“存亡在此一举，卫州决不可攻。”金哀宗不听，坚持要进攻卫州。一行人稀稀拉拉，拖延了八天才到达卫州城下。蒙古出动三千骑兵主动进攻，被蒲察官奴等人击退。蒙古人只好退入卫州固守待援，但金哀宗逃出汴梁本来就没准备攻城，没有携带任何攻城器具，连攻三日，都不能攻破卫州。时不我待，蒙古大兵赶来支援了，金哀宗大败。白撒就劝金哀宗说："现在我军已溃，蒙古兵近在咫尺，请皇上赶快去归德。"金哀宗不置可否，却在当夜四更逃往归德。他逃得实在匆忙，不知道是有意的还是无意的，皇帝逃了侍卫们都不知道。第二天，大家一看，皇帝逃了，一哄而散。白撒知道皇帝的去向，也向归德逃去了，沿途集合了两万残兵败将。

幸好归德还在金朝的手中。一行人在归德缓过神来后，开始追究卫州失败的责任。白撒被当成了替罪羊，关进监狱里。七天后，白撒饿死了。

卫州大败的消息传到汴梁后，留在城里的人们知道金朝天数已尽了，彻底失去了抵抗的决心。元月二十三日，将领崔立发动兵变，杀死留守的完颜奴申、完颜斜捻阿不二相及其他官员，开城向蒙古人投降。

五

金哀宗驻扎归德，标志着金王朝的继续存在。各地忠于金朝的零星军队陆续赶来。

归德没有多少粮食，很快就被吃完了。归德知州女鲁欢请求让一部分军队去徐、宿、陈等州县解决吃饭问题。三月，女鲁欢再次请求金哀宗允许朝廷亲军出城找粮。金哀宗勉强听从。这样，归德城中的军队就主要是蒲察官奴统率的忠孝军 450 人和马用率领的 700 人了。蒲察官奴掌握兵权，与马用不和。

蒲察官奴年少时曾被蒙古军俘虏，后来越狱逃回金朝，但老母亲仍在蒙古军中做俘虏。

蒲察官奴的这个情况自然写在了档案里。金哀宗知道后，就叫蒲察官奴以此为缘由与蒙古军队展开和谈。蒙古人胜券在握，哪里愿意在这个时候和金朝和谈。他们倒是放回了蒲察官奴的母亲，但要求蒲察官奴投降。蒲察官奴开始动摇了。忠孝军察觉蒲察官奴有劫金哀宗投降的念头，有近两百名官兵围住蒲察官奴的住宅，质问说：“你可以投降，但我们都是蒙古军不能赦的人，该怎么办呢？”蒲察官奴惊慌失措，交出母亲作为乱军的人质，拍着胸脯说：“大家如果因为我母亲被放回来而对我有所怀疑，就把我母亲杀掉吧，我绝不怨恨。”官兵这才散去。蒲察官奴又把军队聚集到北草场，发誓自己绝不降蒙。

金哀宗在归德，为蒙古诸军树立了好大的一块靶子。归德很快就被蒙古大军包围。

金朝残留在归德的军队都是亡命之徒，也是金军最后的精锐。忠孝军官兵推动金哀宗、蒲察官奴大造火枪战具，积极备战。蒲察官奴还率忠孝军450人在夜间主动出击，袭击城北王家寺的蒙古军营。金哀宗在归德的北门观战，决定如果劫营失败就乘船逃往徐州。深夜四更时，袭击开始了。金军奋勇杀敌，用火枪对着蒙古人就是一阵猛射。蒙古军队猝不及防，大溃而逃。乱军渡河的时候，蒙古军队又溺水死了3500余人。蒲察官奴取得了劫营的重大胜利。

打退蒙兵后，蒲察官奴声势日盛。金哀宗任命蒲察官奴为参知政事兼左副元帅。

金哀宗在这个节骨眼上，犯了一个天大的错误，加速了金王朝的灭亡。这个错误就是对出现权臣的恐惧，金哀宗密谋杀掉蒲察官奴。蒲察官奴知道密谋后，还算仁慈，仅仅是将金哀宗软禁而已。金哀宗失去了对政务的掌控，蒲察官奴成了实际上的主事人。金哀宗慨叹说：“自古无不亡之国，不死之主，但恨我不知用人，以致被此奴所囚。”好在蒲察官奴也犯了一个错误，一度领兵去亳州办事，露出了破绽。女真人早已经将汉族那一套尔虞我诈的宫廷阴谋学得滚瓜烂熟，金哀宗抓紧机会，联合侍从设计，六月间把蒲察官奴召还。蒲察官奴毕竟出身低微，不懂宫廷阴晴，不加防备，在觐见时被金哀宗和近侍当场杀死。

内讧之后，归德也不能再待了。那还能去哪里呢？刚到归德时，蒲察官奴曾建议向东迁往被李全余部占据的海州，有的大臣奏请逃亡更南边的蔡州（今河南省汝南县）。蒲察官奴却认为蔡州不利防守，蛮横地宣布“敢言南迁者斩”。蒲察官奴被杀后，六月十八日金哀宗率领余部逃出归德，八天后进入蔡州。

锦上添花的胜利？

一

蔡州地处淮河支流汝水上面，与南宋接壤。这一地区地势平坦，无险可守，而且面临南宋的直接军事威胁。

南宋很早就被动卷入了金朝的灭亡过程，而不是一个看客。

金哀宗逃到归德时，金朝的邓州节度使移剌瑗、重臣白华等纷纷投降南宋。甚至金朝的临淄郡王王义深也在遥远的黄河北岸的灵璧宣布降宋，经涟水千里迢迢逃入南宋境内。形势如此大好，继承北宋祖先随性乱动、浑水摸鱼品格的南宋统治阶层怎么可能放过趁火打劫的大好机会呢？移剌瑗投降后，南宋就曾出兵袭击顺阳的金军，谁知道反而被金军残部打败，大大丢了一回脸。而部分金军残部也动了进攻南宋、寻找栖身之地的想法，曾进攻南宋的金州。因为军队缺粮，金军在途中纷纷散去，溃不成军。虽然胜负相当，但宋、金边界又重新进入了多事之秋。

南宋统治者从历次战争中得出一个经验，那就是朝廷军队的战斗力实在不敢恭维，所以要仰仗外交的作用。战场上得不到的，可以从谈判桌上得到——当年宋徽宗收复燕云十六州的时候也是这么想的。

那一边，金哀宗逃到蔡州后，将徐州的完颜仲德调来主持军事工作。完颜仲德能力真不错，竟然在蔡州整顿出一支一万人左右的军队，又修缮器甲，勤加训练。蔡州稍微有了些样子。金哀宗顺便也想修缮一下行宫，招几个侍女。完颜仲德赶紧死谏阻止。金哀宗想想也对，就放弃了享受的念头，与军民共同奋斗。完颜仲德的政治主张是避敌锋芒，主张金朝西迁秦巩，刚好金哀宗也对死守蔡州没有信心，两人一合计，计划等秋天粮食收获后，收拾所有残余军队，向西与秦州的金朝残余会师，进攻南宋的兴元，打通向南宋的四川进军的道路。金朝君臣把复国的希望寄托在南宋的虚弱和在四川能够征服的新的土地之上了。

金哀宗蜡丸的形式向残余的各支部队发出了密令。

可惜可叹，南宋在当年七月就出动大军，来灭亡金朝了。

二

南宋灭金是执行与蒙古人达成的条约义务。

蒙古进攻金朝的时候，军事与外交手段并举，早早地就派使臣约南宋出兵夹攻，共同灭亡金朝。南宋和蒙古约定，灭金以后，金哀宗现在控制的金朝的最后领土（主要是现在河南省中部、南部和东部的各州县）划归南宋。七月，集结在襄阳的南宋大军大举进入金朝，首先在马蹬山大败金兵。

八月，宋军围攻唐州（今河南省唐河县）。唐州守将乌古论黑汉向金哀宗求援。金哀宗叫苦不迭，一来他根本就抽不出援军来，二来南宋出乎意料的主动进攻完全打乱了金朝的复国计划。在万般无奈之下，蔡州还是向唐州派出了100名忠孝军勇士，去迎战南宋的北伐大军。这是一场力量极其悬殊的战斗，只有30名金兵逃回蔡州。唐州城中很快就弹尽粮绝，金军把妻子和孩子都杀了，作为军粮充饥。最后，部分人打开西门投降，乌古论黑汉率领拒不投降的士兵与宋军巷战，力战被俘。唐州被南宋占领。乌古论黑汉被杀。

攻下唐州后，宋军进兵息州。这一次，依然有100名忠孝军骑兵勇敢地出蔡州，救援息州。他们没有正面迎战，而是在中渡店对宋军发动袭击。宋军慌乱之中，误以为是蒙古大军来袭，溃散南逃。金军捡到一次大胜利后，金哀宗决定以胜求和，派宗室完颜阿虎带来南宋和谈。完颜阿虎带对南宋说："蒙古人已经灭亡了40余国以及势力强大的西夏。西夏灭亡后，蒙古人又要灭亡我大金；大金灭亡以后，就该轮到你们宋朝了。唇亡齿寒，这是显而易见的道理。南宋不如与大金联合，我们现在艰苦抵抗蒙古军队，也是为了你们南宋的利益啊。"他说的话，句句都有道理。可南宋没和蒙古打过交道，只知道和蒙古合作可以收回大片领土，断然拒绝了金朝的橄榄枝，继续进攻金朝。

最先对蔡州发动进攻的是蒙古军队。九月，蒙古兵四面进攻蔡州这座金朝最后的据点。九月九日，是重阳登高、期盼阖家团聚的日子。金哀宗在这一天举行了拜天仪式，向群臣赐酒。他悲凉地对群臣说："国家自开创以来，一百多年了。朝廷养着你们，你们有的因为祖先的功劳，有的因为自己的努力，获得官爵，都是老臣了。现在国家到了存亡关头，你们和我在孤城中共生死同患难，我谢谢你们。蒙古兵迟早要破城的，这正是你们立功报国的时候。要死，也要做一个忠孝之鬼。"在座的金朝最后的大臣有：完颜仲德、孛术鲁娄室、完颜承麟、完颜斜烈、乌古论镐、元志、乌林答胡土、纥石烈柏寿、蔡八儿、王山儿等。金哀宗的一番话，听得城中军民怆然泪下。刚好探马来报，有数百蒙古兵已经冲到了城门口，官兵们踊跃请战。第二天，忠孝军的蔡八儿率百余骑兵潜出城门，渡过汝水，对蒙古军营发动突袭。蒙古军队看一时难以攻占蔡州，就在蔡州四周筑起长垒，打算耗死金哀宗。金哀宗可怜城中的百姓，破例允许城内饥民和妇孺老弱出城逃命，并提供船只让饥民在城壕中采菱芡水草充饥。

十月，徐州守将郭恩与郭野驴等人打开城门投降蒙古。老将完颜赛不自杀，拒不投降。金朝东边的领土全部失去了。

十一月，由孟珙率领的南宋两万部队到达蔡州，与蒙古军队会师。南宋带来了 30 万石粮食作为两军的军需。金军的俘虏透露蔡州城中早已粮尽。联军决定对蔡州发动总攻。宋兵攻南面。蒙古肖乃台、史天泽部攻北面。东西两面则由蒙古兵围住，防止金军逃脱。蔡州南边有一处柴潭，潭外就是汝水。金军在柴潭筑楼，埋伏巨弩等着宋军的到来。宋军进攻的时候，挖开柴潭，将潭水引向汝水，再用薪草杂物将柴潭填为平地，最后攻城。肖乃台、史天泽则从城北偷渡，经过血战，在十二月初九日攻破蔡州的外城。守卫外城的金军战死。十九日，蒙军又攻破西城。完颜仲德在城中加筑栅栏、挖壕沟，阻止蒙古军的推进。完颜仲德又挑选了三批精锐，昼夜抵抗。蒙古军队始终被阻拦在城墙上，不能踏入城内。

二十四日，金哀宗率领一队精兵，在深夜出东城逃跑，但在城栅处被蒙古军队挡住，没有成功。

至此，蔡州被围有三个月了，粒米不剩。金哀宗下令将剩下的两百战马都杀了，作为军粮。而居民只能将人畜的骨头磨成粉，和着芦泥充饥。转眼到了南宋端平元年，金朝的天兴三年（1234 年）正月。南宋和蒙古联军在城外会饮鼓吹，庆祝元旦。也就在这一天，金哀宗命令城内的人不分地位高低和职业，全都拿起武器守卫，随身侍从和各级官吏都编入军队。

元月初九，蒙古军队终于从西城突入城中。完颜仲德率领残军巷战。傍晚，蒙古军队被击退。金哀宗度过了如此漫长的一天，心力交瘁，哀叹说："我当了十年金紫大夫、十年太子和十年皇帝，并没有做什么大恶的事情，也没有什么大的过错。我原本应该死而无恨，只可惜祖宗传国上百年，竟然要毁在我的手里。自古以来，没有不亡之国。亡国之君不是被人作为俘虏，就是被当作猴子遭受侮辱。我不想落得那样的下场，到时候你们看我的表现吧！"绝望的金哀宗在当天深夜将皇位禅让给了完颜承麟。完颜承麟拒绝接受，金哀宗拉着他的手说："朕把天下让给你，难道心里好受吗？我长得又肥又重，难以上马驰骋。你身材矫捷，万一能够在乱军中逃脱，就能够延续我们皇室的血脉。这才是我禅位给你的原因啊。"第二天凌晨，金王朝的最后一次登基大典潦草地举行了。完颜承麟受诏即皇帝位。行礼刚到一半的时候，城南突然树起了南宋的旗帜。原来宋军突破了南城。登基大典只得草草收场，刚登基的完颜承麟赶紧拿起刀枪，和官兵赶出去作战。战斗中，乌古论镐被俘，乌林答胡土战死。蒙古塔察儿部又攻破西城。完颜仲德又分出一千精兵拼死巷战。城中烽烟四起，血流成河。

幽兰轩中，成了太上皇的金哀宗独自一人，上吊自杀了。

金哀宗即位于金朝灭亡前夕，并不是那些荒淫暴乱的亡国之君，而是为挽救大金王朝的灭亡夙兴夜寐，殚精竭虑，可金朝还是亡在了他的手里。1227年，蒙古军队大兵进攻关中。陕西行省曾向他建议了三策：上策是金哀宗御驾亲征，迎战蒙古军队，激励士气；中策是金哀宗巡幸陕州，督战；下策是金朝放弃关中，扼守潼关。金哀宗三条策略都没有听从，只是派使臣去与蒙古和谈。由此可见，金哀宗虽然志向远大，却能力和魄力实在有所不足。后人就批评金哀宗“以圣智自处”“讳言过恶，喜听谀言，又暗于用人”“不知大略”，志大才疏，因此成为金朝的亡国之君，并没有逃出历史发展的必然逻辑。

完颜承麟等人虽然浴血奋战，但扼守的地盘越来越少，最后只能退保子城。金哀宗自杀的消息传来，完颜承麟慌忙率参与的大臣们赶去哭奠。慌乱中，完颜承麟宣布：“先帝在位十年，勤俭宽仁，图复旧业，有志未就，可哀也已，宜谥曰哀宗。”金哀宗的谥号就这么决定了。一帮人还在对着金哀宗的尸体哭泣的时候，蒙古军队突入了子城。为了防止先帝的尸体遭到敌人的侮辱，士兵们举火焚烧了金哀宗的遗体。完颜仲德对众人说：“皇帝已死，我还怎么作战？我不能死于乱兵之手，决心跳入汝水殉国。大家好自为之！”完颜仲德带头跳入汝水自杀，很多将领都说：“宰相能殉国，我们就不能吗？”孛术鲁娄室、元志、王山儿、纥石烈柏寿等人及军士500余人都投河自杀。新皇帝完颜承麟拒不投降，希望能够突围而出，被乱兵杀死。金朝就此灭亡。

金朝在北方统治120年后宣告灭亡了。

金朝的灭亡，亡得轰轰烈烈。

三

金朝灭亡了，残余的金军展开了可歌可泣的抵抗。

金朝的中京洛阳曾被蒙古军队攻破。蒙古退兵后，洛阳就是一座深入敌后的孤城。名不见经传的强伸毅然负起镇守洛阳的重任。强伸，是河中射粮人，曾经在陕州当兵。陕州被蒙古攻破后，强伸逃到洛阳，被任命为警巡使。洛阳主力千里增援汴梁，全军覆没，洛阳人就推举强伸率领2500名残军死守。蒙古兵多次来攻，强伸都成功退敌。金哀宗下诏褒奖，要封强伸为中京留守、行元帅府事。后来，元帅完颜思烈率领其他地方的军民十余万人进入洛阳，洛阳的形势大为好转。崔立打开汴梁投降蒙古后，蒙古将留在汴梁的完颜思烈的儿子押到洛阳城下，胁迫完颜思烈投降。完颜思烈不理，在城上向儿子射箭。完颜思烈没有投降蒙古，但对时局失去信心，在洛阳忧郁而死。强伸行总帅府事。蒙古集中大军，发誓要拔掉洛阳这个钉子。投降的金朝大臣韩某来到城下向强伸诱降。强伸说："先生不是国家臣子吗？怎么不去勤王，却来诱我投降啊？我原本就是一个小卒子，皇上让我做了留守，我只能誓死报国。"不仅拒降，强伸还出兵反击蒙古骑兵。有绝望的部下打开西门投降。强伸只好从东门突围而出，转战偃师，最后力尽被俘。蒙古兵说："只要你向北面屈一屈膝，就饶你的命。"可不管蒙古人用什么法子，倔强的强伸就是不屈膝。蒙古兵强迫他向北走，强伸却扭头南向。强伸最后被杀殉国。

金朝亡后，中原州县先后降蒙，只有巩州郭虾蟆，坚守孤城拒绝投降。郭虾蟆是会州人，在金哀宗父亲金宣宗时因为擅长射箭被招募入军，与西夏作战，曾被西夏俘虏，誓死不降，后来成功逃脱，来到巩州。1223年，郭虾蟆与巩州元帅田瑞收复会州。金哀宗即位后，田瑞在巩州反叛，郭虾蟆起兵平叛，因战功被提拔为本路兵马都总管、元帅左都监。1233年初，巩州曾经是金哀宗逃跑的目的地之一。金哀宗设立了巩昌行省，由粘葛完展负责。蔡州城破，绥德的守将汪世显约郭虾蟆杀死粘葛完展，一起投降蒙古。郭虾蟆严词拒绝说："粘葛公奉诏为行省，谁敢不从。你背叛国家，你自己去当叛徒，何必找我！”汪世显杀死粘葛完展投降蒙古后，又派了20多个使者来招降郭虾蟆，都被拒绝。郭虾蟆之后竟然在巩州坚守了近三年之久。1236年，蒙古人看这样拖下去实在不是办法。四通八达的中原腹心地区怎么能存在一座前朝的城池呢？这年十月，蒙古集合大军猛攻巩州城。郭虾蟆奋力杀敌，无奈金朝大势已去，眼看城池就要失守了。他先是烧毁了巩州城内的官舍和仓库，又把自己的家人和军官的家眷全都赶到一个房间里，准备自焚。城破，郭虾蟆和官兵们与蒙古军鏖战，直到弓尽矢绝。官兵们点燃烈火，纷纷挺身跳入火中自焚。最后的战场上，只剩下郭虾蟆一个金军了，被逼到一座烈火熊熊的庭院中。他还依靠门扉遮掩，用弓弩射杀蒙古人。据说他射了二三百箭，几乎弹无虚发。当所有弓箭都射完了，郭虾蟆把弓投入火中，坦然跳入烈火。事后，蒙古人承认，巩州城战斗至死，金军没有一人投降。

不知道南宋的君臣、官兵看到这幅惨烈的情景，做何感想？南宋朝廷是否又能从金朝的灭亡中得到什么启示呢？

四

对于南宋来说，金朝的灭亡是一件值得大肆庆祝的喜事。

宿敌得灭，血海深仇终于得报，谁能不高兴呢？南宋陷入了全国狂欢之中——尽管灭亡金朝主要是蒙古军队出的力，但是南宋也是战胜国之一。

蔡州战役结束后，宋朝的北伐军忙着在废墟尸体中寻找金哀宗的遗骨。他们找到了完颜守绪一部分烧焦了的骨骼，又找到了金朝的部分宫廷宝玉法物。主帅孟珙连忙将这些战利品和张天纲、完颜海罕等俘虏押往临安，献给朝廷。宋理宗赵贵诚下令将战利品送到皇家祖庙作为祭品，向列祖列宗禀告：仇敌终于被子孙后代给消灭了！金哀宗已经烧成了焦炭，但也要接受严厉的惩罚。赵贵诚下令将金哀宗的遗骨“关”到大理寺的监牢中“囚禁”，很有让死去的人把牢底坐穿的味道。

金朝俘虏中职位最高的是金朝的参知政事（副宰相）张天纲。他原本是金朝的御史，在国家危难时刻被破格提拔为宰相的，没过多久就成了南宋的俘虏。南宋的大臣们自然不肯放过羞辱张天纲的机会——他们似乎没有学会“换位思考”。尤其是临安知府薛琼，表现得特别激昂。他质问张天纲：“你有什么脸面到此啊？”张天纲反问说：“敝国是灭亡了，但与贵国的徽宗、钦宗比起来，怎么样啊？”薛琼恼羞成怒，尴尬地大呼武士：“快，快把这个奸贼给我拖出去！”第二天，薛琼还把张天纲的表现报告给了宋理宗。赵贵诚亲自把张天纲叫来问话：“你真的不怕死吗？”张天纲回答说：“大丈夫只怕死得不忠不孝，其他的还怕什么？”他只求速死。赵贵诚反而觉得张天纲对金朝虽然忠诚，不忍杀害。有关部门就命令张天纲提供材料，供认“罪状”，其中写到金朝的人物和官爵的时候都要加一个“伪”字、金朝皇帝要写作“虏主”。张天纲坚持说：“杀就杀，还写什么供状啊！”有关部门斗不过张天纲，只好“悉听尊便”。张天纲写下的材料中，依然按照金朝的公文形式，对死去的金朝皇室采取尊称。

春秋时候有“楚囚”之说，南宋时候出现了张天纲这个不屈宰相，可谓是遥相呼应了。

遗憾的是，南宋朝野对大金帝国的轰然倒塌只进行了庆祝和羞辱，就再也没有深入下去了。金朝为什么灭亡？南宋需要从中吸取什么教训呢？南宋联合蒙古灭金时，就有朝臣指出现在的情形类似于一百年前北宋联金灭辽的历史。当时宋徽宗借助金朝的力量，灭亡契丹，希望能收回失地，结果自取灭亡，经验深刻。金朝灭亡后，御史洪咨夔在此警告宋理宗说：“残金虽然灭亡了，但是强大的蒙古成了我们的邻国。我们应该加强守备，以防万一，怎么能大肆相贺。一旦形势涣散不能收拾，就会重复先朝的悲剧。”事实的确如此，金朝是灭亡了，但蒙古是远比金朝强大的敌人。可惜，保持这样清醒头脑的人在南宋凤毛麟角。宋理宗君臣都陶醉在灭金的辉煌胜利之中，完全忘记了天底下还有“居安思危”四个字。

南宋已经进入了社会经济全面繁荣的鼎盛时期，灭金的军事大捷正是锦上添花。赵贵诚更卖力地奉行起“正心诚意”的理学来。之前因为权臣、身份和宿敌而强加在身上的压力全都消失了，精力得到释放的理宗皇帝逐渐沉湎声色起来。后宫的嫔妃们吹起了枕边风，太监们也活跃了起来，南宋政治不仅保守、僵化，也黑暗了许多。

五

按照宋蒙约定，陈蔡以南的土地在金朝灭亡后划归宋朝，以西以北的土地属于蒙古领土。

蒙古大军也按约西撤，离开了河南地区。

南宋的君臣们果然继承了宋徽宗、宋钦宗时期的祖宗品行。宰相郑清之和大将赵范等看到河南地区空虚，认为这是收复“三京”（东京汴梁、西京洛阳、南京应天）的千载难逢的良机。他们制定了单方面撕毁宋蒙条约，出兵占领整个黄河以南地区的计划。这个计划马上获得了赵贵诚的御笔批准。看来，一百多年后，南宋的君臣们还是没有养成遵守条约的习惯。

蒙古大军攻陷汴梁后，只留下金朝的降将崔立在城中驻守。端平元年（1234 年）六月，南宋军队突袭汴梁。汴梁都尉李伯渊等人杀死崔立投降，迎接宋军入城。另外一支宋军也在七月份占领了空虚的洛阳。这时的汴梁也好，洛阳也好，经过常年战乱和蒙古的掳掠后，满眼都是断壁残垣，根本获得不了给养。大批宋军入城后，立即陷入了饥荒之中。八月，蒙古军队发动反攻。蒙古人出动的并非主力，再加上当时的蒙古大兵也没见过什么大场面，脑子里总觉得满口“道德诚信”的宋朝人应该挺厉害的，所以打仗的时候留了一手。结果宋军和蒙古军队打成了平手。但是宋军粮饷不继，没打几天就主动放弃汴梁和洛阳“凯旋”了。汴梁和洛阳只在南宋的地图上停留几天，就又失去了。赵贵诚没高兴几天，接到败报后，气得将前线的主要将领全都降级贬官。

端平二年（1235年），蒙古军队开始进攻南宋。蒙古和南宋这两个盟友在消灭共同敌人之后的第二年就成了仇敌。两国之间长达40年的战争拉开了序幕。

南宋帝国在宋蒙战争中始终处于守势。在战争初期，南宋帝国勉强维持住了边界，与蒙古胜负相当。这要归功于蒙古的大汗们还没有把南宋放在眼里。他们正集中蒙古的铁骑，对西方世界展开大征伐。南宋帝国没有研究国际政治的专门机构和相关人才，对蒙古发起的、深刻影响世界历史进程的历次西征一无所知。他们只知道北部边境承受的压力越来越重。

即便如此，南宋也是在以全部的正规力量对抗蒙古留在中原的少量骚扰兵力。

六

宋蒙初期战争让一个叫作史嵩之的人崛起为宰相。

史嵩之是权相史弥远的侄子。史嵩之是学习程朱理学出身的，但没养成朱熹所希望的行事做派。他干练果断，功利心很强，讨厌理学迂缓的一套。民间传说史嵩之一次与小舅子陈埙在山寺中讲学。不知怎么的，他们和寺里的僧人没有处理好关系。僧人们对史嵩之流露出了厌恶之情，史嵩之盛怒之下竟然深夜放了把火，把僧人们的宿舍给烧了，扬长而去。

我们知道，史嵩之这样不适合当书生的人，反而适合在官场中当官。

因为赵贵诚对史家始终有感激之情，史嵩之一入仕就获得了极高的起点。他被任命负责湖广前线的宋蒙战争。注意，史嵩之是战争的负责人，而不是冲锋陷阵的军官。因为蒙古主力并没有真正进攻南宋，所以宋蒙战争的形势总体上看得过去的。宋军多少也取得了几次胜利。这些仗虽然是孟珙等人率军打的，但史嵩之作为负责人，自然少不了也有一份功劳。慢慢的，史嵩之就“因功”取代郑清之做了宰相。

史嵩之成为史家的第二位宰相后，自然希望能够恢复伯父史弥远那样的权威地位。可惜史嵩之的运气实在太差，当上宰相没几天父亲就死了。在南宋官场中，“孝”字与“忠”字一样大。父亲死了，做儿子的要回家守孝三年，甚至更长。这也意味着史嵩之要主动辞职，回家尽孝。史嵩之不想走，就以“现在是战争时期，凡事都可以破例”为理由，拒绝辞职，留在宰相位置上不动。朝野上下本来就对史嵩之不满，现在史嵩之双手奉上这么大一个“把柄”，不用白不用。御史们、大臣们、将领们、书生们纷纷弹劾史嵩之。史嵩之在强大的压力下，不得不辞职。

事情也巧了，朝廷之后起用的、与史嵩之过不去的三位宰相：杜范、徐元杰、刘汉弼，先后不明不白地暴病身亡。太学生蔡德润等 173 人义愤填膺，上书告御状，为三位宰相鸣冤。临安城中群情沸腾，人们纷纷怀疑杜范等人是中毒而亡的，而史嵩之的嫌疑最大。事情弄得像真的一样，朝中的大臣们人人自危，怕自己哪天也成为第二个杜范。朝廷赐宴的时候，大臣们都不敢下筷子。就在节骨眼上，史璟卿又暴病身亡。史璟卿是史嵩之弟弟史时之的儿子，自小颖悟能文，死时才 18 岁。他在纷争中站在史嵩之的对立面上，死前刚刚写信劝谏史嵩之辞去相位。他的死更让大家怀疑史嵩之的“杀人嫌疑”了。

史嵩之虽然名声彻底烂掉了，但并没有失去东山再起的机会。毕竟守孝只要守三年就可以了，时间到了，还是可以复职的。宋理宗赵贵诚依然信任史嵩之，在史嵩之服丧期满后就想恢复史嵩之的职务。可是压力还是太大，朝臣拒绝书写起用史嵩之的诏书，赵贵诚也只好收回成命。淳祐七年（1247年），郑清之再次担任宰相。郑清之当时 72 岁了，牙齿都掉光了，根本没有力量主政。他处理政务时，一切墨守成规，遇到决策只是点头或者摇头而已。

临安一个叫作郑起的书生，写大字报讽刺郑清之的老朽与无能。恼怒的郑清之不仅抓了郑起，还下令将郑起的母亲、妹妹、儿子全都抓起来治罪。临安府尹觉得宰相的这个命令实在荒唐，只将郑起的家人拘留一夜就放了。郑清之知道后，命令官府多方搜索郑起的家人。郑清之自号“安晚”。当时流传一条政治对联:“先生自号为安晚，晚节无为不自安?”

淳祐十年(1240年)，郑清之将不久于人世。赵贵诚还是想起用史嵩之为宰相，依然遭到了朝野上下的一致反对。

宝祐四年(1256年)，晚年史嵩之为自己的政治生命展开了最后一搏，上表表示愿意防守四川。为了表明自己的决心，他连续上了多次奏表。但每次都遭到朝臣们的强烈反对，赵贵诚也不敢触犯众怒。史嵩之在家闲居13年后，郁郁而终。

淳祐十二年(1252年)的除夕夜，临安名妓唐安伦偷偷进入了皇宫。宋理宗赵贵诚搂着唐安伦度过了新年，迎来了宝祐元年(1253年)。有个大胆的书生感叹说:“陛下坏了自己30年的清修之操啊!”

第六章

国破伤心时

景定三年（1262 年），临安城中缺粮，饥荒严重。

临安知府马光祖作为父母官，要为百姓的吃饭问题负责。他好不容易想出了一个对策，那就是请达官显贵和富裕人家捐粮赈灾。临安城中贵戚的首领，当然要数荣王赵与芮了。宋理宗赵贵诚虽然是一个来历不明的皇帝，但是赵与芮却是他如假包换的弟弟[①]。马光祖三次求见赵与芮。赵与芮猜着了马光祖的来意，就是不见，后来见马光祖在家门口“杠”上了，只好出来打声招呼。

马光祖直入主题，说：“荣王，现在临安的百姓快要饿死了，请王爷捐出一些粮食，以收人心。”赵与芮赶紧摆摆手，诉起自己的苦来，说自己每月就靠朝廷的俸禄生活，日子过得紧巴巴的，仓库里是一粒米也没有。马光祖知道赵与芮吝啬，早有准备，不卑不亢地说：“王爷，卑职查到某某地某某仓打着您的旗号，说囤积着的是您的存粮。既然王爷说荣王府没有存粮，卑职马上把那些诬蔑王爷名声的仓库给查封了！”赵与芮吃了个哑巴亏，无话可对，勉强答应捐出 30 万石粮食赈灾。

13 年后，赵与芮向蒙古军队投降时，为了活命，一次就贿赂蒙军将领上万两黄金。

① 赵与芮也是那位绍兴城保长的孙子，但是比哥哥赵与莒小。赵与莒改名赵贵诚，成了宋理宗，封弟弟做了荣王。

钓鱼城大捷

一

南宋与蒙古之间实质性的战争是从四川打响的。

端平二年（1235 年）年初，蒙古大汗窝阔台发动了征讨四川的战役。当时，蒙古集中的军队成分复杂，包括蒙古军、金朝投降部队、北方汉族军队和其他少数民族军队。骁勇善战的蒙古族人并不占多数。但就是这支军队，在第二年长驱直入四川，出乎意料地占领成都、利州、潼川三路的二十余州。蒙古人掳掠后，主动撤回陕西——因为蒙古根本就没想到会取得这么大的胜利，缺乏留驻统治的准备。南宋直到 1238 年才收复成都。但四川西部地区从此落入敌手，东部变成了拉锯地区。

为了配合进攻四川的蒙古军队，蒙古人发起了对襄阳的“掩护”性进攻，谁知“一不小心”就占领了郢州、襄阳等地。自从岳飞收复襄阳以来，南宋百余年来在这一地区不断储存物资军需，垒得像小山一样，结果全都落入了蒙古人的手里，损失惨重。获胜的蒙古军队自信心极度膨胀，计划一鼓作气打过长江去，结果在黄州被孟珙的军队连续击败。嘉熙二年（1238 年），朝廷任命孟珙为荆湖制置使，相继收复了襄樊失地。

这样的序幕，是否意味着宋蒙战争的某种结局呢？

客观地说，当时蒙古对南宋的进攻，主要还是以掳掠奴隶、财物为目标，并不相信自己能够短期内灭亡庞大的南宋王朝。作为快速崛起的民族，蒙古人在意识形态上的发展是滞后的，还没有接受中国传统的“天下一统”思想。正是蒙古人统一观念的缺失，才使南宋能够勉强维持着僵持的局面，并断断续续地展开和谈。宋理宗、史嵩之等人以对金议和的办法对蒙求和，将蒙古人当作第二个金朝。但是蒙古人能和金朝简单地画等号吗？宋理宗不去想，史嵩之也不去想。

孟珙是当时少数头脑清醒的将领。他认识到中部的襄樊将成为之后宋蒙战争的焦点地区，将会成为保卫江南的前哨，于是招纳流民，扩编军队，加强樊城、新野、唐州、邓州之间的驻防。湖广前线的局面还算比较稳固。两年后，孟珙受命经营四川，兼夔州知府。四川地区经过蒙古军的掳掠后，比较残破。孟珙将在湖广的经营方法搬到了四川，并且在显要地点建设关隘、据点。四川制置副使彭大雅修筑了重庆城；部将甘阎则在合州选择钓鱼山建立了山寨，也就是钓鱼城的前身。

1242年，四川安抚制置使兼重庆知府余玠来到四川。

余玠一到任，就设立招贤馆，广泛征求防守四川的意见建议。播州人冉氏兄弟建议钓鱼山等处修筑山城，囤积粮食，防备最艰苦的抗战。余玠采纳了冉氏兄弟的意见，命令他俩负责正式修筑钓鱼山城。同时，官府又在嘉陵江、沱江、渠江沿岸山险修建山城十余处，把各州的治所都移入山城，因山筑垒，屯兵聚粮。余玠号召大家以敢死之心，与蒙古人决战，在历次拉锯战斗中都打退了蒙古军队从西边而来的侵扰。

当时南方有着完备的军工系统。军工业是南宋手工业中发展最快的部门。南宋军火的市场很大，产量也很大。建康是江防重镇，开庆元年到景定二年（1259年到1261年）的两年多时间里生产的火器超过三万八千件；中部重镇江陵每年能生产铁火炮一两千只。江陵每次向襄郢等州前线运送的火器数以万计。南宋与金军和蒙古的战争对军火的质量和创新提出了极高的要求。南宋军工业创制出了霹雳炮和用竹筒装火药制作的火枪、突火枪。它们标志着兵器史上的重大进步，逆着长江而上，在日后的防守中发挥了重要作用。

余玠因为守蜀有功，六年后被提拔为兵部尚书，仍留在川东，负责对蒙古作战。

二

当时南宋朝廷表面上看，是对蒙古采取坚决抵抗政策的。

就在余玠被任命为兵部尚书的同时，对蒙古持强硬态度的抗战将领赵葵担任了右丞相兼枢密使。正是由于这些抵抗将领的坚决作战，才使广大的后方地区保持了和平与繁荣。

一旦平安无事，南宋晚期政治的黑暗就显现了出来。先是一批眼红抗战派将领受到提拔的人攻击赵葵出身武将，没有科举功名，以“宰相须用读书人”的理由排斥赵葵任相。淳祐十年（1250 年），仅仅担任一年宰相的赵葵被罢免，出任潭州通判。第二年（淳祐十一年，1251 年），进士出身、在外交上坚决主和的谢方叔出任左相兼枢密使。淳祐十二年（1252 年），蒙古汪德臣（前金朝的降将）的军队占领成都，围攻嘉定。余玠率部力战，再次打退蒙古军队。余玠又立了大功，谢方叔却“提醒”宋理宗说余玠掌握大权，“不知事君之礼”，逼得余玠被迫服毒自杀。不仅如此，谢方叔还安排诬告作战有功的余玠部下王惟忠沟通蒙古，以通敌叛国的罪名将他处死。

谢方叔派去接替余玠的人叫作余晦。余晦的能力实在是不行，与蒙古军队作战一次，大败一次，导致川东连连告急。参知政事董槐感叹说：“四川的事情本来就麻烦，我们又犯了临战换将的大忌，真是要命啊。”

宋理宗赵贵诚才不管这些呢，他压抑已久的欲望都爆发了出来，终日沉溺在声色享乐之中，大造寺观园林。他很有宋徽宗的遗风，为了在西湖边上新建寺院楼阁，派遣官吏到天下各州县搜集木材奇石，为了得到一块满意的建材，不惜花费任何黄金，不惜征发再多的民力。寺院后来建成了，宋理宗又大笔一挥，赏赐给自己宠爱的阎妃做功德院。宋理宗最亲信的太监，叫作董宋臣。宋理宗放心地授权他负责修筑佑圣观，兴建梅堂、芙蓉阁、香兰亭等。这个董宋臣借机结党营私，强占民田，招权纳贿，民间称他“董阎罗”。监察御史洪天锡看不下去，弹劾董宋臣说：“天下之患有三：曰宦者，曰外戚，曰小人。现在上下穷苦，远近怨疾，之后少数王公贵戚和大宦官享富贵。整个天下贫穷不堪，百姓们怨声载道，难道陛下就和这几十人共天下吗？”不知道赵贵诚有没有看到这封上书，反正结果是几天后洪天锡就被免去了监察御史官职。经过这件事情后，董宋臣对外朝大臣们心怀怨恨之心，不久又借口洪天锡上奏的幕后黑手就是谢方叔，要求将谢方叔罢免相位。不仅如此，董宋臣还指使人上书，请求诛杀谢方叔、洪天锡。宋理宗没同意，但罢免了谢方叔的宰相职位。

经过这些事情后，我们都看到了太监董宋臣能量之大。他还和阎妃勾结，掌握宋理宗，权势日盛。

宦官、后宫擅权，朝臣妥协退让，这才是南宋朝廷的真实面目。

三

宝祐三年（1255年），参知政事董槐接任右丞相兼枢密使。

董槐原本可以成为一位挺不错的宰相。他年轻时，饱读兵书，担任宰相后也曾建议宋理宗提拔人才、赏罚分明、加强边防；并指出“有害政者三,一是宗室亲戚不奉法；二是执法大吏久于其官，擅作威福；三是皇城司不管理士卒，士卒骄横”，请求朝廷除去三害。董槐的言行显然与董宋臣等人冲突。阎妃、董宋臣等人对董槐失去了希望，开始搜罗董槐的短处，决定对他下手。

后宫干预朝政，总要借助宫廷外面的力量。历史总会产生这样那样的小人，供后宫使用。镇江人丁大全就是这样的小人。

丁大全心理不健全，是个典型的小人。他出身低微，妻子也是婢女出身。这样的出身使丁大全造成了自卑、虚荣的阴暗心理，表面上对人极力讨好、态度谦卑，心底里男盗女娼、卑鄙龌龊。年轻的时候，丁大全也曾努力攻读，将程朱理学背得头头是道，考中了进士。但是他极力巴结董宋臣等人，“功夫不负苦心人”，很快由小小的萧山县尉提升到殿中侍御史的位置。

丁大全知道自己无德无能，如果沿着正常的仕途道路，是如何怎么做都不能出将拜相的，所以要用“非常手段”才能出人头地。来到中央后，他认定自己只有协助董宋臣等人扳倒董槐，才能取而代之。当观察到后宫有废黜董槐的意思后，丁大全马上上书弹劾董槐功高震主、以权谋私、图谋不轨，上纲上线，极尽诬陷之能事。

奏章呈上去的当天，丁大全急不可待地等待宫中罢免董槐相位的诏书。等到半夜还没有发出。丁大全干脆不等了，穿戴整齐，竟然调动士兵上百人，全副武装地包围了董槐的府第。丁大全歇斯底里地大声叫唤：“董槐，你给我出来！”董槐不知道发生了什么事情，自己的职位又比丁大全要高，就坦然出来了。他一出来，就被丁大全的官兵团团围住。丁大全又假传圣旨，命董槐跟着自己去大理寺。董槐一听是圣旨，只好跟着去了。沿途吸引了许多人围观。丁大全见事情闹大了，怕难以收场，走到北关的时候又突然叫人放了董槐，高喊几声，溜掉了。董槐丈二和尚摸不着头脑，只好走回家去。回到家后，皇上罢免他的圣旨才传下来。董槐和大臣们这才恍然大悟。

丁大全跳梁小丑的面目暴露无遗，名声臭不可闻，可他心里还特美，目空一切。董宋臣也需要这样的“外援”。董槐被罢免后，丁大全任签书枢密院事，他的党羽马天骥同签书枢密院事，操纵军权。宝祐六年（1258年），丁大全又在阎妃、董宋臣等支持下任右相兼枢密使。当天，朝门上出现了“大字报”：阎马丁当，国势将亡。

丁大全才不管什么“国事”和“国势”。他整天琢磨着的就是自己怎么才能成为像史弥远那样的权相。

四

就在丁大全出任宰相的当年年初，蒙古新大汗、被元朝追封为宪宗皇帝的蒙哥兵分三路，大举南侵。

早在淳祐十一年（1251年）蒙哥即位的时候，就确立了全面灭宋的军事计划，为帝国确立了以四川为重点，自西向东灭亡南宋的战略方针。这一回，蒙哥亲自率领主力四万，号称十万大军入侵四川；命令弟弟忽必烈率军攻打湖北鄂州；命令云南的兀良哈台军北上进攻湖北潭州。蒙哥的战略意图是元军占领潭州和四川后，然后在鄂州会师，最后联合进攻临安。

蒙古大军的进攻非常顺利，大败南宋刘整的部队，成都、彭州、汉州、怀安、绵州等地相继投降。不到一年时间，蒙古大军就几乎占领了整个四川。宝祐六年（1258 年）年底，蒙哥的大军沿嘉陵江到达合州。合州后面就是重庆，再往东就是地势低平、一马平川的长江中下游地区了。四川告急！

历史的目光一下子全都集中到了合州，集中到了合州的治所——钓鱼城。

守卫钓鱼城的是合州知州王坚和副将张珏。王坚是孟珙的部将。之前，他就调集属县 17 万人加固了钓鱼城，准备坚守。四川大片土地陷入敌手后，各地军民陆续东逃，来到合州集结。钓鱼城突然成了十几万人聚居的重镇。它成为阻挡蒙古大军的最后一个险要。一开始，蒙哥并不把它作为前进道路上的障碍。蒙古军队前进得太顺利了，四川各州县纷纷投降。蒙哥没有经历任何一场硬仗，他也有理由相信合州的钓鱼城将步其他州县的后尘，向蒙古大军投降。开庆元年（1259 年）正月，蒙哥派投降的晋国宝到钓鱼城劝降。王坚把晋国宝"请"到练兵场，斩首示众，告诉城内军民：决战的时刻到来了！晋国宝算是死得很有价值，一下子就激起了钓鱼城军民抵抗的激情。

蒙哥终于明白，他将在钓鱼城迎来本次四川战役的第一场硬仗，也是最后一场硬仗。

最先发动进攻的是蒙古大军。二三月间，蒙古大军对钓鱼城周围各城堡发动了连续猛攻，希望打通前往钓鱼城核心城池的道路，遭到宋军的顽强抵抗。激烈的攻防战很快就成了胶着战。四月三日开始，川东连降 20 天大雨。二十二日天刚一放晴，蒙古军队就偷袭城南的护国门，没有得逞。第二天深夜，蒙古人攻破城北出奇门至嘉陵江一侧的一字城，进入了钓鱼城的外城。王坚亲自带人上前迎战。当天夜里，钓鱼城的敢死队突袭了蒙古军营，将蒙古军队赶出了外城。进入五月以后，四川炎热的夏季到来了，北方来的蒙古军队水土不服，暴发了疾病。到此为止，蒙古大军已经在钓鱼城下足足攻了四个月了，毫无进展，军队的士气开始消沉。而四个月的战斗却使钓鱼城的军民斗志高昂。宋军还利用夜幕掩护，经常开城突袭，骚扰蒙军。蒙古人极不适应这样的作战方法，一到晚上都规规矩矩的，不敢越雷池一步。

另一边，南宋也对钓鱼城展开了增援，派吕文德担任四川制置副使，领兵赶往合州。六月的时候，吕文德率领水军经过激战，到达重庆，但当南宋的战舰想进一步沿嘉陵江北上救援合州的时候被蒙古的史天泽（其实也是前金朝的降将）的部队截住。虽然钓鱼城迟迟没有看到援军，但城内军民依然士气高昂，又坚持了两个月。

钓鱼城久攻不下，蒙哥烦躁起来，召集部下商议下一步战略。将领术速忽里认为蒙古骑兵不适应攻打严防死守的险要山城，现在大军滞留钓鱼城，对蒙古整体战略布局非常不利。他建议蒙哥只留少量军队围困钓鱼城，主力沿长江东下，水陆并进到湖北与忽必烈会师，按照原定计划灭掉南宋。这是一个扬长避短，发挥蒙古军队灵活机动、凶猛彪悍特点灭亡南宋的正确意见。庆幸的是，术速忽里的意见遭到了蒙哥和其他将领的断然否决。长期的胜利在蒙古军队中形成了骄横自负的气氛，术速忽里被看作迂腐懦弱的人。最后，会议达成了继续攻城的意见。

蒙古军队会后加强进攻，昼夜不休。一天夜里，汪德臣还攻上外城马军寨，似乎成功在望。天将亮时，天空突然下起雨来，蒙军攻城的云梯又被折断，军队被迫撤退。汪德臣很不甘心，单人骑马徘徊在钓鱼城下，一边查探城池情况，一边也想招降守军。南宋官兵没有放过这个机会，对着汪德臣就是一顿弓箭和大炮。汪德臣被突如其来的炮石击中，身负重伤，死在了缙云山寺庙中。

汪德臣是蒙哥最为倚重的金朝降将，也是蒙古大军的先锋。他的死给蒙哥造成了很大的心理打击。蒙哥扼腕痛惜，看着久攻不下的钓鱼城焦躁不安起来。

钓鱼城差不多被围了半年了，可南宋守军斗志昂扬。蒙哥就是想不通，城内的十几万人是怎么获得给养和军需的。直到有一天，南宋守军故意将15公斤重的两尾鲜鱼、上百张蒸面饼和一封书信抛出城外。蒙军捡到，交给蒙哥。信中说钓鱼城数年前就开始囤积物资，准备战争了，现在城内物资充裕，即使再守10年也不会让蒙军攻下城池。蒙哥这才恍然大悟，心情也更糟糕了。与南宋的守军相比，城外蒙古官兵的情况很糟糕。战争拖延得很久，蒙古人本来就对炎热湿润的气候不适应，六七月的川东偏偏是酷暑时节，因此蒙古官兵不仅士气低落，而且军中暑热、疟疠、霍乱等疾病流行。蒙古大军已经成为一支“疲军”。

七月二十七日，蒙哥突然暴毙城下。

蒙哥的死是历史上的一个悬案。《元史》的说法是蒙哥因为水土不服，早在六月就患上了病，拖到七月才死的。南宋的官方说法和《合州志》等资料则说蒙哥是被守军打死的。七月，心急的蒙哥赤膊上阵，亲自带人到城下进攻。王坚率军用猛烈的炮火反击。蒙哥在作战中负伤，熬到二十七日死在军中。第二种说法，接受的人很多。后来，马可·波罗来元朝游历的时候，还从元朝的朝野上下听到有关蒙哥被钓鱼城守军打死的传闻。现存于四川省合川县钓鱼城旧址钓鱼山忠义祠内明朝正德年间所立的《新建合州王张二公祠堂记》石碑碑文也说蒙哥是“中飞矢而死”[①]。第三种说法是在第二种说法的基础上有所变化。据说，蒙哥负伤后，率领军队撤退。撤退途中，蒙哥死在金剑山温汤峡（今重庆市北温泉）。不管怎么样，蒙哥死于钓鱼城

---

① 蒙哥是谁射死的呢？这里面还有更详细的说法。据说是南宋将领、北宋名将杨延昭（杨六郎）六世孙杨过射死的。杨过，字改之，十八岁的时候就跟从王坚筑钓鱼城，担任都统制。因为杨过善骑射，军中称他为“飞将军”。蒙哥率军围合州，他与王坚并力坚守。七月，杨过射杀蒙古大汗蒙哥，大败蒙军，以功调任襄阳城守备使。咸淳三年（1267年），杨过在襄樊战役中阵亡。不知道《神雕侠侣》的情节是不是从这里面衍生而来的。

战役是无疑的。

蒙哥死前留下遗言："日后攻下钓鱼城，当尽屠城中之民。"

可见，钓鱼城是这位叱咤世界的蒙古大汗心中永远不能释怀的痛。

蒙哥死后，蒙古军队从钓鱼城撤退。根据《元史》和元朝的资料记载，许多随蒙哥出征的将领都死在钓鱼城下，由此可以想见钓鱼城战役的惨烈和蒙军损失的严重。2006 年 3 月，钓鱼城遗址旁的公路出现滑坡。整治过程中，施工人员在由砂岩和泥岩构成的山体中，意外发现一个古隧道口。闻讯赶来的考古人员清理出一个宽约 1.5 米，高约 1 米，由主通道、支道、竖井组成的古隧道。隧道壁面加工较为工整，呈倒梯字形，是连接钓鱼城内外的一条地下通道。隧道里出土少量擂石（即古代用以攻击敌人的大石块）、弹片及石磨、石门槽、瓷片等南宋时期的生活用品。可以断定，这条隧道是钓鱼城战役中，蒙古军队为了攻克钓鱼城而开凿的。这也可以为我们想象当年的战争提供一个依据。

五

钓鱼城战役的胜利，彻底粉碎了蒙古灭亡南宋的第一次企图。

当时，四川的蒙古军队虽然失败了，但在湖北的忽必烈和湖南的蒙古军队都进展顺利。忽必烈得到蒙哥死讯后，认为奉命而来如果无功而回对自己不利，反而加紧对鄂州的进攻，计划取得大胜后再北上，为自己夺取汗位准备筹码。而从云南而来的蒙古军队也加紧进攻湖南首府潭州（今湖南省长沙市）。

鄂州遭到猛烈攻击，报急文书一封接着一封传到朝廷。丁大全先是隐瞒不报。后来两湖地区战事糟糕得实在难以隐瞒了，丁大全才不得不上报宋理宗。赵贵诚如梦初醒，不知所措。他这才意识到自己统治的天下的情况，第一次面临真正的危机。

监察御史饶虎臣乘机弹劾丁大全的四大罪状：绝言路、坏人才、竭民力、误边防。丁大全遭到上上下下的一致唾弃，被贬往边远之地的贵州安置。这个丁大全到了贵州后，还夜郎自大，贼心不死，竟然图谋联合蛮夷行不轨之实，结果被贬到更远的海南岛安置。负责押送的毕迁在押送船只经过藤州的时候，一“挤”把丁大全挤到水里淹死了。

宋理宗赵贵诚调整了政府，任命吴潜为左相兼枢密使。大太监董宋臣这时候鼓动宋理宗学习祖宗的方法，迁都明州，为以后逃亡入海做准备。吴潜等大臣请求将董宋臣斥责出朝，也获得了皇帝的批准。之后，朝廷调集天下兵马增援鄂州，擢升外戚、四川宣抚使贾似道为右相兼枢密使，命他领兵前往汉阳直接抗敌。

这个贾似道的德行，稍后会有详细介绍。在鄂州前线，贾似道面对着忽必烈，不敢迎战。他把朝廷“抗敌”的命令简单理解为“退敌”，只要让蒙古军队离开南宋地面，不就行了吗？让蒙古人退敌最便捷的方法就是满足蒙古人的要求，用金银财宝满足他们，让忽必烈同意撤退。于是，贾似道秘密派人向忽必烈乞和，擅自同意宋朝向蒙古称臣，降为藩属；宋蒙两国以长江为界，南宋把长江以北的土地全都割让给蒙古；最后，南宋每年向蒙古进贡银币 20 万两，绸缎 20 万匹。这样的条件是南宋在与北方王朝历次和谈过程中都没有开出过的，贾似道竟然能“假传圣旨”，同意这样的条件，只有一个解释：那就是他在不惜一切代价，要把蒙古军队“请”出南宋。至于这样的条件能够真正从纸张上落实到实践上，贾似道根本就没去想过。

忽必烈都被这样的和谈条件吓了一跳。如果和谈成功，忽必烈可以在蒙古上层政治斗争中获得响当当的筹码。这可是巨大的政绩。同时，北方传来消息说蒙古诸王在漠北正策划拥立弟弟阿里不哥为新的大汗。忽必烈急着撤兵回去争夺汗位。两方面一综合，忽必烈爽快地答应了贾似道的请求。忽必烈撤退时，还派出一支军队南下，接应正在进攻潭州的兀良哈台的军队，一起撤出南宋。

忽必烈松了一口气，贾似道也大大松了一口气。

“蟋蟀宰相”贾似道

一

南宋又获得了十年的和平。

这段和平时光的到来，本应主要是钓鱼城军民顽强抵抗的成果。结果，所有的功劳都被贾似道给占了。

蒙古撤军后，贾似道厚颜无耻地向朝廷谎报“鄂州大捷”。他上表说：“诸路大捷，鄂围始解，江汉肃清。宗社危而复安，实万世无疆之休。”为了营造大捷的气氛，贾似道竟然下令截杀忽必烈殿后的散兵游卒，把他们的人头送到临安作为“辉煌的战果”。不辨真伪的宋理宗真的认为贾似道立了大功，下诏褒扬，说贾似道：“隐然殄敌，奋不顾身，吾民赖之而更生，王室有同于再造。”都把贾似道抬到了“王室再造功臣”的地位上了。当贾似道凯旋回临安的时候，宋理宗命令全体文武官员都到郊外迎接贾似道归来。贾似道因为子虚乌有的大捷被加封少师、卫国公，掌握了朝廷大权。

贾似道也就成了南宋王朝的最后一位权相。

就在南宋举国庆祝的时候，忽必烈派使节郝经前来找贾似道，要求履行和约的内容了。贾似道拼命要把谎言给捂住，就不能让任何“和约”出现。偷偷的，他把郝经逮住，秘密囚禁在真州（今江苏省仪征市）的军营里。没有人知道贾似道乞和的事，更没有人知道蒙古曾经派出过一个叫作郝经的使节。

如果别的朝廷大臣作出这样的举止来，都会让人大吃一惊，目瞪口呆。但是贾似道这么做，一点都不让人吃惊。因为他本来就是个泼皮无赖。贾似道，是台州天台（今浙江省台州市天台县）人，是原淮东制置使贾涉的儿子。贾涉的举止就不怎么端正。在去江西担任万安县丞的路上途经钱塘县，贾涉看到已婚妇女胡氏在江边洗衣，竟然春心荡漾，强抢过来，与她生下了贾似道。后来贾涉死了，胡氏被正妻赶走了；贾似道留在了贾家，从小就无人管教。史书说贾似道“少落魄，为游博，不事操行”，典型的无赖相。曾在妓院中与人打架斗殴，贾似道头上留下了终身伤疤。因为老爸的关系，贾似道成年后，做了嘉兴司仓的官职，勉强入了仕途。他的运气实在是好，不久，姐姐被选入宫中，得到宋理宗的宠爱，被封为贵妃。贾似道在姐姐的安排下，参加了科举，“中”了进士，从此步步高升。

贾似道在当制置使的时候，见到了老母亲胡氏。当时胡氏为生活所迫，改嫁一个石匠为妻。贾似道觉得脸面上挂不住，就谋杀了那个石匠。

当了宰相后，贾似道把无赖的阴暗面表现得淋漓尽致。他先是排挤左相吴潜，又抓住支持董宋臣的阎妃病死的机会，大肆清除朝中董、丁的党羽，换上自己的人马。

二

贾似道没怎么好好读过书，却对历史上权相擅权的手法一清二楚。

党同伐异首先要控制御史台，控制舆论，统一“声音”。凡是与同贾似道过不去的官员，统统被贾似道的御史们用五花八门的罪名弹劾免官。那些抗蒙有功的将士自然和委屈求和的贾似道不是同志，也陆续遭到了贾似道的打击。保卫钓鱼城的大功臣王坚在蒙古撤军后被调入朝，任侍卫步军司都指挥使，实际上被剥夺了兵权。贾似道又进一步将王坚外放为和州知州，闲置起来。不久，王坚抑郁而死。将领曹世雄在增援钓鱼城战斗中，阻击敌军，功劳很大，遭到贾似道的妒忌，先是贬官，后遭到谋杀。贾似道又实行所谓的“打算法”，清查将领们在战争中的军需使用情况。他规定凡是支取官府物资都要说明，说不清楚的一概治罪。结果，将领向士璧、印应飞因此遭弹劾罢官，被逼死后家属还被勒令退还“赃物”。前宰相赵葵担任潭州知州，曾在正月十五日支取官府物资张灯设宴庆祝，因此被弹劾罢官，被要求偿还官物。这样一来，凡是不是贾似道一党的人都惶惶不可终日。

前线的潼川安抚使刘整，看到之前的战友一个个家破人亡，1261 年在泸州投降蒙古，将十五州土地和三十万户人口献给蒙古人。

贾似道擅权的第二个手段是滥发纸币。之前，理宗一朝滥发纸币已经到了极为严重的地步。大臣高斯得上书说："国家版图一天天缩小，财力白耗，用度不足，近年尤其严重。每年收入一亿二千多万贯，支出二亿五千多万贯，管财政的大臣，只知增发楮币。"贾似道当权后，拿不出方法挽救财政危机，只好继续滥发纸币，饮鸩止渴。贾似道创造了每天增印纸币 15 万贯的纪录。南宋后期，官方的纸币形同废纸，成为剥夺百姓手中实物的工具。1240 年，浙东粮食收入正常，但米价却增长了十倍。一斛米最高价升到了 100 多贯。繁华的临安城在通货膨胀的打击下，也出现了饥荒，市井萧条。通货膨胀到了什么地步呢？举一个小例子：朝廷给每位边防士兵支付的军费每天是 200 会子。这 200 会子，包括士兵一天的吃穿用行和作战的费用，但实际购买力却是不到一双草鞋的价值。

贾似道当朝，南宋官僚机构的腐败达到了新的高度。首先是官僚机构的膨胀。体制内的御史朱熠不得不承认："真宗、仁宗皇帝时，朝廷以三百二十余郡的财赋供给一万多官吏的俸禄。今天是以一百余郡的力量来养活两万四千多官吏。"咸淳十年（1274 年），贾似道为死去的母亲办了一场"前无古人，后无来者"的奢华葬礼。上至宋理宗，下至文武百官，都参与了贾家的葬礼。葬礼前后，宋理宗辍朝两次，给贾似道的母亲赐谥"柔正"，又赏赐功德寺及田地六千亩。赵贵诚自己对贾家的感情深也就算了，问题是他下令帅漕州司官府都参与贾家的葬礼，拓展集芳园、仁寿寺的地基，营建治葬，赐给贾似道秘器及冰脑各五百两，在皇宫内藏库支赐赙赠银绢四千匹两，又令户部特赐赙赠银绢二千匹两，由宫中太监护葬；皇太后又赐给贾家赙赠银绢四千匹两，命令太监赐给银合香药，并规定由宫中太监护葬。所有这一切，自然都是朝廷埋单。贾似道回老家治丧时，"朝士贵戚设祭馔，以高为竞，有累及数丈者。送葬者值水深，贵官没及腰膝，虽理宗、度宗之山陵，无以过之"。可见朝廷上下竞相奢靡，贾似道给母亲造了超过皇陵规格的陵墓。

上行下效。当时士大夫奢靡生活的代表人物是张功甫。张家园池中的声乐、妓女、服饰、器玩的精美华丽，据说是天下最好的，因此吸引着一时名士大夫，纷至沓来。普通士人生活也很奢侈。士大夫们聚会的时候，一定要召妓女来助兴。有的时候聚会太多，士大夫们还为争妓大打出手。

贾似道当权造就了大批阿谀奉承的官员，称颂他是周公再世、诸葛再生。党羽廖莹中、翁应龙等人还撰写文章，编辑成《福华编》，为贾似道的“援鄂之功”歌功颂德，肉麻至极。百姓们看在眼里，怒在心里。

钱塘江涨潮的时候，临安儿童们纷纷对着钱塘潮喊：“满潮都是贼”！

三

实事求是地说，贾似道的这个家也不好当。残酷的现实迫使他必须拿出真正的改革措施来。

治国不能全靠虚的，还得要来点实的。奢侈享受过后，贾似道面临着南宋严重的财政危机。为什么在社会经济极端繁荣的南宋，会出现财政危机呢？难道是由于通货膨胀的原因吗？的确，南宋晚期通货膨胀严重，物价飞涨，民不聊生。只是因为社会经济整体底子比较厚，国民经济才没有彻底崩溃，维持着脆弱的繁华表象。南宋晚期的财政危机是实物危机：朝廷手中掌握的实际物资太少。即使贾似道印刷再多的钞票，他也不能变出军需粮草来。

危机在四川大部分地区沦陷后暴露得更加明显。四川是南宋仅次于两浙的重要经济基地。南宋三分之一左右的税收和军需供应来自四川。失去了四川，南宋也就失去了一大粮仓。结果前线的军粮、官吏的俸禄和上流社会的享受都要靠两浙一带供给。而两浙地区的土地山川河流早就被官僚将领们瓜分得差不多了。这些既得利益者们逃避赋税，和朝廷争夺实物。在农业社会中，田地是最基本，也是最重要的生产资料。南宋朝廷和占有田地的富人阶层的矛盾由来已久。一开始，南宋朝廷薪粮不足就向地主富户摊派征购；后来又增发纸币，效果都不大。贾似道当权时，情况就雪上加霜了。

贾似道怎样才能为朝廷搞到实实在在的、正常赋税之外的物资呢？临安知府刘良贵和浙西转运使吴势卿等提出了“买公田”的建议。所谓的买公田，就是官府出面购买地主富户的田地，从新购买的田地上获益。办法是给地主规定一定限数的田地，超过部分的三分之一由官府买回，作为公田出租。贾似道粗粗一算，如果买田一千万亩，每年可增加六七百万石的额外粮食收入，于是欣然接受了这个建议。

从出发点和理论上来说，买公田的办法的确是利国利民的。在贾似道上奏的奏章中，他提出了“可免和籴，可以饷军，可以停造纸币，可以平抑物价，可以安定富室”等五项好处。这个方法原来计划在全国展开，但是宋理宗怕地主们抵触情绪太大，只允许在浙西一带先做试验。

可是，南宋的官府从根子上就已经腐败了，再加上买公田存在很大的理想主义色彩，这个制度一执行，立刻就变了味道。买公田是怎么走样的呢？首先，买卖的地价问题。官府规定地价按照田地现在征收的租米价格折算。那么，原本只能征收十石的田地，地主报告说能够征收一百石；官府也就按照一百石的价格来买田了；其次，官府哪来那么多买田的金钱？贾似道没钱，只能一再压低购买田地的价格，后来干脆用纸币支付。发展到最后，官府用“名誉称号”来换取田地，公开卖官鬻爵。比如将仕郎折合一千贯纸币，承信郎折合一万五千贯。很多地主用实实在在的田地，换取无用的虚衔。最后，朝廷规定拥有两百亩以上田地的地主都得卖田。可有权势的大地主根本就拒绝卖田，地方官为了完成买田的额数，便强迫只有百余亩田地的小地主卖田，激化了官府与小地主和一般富户的关系。按道理讲，广大小地主和富户应该是南宋政权的统治基础，现在却被逼到了官府的对立面去了。买公田执行一两年后，朝廷的确增加了将近七百万石的粮食收入，但是造成浙江地区许多人破家失业，人心浮动。临安仓库中的物资的确增加了一些，但真正的大地主依然在侵蚀着朝廷的赋税钱粮，社会上流动的纸币印发得更多了，租种田地的老百姓的生活境遇没有丝毫改善，社会动荡不安。你说这个政策是成功，还是失败呢？

宋理宗和贾似道却高高兴兴地把“买公田”看作自己的“伟大政绩”。

四

景定五年（1264年），南宋的第五位皇帝、在位时间最长（整整40年）的皇帝宋理宗病死了。

宋理宗病重的时候，曾下诏征求全国名医进宫治病。不知什么原因，没有一个医生应征。这个赵贵诚，虽然血脉出身很值得怀疑，但遗传了皇室先辈的生育毛病。他曾经有两个儿子（永王赵缉和昭王赵绎），可惜两个儿子都夭折了。此后赵贵诚就再也没有生过儿子。淳祐六年（1246年），年过40的赵贵诚还没有儿子，只得按照惯例，选取宗室子弟作为养子，继承皇位。赵贵诚很自然地选择了亲弟弟、荣王赵与芮的儿子赵德孙。赵贵诚死后，贾似道拥立太子、迎接改名赵禥的赵德孙做了皇帝。赵禥就是宋度宗。

遗憾的是，赵禥是个弱智。当初赵贵诚选择赵禥，主要是从血缘和感情上作的决定，没有考察这个侄子的智商。

赵禥为什么会是个弱智呢？当年，赵禥的母亲黄氏只是赵与芮夫人李氏陪嫁的侍女，地位卑微。赵与芮偶尔和黄氏发生了夫妻之事，结果黄氏就怀孕了。黄氏因为自己的地位问题，非常担心肚子里的胎儿害人害己，所以就狂服药物堕胎。堕胎没有成功，赵禥还是生了下来。因为在母腹中受药物影响，赵禥生下来就手脚发软，很晚才能走路；发育也非常缓慢，一副病态；七岁才会说话，智力远低于正常人。《宋史》实在找不到为赵禥粉饰的话，只好说赵禥“内慧”，但也承认他是“七岁始言”。

宋理宗赵贵诚向宰相吴潜表示要立赵禥为太子的时候，吴潜跪地严肃地说："臣没有史弥远那样的才能，忠王（赵禥的封爵）恐怕也没有陛下那样的福分。"赵贵诚只好为赵禥担保说："忠王是个不错的孩子，起码能当十年太平天子。"[①]

心底里，赵贵诚对赵禥的期望值很高，对后者进行了严格培养。赵贵诚规定赵禥每天公鸡初鸣时就要入宫向自己问安，公鸡再鸣时回宫，公鸡三鸣时赵禥就要到会议所参加处理政事；从会议所出来以后，赵禥要去讲堂听精心挑选的老师讲说经史，做到终日手不释卷；傍晚，赵禥再到自己面前问安，接受考察。如果赵禥把当天所学的内容理解正确，赵贵诚就赐座赐茶，否则，赵贵诚会不厌其烦地向他反复剖析。可往往是，不管赵贵诚怎么解释，赵禥都不明白，学业没有任何长进。赵贵诚为此非常烦恼。

赵禥接受的是严格的程朱理学的教育，即位后也大量提拔理学名士，如朱熹、陆九渊等人的后代为官。但赵禥根本没有理解什么是理学，朱熹苦口婆心提出的"存天理，灭人欲"的要求自然对他完全不起作用。赵禥即位后沉迷于美色之中，终日享乐。后宫规定，凡是皇帝临幸过的嫔妃次日早晨要到大殿谢恩，由主管官员记录在案。赵禥时期，一天早晨前来谢恩的嫔妃竟然超过 30 人！由此可见，我们的这位皇帝整天都在忙些什么。赵禥实在是太忙了，连奏折也没有时间处理，就交给最宠爱的妃子王氏等人处理。朝廷上饱读理学的大臣们时常劝谏他要"修德、清心、寡欲、崇俭"。赵禥对待劝谏的方式是：傻乎乎地听完，然后不去理会。

群臣们对赵禥的所作所为一清二楚，因此虽然赵禥已经 25 岁了，仍有人上表请求由皇太后谢道清垂帘听政。谢太后因此事不合祖宗法度，断然拒绝。

① 吴潜说的是当年史弥远扶持赵贵诚称帝的往事，暗示赵禥实在不成器，将来可能会被人夺位。赵贵诚的话更值得玩味，赵禥后来果然只做了十年天子，十年间果然没有发生战争。

五

为了庆祝赵禥登基，贾似道下令印发新的纸币，称为金银关子，在全国发行。赵禥则尊称贾似道为“师相”，任由贾似道把持朝政。

贾似道一副高枕无忧的样子，聚拢了一批擅长骈俪文的士人，为自己歌功颂德，粉饰太平，并规定对经济危机和边防情况谁都不准奏报。临安米贵，大臣刘应龙委婉地写了一手《劝粜歌》，结果就被贬官外放。贾似道的意思很明白，就是大家都一起来享受社会发展的成果吧，别去想那些烦人的事情了。

贾似道自己带头在西湖边的葛岭建造豪华堂室，题作“半闲堂”，又造花圃称“养乐圃”。宋高宗赵构的西湖集芳园，也被贾似道要去作家庙和别墅。贾似道有两个爱好，一个是喜欢文物宝器。于是大小官员投其所好，主动以此行贿；一些党羽还专门搜罗文物、字画及各种珍宝献给主子。宝物实在太多了，贾似道就专门建了一座“多宝阁”收藏，每天都会把自己关在阁子里欣赏宝贝。“多宝阁”里的宝贝数不胜数，贾似道还贪得无厌。他听说抗蒙名将余玠死后用一条珍贵玉带殉葬，竟然命人前去掘墓挖回玉带。有个叫赵溍的官员就是因为向贾似道献宝有功，获得了沿江制置使兼建康留守的“超重”乌纱帽。监察御史陈文龙反对这项任命，批评赵溍缺乏资历和经验，难当重任。贾似道马上将陈文龙贬职。

贾似道还有个爱好是玩蟋蟀。贾似道在养乐圃中养了许多蟋蟀，又强娶宫女叶氏做妾，还养了妓女数十人终日在半闲堂和她们玩蟋蟀取乐。这位贾相爷还不是一般的蟋蟀玩家，人家出版了一本《蟋蟀经》的专著，描述自己养蟋蟀、斗蟋蟀的经验。据说，这是中国历史上唯一一部有关玩蟋蟀的著作，贾似道可谓是这一行的“祖师爷”。一次，有位党羽来半闲堂找主子办一件要紧的政务。因为贾似道玩蟋蟀玩得正起劲，这位党羽在旁边干等了几个时辰，硬是没插上嘴。最后这位老兄忍不住了，调侃说：“恩相，天底下难道还有比蟋蟀更重要的事情吗？”贾似道头也不抬，就说：“当然，什么事情也比不上蟋蟀大。”党羽半是奉承，半是无奈地说：“您可真是位‘蟋蟀宰相’啊！”

南宋王朝在晚期，能够同时遇到一位弱智皇帝和一位“蟋蟀宰相”，真是自己的“造化”啊！

1267年春，贪玩的赵禥特旨批准同样贪玩的贾似道可以三日一入朝，方便宰相“修身养性”。贾似道则干脆每五天才乘船经过西湖“入朝”一次。临安居民议论说：“朝中无宰相，湖上有平章。”有人则题诗说：

山上楼台湖上船，平章醉后懒朝天。
羽书莫报樊城急，新得蛾眉正少年。

六

宝祐四年（1256年）的科举，江西庐陵人文天祥考中状元。

文天祥的考卷，洋洋洒洒，针砭时弊：“现在士大夫之家教育子弟，从小时候教授字句，就选择一些不违背时尚不得罪官长们的文章读。年长以后，专门练字作文，靠这个来应乡试，考科举，去猎取高官厚禄。父兄所教，师友所讲，都只是个利字。能够不这样的，几乎没有几个人。”这份考卷深刻揭露了士大夫阶层（这也是文天祥自己身处的阶层）一心追逐功名利禄，明哲保身，而不去关心百姓疾苦和国家发展的弊病。主考官王应麟毅然点文天祥为头名。其他考官对此战战兢兢，认为皇帝是不会欣赏这样的考卷的。

当时的皇帝还是宋理宗赵贵诚。赵贵诚看到科举报上来的名单中，第一名的那个考生（也就是文天祥）字“宋瑞”，心想：“宋瑞宋瑞，大宋的祥瑞啊！这个考生的字号真会取巧。”于是，赵贵诚根本不看考卷，就御笔一挥，同意了王应麟的名单。

文天祥成了状元，多少出乎一些人的意料。

同榜的进士中，还有一个叫作陆秀夫的年轻人。若干年后，历史证明宋理宗钦点的这一批人中，还真的有几位成了“宋朝最后的祥瑞”。

最后的硝烟

一

德祐元年（1275 年）的农历除夕，潭州知州李芾召集宾客和幕僚会饮庆贺。

当时的潭州已经被蒙古大军围得水泄不通。经过数十天的攻防，潭州的形势到了杀身成仁的边缘。当时城中没有一支完整的箭了，李芾就命令百姓收集废箭，磨光，再配上羽毛作为新箭；盐也没有了，李芾就命令将盐库中的席子、麻袋焚毁，取灰熬成汤分给军民喝下补充盐分；粮也没有了，军民们就自发捕雀捉鼠充饥。李芾则日夜巡视城池，深入兵民之中，号召大家为国家尽忠。蒙古多次派人来招降，都被李芾当众斩首，成了潭州爱国主义教育的教材。

在如此严峻的形势下举办除夕宴会，多半有苦中作乐的味道在里面。

李芾是衡阳人，曾经担任过临安府尹，因为为人刚正，得罪了贾似道而被免职为民。战火又起，国家危难的时候，朝廷起用李芾为荆湖提刑使，以加强地方守备。当时宋朝主力军队已经失败，湖北各州县全部沦陷，潭州成为蒙古军锋进攻的下一个目标。亲戚朋友们都劝李芾不要去赴任。李芾慷慨地说:“我世受国恩。今天朝廷起用我，我唯有以家许国！”为了表示自己的决心，李芾在当年七月携带家眷赴潭州上任。初到潭州时，守军已经调赴前线，城内空虚，人心惶惶。李芾镇定自若，紧急召集城内能够作战的军民约 3000 人，又截留过路的友军，储备粮食，整修器械，积极备战。正因为如此，潭州成了蒙古军队难以轻易跨越的一道障碍。

除夕宴会刚进行，突然传来协助守城的衡州知州尹谷自焚的消息。

尹谷是本地人，以参谋身份协助守城。除夕夜，尹谷判断潭州危在旦夕，蒙古兵随时可能登城，就在家里堆积柴草，招呼全家人坐在一起，举火自焚。

有赶来救火的邻居发现在熊熊烈火中，尹谷穿戴着整齐的官服，正襟危坐，坦然葬身于火海之中。闻讯赶到的李芾感慨不已，叹道：“尹谷兄是位真男子，先我一步去了！”

尹谷自焚的消息传出后，掀起了潭州城内杀身殉国的浪潮。潭州作为湖南的首府，有潭州州学、湘西书院、岳麓书院等号称“三学”的三个等级学校建在城里，聚集着大量读书人。这些读书人是湖南一地的文脉精华，被本地人尊称为“三学生”。其中成绩最优良的方可升入岳麓书院就读。既使在最危难的时刻，岳麓书院的几百名文弱书生都坚持诵读诗书，毫不懈怠。听说尹谷殉国后，书生们集体来遗迹前看望，号啕痛哭。之后，几百名学生放下书本，拿起武器，无畏地冲向前线，全部殉国。

深夜，李芾手书“尽忠”二字作为除夕夜潭州百姓出入的号令，命令传遍全城。

然后，李芾端坐在熊湘阁中，命令部将沈忠将自己的全家老少一一杀死。李芾在家人的尸体旁堆积柴草，先焚尸，然后自刎身死。沈忠含着泪放火烧了熊湘阁，回家杀了自己的妻子也纵身跳入火海。潭州城破后，城内百姓“多举家自尽，城无虚井，缆林木者，累累相比。”①

蒙古军队之前对抵抗的城池在攻占后，都要进行屠城，以示惩戒。但这一次，蒙古军队对潭州军民充满敬意，破例没有屠城。

潭州在宋蒙战争的最后硝烟中是一个特例，一个正面的特例。

在潭州沦陷的硝烟中，南宋迎来了德祐二年（1276年）。

---

① 明朝成化年间，后人为了纪念李芾，在他殉难的熊湘阁修建了李忠节公祠。大学士李东阳为此作记，还在《长沙竹枝词》里称颂李芾的气节：“马殷宫前江水流，定王台下暮云收。有井犹名贾太傅，无人不祭李潭州。”

二

之前，在鄂州当了一回冤大头的忽必烈有十多年都没有来找南宋报仇了。

因为忽必烈在忙着与弟弟阿里不哥争夺最高权力。1260 年，忽必烈在宗王大会上正式成为蒙古的新大汗。他之所以能够在连年战争中打败弟弟，重要原因是他取得了汉人地主的支持，并进行了相当程度的汉化。简单地说，忽必烈逐渐成了各民族的大汗，而不是蒙古一个民族的大汗。重要的表现就是忽必烈在蒙古帝国的首都搬迁到了汉人的城市、原来金朝的首都燕京，改名大都，并在 1271 年改国号为大元。元朝正式建立了。

元朝建立后，蒙古人在政治观念上的一大变化就是接受了汉族的“天下一统”思想，将南宋作为了第一大敌人。

有一个人在蒙古帝国的思想转变和统一战略的制定上起了重要作用。这个人就是南宋降将刘整。

刘整，严格意义上是金朝的汉人，在金朝衰亡的时候逃入南宋，参加了军队，隶属于荆湖制置使孟珙麾下。在南宋收复金朝信阳的战斗中，刘整深夜率领 12 名勇士，渡堑登城，发动突袭成功抓获金朝的守将，一战成名。之后，在宋蒙战争中，刘整也屡立战功。但是北方出身、功劳卓著的刘整遭到了南方诸将的妒忌和“修理”。贾似道推行“打算法”时，刘整为了自保，索性投降了蒙古人。

投降后，刘整不断劝忽必烈说：“自古帝王非四海一家者，不为正统。南宋主弱臣悖，偏安一隅，正是我们统一天下的良机。”在具体方略上，刘整一针见血地指出南宋防线的要害是湖广地区的襄樊，认为“无襄则无淮，无淮则江南唾手可下也”，应该先进攻襄阳，去掉南宋的屏障。南宋重兵防守的襄樊地区连接川蜀战场，掩护荆襄战场和两淮战场，的确是南宋防线的“七寸”所在。襄阳和樊城南北夹汉水互为依存，“跨连荆豫，控扼南北”，地势险要，自古以来为兵家必争之地。这些建议都被忽必烈所采纳。在更微观的层面上，刘整还在前线积极筹划南征，为蒙古培训出了一支水军。当宋蒙战争进入最后阶段的时候，蒙古军队的组成已经转变成了以汉族军队为主力，水陆军队齐全，而不是原来单一的蒙古骑兵了。

刘整处心积虑地侵蚀南宋的襄樊阵地。早在景定二年（1261 年）夏，刘整派人用珍宝玉带贿赂自己的老上级、南宋荆湖制置使吕文德，请求在襄樊城外设置榷场，允许蒙古人前来贸易。吕文德收了钱，想想这也是“怀柔远人”的“政绩”，欣然同意了。蒙古商队倒是来了，但是刘整以防止盗贼、保护货物为名，要求在襄樊外围筑造房屋和墙垒。头脑简单的吕文德也同意了。刘整迅速在襄樊东南的鹿门山修筑土墙和堡垒，建立了包围襄樊的第一个据点。有了第一个，就有第二个，蒙古人的堡垒越来越多，发展到最后这些堡垒前后连接，形成了对襄樊的战略包围。

咸淳三年（1267 年），意识到问题严重的南宋任命吕文焕为襄阳知府兼京西安抚副使，代替吕文德负责襄樊前线事务。南宋军队对襄樊外围的堡垒展开进攻，没能够打破包围。而准备工作完成后的忽必烈在咸淳四年（1268 年）以阿术（兀良哈台的儿子）和刘整为都元帅，进攻襄阳。襄樊战役正式打响。

这一次，蒙古军队是以灭亡南宋为目标的。刘整与阿术集合了战舰五千艘，水兵七万人，准备攻占襄樊后渡江灭宋了。1269 年春，蒙古军队猛攻北边的樊城。南宋派出两支军队救援，分别是京湖都统张世杰和沿江制置副使夏贵的军队，都被阿术打败。好在南宋在襄樊经营多年，阵地坚固，刘整也没轻易打下樊城来。

襄樊的战火丝毫没有影响临安的歌舞升平景象。直到一年后，赵禥才恍恍惚惚问贾似道:“听说襄阳已经被围很久了。”贾似道把头摇得像拨浪鼓一样:“没有的事情，蒙古兵十年前就被我们击退了。陛下从哪里听来的谣言？”赵禥若无其事地说:“我从一个宫女那听到的。”贾似道马上查出那个宫女姓名，抓进监狱里打死。

因此，南宋朝廷上下依然是“勿谈国事”。

三

贾似道表面上不在意襄樊，内心里也焦虑得很，毕竟这关系到王朝安危，关系到自己的好日子还能不能过下去。老被襄樊的战事骚扰，贾似道的蟋蟀也玩不好。

可是贾似道派往襄樊的增援部队都没有成功，羊入虎口，有去无回。

没办法了，贾似道只好派出最亲信的大将范文虎，集合步兵和两淮的水军十万人，救援襄樊。范文虎不愧为贾似道的亲信，和贾似道一个德行。他在蒙古军队的包围圈外面安营扎寨，偶尔截击一下蒙古的巡逻兵向朝廷邀功，大部分时间都在军营中与美女嬉戏欢饮。为了确保成功，贾似道加派了原孟珙部将、京湖制置大使李庭芝领兵前来增援。范文虎担心李庭芝和自己抢功劳，就给贾似道写信说："我领兵数万入襄阳，一战可平。希望没有李庭芝的掣肘，事成之后，功劳全属恩相所有。"贾似道接到信后，就命令范文虎牵制李庭芝。范文虎达到目的后，又借故停兵不进，继续购买歌童舞女，日夜寻欢作乐。

那一边，蒙古军队久攻襄樊不下，忽必烈加派史天泽部南下增援。

史天泽有个部将，叫作张弘范，也是汉人。张弘范提出襄樊守军之所以能够坚持住，一来是因为粮道没有断绝，他们还能不断获得补给，二来是包围圈外有范文虎的军队在给他们打气，只要堵住这两点就能迫使襄樊投降。于是，刘整和史天泽等人调整部署，命令张弘范切断襄樊的补给线；在咸淳七年（1271 年），调动川陕各地的蒙古军牵制宋军，主力在六月对范文虎所部反动总攻。决战在鹿门打响，阿术夹江为阵，大败宋军。范文虎当夜跳上一条小船，临阵脱逃。十万宋军几乎全军覆没，战船物资全都成了蒙古人的战利品。

襄樊的形势陡然直下，城内粮尽援绝。

外围的李庭芝没有放弃对襄樊的增援。宋军侦察得知襄阳西北有条清泥河，是通往城内的捷径，只是被蒙古战船封锁了江口。李庭芝建造了上百艘轻型战船，招募民兵 3000 人，决定通过清泥河给襄阳运送物资。咸淳八年

（1272年）五月，李庭芝派张顺、张贵率领船队救援襄阳。临行前，张顺激励民兵说："这次救援襄阳，是一次有去无回的战斗。你们当中的有些人如果没有必死的决心和勇气，赶快离去，不要影响了救援大事。"在场的3000人群情振奋，纷纷表示不畏牺牲。张顺二人把船队连成方阵，每只船上装备火枪、火炮、巨斧、劲弩等，顺流而下，张贵在前，张顺在后，突入蒙古军重围。船队很快遭到蒙古水军的拦截。一眼望去，江面上布满蒙古船舰，黑压压的一片，简直找不到通行的道路。张贵在前面强攻，民兵们视死如归，先用强弩射向敌舰，然后挥舞巨斧短兵相接，冲破重重封锁。蒙古水军被杀和溺死的人不计其数。南宋的军事物资成功运送到襄阳城中。当时襄阳已经被围了五年之久，物资的送入极大地鼓舞了城中军民的斗志。战后清点人员的时候，却发现张顺不见了。他到哪里去了呢？几天以后，清泥河中才漂起张顺的尸体。只见他身中四枪六箭，仍披甲执弓，怒目圆睁。吕文焕安葬了张顺，并立庙祭祀。

成功入援虽然给襄樊守军带来希望，但形势依然严峻。

当时范文虎收拾残军，还在外围。吕文焕就和张贵挑选了善于潜水的两名士卒，泅水前去联络范文虎，约定内外夹击，打通襄阳外围交通线。双方约定范文虎率精兵5000人前往龙尾洲接应，张贵率军前去会师。日期到了后，张贵率领3000士兵顺汉水而下。军中突然报告说少了一名因犯军令而被鞭笞的张贵亲兵。张贵意识到这名亲兵已经叛逃蒙古军营，泄露了内外夹击的计划，于是改变计划，决定在蒙古军队调整部署前迅速出击，按照原计划与范文虎会合。张贵连夜放炮开船，杀向蒙古重围。阿术、刘整知道张贵要突围，派了数万人堵死江面迎战。张贵一行人边战边行，逐渐接近龙尾洲。远远望去，龙尾洲方向战舰如云，旌旗招展。张贵以为是范文虎的部队前来接应，举火示意，让对方船只前来接应。等船只来到眼前了，张贵才发现来的是蒙古人的船队。原来范文虎根本就没有来龙尾洲接应，反而是蒙古军队一直在此以逸待劳。两军在龙尾洲展开遭遇战，疲惫不堪的南宋军队全军覆没。张贵力不能支，被蒙古人俘获，不屈被害。

为了瓦解城内的抵抗意志，蒙古军队派四名南宋投降的士兵抬着张贵尸体进入襄阳城，让吕文焕投降。吕文焕杀掉四个降兵，将张贵与张顺合葬，立双庙祭祀。

咸淳九年（1273 年），襄樊城迎来了陷入重围的第六个年头。

年初，张弘范又向阿术建议，断绝襄阳和樊城间的联络，先集中水陆主力夹攻樊城，再逼襄阳投降。恰好此时蒙古后方运来回回巨炮，声如霹雳，一炮就能把城墙轰开一个口子。于是在巨炮的掩护下，蒙古军队从东北、西南方向向樊城发起了总攻；张弘范则在江面上烧毁了樊城与襄阳赖以联系的浮桥，使襄阳无法救援樊城。刘整亲率战舰抵达樊城，用回回巨炮打开樊城西南角，杀入城内。樊城守将范天顺在城破后自缢身亡；守将牛富率军巷战，寡不敌众，投火殉职；偏将王福也自焚身亡。樊城陷落，襄阳形势更加危急。

吕文焕坚守襄樊六年，当时已经发展到城中军民拆屋烧柴、拆瓦当作兵器的绝境，实在是无力再战。二月，蒙古军队将巨炮对准襄阳，炸毁城楼，城中人心动摇，开始有部将出城投降。蒙古军队也对吕文焕展开最后一次劝降，如果不成就准备总攻襄阳。

吕文焕接到劝降书后，对着临安方向痛哭流涕，下令打开城门，投降元朝。

四

在元朝的统一战争中，刘整、吕文焕这样的南宋降将起到了非常重要的作用。

后世有许多人将他们看作是卖国的叛徒、卑鄙的小人和无能的将领。事实上，这些投降的将领没有一个是庸庸碌碌之人，反而是南宋政治体制内的佼佼者。相对于批判他们的民族气节问题，我们更应该思考为什么南宋朝廷没有在他们投降前，充分发挥他们的能力，为己所用。

投降蒙古后，刘整、吕文焕等人得到了忽必烈的充分信任，地位逐步上升，参与了国家战略谋划。他们不仅积极参与瓦解宋军的劝降行动，配合蒙古军队进攻南宋领土，而且提出了许多建设性的意见和建议，在加快战争进程、协调蒙古与南宋上层关系上起到了不可替代的作用，可算是元朝决战取胜的决定因素之一。

吕文焕投降后，得到了大都方面的高度重视。有大臣指出：“吕家世世代代掌握兵权，兄弟子侄布满朝野，南宋君臣孰贤孰愚，江南河山城郭何瑕何坚，南方军民多寡虚实，宋兵刑政得失巧拙，我们都可以一目了然了。”吕文焕及其原属吕氏集团的南宋降将受到元朝的格外重用。吕文焕投降后，非常积极地配合蒙古大军的统一战争。他先后给亲信管景模、王胜、吕师道、张林等写信劝降，经常是抢在蒙古军队前面，单枪匹马去劝降前方将领。吕文焕的亲身说教很有效果，蒙古军队在湖广前线再也没有遇到过抵抗。一次，吕文焕在南宋城池下劝降时候，还险些被城内的弓箭射中丧命。

随着功绩的积累，吕文焕的地位和作用超过了最早投降的刘整。

刘整是元朝统一战略的主要制定者之一，但与蒙古将领在对待吕文焕的政策上产生分歧，被派往两淮地区牵制宋军。后来当伯颜大军攻占鄂州的消息出来后，刘整失声大叫说：“朝廷不让我继续在湖广率军，致使我的功绩落在了别人的后面。善于谋划指挥的人，往往不能建立伟大的功绩，难道这就是天意吗？”对于刘整来说，他最大的人生价值就是征战天下，名垂青史。当志向难以舒展后，刘整在安徽无为前线郁郁而终。

刘整可算是一个特例，其他降将在元朝都实现了自己的人生价值。

有个叫高兴的南宋军官，因为所在的部队整体投向了元朝，也就转变成了元朝军官。他跟随伯颜一路东进，因战功卓著，很快就成为独当一面的大将。在临安战役中，高兴率领先头部队连续攻下溧阳、银墅、建平、独松关，为主力部队进入临安杀出一条血路。元朝建立后，高兴在浙东、福建等地消灭南宋残余力量和抗元起义，捉拿、招降南宋秀王、观察使、制置使等多人。

四川阆州守将杨大渊弟兄投降后，在四川东部转战招讨，为元朝攻克四川立下汗马功劳。侄子杨文安更是屡立奇功。四川平定后，忽必烈亲自召见杨文安，夸奖他“你怎么就能立下这么多攻城略地的功劳呢”，擢升他为四川南道宣慰使，并解下自己的貂皮大衣赏赐给他。

当然了，这些南宋降将的遭遇都是后话了。我们只需记住，在南宋末期，还有这么一个群体的存在。

五

襄樊失陷后，东南震动。

给事中陈宜中上书，指责范文虎应该对襄樊的沦陷负责，要求将他斩首。贾似道偏袒范文虎，只是将他降为安庆知府了事。监察御史陈文龙不满，说："范文虎失襄阳，还让他做安庆知府，这是当罚而赏。"贾似道本来心里就烦，干脆将陈文龙贬官。

京湖制置使汪立信写信给贾似道说："现在天下之势，十分去了八九分。如果朝廷再酣歌深宫，啸傲湖山，玩忽岁月，形势就难以收拾了。为今之计，有上中下三策：将后方的军队调往长江沿岸抗敌，估计可以增加70余万军队，可以防守百里长江，平时往来守御，有事东西并起，战守并用，互相应援，这是上策；和敌人讲和，争取时间加强边防，再决定战守，这是中策；下策就只有等待亡国了。"贾似道看后，把信掷在地上，大骂说："瞎贼（汪立信的一只眼睛有病）竟敢如此胡说！"贾似道断然拒绝了他的三策，一意孤行，又找不出对策来，等于是坐以待毙。

咸淳十年（1274年）七月，当了十年太平天子的宋度宗赵禥病死了。宋理宗的皇后谢道清升格为太皇太后，召大臣商议立新皇帝。赵禥有三个儿子，但都还只是孩童。长子赵昰是杨妃所生，因为是庶出，遭到了贾似道的反对。最后，群臣拥立全皇后生的、赵禥次子四岁的赵㬎为皇帝。长子赵昰被封为吉王，三子赵昺被封为信王。贾似道依然专政。

元朝则在做最后的战略微调。攻下襄樊后，忽必烈召阿术还朝，商议灭宋的事情。阿术很有信心地说："南宋军队在战斗中暴露出了很差的战斗力，大不如前，现在不灭宋，时不再来。”忽必烈于是下诏水陆并进，大举灭宋。蒙古大军一共20万人，由左丞相伯颜统领，兵分两路。其中伯颜、阿术一路由襄阳经汉水进入长江，以降将吕文焕为先锋；合答等率领另一部在东边进攻扬州，以降将刘整为先锋。咸淳十年（1274年）十二月，伯颜、阿术的部队进入长江。江面上的淮西制置大使夏贵赶紧率领300艘战船逃跑，江边守鄂州的都统程鹏飞投降。伯颜留下4万部队守鄂州，其他大军杀往临安。一路上，黄州、蕲州、江州、德安、六安等地的南宋守将望风而降。

范文虎也在安庆投降了。[①]

临安城里乱成了一锅粥，群臣纷纷上疏，催贾似道赶紧想出一个法子来。有人记得说，贾相爷不是当年“鄂州大捷”的主帅吗，现在非贾相爷亲自出兵应战不可了。贾似道是哑巴吃黄连，有苦说不出。平时，手下人把自己夸得太厉害了。造神运动的结果是自己成了朝廷唯一的倚靠，现在自己在官员的一致要求下，不率军亲征不行了。临安的许多人也都认为，只有贾似道亲征，才有可能扭转乾坤。

恰好当时从淮西传来消息说，元朝的东路先锋刘整在无为城下暴病而亡了。贾似道松了一口气，因为他很怕刘整。现在刘整死了，贾似道高兴地说：“这真是天助我也！”于是，有了一点信心的贾似道上表请求出师。

我们的“蟋蟀宰相”披挂上阵了，且看他是如何扭转乾坤的。

六

贾似道亲征的排场很大，很壮观，颇能鼓舞人。

贾似道抽调了南宋最后的十万精兵，装载着无数金帛、器甲和给养，雄赳

① 范文虎投降元朝后，是所有南宋投降官僚中做官做得最大的。曾担任行省丞相，后率领军队出征日本。

赳气昂昂地出了临安，去迎战顺江而下的伯颜主力。随军的还有贾似道漂亮的妻妾。当年，同样偏安东南的东晋王朝的宰相谢安在北方前秦大军的侵略面前，在决战时刻依然和朋友若无其事地下棋。现在，贾相爷在朝廷生死存亡的时刻，带着妻妾一同去往前线，与几百年前的谢安真是有“异曲同工”之妙啊。之间，贾似道进抵芜湖后，横江布防，列下了绵延百余里的阵势，蔚为壮观。

这是咸淳十一年（1275年）二月初的事情。

从前线逃下来的夏贵赶到芜湖与贾似道会合。夏贵见到贾似道后，神秘兮兮地从袖中抽出一张字条递给宰相。两人凑上去一看，上面写着：宋历三百二十年。从赵匡胤打下天下到现在，宋王朝刚好320年了。夏贵的言下之意是南宋国势已尽，对抵抗没有信心。贾似道默然无语。与十多年前一样，贾似道这次还是畏敌如虎，根本不敢与勇猛的蒙古军队短兵相接。他唯一想做的是，继续之前同忽必烈和谈的老方法。战斗还没开始，贾似道就下令释放元朝俘虏，送给伯颜荔枝、黄柑等南方特产尝鲜。自然，贾似道也向伯颜提出了和谈条件。除了割地求和的老路外，贾似道又一次私自同意南宋向元朝称臣。

可这一回，贾似道的办法不灵了。且不说伯颜等人知道自己的皇帝忽必烈十多年前被贾似道耍了一把，单单就说现在蒙古大军的形势这么好，完全可以一战直下江南，凭什么和你这个没有诚信的贾似道和谈啊？

蒙古大军冲上来就是一顿猛攻。贾似道硬着头皮命令孙虎臣统领步兵7万人驻守池州的丁家洲，夏贵率领战船2500艘横列江上，自己领军驻扎鲁港殿后。蒙古大军布满江面和两岸，用巨炮猛轰掩护冲锋，很快就突破了孙虎臣、夏贵两道防线，直抵鲁港。贾似道不等敌人靠近，马上换乘一条小船逃命去了。这场南宋和蒙古的主力决战以南宋的全线失败告终。朝廷的水陆军队主力全部瓦解了。宋军阵亡和落水溺死的不计其数，鲜血染红了整条长江。贾似道携带的南宋的最后家当，包括船舶、武器装备及辎重全归了蒙古大军。

天刚蒙蒙亮的时候，逃跑途中的贾似道看到两岸有许多溃逃下来的散兵游勇，还想派人上岸会晤，打出旗帜召集残部。结果没有一个士兵响应。许多官兵知道船上乘坐的是贾似道后，对着船就破口大骂。贾似道只好灰溜溜地逃向扬州去了。

在芜湖的时候，贾似道遇到了担任江淮招讨使，正前往建康募兵的汪立信。贾似道握住汪立信的手，痛心地说："端明，端明（汪立信有端明殿学士的虚衔），我之前没有听你的建议，以至于此啊"！汪立信静静地说："平章，平章（贾似道被封为平章国事），瞎贼我今天是一句话也说不出来了。现在的江南没有一寸土地是干净的，我要寻找一片赵家的土地去死，死得分明。"说完，两人摇摇头，分手而去。

到了扬州后，贾似道突然想起还有一个被自己囚禁了 16 年的蒙古使者郝经。派人一查，郝经竟然还活着。贾似道喜出望外，赶紧将郝经释放了，希望以此来表达自己和谈的诚意。郝经的释放，反而激起了蒙古军队更大的愤怒，加快了东进进程。贾似道的亲信、防守建康的赵溍逃跑，建康城投降。汪立信在建康看到城池即将陷落，率数千人前往高邮。随后，镇江、宁国、隆兴、江阴等地的南宋地方官都弃城逃跑，太平、和州、无为等地的地方官则先后投降。伯颜的大军逼近防备空虚的临安。汪立信对挽救时局失去了信心，自杀殉国。

贾似道在扬州给太皇太后谢道清上书，先将战败的责任推给孙虎臣和夏贵，然后建议朝廷迁都逃跑。贾似道的上书掀起了朝廷的轩然大波。先是谢道清断然表示拒绝，接着朝臣纷纷上书揭露贾似道是个大奸臣、战败祸首，要求严办。原来依附贾似道的党羽们见主子气数已尽，墙倒众人推，纷纷倒戈一击，把贾似道批得一个比一个狠，直到要求杀他以谢天下。其中上书请求处死贾似道最坚决的是陈宜中。

陈宜中是浙江永嘉人，出身于赤贫家庭，但长相俊秀。有个商人推算陈宜中的生辰，认为他将来必定大富大贵，就把女儿许配给了他。陈宜中后来成了太学生，写得一手好文章，而且为人正直，关心时政，曾经和同学黄镛、林则祖等六人联名上书攻击奸相丁大全，被誉为"六君子"之一。可见，陈宜中一开始的名声是相当好的。后来贾似道网罗人才，巩固统治，看中了陈宜中。陈宜中竟然屈身投靠，得到贾似道的精心培养。陈宜中本人考中过榜眼，又有贾似道的荫庇，升迁很快，担任了枢密院事兼权参知政事。他俨然成了贾似道选定的“接班人”。

谁想，贾似道快要完蛋的时候，“痛打落水狗”最积极、最严厉的竟然是陈宜中。陈宜中的政治品格由此可见一斑。

太皇太后谢道清对贾似道很有感情，以他“勤劳三朝”为由，只将他降官处理，命令扬州的李庭芝派人把贾似道从水路送回台州私宅为母亲守丧。陈宜中被提拔为特进、右丞相，在贾似道之后掌握了朝廷的军政大权。

昨天还高高在上的贾似道一下子就成为过街老鼠，臭不可闻。所有人都忙着和他划清界限。贾似道是台州人，结果老家的地方官远远看到贾似道被押解回乡，赶紧关闭城门，不让他进来。人家根本不承认你是台州人。朝廷只好把贾似道安置到婺州（今浙江省金华市），婺州地方官依样画葫芦，又让贾似道吃了个闭门羹。朝廷不得不再将贾似道转往建宁（今福建省建瓯市）。这下子，没等贾似道上路，朝中信奉理学的大臣们就反对了：“建宁是先贤朱熹讲授理学的地方，即使是三尺孩童也明事理。建宁人听到贾似道的名字都会呕吐，更别说亲眼看见他了！”谢道清没有办法，只好同意查抄贾似道的家产，贬到循州（今广东省龙川县）安置。

负责押解贾似道的是会稽县尉郑虎臣。贾似道在贬官的路上，还不忘享受，身边带有几十个侍妾。郑虎臣一到，二话没说就把这些女子悉数赶走。一路上，他不断暗示贾似道自杀谢罪。一行人走到南剑州（今福建省南平市）的时候，经过水质清澈的黯淡滩，郑虎臣就对贾似道说：“这里的水很清，真是个葬身谢罪的好地方。”贾似道虽然修理、杀戮过很多人，但他和所有权臣一样，对自己的身家性命看得最重。贾似道怏怏地说：“太皇太后许我不死的。”

押解到漳州后，郑虎臣愤愤地说：“我为天下人杀奸贼，虽死无憾！”于是，郑虎臣趁贾似道上厕所的时候，将他杀死了。

有人给死在厕所里的贾似道题了副哀辞：“死得其所！”

临危众生相

一

临安告急，谢道清的对策是下诏各地起兵“勤王”。

当时，各地的文武官员都在准备投降元朝，根本没人理睬临安的诏书。真正起兵勤王的只有两个人：张世杰和文天祥。张世杰原来是金朝将领，金亡后率部降宋，此后长期活跃在宋蒙战争前线。陈宜中因为张世杰的历史并不太那么“苗正根红”，又是从蒙古军队后方赶来的，对匆忙赶到临安的张世杰的部队根本就不信任。朝廷很快就调换了张世杰统率的军马。

而我们的状元公文天祥当时正担任赣州知州，接到诏书后立即在本地募集兵士两万人，要勤王临安。友人劝他说：“现在元兵三道而进，你以乌合之众去迎敌，无异于驱群羊去斗猛虎。”文天祥却说：“我也知道前途艰险。但国家处于危亡时机，号召天下勤王，竟然没有一人一骑前往，我深以为恨。所以我不自量力，以身赴难，也许这样能感动天下的忠臣义士闻风而起，保全社稷。”四月，文天祥的部队刚赶到吉州的时候，陈宜中和部分官员认为文天祥“猖狂”“儿戏无益”，要求他留屯隆兴府，不准入卫临安。

实际上，从三月份开始，临安枢密院的官员和御史们就相继出逃了，朝中一片萧条。

左丞相留梦炎，率先弃官外逃；六部官员竞相效仿，争先恐后地远走他乡。主管军事、边防事务的枢密院官员文及翁、倪普等人也很想逃跑，又怕落下临阵脱逃的骂名，就去乞请还留在临安的御史上疏弹劾自己，要求把自己罢免。那样，他们就不是官员了，就可以正儿八经地开溜了。可是，文及翁、倪普等人又顾虑朝廷“开恩挽留”自己，不批准御史们的奏折，让自己逃不成，所以没有等奏章批复就抢先逃出临安。文、倪等人的这一“创举”得到了许多人的“一致好评”，掀起了更大规模的“自我弹劾，抢先逃跑”的风潮。

这批人中包括副宰相（参知政事）陈文龙。陈文龙以“乞请告老还乡”的名义上了张表，就抢先逃跑了。跑到半路，他又觉得这样做不厚道，心里过意不去，又折回临安郊区，想向朝廷解释一下。结果找来找去，找不到沟通传达的渠道和官员，陈文龙只好怏怏逃往福建老家。这个陈文龙，原名子龙，是咸淳五年（1269 年）戊辰科的状元，宋度宗亲自赐名为文龙，之前还挺有名气。现在这么一来，不仅是天下人，就是他自己也把自己看低了。最后，原本天下读书人都挤破脑袋想进去谋个一官半职的三省六部，门庭冷落，六部桥上几乎看不到行人。

摄政的太皇太后、72 岁的谢道清，守着 6 岁的幼童、宋恭宗赵㬎，一天天地看着上朝的官员越来越少。政局岌岌可危，大臣寡廉鲜耻，孤儿寡母两个人泪流满面，走投无路。最后，谢道清在朝堂上张贴出一道“惊天动地”的诏谕：“我朝三百余年，待士大夫以礼。现在我和新皇帝遭难，你们大官小官都不曾说一句救国的话。朝中的官员离职逃走，外边的守臣丢印弃城。御史官不能给我纠弹，二三宰相也不能统率。正在里外合谋，陆续在半夜逃跑。你们平日读圣贤书，自许如何，乃在这时做这种事。活着有什么面目见人，死后如何见先帝？”

读书人在宋朝的地位是历朝历代最高的，被朝廷杀死的读书人屈指可数。朝野上下、各个领域的险要位置充斥着的都是读书人。如果一个人想入阁拜相，没有相当靠前的进士功名，基本上就是妄想。可是，厚待的结果为什么就培养出了一群自私自利、懦弱无能、置国家生死于不顾的士大夫了呢？谢道清怎么想都想不明白。她的诏谕表面上是在骂群臣，实际上是在指责先帝。厚待读书人的制度是谁定的？还不是开国皇帝定下来，世世代代遵守的。

一味的物质优待和制度保护，并不能创造出士大夫们健全的政治品格、高昂奋进的精神状态。外在的刺激毕竟不是万能的。南宋早在孝宗时候，皇帝就忧虑地对虞允文说：“我近来在桌几上反复地写一个‘将’字，翻来覆去就是找不出合适的人选了。”皇室很早就意识到了这个问题，发现自己创造出来的都是满心名利、唯利是图的士大夫。朝廷上下，都被唯利是图的官僚们把持了。但是他们看不清改革的道路在什么地方，加上积重难返，改革就更加困难了。

最后，谢道清明明白白地宣布：“大宋江山未改，国法尚在，自即日起，文武官员凡尽心守职者，一律官升两级；倘有临难弃官出逃者，一律严加追究惩处。”陆续逃离的、饱读圣贤书的读书人们才不管太皇太后的诏谕呢！恐吓也好，许愿也好，都太晚了。

王应麟指出，南宋的大病有三：一是民穷，二是兵弱，三是财匮。而归根结底都是士大夫的无耻。

二

留梦炎逃跑后，谢道清任命吴坚为左丞相。当天宣布这项任命的时候，上朝的官员只有六个人。

剩下的官员实在太少了，被闲置的张世杰受命总都各路军队，抵抗蒙古军。蒙古军东进途中，南宋各州县的确算得上是“望风而降”。这样的趋势一直持续到扬州。镇守扬州的李庭芝、姜才拒绝投降，还出兵迎战阿术、张弘范。激战中，姜才肩部中了流矢。他拔出箭来，毅然挥刀而前，打退了元军。之后，扬州城始终坚守在南宋手中。五月，张世杰部下的刘师勇收复沦陷的常州。七月，张世杰、刘师勇、孙虎臣等人纠集了战船上万艘，驻扎在焦山，等待蒙古军队前来决战。这样看来，南宋仿佛又出现了一丝生机。可惜啊，张世杰犯了一个致命错误。为了防止有人临阵脱逃或者投降，张世杰命令以十船为一方，没有得到号令不得起锚出战。结果，南宋水军的机动性受到极大束缚。阿术、张弘范抓住南宋的弱点，对船阵发动火攻。南宋军队进退失度，很多士兵投江自杀，遭到大败。这次南宋最后的力量，从此它再也不能对蒙古军队进行任何实质的反击了。

别人都在逃离临安，而文天祥一再请求入卫临安，这时终于得到了朝廷的批准。

八月，文天祥到达临安后随即就被外派为平江知府，前往最前线。没几天，陈宜中听说蒙古军队从建康出发，直接向临安的门户、余杭县西北独松岭上的独松关进军，又临时抽调文天祥率领平江的守军领兵回援。文天祥还没赶到，蒙古军队就攻下了独松关，守将逃跑。那一边，平江、常州等地又相继沦陷，文天祥只好返回临安。

当时长江口活跃着一支由贫苦渔民组成的水军，游离于宋朝管辖之外。元朝为了加强水上力量，派人招降这支海上武装。贫苦渔民们早就对南宋政府怨声载道，失去了对赵宋王朝的信心，接受了元朝的招降。渔民组成的水军还配合蒙古军队南下攻取临安。十二月，元朝的东路军和渔民水军出长江口，逼近钱塘江口，从海上包围了临安。

德祐二年（1276 年）正月，东路军的董文炳部蒙古军在海盐登陆。南宋的三个小官：知县王与贤、澉浦镇统制胡全及福建路马步军总沈世隆孤立无援，向蒙古军投降。蒙古军队进城后，非但没有掳掠扰民，反而救死扶伤，全力安民。因为董文炳接到命令，要改善南宋军队对蒙古军队粗暴残忍的印象，为占领临安和以后的统治提前树立示范作用。显然，蒙古朝野对能否占领临安已经没有丝毫怀疑，开始考虑更加长远的细节。

董文炳占领海盐，最现实的一个打算莫过于堵塞南宋朝廷从该地逃入东海的道路。

蒙古军队已经完成了对临安的总攻部署，临安危在旦夕。

三

临安城里，文天祥和退回来的张世杰商议，认为临安内外还有好几万勤王的兵马，北部的两淮地区还有南宋守军在坚守。如果淮东出兵对蒙古军队的后路展开攻击，三宫（太皇太后、太后、皇帝）暂时逃离临安，他们二人集中临安的所有武装力量，背城一战，没准、也许、万一能够取得胜利，那样的话，局势或许还有转机。文、张二人联合向朝廷提出了这项建议。内心里，就连他们两人也对这个理想色彩浓厚的计划不抱希望。

内外交困的谢道清，在泰山压顶般的军事威胁面前，早已丧失了决战的勇气，否决了文、张二人的计划。她和陈宜中商定，向元朝议和乞降，希望能够保留南宋国祚。

十二月初，将作监柳岳作为正式的乞和使者，前往伯颜的蒙古大营。柳岳能对伯颜开出的和谈条件非常有限，只能表示“年年进奉，每岁修好”。但柳岳采取的姿态是超低的，垂泪哭泣，几乎是哀求伯颜退军、保全南宋的残破河山。此时的伯颜深入南宋上千里，对南宋的虚实了如指掌，灭宋是板上钉钉的事情了。他自然没有同意柳岳谦卑的乞降，反而声色俱厉地说出一番道理来：“之前我朝天子（指忽必烈）登基之初，遣使奉国书来南宋修和好，结果使者被你们这样的无赖国家关押了十六年，所以朝廷派我来兴师问罪。如果你们要我军停师不进，除非你们像当年吴越的钱王一样，纳土归降。你们宋朝的天下是从小儿的手里抢过来的（指赵匡胤篡夺后周恭帝柴宗训的皇位），今天也要失在小儿之手（指南宋皇帝赵㬎）。这是天意，不必多言。”

柳岳乞和不成，谢道清加派宗正少卿陆秀夫等人去求降。这一回，谢道清同意在细节上退步，可以向忽必烈称侄，甚至是侄孙；每年向元朝缴纳粮食和绢帛各 25 万。伯颜仍然拒绝了南宋的求降。

时间在一分一秒地过去，在最后的朝会上，陈宜中明确地向谢道清提出迁都南逃，逃命要紧的计划。谢道清犹豫再三，就是不答应放弃临安逃命。结果陈宜中一屁股坐在朝堂上痛哭哀求，说不逃就没命了。谢道清现在能够倚重的也只有陈宜中了，最后只好勉强同意。陈宜中马上告别谢道清，仓皇出去准备去了。谢道清也在后宫忙碌起来，很快，一切逃跑准备都完成了，却迟迟不见陈宜中带人来接应。原来陈宜中在慌乱之中出了差错，忘记告诉宫中具体的逃跑时间了。后宫是准备好了，但是陈宜中和外朝约定的时间还没到呢。谢道清从早上苦等到晚上，始终没有见到陈宜中的人影。她本来就不愿意逃离临安，现在干脆摘下簪珥，摔在地上，大怒道：“吾初不欲迁，而大臣数以为请，难道是嫌我老太婆好欺负吗？”之后谢道清坚决反对迁都，即使陈宜中进宫再三请罪，也没能使她回心转意。逃跑一事只好作罢。

乞和不成，逃跑不成，临安周边各军营的守军都已经溃散了，南宋朝廷能够做的就只有投降一条路了。

谢道清派出监察御史去见伯颜，奉表称臣，同时试探一下能否再缓些时日。这里还发生了一件小插曲。谢道清等人为了和伯颜等蒙古权贵拉关系，为日后着想，几乎发动了一切沟通渠道。所谓病急乱投医，他们不仅联络吕文焕等降将，希望能在蒙古人面前说说南宋的好话，而且找了许多“能人”。有一个人告诉朝廷说，有个叫赵孟桂的女人被伯颜看上了，和伯颜勾搭成奸，在蒙古权贵身边都能说上话。谢道清马上找到这个人，拖他捎给赵孟桂许多珍宝，请求帮自己多多美言。那人很快就回来了，说赵孟桂答应了。谢道清很高兴，不仅赏赐了中间人，还专门给赵孟桂颁发了嘉奖诏书。南宋灭亡后，有人找到这个所谓的赵孟桂，询问当年南宋与元朝乞降的内幕。赵孟桂说自己根本就不知道有这样的事情，也没有得到过南宋朝廷的什么珍宝和诏书。人们这才明白，谢道清这个老太婆被“江湖骗子”吃了一回白食。可叹的是，赵孟桂和这件事情还被明明白白地记录在了《宋史》之中。

伯颜最终同意与南宋在长安镇（今浙江省海宁市西）议降。德祐二年（1276年）正月十二日，伯颜大军到达长安镇，与董文炳的部队会师。但是南宋失约，并没有派人来议降。

南宋为什么没有把握这一次机会呢？因为谢道清君臣对“议降”一事还没有下定决心，直到十八日的晚上还在官衙召开最后的商议会议。当时，元朝派大臣孟祺列席了会议，一再催促南宋君臣赶紧投降。最后，南宋君臣同意无条件投降。

随后，南宋以赵㬎的名义派监察御史杨应奎向伯颜送上传国玉玺和降表。赵㬎的降表是这么写的：“宋国主臣㬎，谨百拜奉表言，臣眇然幼冲，遭家多难，权奸似道背盟误国，至勤兴师问罪。臣非不能迁避，以求苟全，今天命有归，臣将焉往。谨奉太皇太后命，削去帝号，以两浙、福建、江东西、湖南、二广、两淮、四川见存州郡，悉上圣朝，为宗社生灵祈哀请命。伏望圣慈垂念，不忍臣三百余年宗社遽至陨绝，曲赐存全，则赵氏子孙，世世有赖，不敢弭忘。”在这个降表中，南宋自动削去帝号，改称“国主”，承认自己错了，不应该违背天命，与元朝为敌；向元朝投降，同时命令残余的南宋地方政权也向元朝投降；希望忽必烈能够保全南宋的皇室。

伯颜接受了降表，提出要南宋派宰相来营中商议投降和交接的细节。陈宜中一听说要自己去蒙古军营，担心有生命危险，连夜逃回温州老家。张世杰、刘师勇等抵抗将领听到朝廷投降的消息，赶紧率领各自的军队逃离临安。

谢道清只好擢升文天祥为右丞相兼枢密使、都督军事，与左丞相吴坚一起去找伯颜。

四

文天祥这才算真正登陆上政治核心舞台。

在蒙古军营中，文天祥与伯颜据理力争，全力维护南宋的尊严。当看到吕文焕、范文虎、程鹏飞等降将端坐在受降一方时，文天祥拍案而起，怒斥这群降将。他在刀枪林立中斥骂吕文焕等人是“罪魁”“乱贼”，吟诵诗句“枭獍何堪共勤酬，衣冠涂炭可胜羞”，指责他们厚颜无耻，卖国求荣。

伯颜称赞文天祥说：“文丞相心直口快，是个真男子。”文天祥的言行甚至激起了性格直爽的蒙古将领的赞同。元将唆都就说：“丞相骂吕家骂得好。”（可见吕文焕等人在元朝阵营中的日子也不好过。）

左丞相吴坚却被文天祥的大胆吓得浑身颤抖，.担心连累自己。谁知，最后伯颜非常客气地将吴坚送回临安，却将文天祥扣留在军中。

德祐二年二月初五（1276 年 2 月 21 日）伯颜派遣董文炳、吕文焕、范文虎入临安安抚百姓，禁止杀掠，封闭仓库。六天后，忽必烈的《归附安民诏》在临安公布。元朝开始收缴南宋的衮冕、圭璧、仪仗、图籍以及大批财宝、器物，陆续运往大都。伯颜亲自入临安城安置南宋皇室人员，资格最老的荣王赵与芮当面投降。宋恭帝赵㬎、皇太后全氏以及其他朝官、宫廷人员都被监护起程北上。太皇太后谢道清因为年老有病，暂留临安，随后也被押解到元大都。

立国 150 年的南宋、统治达 300 年的赵宋王朝在法律上宣告灭亡了。

第七章

漂泊海上的最后岁月

逃到福建兴化（今福建省莆田市）的陈文龙静下心来后，决定做南宋的忠臣。

陈文龙“毁家纾国”，变卖家财募集民兵死守家乡，对抗蒙古军队。他日夜巡城，鼓舞士气。巡城的时候，陈文龙命令两名士兵分别扛着“身为宋臣”“死为宋鬼”的大旗为前导，发誓与兴化共存亡。无奈南宋大势已去，城中出现了叛徒，暗中联络蒙古军队献城。一天，有一名士兵骑马来报，称太皇太后诏书到，要求陈文龙接旨。陈文龙急忙赶过去，结果轻易落入圈套。他想拔剑自杀，结果剑被夺走，人也被擒获了。

成为元朝俘虏后，陈文龙开始绝食。他先被抓到福州，蒙古兵用刀指着他的胸膛，胁迫他下跪。陈文龙大义凛然，拍着胸膛说：“这里面全都是节义文章。你们听说过状元可相逼的吗？”后来，陈文龙被押到临安，关在太学旧址里。南宋的太学原来是岳飞的府邸，里面还有岳飞祠堂。陈文龙就被关在祠堂中。数十年前，当陈文龙还是临安的太学生的时候，屡次参加科举考试，都没有考中。有一年科考前，陈文龙也就在这座祠堂中深夜苦读，趴在桌上打瞌睡的时候梦到了岳飞。岳飞要求陈文龙发誓死在太学之中，陈文龙毫不犹豫地发誓了。醒来后，陈文龙渐渐把这件事情淡忘了。说来也怪，当年陈文龙就考中了状元。人生无常，想不到自己又回到了故地。陈文龙又想起曾在梦里向岳飞发下的那个誓言。

最后，陈文龙绝食饿死在了太学之中，没有违背自己的誓言。

扬州正气歌

一

朝廷投降后，南宋在各地还残留着相当可观的地方政权和军队。

在两淮地区，夏贵投降元朝，献出了淮西；而淮东的扬州、真州等地拒不奉诏，坚持抵抗。其中李庭芝、姜才在扬州展开了可歌可泣的斗争。

李庭芝是随州人，最早是京湖制置使孟珙的属下，有了实践经验后在淳祐年初考中了进士，又重新投到孟珙部下任职，负责处理湖广前线的机要工作。孟珙对李庭芝很欣赏，看作是继承自己衣钵的人选，临终时郑重向朝廷推荐了李庭芝。南宋于是提升李庭芝为主管两淮安抚制置司公事兼扬州知州，负责淮东地区抗击蒙古军的重任。李庭芝在淮东多次打败蒙古军队，被朝廷提升为兵部尚书，仍兼原职。襄樊战役期间，李庭芝一度被调往湖广前线，是救援襄樊的主要督帅。因为各种原因，襄樊失守，应该负主要责任的范文虎没有受到严惩，李庭芝却被罢官，在京口（今江苏省镇江市）闲住。当南宋面临生死存亡选择的时候，朝廷起用李庭芝为淮东安抚制置使、淮西策应使兼扬州知州，再次将淮东地区交给了这位老将。

姜才是濠州人，少年时被掳往河北，后来逃回淮南从军。因为勇敢善战，姜才被提拔为通州（今江苏南通市，不是北京市的通州区）副都统。德祐元年（1275 年）贾似道出兵决战的时候，他是孙虎臣部的先锋，与蒙古军大战于丁家洲。孙虎臣的部队后来被打散了，姜才率领部分残军撤退到了扬州，就被李庭芝留下来一起坚守共事了。

临安投降后，元朝也派了使者到扬州劝降，结果被李庭芝杀了。元朝以为扬州方面可能是不相信临安投降的事实，就加派使者拿着南宋投降的诏书来招降。李庭芝对元朝使者说：“我奉诏守城，没有听说奉诏投降的。”后来，元朝押解着宋恭帝等人北上的时候，途经淮东，专门向谢道清要了一封亲笔诏书送到扬州招降。谢道清在诏书中说:“先前诏谕爱卿向大元纳款，日久未报，不知你是否明白我的意思。现在我和皇帝都已经臣伏大元，爱卿固守扬州，不知是为谁守城?”这回，元朝使者不敢进城，在城下大声地朗读诏书，劝降李庭芝等人。李庭芝站在城头，默默地听城下使者宣诏完毕，没有说话，只是拿过一副劲弩向使者一行人射击，一箭射死一人。其他人慌忙逃走了。

李庭芝不仅不投降，还派姜才领兵截击蒙古北上的队伍，企图夺回宋恭帝和全太后，迎接到扬州来坚持抵抗。蒙古人有所准备，临时改变了路线，致使姜才扑空。

淮西的夏贵降元后，亲自去大都拜见忽必烈。忽必烈希望淮东也能主动投降，亲自给李庭芝写了诏书招降。元朝使者来到扬州后，李庭芝大开城门，迎入使者，然后升堂点将。使者喜滋滋的，以为李庭芝要投降了。谁知，李庭芝翻脸就把使者押上城头，当着城内军民和城外蒙古人的面，一刀砍落使者的脑袋，烧毁忽必烈的诏书。

前线的阿术等人知道，扬州城只能硬攻了。

二

当时，南宋淮安知州许文德、盱眙守将张思聪、泗州知州刘光祖等人先后投降了元朝。扬州越来越孤立了。

阿术为了避免伤亡，对扬州采取了严密的包围，不仅从水路断绝高邮方向的运粮船，又在陆路拦截扬州的运粮兵卒，杀死宋军数千，完全断绝了扬州的粮草补给。李庭芝只好在扬州城内收集百姓的存粮充作军粮，百姓存粮用完后又命令官吏、将校交出存粮，混杂牛皮、麴蘖等充作军粮。最后扬州食尽粮绝，城中出现了杀小孩子充饥的悲剧，但军民们依然力战不屈。有部下问李庭芝:“将来怎么办?”李庭芝说:“惟有一死而已!”

在此情况下，元朝对李庭芝展开了最后一次招降。阿术派人从大都取来新的忽必烈诏书，特赦李庭芝“焚诏杀使之罪”。这一次，蒙古军中谁都不敢进扬州城劝降，最后挑选了一个胆大的骑马来到城下，先高声喊话，再用弓箭将诏书射到城楼上。李庭芝看也不看诏书，就在城墙上烧毁了。

三

李庭芝在扬州的坚守为文天祥逃脱虎口创造了有利条件。

文天祥当初被押解北上的时候，本想自杀，不愿偷生，但又希望将来有机会能够报效国家，实现王朝复兴，所以隐忍北上。随从文天祥北上的共有 11 人，包括义士天台人杜浒和义士余元庆。

文天祥是二月九日被驱北上的，十八日到达京口，第二天过江至瓜洲。因为扬州一带有南宋军队把守，如由运河将文天祥押解北上，非常危险，于是文天祥又被送回京口。在京口，文天祥被关在一百姓家中，由一名王千户看守。这一来回给文天祥创造了逃跑的良机。

文天祥等人先每人准备了一把匕首，准备万一失败的时候可以自杀。

逃脱虎口，看起来似乎是一个不可能的任务。陆地上到处是蒙古军队，文天祥等人只能从水路逃脱，而且必须是在夜里。但是，当时长江江面上到处是蒙古水军的战舰，老百姓手中的船只，无论大小，都被征调光了。文天祥即使能逃到江边，没有船只也白搭。更何况能否走到江边也是个未知数。文天祥的关押地距离江边有十里路之远，如何走到江边是第二个大问题。他们必须找到一个向导，而且突破蒙古人的宵禁。蒙古军队规定了宵禁制度，凡是没有官灯引导的人一概格杀勿论。另外，文天祥还要想出办法来摆脱那个时刻不离左右的王千户。其中任何细节没巧妙处理好，文天祥不仅不能逃脱，反而会惹来杀身之祸。

好在蒙古军队只盯着文天祥，对余元庆等随从的看押并不严密。余元庆和杜浒等人能够秘密展开准备工作。杜浒假装成一个疯子，在大街上醉醺醺地游荡，遇到有偷偷议论南宋情况或者对蒙古占领军不满的人，就赠送金钱，秘密陈述自己的逃跑计划，寻求帮助。杜浒还真找到了几个愿意帮助的人，但他们都是普通得不能再普通的小老百姓，心有余而力不足，根本没有能力帮助文天祥等人解决逃跑途中的难题。说来也巧了，余元庆有一个老相识在蒙古军中担任一个小官，虽然职位低微，但手中掌管有若干船只。余元庆秘密联系了这个老朋友，用 1500 两白银向他借出了一条小舟"玩玩"。杜浒如法炮制，用银子从一个刘百户手中买到了一盏官灯。更巧的是，余元庆和杜浒在归途中又结识了一个蒙古军队的老兵，愿意担任向导。

二十九日晚上，月明星稀。王千户被灌得酩酊大醉，文天祥等人乘机逃脱，登上了江中的小船。这时候，文天祥的逃脱计划出了个意外。小船行驶到江中的时候，一条蒙古的巡江船靠近，要检查小船。结果，巡江船中途搁浅了，文天祥等人虚惊一场，幸免于难，逃难成功。

三月初一，文天祥一行逃到依然在南宋手中的真州（今江苏省仪征市），重新见到了"中国衣冠"，简直有重睹天日、喜极而泣的感觉。真州守将苗再成深陷敌后，已经好几个月没有得到朝廷的消息了。听说右丞相文天祥来了，苗再成连忙恭敬地把一行人迎接进来。两人交谈临安的事情，都感叹不已，说得两个大男人泪流满面。文天祥见淮东的情况还不错，就和苗再成共商复国大计。文天祥还给淮西制置使夏贵（当时夏贵已经投降，文天祥还没得到消息）和淮东制置使李庭芝写信，约定尽早会师抗敌。

但是李庭芝接到文天祥的来信后，勃然大怒。因为蒙古人发现文天祥逃走后，使了一招反间计，放出话去说有投降元朝的南宋宰相被派往淮东劝降各处官民。李庭芝很自然地认为文天祥就是那个前来劝降的投降宰相。他写了一封信，命令苗再成杀掉"卖国贼"文天祥。苗再成将信将疑，为了验证文天祥是否是叛徒，骗文天祥说一起去查看城池，借机把文天祥等人引到城外，紧闭城门。苗再成还派出两名军官带着 50 兵丁，明为"护送"、实际是"押送”文天祥等人前往扬州。他秘密下令，如果文天祥真的是叛贼，就在路上杀死。一路上，这两名军官确信文天祥是忠臣，平平安安地将文天祥等人护送到扬州。

三月初三，三更天，文天祥一行人冒着“风寒露湿”，到达扬州西门外。远远的，他们听到扬州城池有击鼓喊杀声。文天祥想进城，又怕遇到战火或者李庭芝不信任的弓箭，就听从了杜浒的建议，准备取道高邮、通州，然后从海上南下浙江福建等地，寻找报国的机会。他们很幸运地找到一个樵夫引路，奔高邮而去。

风餐露宿的流亡生活动摇了部分人的意志。随行的余元庆等四个人产生了逃跑的念头，开溜了。文天祥只好带着剩下的七人继续逃亡。

天亮后，为了避免随时可能出现的蒙古侦察兵，文天祥等人在路边暂时找了一个废弃的民房里，躲藏起来。说是民房，其实就是个土围子，中间马粪满地。文天祥就在其中“扫退蜣螂枕败墙”，睡了一个好觉。醒来后，大家饥肠辘辘，可一粒米也没有。文天祥不得不请向导樵夫去买米，但那个樵夫一去不复返。刚过中午，土围子外突然响起隆隆的马蹄声。有人趴在墙头偷偷一看，墙外起码有数千蒙古铁骑经过；马蹄踏地的声音、弓箭与箭筒碰撞的声音，文天祥等人听得一清二楚。还真的是上天保佑，天空突然风雨大作，蒙古骑兵急着行军，根本没人来土围子里搜索，又让文天祥躲过一劫。

骑兵过后，天空也放晴了。文天祥派了两个随从去旁边的古庙中汲水。不幸的是，这二个人被蒙古人抓住了。他们头脑灵活，马上拿出 300 两白银行贿，才保全了性命，还被放了回来。眼看着天色暗淡了下来，文天祥一行饥寒难忍，决定夜里转移到古庙中去。这次幸运的是，他们在古庙中遇见了一群樵夫，向他们讨了一点粥来喝；还请他们做向导前往高邮。正是在樵夫们的帮助下，文天祥度过了逃亡过程中最艰难的一天。

三月初五日黎明，文天祥一行八人来到一个叫作贾家庄的村庄，买了一些米和肉，置办了马匹干粮。文天祥本来希望在村中吃顿饱饭，休息一天再在夜里赶往高邮。这时候发生了戏剧性的一幕。来了五个骑马的南宋地方官吏，嚣张地大声咆哮，挥刀就要砍人。文天祥想说自己是南宋宰相，可又没办法证明。随从低声告诉他说，这些官吏无非是勒索敲诈，要些钱财而已。文天祥只好掏出一大笔钱，摆脱了这些贪官污吏。这真是滑天下之大稽。一整天，文天祥都默默无语。

离开贾家庄向高邮进发后，文天祥等人走了40里地就迷了路。一帮子人在夜里徘徊在苏南的田地中，不知东西，沾了满身的露珠，人困马乏；好不容易等到东方露出鱼肚白，又遇上了大雾；等到雾散了，四周的景物都清晰了，前方又出现了蒙古人的骑兵队伍，文天祥等人慌忙躲进路旁的竹林中。这次他们被蒙古人发现了。蒙古骑兵冲入竹林中，抓走了一名随从，杀伤了两人；那些引路的樵夫一看这份兼职工作竟然还有生命危险，不是逃跑，就是宁愿当俘虏，没多时就消失得一干二净了。不用说，马匹干粮也都被蒙古人抢走了。文天祥虽然没有被发现，但还是战战兢兢在地上趴了一天。傍晚，他又遇到了一伙樵夫。樵夫们看文天祥可怜，就用一只箩筐拴上绳子，把他抬到了高邮。

文天祥到达高邮是三月初七日的事情。

当时文天祥“以箩为轿，血流满面，衣衫皆污”，丝毫没有引起高邮的南宋守军的怀疑——估计是当作难民给收容了。然而，文天祥听说高邮的守军也接受李庭芝的命令，为了以防万一，重新买了条船离开了高邮。

文天祥一行人取道泰州、海安、如皋到通州，水路全长300里。路上虽然也常常与蒙古的巡江船擦肩而过，总体还算顺利，在二十四日到达了通州。当时，蒙古人已经公开搜捕文天祥了，有关文天祥叛变投降的谣言不攻自破。通州守将杨师亮把文天祥接到城里，并为他准备了衣服、饮食、船只。文天祥在通州休息了多日，养好身体后，于闰三月十七日登舟南下，四月八日到达永嘉（今属浙江省温州市）。

文天祥将逃难过程中的诗词、文章汇集成了一册书，书名叫《指南录》。

这个书名来源于其中的《扬子江》诗：

几日随风北海游，回从扬子大江头。

臣心一片磁针石，不指南方不肯休。

四

当时的浙江南部和福建等地，会聚了南宋的大部分残余力量。

临安沦陷之前，谢道清封宋恭帝的哥哥赵昰为益王（原封吉王）、判福州、福建安抚大使，赵昺为广王（原封信王）、判泉州兼判南外宗正，命令秀王赵与择等少数几个人保护两位皇弟逃出临安城。当时的局势非常混乱，赵昰一行在浙西山陵上到处穿梭，多次历险，竟然突破了蒙古军队的层层围堵。后来，他们遇到了一支南宋的残军，也就三四十人。在残军的护卫下，赵昰在德祐二年（1276 年）二月抵达了温州，为南宋皇室保存了血脉。礼部侍郎陆秀夫、将领苏刘义等人也赶到温州。前宰相陈宜中刚好躲在温州老家。陆秀夫等人就拉他出面，商议起兵复国。

陆秀夫，楚州盐城人，考中进士后长期在李庭芝的幕府中工作。德祐元年（1275 年），朝廷的局势和两淮地区的情况已经万分紧急了。李庭芝的幕僚纷纷辞职，幕府分崩离析，只有陆秀夫临危不惧，誓死跟随李庭芝抗敌。李庭芝觉得陆秀夫正是乱世需要的忠义之士，非常难得，把他作为干才推荐给朝廷。临安朝廷擢升陆秀夫为礼部侍郎。贾似道出师决战的时候，陆秀夫多次慷慨上书，要求去前线杀敌，但遭到拒绝。赵昰安全逃到温州，让陆秀夫看到了复国的希望，赶过来一心复国。

临安城破后，张世杰率领自己的部队逃到了定海，现在也拉着队伍赶到温州。温州有座江心寺，当年高宗皇帝漂泊海上的时候曾到过这里。当时寺庙中还保留着赵构当年的御座。陆秀夫、张世杰等人跪在御座前抱头大哭，然后拥戴赵昰为天下兵马都元帅，赵昺为副元帅。新皇帝、小皇帝赵昰也就成了南宋残余力量和忠于南宋的百姓心目中的希望。

早在听说赵昰等皇室成员要从临安突围的消息时，伯颜等人就加强了防备堵截。可当日从临安逃出来的人实在太多，赵昰等人又是微服简行，难以分辨，再加上蒙古军队不熟悉地形，让赵昰兄弟俩给漏过去了。直到赵昰到达温州后，元朝以谢道清的名义派出两名宦官带领百余名兵丁前来温州，说要迎接两位皇弟回到临安。陆秀夫等人严词拒绝。

陆秀夫、陈宜中、张世杰等人知道元朝已经打起了温州的两位小王爷的主意，忙拥着赵昰、赵昺从海上逃到福州。五月，赵昰在福州被拥立为新皇帝，改元景炎，延续了南宋的旗帜。赵昰进封三弟赵昺为卫王，任命陈宜中为左相兼枢密使、李庭芝为右相、张世杰为枢密副使、陆秀夫签书枢密院事、苏刘义为殿前指挥使。赵昰所能发号施令的包括 17 万人的南宋军队、依然由南宋残余掌握的福建、两广的大片地区。

一个流亡的小朝廷在福州建立起来了。

五

福州的小朝廷建立后，给敌后淮东的李庭芝很大的鼓励。

当年七月，李庭芝、姜才领兵前往泰州，准备南下抗战（也有说法是赵昰召唤李庭芝去福州主持朝政），留下部将朱焕守扬州。阿术忙从围困扬州的蒙古军中抽调出一支劲骑追击李庭芝。李庭芝率领的军队士兵都已经饿得面黄肌瘦的了，好不容易才杀进泰州，损失了上千人。

朱焕的抵抗意志没有上司李庭芝那么强。李庭芝能够断然拒绝忽必烈的招降，朱焕却不能。他有个老朋友，叫作陈楚客，已经投降了元朝。陈楚客被安排做朱焕的“策反”工作，还给了朱焕一封忽必烈的亲笔诏书，对朱焕做了诸多的许诺。因为扬州全城都同仇敌忾，有意投降的朱焕一时不敢投降，只好把忽必烈的诏书收好，藏在箱子底下。现在李庭芝走了，朱焕举着诏书，将扬州城献给了元朝。蒙古军进入扬州，阿术俘虏了李庭芝的妻儿。

蒙古军队在扬州也没有屠城。因为根本就用不着屠城，城内到处是饥民和废墟。

扬州沦陷后，蒙古军的主力开始围攻泰州。阿术命人将李庭芝的家人押到泰州城下，向城头喊话招降。李庭芝对家人被俘并不理会，在城内坚持抵抗。不巧，姜才得了重病，不能出战，只留李庭芝一人死守孤城。泰州裨将孙贵等四人瞒过李庭芝，打开城门向阿术投降。蒙古军队进城之时，李庭芝情急之下跳入城中的莲花池自杀。可惜水浅，李庭芝自杀不成，被敌人生擒。姜才也在病榻上被抓，与李庭芝一起被押回扬州。

阿术以胜利者的口吻斥责李、姜二人坚守不降。

姜才憋足力气，大骂他："胡奴，我就是不降！"

站在一旁的朱焕上前进言说："扬州尸横遍野，都是李庭芝与姜才的错，不如杀之！"

李庭芝和姜才在扬州闹市被斩首。李庭芝首先走上刑台，神色怡然。姜才则骂不绝口。投降元朝的夏贵行刑时在场。姜才看到夏贵，怒目而视，咬牙切齿地说："老贼，此时此地，你还不愧死！"

不久，真州的苗再成也阵亡了。南宋在淮东残余的土地全部消失了。

巧的是，夏贵没几个月也死了。很多人以为夏贵既然是一个武将，起码也应该是身强体壮的壮年人，实际上夏贵在淮西投降的时候就已经 79 岁了，死的时候 83 岁。于是就有人在他死后写了挽联讥讽他：

享年八十三，何不七十九！

呜呼夏相公，万代名不朽。

风雨伶仃洋

一

文天祥风尘仆仆逃到温州后，赵昰等人已经逃往福州了。文天祥扑了一个空。没几天，福州小朝廷派人来温州召文天祥。五月，文天祥到达福州。

当时蒙古占领军正在忙于消化新占领的州县，镇压零星的起义。蒙古军队正处于休整期，战线相对固定。文天祥于是建议朝廷从海上北上，进攻两浙地区。结果遭到了陈宜中的拒绝。文天祥觉得，如果等蒙古军队的占领巩固了，势必会抽出部队进攻福州小朝廷，到时候，亡羊补牢也晚了。于是他在七月前进到南剑州，建立了都督府，号召各地起兵夺回江西。文天祥原来在江西曾招募过勤王的部队，临安沦陷后这支部队被元朝遣散了。文天祥的门客刘洙现在闻讯后召集部分旧部来到福建。文天祥在福建当地扩大了队伍，在十一月进一步前进到汀州。

可惜可叹，流亡的小朝廷在强敌面前，非但没有积极的进取计划，内部反而又重新争斗起来。

赵昰的母亲杨淑妃也随着儿子逃出了临安。福州小朝廷建立后，杨淑妃的弟弟杨亮节开始擅权。秀王赵与择因为是皇室宗亲，对杨亮节的所作所为时常进行劝阻，自然遭到了杨亮节的忌恨。杨亮节找了个机会，把赵与择派往浙东前线任职。朝廷里就有人说了，秀王忠孝两全，应该留下来辅佐朝廷，更何况现在是非常时期，怎么能让宝贵的赵氏血脉前往前线冒险呢？反对声音反而让杨亮节更加忧虑了，担心赵与择威胁到自己的地位，更加坚决地驱逐赵与择。赵与择不得不前往前线，最后在与蒙古兵的交战中阵亡。

宰相陈宜中原本就是党同伐异的高手，是从南宋的政治漩涡中一级级提升上来的老官僚。他把这套经验照搬照抄到了福建小朝廷中，丝毫不顾小朝廷虚弱的身躯能否承担党争的严重后果。他指使言官要将陆秀夫弹劾出朝廷。在危难时刻，陈宜中的行为引起了普遍的不满。张世杰指责陈宜中说："现在都什么时候了？还在动不动就以台谏论人！"陈宜中无奈，只好放过了陆秀夫。

浙江的蒙古大军，在喘息稍定后，开始南下进攻福建。南剑州知州王积翁逃跑，南剑州失守，福州门户洞开。陆秀夫、张世杰连忙主持护卫赵昰逃上海船，奔向泉州而去。福州随即失陷。

二

南宋的泉州是个国际性的商贸都市，城市规模大，也很富裕。

泉州权势最大的是富商蒲寿庚。他控制大量海船，独霸当地海上贸易，还凭借实力取得了南宋市舶使的官职，实际上垄断了泉州的对外贸易。人们都很熟悉明朝末年的郑芝龙和郑成功父子，因为他们的贸易成就和政治作为。实际上，蒲寿庚算得上是明末郑家的前辈。蒲寿庚一开始是欢迎流亡的小朝廷进驻泉州的。但是张世杰在泉州港停泊后，看到此地物资丰裕，船只硕大，急于扩充小朝廷的实力，下令强制征收蒲寿庚的船队和资产。

蒲寿庚被激怒了。他派人向蒙古军队联络投降事宜，同时发动自己的武装在泉州城里对南宋官吏、军队和皇室发起了进攻。小朝廷不得不逃离泉州，漂泊入海，成了海上行朝，四处流亡。

毫不夸张地说，南宋王朝在泉州与宝贵的历史机遇擦肩而过。

在福建海域中，流亡的小朝廷多次遇险。一次，小朝廷的船队与蒙古水军遭遇。庆幸的是，当日天气不好，海上大雾弥漫，能见度极低，赵昰一行人侥幸得以脱身。

福建是待不下去了，赵昰被拥着奔向广袤的南海。十二月，赵昰的海船流亡到广东惠州附近海域，又转移到浅湾（今广东省饶平县南海中岛屿）。皇室落魄得很。赵昰生母杨太妃依例垂帘听政，但与群臣交谈的时候，还自称“奴家”。此时的陆秀夫虽然还是签书枢密院事，但凭着坚定的毅力和顽强的言行，成了朝廷支柱。陆秀夫每次参与船上简陋的朝会时都“俨然正笏立，如治朝”，和在临安时没有两样。每当谈到伤心的事情，或者对时局感到失望，陆秀夫都会潸然泪下，用朝衣拭泪，最后连衣服都沾满了泪水。在场的大臣、官兵无不感到悲痛。

三

景炎二年（1277 年）上半年，文天祥的部队在江西传来了若干令人欣慰的好消息。

之前，文天祥的部队一直在福建西部和闽赣粤边界一带活动。当时元朝在江西的统治并不稳固，经常发生百姓自发的抵抗起义。一些县城也是得而复失，失而复得。少数堡垒还掌握在忠于南宋的残军手中。五月份，文天祥率领部队进入江西，得到江西各地的响应。文天祥充分利用已有的基础，占领会昌，又在雩都打败蒙古军队，进而收复兴国、赣州和吉州属下各县。文天祥在兴国建立指挥部，分兵攻打赣州和吉州的州城。一时之间，江西的形势出现了很有希望的势头。

好景不长，元朝随即抽调精兵，对文天祥所部展开反攻。围攻赣州的南宋部队先遭到失败，兴国的大本营接着被占领。文天祥企图与吉州的部队会合，走到中途就传来了吉州部队被击溃的消息。八月，文天祥在庐陵遭到蒙古军队围追。文天祥部下、老将巩信率领几十个士兵守住一个山口，掩护文天祥撤退。激战中，巩信身中数箭，仍靠在大石前面岿然不动；士兵们纷纷学他的样子，负伤乃至牺牲都倚岩石挺立。巩信等人全部牺牲后，蒙古兵从山下望去，还以为仍有兵士把守，就不敢继续追击文天祥。文天祥才得以逃脱。第二天，文天祥残部再次遭到围追，部将赵时赏自称是文天祥，被蒙古兵捉走，遇害。文天祥再次逃脱。

几次失败后，文天祥收拾残部，退到广东北部山区的循州，以待时机。

文天祥的部队和赵昰的小朝廷都具有漂浮不定的特点，很快就失去了联系。景炎二年（1277 年）的冬天，文天祥是在南岭山中度过的。第二年（祥兴元年，1278 年）二月，他率军向潮州移动。

四

四川坚持抵抗的星火，直到这时才被扑灭。

王坚被调离钓鱼城后，副将张珏接替他守城。德祐元年（1275 年），元朝也在四川地区发起了大规模攻势。叙州、泸州等地相继投降。张珏拒绝了元朝的两次招降，坚持据守。德祐二年（1276 年），南宋朝廷投降时，张珏拒不奉诏投降，积极备战，计划收复失地。张珏得知赵昰进入广东后，还派兵士探访下落，同时在钓鱼城营建宫殿，准备迎赵昰来四川重建南宋。而蒙古军队绕开了钓鱼城，直接去围攻后方的重庆。张珏一边派遣水军增援重庆，协助守城，一边在六月收复泸州，打败元军，解除了重庆之围。当年十二月，张珏退入重庆，将守卫重心转移到此。

德祐三年（1277 年）六月，元朝调集大军，决定彻底解决四川的战事。在蒙古军队的大举进攻面前，涪州、万州、泸州相继沦陷。年底，元朝重兵包围了重庆。在一再劝降无效的情况下，蒙古军队在第二年年初对重庆发动猛攻。张珏出城激战，终因寡不敌众，退守孤城。他的部队也出了叛徒，打开城门投降。蒙古兵入城后，张珏率领官兵展开巷战，失败后，想乘船沿江东下，结果被俘。张珏被俘后，威武不屈，1280 年，被元朝杀害。

南宋失去了在四川的所有领土。

五

景炎三年（1278年）四月，赵昰在广州湾病死。

赵昰本来就是一个小孩子，常年的辗转流离和惊吓，严重损害了他的健康。当年开春，赵昰来到雷州附近。这时候发生了两件事，一是元朝占领了雷州，逼得小朝廷只能时刻漂泊在海上；二是刮起了一场台风。正是这场台风要了赵昰的命。台风来的时候，掀翻了"御船"，将赵昰掀落在水里。虽然随从竭力将皇帝救了上来，赵昰因受飓风惊吓和海水侵蚀，随即染病不起，病情日益沉重，死了，年仅11岁。流亡的君臣给赵昰上庙号为"端宗"。

宋端宗死后，小朝廷群龙无首，到了分崩离析的边缘。

关键时刻，陆秀夫慷慨陈词："诸君为什么要散去？度宗皇帝还有一位皇子在这里。大家都走了，他怎么办？古人有靠一城一旅复兴的，何况如今朝廷还有上万将士。只要上天不绝赵氏，难道不能靠此再造一个国家吗？"在他的激励下，大家又拥立8岁的卫王赵昺为新皇帝，由杨太妃垂帘听政，改元祥兴。

眼看着陆秀夫、张世杰等人要将宋朝的旗帜一直扛下去，陈宜中却判定恢复无望，乘机溜走，逃往占城，从此再也没有返回中国。[①]

为了给小朝廷寻找一块安身的陆地，张世杰几次率军想夺回雷州，都没有成功。在今天广东省新会市南边有一个岛屿，叫作崖山。崖山岛上东西两边突出两座小山，分别是崖山与汤瓶山。两山对峙如门，称为崖门，宽仅一里左右，形成一个天然港口，可以藏舟。"每大风南起，水从海外排阔而入，怒涛奔突，浪涌如山"，而"崖山东西对峙，其北水浅"。这种地理特征使每天早晨和中午涨潮、落潮时分，岛内战船既可"乘潮而战"，又可

① 陈宜中之后携家眷到了越南的占城。后来，元军进攻占城，他又逃到泰国，最后死在了异国他乡。阴差阳错的，陈宜中被看作东南亚温州籍华侨的先驱。

“顺潮而出”。张世杰与陆秀夫于是决定将流亡政权迁往崖山。六月间，赵昺的小朝廷来到崖山。张世杰在岛上修建了一些房屋，将小朝廷勉强安顿了下来。

不曾料想，南宋王朝会在这座小岛上走完自己的生命历程。

崖山的最后时刻

一

对南宋王朝的最后清剿是由一个汉族人提出，并完成的。

这个人就是我们并不陌生的张弘范。元将张弘范在宋元战争中功勋卓著，回大都向忽必烈述职。他指出：“张世杰复立卫王为帝，闽广百姓奋起响应，倘若不及时剿灭，势必酿成大患。”忽必烈深以为然，于是委任张弘范为元帅，赐尚方宝剑，授权他全面负责清剿南宋残余的工作。张弘范挑选在江西打败文天祥的李恒为副帅，在扬州集中水陆精兵两万人南下。张弘范带着水军由海路占领漳州、潮州、惠州，李恒率步兵和骑兵占领广州。这样的架势，相当于从北到南把地图清扫了一遍，势必要将南宋残余力量都驱赶到南海里去。

当时文天祥还在潮阳收拾残部。面对大举南下的蒙古军队，文天祥在祥兴元年（1278年）十二月退出潮阳，撤退到海丰北部的五坡岭时被蒙古兵追上俘获。南宋在陆地上的武装力量消失了。

祥兴二年（1279年）正月，张弘范的水军大举逼近崖山。文天祥也被押在船上“观战”。一天夜里，蒙古舰队经过珠江口外的零丁洋时，张弘范要文天祥写信劝降张世杰。文天祥拿着纸笔，想起当年在赣州起兵时赣水的皇恐滩，面对夜幕下的零丁洋，写下了千古名篇《过零丁洋》：

辛苦遭逢起一经，干戈寥落四周星。
山河破碎风飘絮，身世浮沉雨打萍。
惶恐滩头说惶恐，零丁洋里叹零丁。
人生自古谁无死？留取丹心照汗青。

诗歌中的四周星是四周年的意思。从宋元战争的激烈时刻，到成为元朝的俘虏，文天祥度过了充实而辉煌的四年。“人生自古谁无死？”文天祥抱定了必死的决心，拒绝招降张世杰等人，反而要坦然地面对南宋的最后一刻。

二

从实力对比上来看，崖山的小朝廷完全有实力背水一战。

崖山的宋军还有战船1000余艘，正规军和民兵将近20万人，远远超过进犯的蒙古军队。同时蒙古军队不善水战，而张世杰的水军是常年漂泊在海上的武装，无疑占有优势。但张世杰似乎对前途不抱希望，将所有船只都撤退到天然港口内，放弃了对崖门入海口的控制，同时用粗大的绳索连接所有船只，四面围起楼栅，结成水寨方阵；方阵四周用衬垫围住，防止张弘范的火攻与炮轰。最后，张世杰毅然下令焚烧岛上房屋，全部军民进入方阵。赵昺的御船居于方阵之中，打算在此死守。

对南宋命运痛心疾首的后人们经常批评张世杰采取的备战措施。他们认为张世杰首先就不应该放弃对入海口的控制权，入海口的控制权就是战争的主动权；其次将千余战船用大索连接成水寨，简直是重蹈曹操在赤壁的覆辙，将笨重的南宋水军暴露在敌人的火力面前，任人宰割。当时也有人向张世杰建议："元军如果用战船堵塞出海口，我们就进退两难了。不如尽早突围，另择他处登陆，那样也许会有回旋的余地。"张世杰回答说："我等军民连年疲于海上奔命，何时方休？不如趁此时机与元军一决胜负。"

张世杰的意见其实也有他的道理。我们别看崖山的南宋军民还有 20 万人，但这 20 万人中真正的青壮战士并不多，老百姓居多（不能排除部分裹胁来的百姓）。张世杰是清楚这样的情况的，20 万人久居海上，颠沛流离，士气不会高到哪里去。一旦下令撤回或者登陆，这些军民没准就溃散，转眼找不着人了。那时候，张弘范要挨个捉拿"光杆司令"一般的赵昺君臣还不容易。所以，张世杰采取的办法也是为了坚定军民们与舰船共存亡的决心。

张弘范率水军赶到后，果然先控制了崖门入海口，又从北面和南面切断了宋军的所有退路，陷南宋小朝廷于孤立无援的境地。在此后十多天的防御战中，南宋将士们只能以干粮充饥，饮海水解渴，多数人呕吐不止，战斗力严重削弱。

张弘范统领的水军，只有战船 500 艘。刚开始进攻时，张弘范尝试了火攻，没有成功。当发现张世杰的军队虽然具有兵力优势，但只作防守、无意出击的情况后，张弘范反而不急着进攻了，耐心地等待元朝后续军队和补给的到来。正月底，又有元朝战船陆续到达，李恒也将广州的军队源源不断地运过来。

三

一直僵持到二月初六日。那天凌晨，崖山一带就暴发了暴风雨。

明朝人撰写的《宋史纪事本末》末段，记载当日"日暮风雨，昏雾四塞，咫尺不相辨"。这段文字穿越时光，给后人传递了大海苍茫、敌酋压境、命悬一线、生死绝杀的王朝末日气氛。

早晨，元将李恒指挥水军利用早晨退潮、海水南流的时机，渡过平时战舰难以渡过的浅水，从北面对宋军发动了突袭。最后的决战终于打响。水师原本是南宋的强项，科技领先他人。在长期的接触中，蒙古人大量吸收南宋的科技，也能建造高大、稳固的战舰了。同时，元朝水师吸收南宋的火器技术，融合从阿拉伯等西方传来的器械、锻造技术，能够制造威力大得多的“火炮”。如今，元朝水师就拨正炮口，无情地轰击崖山的南宋军民。

到中午时分，南宋方向就已经出现了溃败的迹象。张弘范乘机率领剩余的水军，利用中午涨潮、海水北流的时机，在南面向宋军发动了另一波进攻。蒙古军队的进攻用炮石、火箭作掩护，找到南宋水军一个突破口后，就不断撕大，最后跳上船去与南宋官兵短兵接战。这是蒙古人在草原上形成的传统战术。身心疲惫的南宋小朝廷南北受敌，无力再战，终于全线溃败。战斗进行到黄昏，局势就很明显了。南宋败局已定。

张世杰见方阵阵脚大乱，下令砍断大绳索，率领十余条战舰护卫杨太妃突围。突围途中，张世杰回头看到方阵核心的赵昺的御船因为体积庞大被外面的船只阻拦在中间，无法突围。于是，他派出小船前去接应赵昺。此时夜幕已经降临，加上海上风雨大作，几米之内都不辨人影。在御船上陪伴赵昺的陆秀夫见外围有小船进来要接走皇帝，很自然地怀疑这是元朝的诡计，派人假冒张世杰的部下来抢皇帝。他断然拒绝，更加严密地将赵昺保护起来。张世杰无奈，只得先保护着杨太妃杀出崖门，脱离战斗。

南宋水军的船只几乎全部沉没了，陆秀夫满怀悲伤之情，先把自己的妻子儿子赶下海去，然后对赵昺说：“事已至此，陛下当为国捐躯。先帝已经受到了蒙古的极大侮辱，陛下不可再辱！”陆秀夫叫人服侍赵昺身穿龙袍，胸挂玉玺，然后抱着小皇帝跳海自尽。周围的官兵、妇女也纷纷随之跳海。将近十万军民慷慨赴死，这在所有王朝覆灭的悲怆场景中都是绝无仅有的。

南宋历史就此结束，结束得如此完全，如此彻底！

崖山之战的惨况触目惊人。战斗结束后，海面上到处漂浮着死尸。几天后，崖山海域还有尸体十多万具，并不断有沉入海底的尸体和残骸浮上来，随浪起伏。崖门外生者呐喊，魂兮归来。亲眼看见了这一惨状的文天祥写道：

> 揭来南海上，
> 人死乱如麻。
> 腥浪拍心碎，
> 飙风吹鬓华。

崖山余舟大约八百艘，都被元军所得。数天之后，陆秀夫尸体浮上海面，被乡人收葬。元朝水军在清理战场时，发现一具身穿黄衣的孩童尸体，身上带有玉玺，上书“诏书之宝”四字。士兵将玉玺交给张弘范，经确认的确是赵昺所带玉玺。张弘范马上派人再去寻找赵昺尸体，尸体却已下落不明了。张弘范就以宋帝溺毙上报。

另一边，张世杰带着杨太妃冲出重围，退到一个叫作螺岛的小岛，准备召集残部图谋复国。赵昺的死讯传来后，杨太妃痛哭一场，说：“我忍死艰关至此者，正为赵氏一块肉耳。今无望矣！”也投海自尽去了。张世杰带着残部为了逃脱元朝水军的打击，继续逃亡海上，却突遭暴风雨。张世杰仰天长叹：“我为国家尽心尽力，一君亡，又立一君，如今又已亡矣。我之所以不死，就要等敌军退后，再立赵氏后裔。现在遭逢大风，不知天意如何？如果老天爷不让我存复赵氏，就让大风吹翻我的船吧！”在暴风雨中，张世杰的船真的被狂风给掀翻了。张世杰溺水而亡。南宋最后残存的抵抗力量也沉入了海底。

四

占领崖山，标志着元朝最后统一了中国。

张弘范派人在崖山北面的石壁上，刻下了“镇国大将军张弘范灭宋于此”十二个字。

元朝灭亡以后，人们将这十二个字铲掉，改刻上“宋丞相陆秀夫死于此”九个大字。

尾声

还是宋朝的事儿

宋朝灭亡了，但是有些事、有些人却是永远属于南宋的。在时间上，我们不忍心将它们归入新的大元王朝之中。因为它们用不同的方式为南宋作了注脚：或悲哀，或苍凉，或充满血性。八百年后，我们还能隐约通过这些人和事看到南宋王朝渐行渐远的背影。

一

南宋灭亡了，作为意识形态象征的太学要整体搬迁到新的帝国首都——大都去。

元朝朝廷特别“恩准”原来在临安太学就读的太学生们都“转学”到大都的新太学去，成为元朝的太学生。通知很快就在临安太学中公布了，届时会有蒙古军队“护送”北上。

衢州江山县人徐应镳在咸淳末年通过考试，成了太学生。南宋灭亡了，徐应镳悲痛欲绝，自然是不愿意去大都继续所谓的学业。说是学生，徐应镳的年纪也不小了，拖家带口的。他毅然与儿子徐琦、徐嵩和女儿徐元娘商议集体自焚，死也不当元朝的太学生。三个子女都表示赞同，愿意跟随父亲自焚殉国。

临安的太学原是岳飞的府邸，学校里一直保存着岳飞的祠堂。自杀前，徐应镳带上酒肉，来祭祀岳飞，说：“岳王爷，天不佑宋，社稷为墟。我徐应镳应誓死报效国家，发誓不与各位同学北上。希望我死后，魂魄能够作配神主，与岳王爷的英灵永永无斁。”儿子徐琦也赋诗一首，发誓自杀。祭祀完毕，徐应镳把酒肉都分给下人们。等下人们都喝醉得不省人事后，徐应镳与子女爬上云楼，在四周堆积满书籍箱笥，纵火自焚。谁料，有一个年轻的仆人并没有喝醉，在闭目休息，听到动静后赶紧去查看情况，发现徐应镳父子俨然坐立，像庙里的塑像一样。他赶紧叫醒下人们，凿墙的凿墙，搬东西的搬东西，救火的救火，把徐应镳一家人给救了下来。徐应镳四人非但不感激，还怏怏出去，不知去向。第二天，人们在岳飞祠堂前的井里发现了徐应镳等四人的尸体。四个人都僵立瞠目，面色如生。人们将他们收殓埋葬在西湖边上。

十年后，徐应镳当年同宿舍的同学刘汝钧率领50多个儒生将老同学一家人移葬在方家峪，并私谥徐应镳为“正节先生”。

徐应镳并不是抵制北上的特例。临安的许多太学生接到北上通知后，要么自杀，要么逃往，导致蒙古人根本凑不足100人的数目，无法北上。蒙古人没办法，只好强迫太学的仆役们上街指认太学生，闹得临安城人心惶惶。许多人因为去过太学，或者是仆役们的熟人，就被“指认”为太学生，押解北上。

北上的道路简直是一场生死考验。这些读书人都很贫寒，不像前南宋的达官贵人们一样，有金银可以行贿押送人员换取较好的待遇。太学生们缺衣少食，不断有人倒毙途中。100个人从临安出发，最终只有46人到达大都。

二

大都的忽必烈接到张弘范如何处理文天祥的奏折后，说：“谁家没有忠臣啊？”

忽必烈命令对文天祥以礼相待，押送大都，软禁在会同馆中。打心眼里，忽必烈敬重文天祥，希望文天祥能够为自己所用。

忽必烈先是派降元的原南宋左丞相，现在元朝的礼部尚书、翰林学士承旨留梦炎去劝降文天祥。文天祥一见留梦炎就怒不可遏，要上前厮打。留梦炎赶紧溜走。当时，有人请求释放文天祥，让他去当道士。留梦炎坚决反对，认为文天祥在反元势力中具有极高的号召力，释放文天祥对稳固统一不利，也对他这样的降臣不利。①

此时的北方还存在许多抗元武装，其中还有以文天祥的名号相号召的。忽必烈不敢掉以轻心，于是下令将文天祥的双手捆绑，戴上木枷，关进兵马司的牢房关押。文天祥入狱十几天后，狱卒才给他松了手绑；又过了半月，才给他解下木枷。其间，元朝丞相孛罗亲自审问文天祥。文天祥被押到枢密院大堂，只对孛罗行了一个拱手礼，昂然而立。孛罗喝令左右强令文天祥下跪。文天祥顽强挣扎，最后坐在地上就是不肯屈服。孛罗没办法，只好装出恶狠狠的样子问文天祥："你现在还有什么话可说？"文天祥泰然回答："天下事有兴有衰。国亡受戮，历代皆有。我为宋尽忠，只愿早死！"

文天祥在大牢里关了三年，逐渐成了天下人怀念南宋、辨别忠奸的标志。

当时有临安的戏子金某在宴会上插科打诨影射范文虎，说某寺有一座大钟，但寺奴好久都不敢敲它。住持就询问原因，寺奴说因为钟楼上有个巨神，样子奇怪，所以不敢上楼。住持到钟楼上去看，果然见到了巨神。那巨神见了住持，立刻倒身下拜。住持问他："你是何神？"巨神答："我是钟神。"住持反问："既是钟神（忠臣），如何投拜？"还有鄂州降将程鹏飞的父亲程聪，断然否认在金朝做大官的程鹏飞是自己的儿子。

元朝朝廷自然没有放弃对文天祥的劝降工作。他们什么方法都用了，就是没有取得预期的效果。一次，蒙古人命令文天祥的女儿柳娘给父亲写信，告诉文天祥说他的妻子和两个女儿都在宫中为奴，形同奴隶，只要文天祥投

① 留梦炎是南宋淳祐年间的状元，被人艳称为"状元宰相"。文天祥是宝祐年间的状元，是留梦炎的学弟，后来也做到了宰相，也是一个"状元宰相"。留梦炎后来年纪大了，退休回到老家——浙江衢州，死在家中。

降，一家人即可团聚。文天祥收到女儿的来信后，心如刀绞。他在写给妹妹的信中说：“收柳女信，痛割肠胃。人谁无妻儿骨肉之情？但今日事到这里，于义当死，乃是命也。奈何？奈何！……可令柳女、环女做好人，爹爹管不得。泪下哽咽哽咽。”文天祥始终将为国尽忠放在第一位。在艰苦的环境中，文天祥强忍悲痛，写出了《指南后录》第三卷、《正气歌》等名作，既激励自己，也影响了他人。

文天祥这些作品的流传，全赖二弟文璧。文天祥兄弟三人，文天祥和文璧少年成名，被誉为文氏双璧。文天祥抗元，家破人亡，乃至父母丧葬一度无人料理。文璧便把更多的时间放在保存宗族上。文天祥被俘，身为惠州太守的文璧，开城投降；文天祥身陷囹圄，文璧入京接受临江路总管官职。赴任临江前，文璧给文天祥送去元钞四百贯。

文天祥给文璧回信，谈了五件事：一是安排后事，自己骸骨要归葬故土，如尸骨不归，可招魂封之；二是明确以文升为嗣子（文天祥两个儿子都没于战乱）。早在1281年春节，文天祥已经给文升写过一封“遗书”：“吾备位将相，义不得不殉国；汝生父与汝叔姑全身以全宗祀。惟忠惟孝，各行其志矣。”三是大妹文懿孙一家流落大都，要文璧竭力救回老家；四是邀请好友邓光荐为自己撰写墓志铭，如墓志一时不能公开，藏之以待将来；五是希望在家乡建祠祭祀自己。

文天祥给三弟文璋也写信一封，勉励他不在元朝任职，隐居读书：“我以忠死，仲以孝仕，季也其隐。隐当若何？山中读书可矣；其他日，为管宁、陶潜。使千载之下，以是称吾三人。”当时文璋已获任为同知南恩路总管府事，他听从大哥教导弃官而去，“杜门却扫，十年如一日”。文家三兄弟，文天祥忠，文璧孝，文璋隐。

除了两封书信，文天祥将平时剪下的须发、指甲和脱落的牙齿，包裹后寄给文璧。包裹里还有文璧送来的四百贯元钞，如数退还。文天祥说：“此逆物，我不受。”兄弟俩各行其志，各走各道。

文天祥甚至赢得了元朝大臣们的尊敬。至元十九年（1282年）八月，忽必烈问群臣："南方北方宰相，谁是贤能？"大臣回答说："北人无如耶律楚材[①]，南人无如文天祥。"忽必烈非常感慨，在当年的十二月八日召见文天祥，亲自劝降。文天祥一上来，依然是长揖不跪。忽必烈比孛罗要有涵养多了，也不强迫文天祥下跪，只是说："文丞相在这里的日子久了，如能改心易虑，像对待南宋那样对待朕，朕就将中书省托付给你（汝以事宋者事我，即以汝为中书宰相）。"文天祥回答："我是大宋的宰相。大宋灭亡了，我只求速死，但愿一死足矣！"忽必烈知道文天祥不可劝降，决定成全文天祥的千秋威名，下达了处决令。

第二年元月，文天祥在大都柴市口慷慨就义。

行刑前，监斩官问他："丞相您还有什么留言？如果您回心转意，现在还能免死。"

文天祥呵斥说："死便死，不用多说。你只告诉我，哪边是南方？"顺着监斩官指的方向，文天祥泰然下拜，从容就义，时年 47 岁。

从这一刻开始，文天祥迅速登上圣坛，赢得了不同阵营、所有时代的褒扬，化身为历史星空中最闪亮的星辰之一。他近乎完人的形象，代表了整个中华民族的精神与人格，是我们民族万古不灭的光荣。

文天祥死后，别人在他的衣带上发现了他写的诗句："孔曰在仁，孟曰取义。惟其义尽，所以仁至。读圣贤书，所学何事？而今而后，庶几无愧。"

三

早在文天祥被俘的时候，江西就出现了《生祭大丞相文》。当时文天祥还活着，南宋的土地上就出现了尊称他为"大丞相"的"祭文"，其中鼓励文天

① 协助成吉思汗统一、治理北方的贤臣。元朝许多对汉族地区的统治制度和政策都是耶律楚材制定的。

祥自杀成仁的意味非常明显。

文天祥在被俘的时候，就服下了事先准备好的毒药，可惜没有死成。《生祭大丞相文》的作者王炎午非常执着，暗中跟随着文天祥的囚车，将祭文从江西一路粘贴到大都。

王炎午是文天祥的同乡，原名叫作王应梅，过着优越的南宋文人生活，曾经是咸淳年间的太学生。临安沦陷后，王应梅倾家荡产跟随文天祥起兵抗元，进入文天祥的幕府工作。不久因为母亲病危，王应梅离开军队返回家乡。他回到家乡不久，南宋就彻底消失在了南中国海的海底。王应梅痛哭流涕，除了敦劝文天祥自杀外，他的后半生闭门不出，改名王炎午，不参与上流交往，更拒绝出门做官。作为南宋亡国文人的王炎午于七十三岁高龄死在家中，赢得了南宋遗老遗少和元朝官方的双重尊敬——蒙古人实诚，对坚持民族气节抵制元朝的汉人反而很尊敬。正是因为官方对他们的言行的记载，后人才得以记住他们。

文天祥在大都的囚室中还结识了人生的最后一位“文友”、同样是南宋官员的汪元量。

汪元量作为陪伴赵㬎北上的前宫廷官员，境遇要远远好于文天祥。他多次到囚所探视文天祥，两人指点江山、谈文论字。文天祥还曾为汪元量作品作了序。

汪元量是钱塘人，在宋度宗时进入宫廷，做文学侍从兼琴师。从他所写的《宫中新进黄莺》《春苑赏牡丹》《宫人鼓瑟奏霓裳曲》等作品中，我们可以知道他前期所关注的文字和情调。临安沦陷后，汪元量随皇帝、皇太后北行。短短的几天后，汪元量用完全不同的笔触记述了“杭州万里到幽州”的所见所闻：

北望燕云不尽头，大江东去水悠悠。
夕阳一片寒鸦外，目断东南四百州……

两淮极目草芊芊，野渡灰余屋数椽。

兵马渡江人走尽，民船拘敛作官船……

南宋的迅速灭亡让汪元量的宫廷奢华生活如昙花一现，残酷的现实让他走上了现实主义的创作道路。时人称汪元量的“亡国之戚，去国之苦，艰关愁叹之状，备见于诗”，他的作品可以看作是“宋亡之诗史”。汪元量的诗目睹了南宋后期“声声骂杀贾平章”的情景，是“侍臣已写归降表，臣妾签名谢道清”的历史见证者。满腔悲愤都变为诗文宣泄了出来。

同样是亡国文人，汪元量的命运也是悲惨的。他告别文天祥后就随赵㬎被迁往上都和西北各地。身心疲惫的汪元量最后是以道士身份得到允许被放回临安的。但汪元量只在家乡官府那点了个卯，就不知去向。有人说在湖南看到过汪元量，也有人说四川出现了汪元量的行迹，还有人说江淮一带有个道士很像汪元量。

反正最后，汪元量不知所终。

四

忽必烈挑选的劝降文天祥的最重量级的“说客”，当属宋恭帝赵㬎。

元朝让赵㬎去劝降文天祥，这就给文天祥出了一道难题。你不是效忠南宋王朝吗？现在“前”南宋的皇帝来劝你投降，你有什么理由可以抗拒的呢？

文天祥见到赵㬎之后，立刻跪地痛哭流涕，一个劲地说：“圣驾请回！”

宋亡之日，赵㬎是被谢道清抱在怀里投降的，对往事的记忆已经模糊了，对文天祥更是谈不上有什么印象。但在遥远的大都中，能够见到这么一位效忠南宋的遗民，赵㬎不能不受到极大的触动。他没有说一句话，转过身去，轻轻地告别了文天祥。

德祐二年（1276年）五月，赵㬎到达大都，被元朝封为瀛国公、开府议同三司检校大司徒。虽然这一切都是虚的，但年幼的赵㬎根本感觉不出其中的微妙来。他在大都度过了自己波澜不惊的童年生活。1282年十二月，赵㬎被迁居上都（今内蒙古自治区多伦县西北石别苏克）。在那里，赵㬎似乎恢复了最初的记忆。他终于明白了自己往日的至尊的地位，明白了昨天和今天之间巨大落差的意义，以及其中对自己的危险。当南宋旧臣汪水云被释放回江南时，赵㬎曾作诗相送：

寄语林和靖，梅花几度开。

黄金台下客，应是不归来。

也许就是这首表露了乡思之苦的诗歌波动了忽必烈深藏内心的警惕之弦。赵㬎已经成年了，多多少少都可能构成对元朝统一的威胁。忽必烈毕竟是一位仁慈的君主，他没有采取血腥的屠杀方式，而是在寻找另外一种方法。恰好，有所警觉的赵㬎主动上书请求脱离尘世，永生为僧。忽必烈欣然应允，在第二年十二月遣送赵㬎入吐蕃，学习佛法。

赵㬎的后半生是在吐蕃度过的。他在萨迦大寺更名为合尊法师，号木波讲师，终日与青灯黄卷为伴，潜心于学习藏文，研究佛法，过起了清苦的寺院生活。勤学与思考使赵㬎很快通晓藏文，贯通佛学，进而从事佛经的翻译，译成《因明入正理论》《百法明门论》等经文。赵㬎还一度担任过萨迦大寺的主持。吐蕃人亲切地称呼赵㬎为"蛮子合尊"，蛮子是元朝对汉族人的称呼，合尊是藏语中对出家的王孙子弟的尊称。赵㬎至今仍被藏史学家列入翻译家和佛学大师之列。

1323年，赵㬎还是接到了元英宗的死亡诏书，在吐蕃被杀，享年53岁。此时离南宋灭亡已经将近半个世纪了。

附一

南宋皇帝小传

宋高宗赵构（1127 年—1162 年在位）

赵构是南宋的开国皇帝，宋徽宗赵佶第九子，宋钦宗赵桓的帝弟。

赵构是因为机缘巧合当上皇帝的。靖康元年（1126 年）年末金兵攻陷东京汴梁，将包括徽、钦二帝在内的近支皇室都俘虏北上。北宋灭亡。当时的康王赵构滞留外地，成为仅存的嫡系亲王，被拥立为新皇帝。1127 年，赵构在应天府即位，改元建炎，建立南宋。赵构即位初年，内忧外患，时局艰难，加上自己缺乏权力的合法性，他的皇帝生涯颠沛流离，极不稳固。所以赵构终身都在追求稳固安逸的皇帝生活。他建都临安，“直把杭州作汴州”，重用秦桧，冤杀岳飞，一心保持南宋的偏安局面。赵构政治上最大的功绩就是将宋朝统治给延续了下去，并和金朝达成一致。很多人将赵构看作是昏君。

在个人能力上，赵构长于骑射，精于书法。其书法影响和左右了南宋书坛。

宋高宗赵构有两个年号：建炎、绍兴。

宋孝宗赵昚（1163 年—1189 年在位）

赵昚是南宋第二任皇帝，系宋太祖赵匡胤次子赵德芳六世孙。父亲为秀王赵子偁。初名伯琮。赵构因为无嗣，收养他为嗣子，改名赵瑗。赵昚的即位标志着宋朝皇室的血脉从宋太宗赵匡义一脉重新传回了宋太祖赵匡胤一脉。

绍兴三十二年（1162 年），赵构禅位给赵昚。赵昚早年立志光复中原，收复河山，平反了岳飞冤案，追谥“武穆”，并剥夺秦桧的官爵。在老臣张浚等人的主持下，赵昚发动对金朝的战争，但是遭到符离大败，被迫于隆兴二年（1164 年）和金国签订“隆兴和议”。之后，赵昚在外交上归于平淡，整个干道年间都专心理政。他统治时期，政治安定，百姓富裕，一改赵构时期的凋敝景象，被后世称为“干淳之治”。1187 年 10 月，赵构高龄病卒，赵昚为了服丧，让太子赵惇参与政事，并在两年后禅位，闲居重华殿继续为高宗服丧。赵惇与赵昚不和，赵昚的晚年并不幸福，郁郁寡欢，1194 年病逝。

赵昚是南宋较有作为的皇帝。在个人品行上，赵昚为人谨慎、孝顺。

宋孝宗赵昚有三个年号：隆兴、乾道、淳熙

宋光宗赵惇（1190 年—1194 年在位）

赵惇作为南宋第三任皇帝，赵昚之子，是南宋所有皇帝中比较昏庸的一位。

在赵昚禅位给他之前，赵惇已经是 43 岁的皇太子了。他苦于不能早日登基，但等到做了皇帝以后，体弱多病的身体严重束缚了他处理政务。赵惇时期南宋朝政由“干淳之治”转向昏暗。赵惇的皇后李凤娘是有名的妒妇，在丈夫和太上皇赵昚之间挑拨离间。赵惇又极怕老婆，长久不去探望父亲。绍熙五年（1194 年），赵昚得病，赵惇拒绝群臣劝谏，不去探望赵昚。赵昚病逝后，赵惇也不服丧。最后大臣赵汝愚、外戚韩侂胄等人联络太皇太后逼迫赵惇禅位给太子赵扩。赵惇也成了太上皇，庆元六年（1200 年）春郁郁不乐而终。

宋光宗只有一个年号：绍熙。

宋宁宗赵扩（1194 年—1224 年在位）

南宋第四任皇帝赵扩是宋光宗次子，绍熙元年（1190 年）被立为储嗣。五年后在政变中被大臣和外戚拥立。赵扩即位后先以赵汝愚为相，后信任韩侂胄。韩侂胄成为赵扩时期的权臣。赵扩时期南宋政治上发生了两大事件：第一是“庆元党争”，在韩侂胄的主持下对赵汝愚、朱熹一派理学人士进行迫害；第二是在开禧二年（1206 年）仓促发动北伐，结果大败。礼部侍郎史弥远发动政变，杀死韩侂胄，与金朝签订嘉定和议。赵扩后期，史弥远与杨皇后联合，把持朝政。在外交上，南宋开始与蒙古接触，确立了共同消灭金朝的方针。但是当时南宋与金朝的边界相对稳定。

赵扩没有儿子，有意传位给宗室赵贵和。但他死后，史弥远联合杨皇后、郑清之等矫诏立赵贵诚为皇太子继承皇位。

宋宁宗有四个年号：庆元、嘉泰、开禧、嘉定。

宋理宗赵昀（1224 年—1264 年在位）

宋理宗原名赵贵诚，原是皇室疏宗、绍兴百姓。史弥远出于专权需要，挑选赵贵诚过继给宋宁宗弟弟沂王为嗣子，并矫诏立他为新帝，改名赵昀。赵昀是南宋的第五位皇帝，在位 40 年，是南宋在位时间最长的皇帝。宋理宗在位时期，基本可以分三个时期。第一个时期（1225—1233 年），赵昀对史家的立策抱有感激之情，将国事都交给史弥远。史弥远独相擅权，理宗渊默少为。第二个时期（1233—1253 年），宋理宗亲政，进行“端平更化”，一度想励精图治、中兴王朝，可惜成效不大。第三个时期（1253—1264 年），宋理宗嗜欲享乐，怠于政事。

南宋在赵昀统治时期，到达了社会经济繁荣的巅峰，也不可避免地走向了衰亡。1234 年，南宋联蒙古灭金。南宋收回部分领土后，撕毁与蒙古的条约，挑起了宋蒙之间的四十年战争。宋理宗晚期，蟋蟀宰相贾似道把持朝政，私自向蒙古称臣。

赵昀死后，因为他对程朱理学的尊崇，定庙号为理宗。理学在宋理宗时期成为官学。

宋理宗年号较多，有：宝庆、绍定、端平、嘉熙、淳祐、宝祐、开庆、景定。

宋度宗赵禥（1265 年—1274 年在位）

宋理宗死后也没有儿子，只好又选择侄子赵禥为继承人。赵禥智商不太正常，而且昏庸荒淫。朝政一直被贾似道把持。虽然赵禥推崇理学，口口声声要“存天理，灭人欲”，却终日沉溺于美色，醉生梦死。当时南宋政治腐败黑暗，百姓生活困苦，又面临蒙古军队的进攻，已经显露出了亡国之像。襄樊被蒙古军队围攻五年，最终沦陷，南宋的防守局势更加恶劣。因为贾似道的隐瞒，赵禥竟然对此不知情。赵禥最后可能是因为酒色过度而死。

宋度宗的昏庸无能加快了南宋的灭亡。他只有一个年号：咸淳。

宋恭帝赵㬎（1274 年—1276 年在位）

南宋第七位皇帝赵㬎是宋度宗的次子，即位时只有 4 岁，由祖母太皇太后谢氏和母亲全太后垂帘听政，贾似道主政。当时元朝大军已渡过长江向临安进发。谢太后通令全国“勤王”，并向元军乞和。长江中下游各州县纷纷向元朝投降。无能的贾似道在芜湖迎战，结果丧失了南宋军队的主力。1276 年 1 月 18 日，伯颜率领元军进攻临安，太皇太后谢氏抱着赵㬎向元军投降。因为被元朝俘虏，赵㬎谥号“恭”，所以没有庙号。

赵㬎先被元朝封为瀛国公，后来又被安排去西藏出家为僧。赵㬎是元朝初年的高僧，翻译了大量佛教经文。1323 年，始终担心赵㬎是潜在威胁的元朝“赐死”赵㬎。

宋恭帝只有一个年号：德祐。

宋端宗赵昰（1276 年—1278 年在位）

宋端宗赵昰是南宋第八位皇帝。他是宋度宗的庶长子、宋恭帝的哥哥。元军攻占临安时，赵昰和弟弟赵昺被护卫出逃福建。赵昰在福州登基，延续南宋统治，时年 7 岁。宋端宗时期的南宋完全是一个“逃命的小朝廷”，全靠大臣陆秀夫、文天祥等人坚持抗元。在元军的紧紧追击下，大将张世杰护卫宋端宗登船入海，在海上东逃西藏。1278 年三月，赵昰逃难到广州湾的时候因为船只倾覆，落入水中。虽然被随从救起，但年幼的赵昰生了重病，在颠簸中又难以治疗，惊病交加而死。

宋端宗只有一个年号：景炎。

末帝赵昺（1278年—1279年在位）

赵昺是南宋第九位皇帝，也是最后一位皇帝。他是宋度宗的幼子，与哥哥赵昰一起在文天祥、陆秀夫、张世杰、陈宜中等人拥护下南逃。宋端宗死后，赵昺成为南宋最后的希望，在海上宣布登基称帝。赵昺王朝的象征意义远远大于实际意义，以崖山（今广东省新会崖门）为据点，坚持抗元。1279年3月，南宋参与力量在崖山海战中全军覆灭。陆秀夫抱着8岁的赵昺跳海自杀。南宋灭亡。

赵昺一般被称为宋帝昺，也称宋卫王、幼主、幼帝、末帝等，只有一个年号：祥兴。

附二

南宋历史大事年表

<table>
<tr><th>时间</th><th>事件</th><th>人物</th></tr>
<tr><td>1103 年</td><td></td><td>岳飞出生于相州。</td></tr>
<tr><td>1107 年</td><td></td><td>赵构出生在汴梁。</td></tr>
<tr><td>1125 年</td><td>金朝发动灭宋战役，兵临汴梁。</td><td></td></tr>
<tr><td rowspan="2">1126 年</td><td>康王赵构在相州募兵勤王。</td><td>岳飞加入赵构部队。</td></tr>
<tr><td>汴梁沦陷，宋钦宗投降。北宋灭亡。</td><td></td></tr>
<tr><td colspan="3">1127 年（建炎元年），南宋建立。</td></tr>
<tr><td>1127 年</td><td>赵构到南京应天府称帝，改元建炎。</td><td></td></tr>
<tr><td>1128 年</td><td>金朝再次发动灭宋战役。</td><td>张浚知枢密院事。</td></tr>
<tr><td rowspan="4">1129 年</td><td>赵构从扬州逃亡镇江。</td><td></td></tr>
<tr><td>杭州改名并升级为“临安府”。</td><td></td></tr>
<tr><td>苗傅、刘正彦发动兵变，逼赵构退位，后被韩世忠等人扑灭。</td><td></td></tr>
<tr><td>赵构带领南宋小朝廷流亡东海。</td><td></td></tr>
<tr><td rowspan="2">1129 年</td><td>1129 年建康失陷，杜充降金。岳飞开始独当一面。</td><td>赵明诚病逝，李清照开始孤寂的生活。</td></tr>
<tr><td>赵构漂洋入海，在浙东海域躲避金军追击。</td><td></td></tr>
<tr><td rowspan="4">1130 年</td><td>金军北撤，在黄天荡被韩世忠所部打败。</td><td>秦桧从金朝来到临安。</td></tr>
<tr><td>岳飞收复建康。</td><td>朱熹生于尤溪。</td></tr>
<tr><td>刘豫在北方建立伪“大齐国”。</td><td></td></tr>
<tr><td>其间，西线爆发富平战役和和尚原战役。</td><td></td></tr>
</table>

续表

时间	事件	人物
1131 年	秦桧被任命为右相兼知枢密院事，旋即遭罢免。	
1132 年		赵伯琮被选为赵构养子。
1134 年	岳飞第一次北伐，收复襄樊地区。	
1135 年	杨幺起义遭到镇压。	
1136 年	刘豫兵分三路进攻南宋，被打败。	
1137 年	淮西兵变发生，郦琼等投降“大齐国”。	张浚因淮西兵变而罢相。
	“大齐国”被金朝废黜。	
	金朝释放王伦，宋金开始和谈接触。	
1138 年	宋金就和谈内容达成一致。南宋向金朝称臣。	秦桧开始独揽相权。
1140 年	金朝再次进攻南宋。刘锜取得顺昌大捷。	辛弃疾出生于历城。
	岳飞北伐，逼近汴梁，中原震动，被朝廷勒令班师。	
1141 年	宋金绍兴和议达成。	岳飞遭到冤杀。
	南宋朝廷收地方将领兵权。	
1144 年		陆游迎娶唐婉为妻。
		朱熹来到武夷山求学。
1150 年	军官施全行刺秦桧，没有成功。	
1155 年		秦桧逝世。
1160 年	南宋发行东南会子。	
1161 年	金朝完颜亮大举进攻南宋。	
	虞允文取得“采石大捷”。	
1162 年	宋金重新达成和议。	辛弃疾南归。
	赵构退位，成为太上皇。	赵眘即位。
		岳飞获得平反。

续表

时间	事件	人物
1163 年	南宋发动一次北伐，遭到失败。	张浚出任枢密使。
1164 年	南宋与金朝复位合约，史称隆兴和议。	
1187 年		赵构逝世。
1189 年	赵昚退位，成为太上皇。	赵惇即位
1194 年	赵汝愚发动绍熙内禅，逼赵惇退位。	赵昚逝世。
		赵扩即位。
		朱熹短期出任侍讲之职。
1195 年		赵汝愚罢相。
		韩侂胄主政。
1196 年		赵汝愚暴病身亡。
1197 年	韩侂胄发起“庆元党禁”，理学遭到迫害。	
1200 年		赵惇逝世。
		朱熹逝世。
1206 年	韩侂胄发动开禧北伐，小胜后败。	辛弃疾逝世。
1207 年	吴曦叛变投降金朝，旋即被消灭。	韩侂胄被杀。
	宋金再次和谈成功。	史弥远上台。
1209 年	罗日愿等人行刺史弥远不成。	
1210 年		陆游逝世。
1214 年	金朝遭到蒙古进攻，南迁汴梁。南宋从此拒绝支付岁币。	
1217 年	金宣宗拓地南宋，失败。	
1221 年	南宋和蒙古展开外交接触，共同对付金朝。	
1224 年	金朝来南宋“通好”，宋金恢复和平。	赵扩逝世。
	南宋进入通货膨胀时期。	赵贵诚即位。
1232 年	蒙古合围汴梁。金哀宗弃城而逃。	
1233 年	南宋出兵，与蒙古共灭金朝。	史弥远逝世。

续表

时间	事件	人物
1234 年	金哀宗自杀，蔡州城破，金朝灭亡。	
	南宋违约占领汴梁、洛阳，随即被蒙古夺回。	
1235 年	蒙古军队开始进攻南宋。	
	窝阔台征讨四川。南宋失去四川大部地区。	
1256 年		文天祥考中状元。
1258 年	蒙哥亲自率军进攻四川。	丁大全出任宰相。
1259 年	南宋赢得钓鱼城战役，蒙哥死在阵前。	贾似道出任宰相。
	贾似道私自议和，编造“鄂州大捷”。	
1260 年		忽必烈成为蒙古大汗。
1262 年	临安城中缺粮。	
1263 年	南宋朝廷开始推行“公田法”。	
1264 年		赵贵诚逝世。
		赵禥即位。
1268 年	襄樊战役打响。	
1271 年	元朝建立。	
1273 年	襄樊沦陷，吕文焕投降元朝。	
1274 年	蒙古大军进入长江，发动灭宋最后一战。	赵禥逝世。
		赵㬎即位。
1275 年	贾似道亲政，全军覆没。南宋主力被消灭。	贾似道被打死。
	南宋朝廷乞和，遭到拒绝。	陈宜中出任宰相。
1276 年	赵㬎、谢道清投降，临安沦陷。	文天祥出任宰相。
	元朝接收临安。宋朝皇室北上。	

续表

时间	事件	人物
1276 年（德祐二年），南宋灭亡。		
1276 年	赵昰、赵昺逃出临安。	文天祥逃离元朝。
	赵昰在福州被拥立为新皇帝，改元景炎。	
	扬州沦陷，李庭芝遇害。	
1277 年	文天祥在南方坚持抵抗。	
	四川全境沦陷。	
1278 年	流亡小朝廷迁往崖山。	赵昰病死。
		赵昺即位。
1279 年	崖山大战，南宋残余力量被消灭。	文天祥兵败被俘。
		陆秀夫、张世杰殉国。
1283 年		文天祥就义。
1323 年		南宋末代皇帝赵㬎遇害。

参考文献

专著

蔡美彪:《中国通史》第五册、第六册，人民出版社 1994 年版。

周一良等:《中国历史通览》，东方出版中心 1994 年 1 月版。

邓广铭:《岳飞传》，百花文艺出版社 2002 年 10 月版。

李亚平:《帝国政界往事：公元 1127 年大宋实录》，北京出版社 2004 年 9 月版。

吴　蔚:《宋史疑云》，海南出版社 2007 年 4 月版。

梅　毅:《刀锋上的文明——宋辽金西夏的另类历史》，中国海关出版社 2006 年 6 月版。

赵　益:《西风凋碧树》，陕西师范大学出版社 2004 年 9 月版，

姜广辉:《理学与中国文化》，上海人民出版社 1994 年 6 月版。

周　膺:《宋朝那些事儿》，人民大学出版社 2007 年版。

史为民:《大一统——元至元十三年纪事》，生活·读书·新知三联书店 1994 年 10 月版。

论文（按作者姓名拼音排序）

程民生:《汴京文明对南宋杭州的影响》，载于《河南大学学报（社科版）》1992 年 7 月。

陈泳超:《“白蛇传”故事的形成过程》，载于《艺术百家》1997年第2期。

邓小南:《关于“泥马渡康王”》，载于《北京大学学报（哲社版）》1995年第6期。

方如金:《南宋临安的文化》，载于《浙江师范学院学报（社科版）》1982年第3期。

何忠礼:《“绍兴和议”签订以后的南宋政治》，载于《杭州大学学报（哲社版）》1997年第3期。

胡保峰:《略论金都南迁后金朝形势与宋金关系》，载于《漯河职业技术学院学报（综合版）》2003年12月。

胡昭曦:《论宋理宗的“能”与“庸”》，载于《中国史研究》1998年第1期。

姜锡东:《岳飞被害与昭雪问题再探》，载于《郑州大学学报（哲社版）》2007年3月。

李传印:《韩侂胄与开禧北伐》，载于《安庆师范学院学报（社科版）》2000年8月。

李国荣:《秦桧科场舞弊案》，载于《光明日报》2000年03月31日。

靳　华:《嘉定议和后的宋金关系》，载于《北方论丛》2002年第6期。

任崇岳:《南宋末年“买公田”述论》，载于《河南大学学报（哲社版）》1990年第4期。

王茂华:《南宋降将与宋蒙（元）战争进程》，载于《赤峰学院学报（汉文哲社版）》第28卷第1期。

王曾瑜:《关于秦桧归宋的讨论》，载于《历史研究》2002年第3期。

杨金梅:《宋词中的南宋都城杭州盛景》，载于《中共杭州市委党校学报》2004年第2期。

喻学忠:《晚宋士大夫奢靡之风述论》，载于《江淮论坛》2006年第5期。

喻学忠:《晚宋士大夫贪墨之风述论》，载于《重庆师范大学学报（哲社版）》2006年第3期。

俞兆鹏、郑　锋:《论贾似道现象》，载于《江西教育学院学报（社科版）》2004年10月。

岳毅平、刘群英:《论宋王朝重商的财政背景》，载于《安徽农业大学学报（社科版）》2003年11月。

姚兆余:《宋代文化的对外传播及其影响》，载于《甘肃社会科学》2000年第4期。

[美]赵冈:《南宋临安人口》，载于《中国历史地理论丛》1994年第2期。

后 记

感谢阅读本书。

作为中国传统王朝巅峰，南宋在社会、经济、文化诸多方面都取得了辉煌成就，何以最后在短短几年间轰然倒塌？南宋的兴衰沉浮能够给后人怎样的启迪呢？

我的基本观点就是本书的书名：脆弱的繁华。

邓广铭先生说："两宋时期的物质文明和精神文明所达到的高度，在整个封建社会历史时期之内，可以说是空前绝后的！"在历史教科书中，南宋一直是唐宋盛世的璀璨组成部分。

如果把南宋的150载光阴放在历史长河中来看，它仅仅是众多偏安东南的王朝之一，东吴、东晋和十国中的南方九国都是南宋的前辈。

偏安东南一隅的割据政权，逃难覆灭的命运。其中的缘由，我们可以列出很多来。比如，中国古代的政治、军事中心始终在北方，尤其是北方始终掌握着军事优势；南方政权内部的腐败和政策失误，乃至自然环境造成的生产方式以及组织结构的差异等。但我想，重要的还是一个南方人的心态因素。偏安东南的政权多数是中原王朝南迁后延续的"半壁"王朝。它们曾经"奄有四海"，却有着"偏安东南"的后半生。半壁王朝如果没有在王朝建立之初就北伐复国成功（当时北方不稳而南方尚有富国的热情），日后就再难战胜北方了。岁月会使南方在心理上逐渐产生劣势，日久生根，衍化成"偏安思维"。虽然依靠自然条件和政策得当，南方可以取得繁荣的物质成就，进而推动文化发展和社会进步，但不能培育君臣健康的政治品格和积极奋进的精神状态。其中，我们应该注意对社会和历史发展起主要作用的士大夫阶层，或者说是精英阶层的品格和精神。可叹的是，原本应该成为世风表率，成为社会中流砥柱的士大夫阶层的表现令人失望。比如，士大夫们骗取名利，也教育子弟们唯利是图；比如，南宋末期那些官僚们的众生相。

南宋在繁荣的高峰期，没有将物资优势转化为军事和政治优势，塑造成综合国力优势，而是白白浪费在了“奢靡相尚”的社会风俗之中。宋宁宗曾“以风俗侈靡，诏官民营建室屋一遵制度，务从简朴”，但根本推行不下去，最后连皇帝也无可奈何地承认：“风俗侈靡，日甚一日，服食器用，殊无区别，虽屡有约束，终未尽革。”实际上，不是“终未尽革”，而是根本就“革”不掉。连在学堂中读书的书生们，也热衷于聚会饮宴，而且每次都要招妓女助兴。他们可是整个王朝的“接班人”和希望所在啊！当时就有臣僚说：“推其本，弊不在民，实缘士夫之家，狃于豪贵之习，服用华侈，则下而民俗得以转相视仿。”

痛惜南宋悲剧的后人们应该批评南宋的士大夫阶层。作为王朝的执政阶层，“国之存亡，民之死生，寄于士大夫之人品高下。”士大夫要成为对整个社会负责的阶层，要知道他们的品行和风气，决定着整个社会的品行和风气。精英阶层弱，则社会弱；精英阶层强，则社会强；精英阶层无耻，则社会无耻；精英阶层奋进，则社会奋进。本书中，很大篇幅是在介绍登场的南宋人物，有政治的，也有军事的和文化的。他们的出身、性格和言行在很大程度上决定着南宋的历史走向。南宋的灭亡就在于一个软弱的、不成器的士大夫阶层的存在。

据说，奸臣贾似道也曾意识到这一点的危险。他写道：

寒食家家插柳枝，留春春亦不多时。

人生有酒须当醉，青冢儿孙几个悲。

这首诗透露出贾似道内心的孤寂与恐慌，他也想振作起来，就是振作不起来。因为世风日下的惯性实在太强大了。

录取文天祥的考官王应麟曾指出，南宋的大病有三：一是民穷，二是兵弱，三是财匮。而归根结底都是士大夫的无耻。套用现在的话语来说，就是：南宋的物质文明上去了，但是精神文明没上去。这也是造成南宋的繁华是脆弱的主要原因。

南宋之亡，不是亡于国力，而是亡于士气，亡于精神。精神的靡奢懦弱，导致繁华没有转化为综合国力优势，导致了最后的土崩瓦解。

只可怜“宋亡，则举黄帝、尧、舜以来道法相传之天下而亡之也”。（王夫之语）

宋朝的覆灭，并非如他朝一般的改朝换代，而是“亡天下”。史家多有意识到宋亡隐含的重要意义，如黄宗羲说：“夫古今之变，至秦而一尽，至元而又一尽，经此二尽之后，古圣王之所恻隐爱人而经营者荡然无具。”现代有人说的“宋朝之后，再无宋朝”，大抵是感叹宋朝灭亡对之前璀璨文化和精神积淀的中断。

这本书创作于2007年秋冬。当时是通俗历史读物的“黄金期”，我也想借势创作一本断代史。南宋，就成了我的首选。

我是浙江台州人，地处南宋影响的核心区域。贾似道、谢道清等人都是同乡；家乡见证了南宋开国和亡国两代皇帝的逃亡历程。小的时候，在被春草包围、苔藓侵蚀的石人石像之间奔跑游戏，我没觉得什么特别的地方。步入社会后，我才发现儿时与历史的亲密接触是多么的珍稀。2007年前往武夷山旅游期间，我萌发了写作南宋史的念头。武夷山仿佛南宋历史的缩影，风光秀丽、文化底蕴深厚，人们纷至沓来，没能长时间地驻足观察与思考。

在写作过程中，我参考了大量文献，书稿以脱脱等撰写的《宋史》为基础史料。蔡美彪先生的《中国通史》第五册、第六册是最主要的参考资料，本书第五章南宋经济发展主要引用了第五册第八节《经济的发展》（359–382 页）；本书的政区和地名以《中国历史政区沿革》（中国历代政区沿革编写组，河北教育出版社 1996 年 8 月版）为依据。本书的参考论文都下载于中国知网。我戴硕士帽的那一天，有位知网的工作人员，用一张面额 200 元的会员卡换取了该网对我硕士论文的数字权益。这笔金额正好花在本书参考文章的下载上。

2008 年 1 月 9 日凌晨，我在京西陋室熬夜完成本书初稿。感谢安徽人民出版社时任社长汪鹏生老师和责任编辑王琦，于当年春天推出了本书，并且选为重点品种做了诸多宣传推广；感谢肖玉平、杨耀林和盛利君三位的付出，使得 2013 年群言出版社出版了第二个版本；2015 年，蒙远流公司不弃，感谢陈穗铮小姐和王佳慧小姐的辛劳，台湾出版了本书的繁体字版。呈现在读者面前的是本书的第四个版本。历次版本都没有更动初版的框架，只是过滤、修订了文字，增加了若干史实。尤其是初稿对南宋开国、灭亡描述较为详细，中后期内容相对薄弱，之后的版本修订主要集中在南宋中后期史。

本次四版，感谢蒋小云编辑，感谢所有为本书出版付出辛勤劳动的同行们。没有大家的支持与心血，就没有本书的多次出版。

我以非历史科班出身为憾。本书在史料的选择和观点的阐述上难免存在错误，一概由本人负责，欢迎大家批评指正。

谢谢大家！

张程

2021 年 1 月 21 日